HISTOIRE PARLEMENTAIRE

DE LA

RÉVOLUTION FRANÇAISE,

OU

JOURNAL DES ASSEMBLÉES NATIONALES,
DEPUIS 1789 JUSQU'EN 1815.

PARIS, — TYPOGRAPHIE D'ÉVERAT,
Rue du Cadran, n, 16.

HISTOIRE PARLEMENTAIRE

DE LA

RÉVOLUTION

FRANÇAISE,

OU

JOURNAL DES ASSEMBLÉES NATIONALES,

DEPUIS 1789 JUSQU'EN 1815,

CONTENANT

La Narration des événemens; les Débats des Assemblées; les Discussions des principales Sociétés populaires, et particulièrement de la Société des Jacobins; les Procès-verbaux de la commune de Paris; les Séances du Tribunal révolutionnaire; le Compte-rendu des principaux procès politiques; le Détail des budgets annuels; le Tableau du mouvement moral, extrait des journaux de chaque époque, etc.; précédée d'une Introduction sur l'histoire de France jusqu'à la convocation des États-généraux,

PAR P.-J.-B. BUCHEZ ET P.-C. ROUX.

TOME QUATORZIÈME.

PARIS.

PAULIN, LIBRAIRE,

RUE DE SEINE, N° 6, HÔTEL MIRABEAU.

—

M. DCCC XXXV.

PRÉFACE.

Dans notre préface précédente, nous avons essayé d'exposer le but qui nous sert de méthode pour la collection des matériaux dont se compose cet ouvrage. A cet effet, il nous a fallu entrer dans la question fondamentale de toute science historique dans la philosophie sociale elle-même ; et nous avons en conséquence commencé la critique des théories aujourd'hui régnantes sur le mouvement politique des nations. Nous craignons d'avoir laissé quelque obscurité sur ce sujet difficile et abstrait ; nous croyons donc devoir reprendre notre examen sous une autre forme. Ici nous n'avons à redouter ni les répétitions, ni l'ennui qui les accompagne. C'est une question immense que l'on peut manier de mille manières, sans jamais l'épuiser et sans cesser d'y trouver des aspects nouveaux. Ce sera, d'ailleurs le moyen le plus sûr de rattacher ce qui nous reste à dire à ce que nous avons déjà dit.

Ainsi que nous l'avons vu, deux écoles sont aujourd'hui en présence, se disputant le domaine de l'histoire, et celui de la politique. L'une est émanée de la réforme prêchée par Luther ; elle est fille de ses doctrines. L'autre sort de la Révolution française, et, ainsi que nous avons essayé de le démontrer dans notre introduction sur l'histoire de France, elle tire directement son origine des doctrines catholiques. L'une et l'autre ont leur philosophie. C'est particulièrement sous ce dernier rapport que nous allons maintenant les examiner et les comparer.

Afin de pouvoir reconnaître d'une manière certaine quelle est, parmi es philosophies enseignées aujourd'hui, celle qui répond au protestantisme Luthérien, ou plutôt quelle philosophie celui-ci devait produire dans son développement, il faut l'étudier lui-même et dans ses principes et dans son mode d'établissement, c'est-à-dire dans sa théorie et dans sa pratique.

Le protestantisme ne prit point naissance d'un vif mouvement de sympathie pour les souffrances des classes inférieures ; il ne se posa point non plus *a priori*. Ce fut une *négation* qui fut avancée d'abord sur l'un des actes du saint-siége qui paraissait le plus appartenir à l'ordre temporel, et qui semblait le plus étranger aux bases du dogme catholique. Attaquée et défendue des deux parts avec une égale vigueur, elle fut de conséquences en conséquences poussée jusqu'au degré où nous la voyons parvenue. Elle prit origine à l'occasion des indulgences que l'on prêchait et vendait alors en Allemagne et en Suisse, et dont le produit était destiné à l'achèvement de St-Pierre de Rome. Ainsi l'on peut dire que les papes ont payé la magnificence de ce lourd monument d'une partie de leur empire, d'une partie de la chrétienté. Encore la discussion n'eût point commencé, sans une misérable rivalité d'ordres monastiques qui fut en réalité le motif déterminant de la première opposition de Luther. Ce docteur n'était pas seulement professeur de l'université de Wittemberg ; il appartenait de plus à l'ordre des moines augustins. Or la cour de Rome avait donné aux dominicains le soin fructueux de la perception des indulgences ; c'était une faveur qui devait enrichir tout ceux qui y prenaient part, et dont on ne pouvait qu'être jaloux. Luther fut choisi par son supérieur autant pour prêcher contre les dominicains que pour parler contre les indulgences. Le pouvoir temporel vit avec plaisir les premiers efforts du futur réformateur ; il accueillit et favorisa des prédications dont la conséquence évidente était d'arrêter un trafic qui appauvrissait ses états, et de lui conserver intacte la matière des impôts. La protection qu'il accorda à Luther ne paraît pas avoir eu d'autre but ; car rien ne pouvait encore lui montrer les conséquences théologiques de l'opposition qui commençait. D'ailleurs la critique des indulgences fut accueillie favorablement par la jeunesse des écoles, par toutes les classes supérieures de la société, par une partie même de la bourgeoisie. Depuis près de deux cents ans le public se plaignait des abus qui s'étaient introduits dans l'Église. Depuis près de deux cents ans le mot de réforme était dans toutes les bouches. On l'avait entendu prononcer même par les papes dans le siècle précédent. La richesse du clergé était un scandale qu'accroissait celui du commerce contre lequel s'élevait le docteur Augustin. Il enrichissait autant les collecteurs que l'église, et servait souvent à payer de sales débauches ; c'est au moins ce qu'affirmèrent les premiers protestans. Luther fut donc applaudi et suivi dans l'université de Wittemberg. Mais la discussion marcha, et la question avec elle. Il fallut débattre le droit des papes à publier des indulgences. Ce fut à cette occasion que Luther commença à rompre avec le dogme catholique. Mais c'était une question de théologie que le pouvoir temporel ne comprenait pas ; et l'électeur, apercevant toujours l'intérêt financier, continua son appui. Ainsi le docteur de Wittemberg et ses protecteurs s'engagèrent successivement, pied à pied, poussés presque en aveugles, dans un défilé qui se termina par une rupture complète.

Dans le même temps, Zwingle protestait à Zurich, en Suisse, contre les indulgences. C'est une question parmi les protestans de savoir quel est, de Luther ou de Zwingle, celui qui conçut le premier le projet de la réforme; mais elle nous semble facile à résoudre dès que l'on examine le mode d'origine. Les deux doctrines naquirent également *a posteriori*, et de la même occasion; elles conclurent, ainsi que nous allons le voir, au même principe général, celui de la souveraineté de la raison individuelle; et comme elles n'avaient l'une et l'autre d'autre but que la négation, elles poussèrent celle-ci jusqu'au degré que leur permirent le milieu social où vivaient leurs auteurs. Zwingle habitait dans un pays plus libre que l'Allemagne, et aussi il alla plus loin que Luther; il rejeta des croyances que celui-ci fut obligé de conserver, autant, sans doute, parce que c'étaient les siennes, que parce qu'elles étaient celles de ses protecteurs; telle fut entr'autres celle de la présence réelle.

Nous n'avons point ici à raconter la péripétie de ce drame théologique et politique qui amena pour dénoûment la déclaration faite à la diète d'Augsbourg, en Allemagne, et qui fut appelée la confession d'Augsbourg; l'on n'y trouverait d'ailleurs rien de plus que la logique ordinaire que suivent les passions individuelles lorsqu'une fois elles sont engagées. Nous passerons de suite aux points capitaux de la doctrine luthérienne, à sa théorie de l'autorité individuelle, et à sa théorie de la grace ou de la prédestination.

L'Église catholique admet que l'autorité spirituelle, c'est-à-dire le droit d'interpréter les saintes écritures, appartient à l'Église assemblée, c'est-à-dire réside dans le Pape et le Concile réunis. Luther au contraire déclara que la raison individuelle était juge souveraine de l'interprétation des écritures. C'était en effet l'unique principe sur lequel il pût appuyer la réforme; s'il avait fait autrement, un Concile eût pu, de son aveu, mettre à néant tous ses efforts. Pour soutenir que l'Église était faillible, il fallait trouver un juge qui ne fût pas elle. Hors d'elle, il n'y avait plus que des individus; ce fut donc aux individus qu'il s'adressa. Ce principe fut aussi celui de Zwingle. Examinons maintenant la question de la grace.

L'Église catholique ne prononça sur ce sujet qu'à l'occasion de diverses hérésies. Sous le nom de grace, elle comprend tous les secours qui peuvent porter l'homme à faire le bien, ou, en d'autres termes, son salut, comme l'éducation, l'exhortation, les exemples, etc.; elle entend aussi cette puissance supérieure de facultés, que, dans le langage vulgaire, on appelle génie. Avec la grace, nous sommes libres d'agir dans la voie qui nous est indiquée, ou d'en sortir; libres d'user de nos facultés pour le bien ou le mal: ainsi, selon elle, le *libre arbitre*, ce *sine qua non* du mérite et du démérite, reste entier. L'opinion de Luther est directement le contraire de ce que nous venons d'exposer. Nous n'entrerons pas dans le détail théologique et métaphysique dont il a composé sa définition ou plutôt ses définitions. Elles sont si embarrassées de réticences et d'additions, qu'il faudrait pour les expliquer plus d'espace qu'elles n'en occuperaient elles-mêmes. Nous nous bornerons aux points saillans et à leur signification. Il ne faut pas oublier ici que le réformateur trouva sa doctrine en discutant sur les indulgences. Il fut amené à être obligé de prouver que Dieu ne tint compte aux hommes ni des intentions, ni de la volonté qu'ils mettent dans leurs actes, ni même des œuvres. Il trancha la question en soutenant que Dieu ne tenait compte que de la grace; qu'elle était un *don gratuit* qui émanait de lui seul, qu'elle était toujours efficace en ce qu'elle assurait le salut et constituait une prédestination; que, par l'effet du péché originel, la volonté avait perdu sa liberté et par suite était livrée aux impulsions venant du dehors; qu'elle n'en recouvrait la valeur, c'est-à-dire le pouvoir d'agir indépendamment du monde extérieur et par des raisons prises en elle-même, qu'à l'aide de la grâce; enfin, que, sans celle-ci, le libre arbitre n'était qu'un mot sans réalité (*esse duntaxat vacuum sine re titulum*). Luther dit enfin que l'on était certain de posséder la grace lorsque l'on sentait *en soi* la ferme croyance de faire son salut. Il ajouta par correctif à ces principes, et sans doute pour ne point écarter ses puissans protecteurs, qu'il y avait beaucoup d'appelés, et peu d'élus ; et que l'homme devait cependant être considéré comme libre vis-à-vis des devoirs que lui imposait la vie civile. Si en effet cette addition n'eût été faite, on aurait pu conclure que l'homme n'étant pas libre, il ne pouvait aussi être coupable; et tous pouvant affirmer en eux la présence de cette grace singulière, tous auraient pu se soustraire aux devoirs sociaux.

Les hommes du pouvoir ne virent pas la portée de cette doctrine monstrueuse, ou plutôt ils en comprirent seulement ce qui était favorable à leurs prétentions. Pour avoir une idée de son succès, il faut se rappeler le rude enseignement du dogmatisme chrétien resté encore menaçant et plein de vie malgré les faiblesses du clergé, et le comparer à l'indulgence de ce nouveau dogmatisme plein de consolations et propre à rassurer les plus coupables. En effet, la possession de la grace ne garantissait-elle pas inévitablement le salut ? et sa présence n'était-elle pas certaine pour ceux dans lesquels le pouvoir de tout faire accusait celle du libre arbitre ? Les princes se trouvaient donc, par cet enseignement, libres dans cette vie et rassurés pour l'autre.

Depuis long-temps, d'ailleurs, l'Allemagne avait été dressée à lutter contre le saint-siége. Il suffira de rappeler cette longue guerre soutenue par l'empire contre les Papes qui commença entre Henri IV et Grégoire VII, et ne se termina en réalité qu'au concile de Constance par le triomphe de Sigismond. Il faut en outre se rappeler que, dans le temps même de Luther, à une question d'indépendance personnelle de la part des princes contre l'empereur Charles-Quint, se trouva uni l'intérêt de se séparer du saint-siége ; et la France aussi ne vint-elle pas agir avec énergie pour encourager cette résistance qui créa un redoutable empêchement aux projets de monarchie universelle poursuivis par le fier roi d'Espagne? En Suède et en Danemarck le protestantisme fut adopté par la noblesse comme une garantie contre le retour du tyran Christiern. En Angleterre, Henri VIII en fut le promoteur; et ses motifs furent des colères personnelles. Ainsi en beaucoup de lieux, le luthéranisme fut avant tout un intérêt princier soit d'indépendance, soit de pouvoir.

Une circonstance imprévue vint montrer le véritable caractère religieux de cette doctrine ; elle vint donner la preuve de ce que nous avons avancé, savoir que c'était une religion de noblesse et de gens riches, qui n'avait eu, dans son origine, aucune pensée sortie de la morale chrétienne.

Des élèves de Luther, moins éclairés que leur maître, et ne voyant dans une réforme que le côté moral, sympathique et populaire, prêchèrent l'affranchissement des classes inférieures. Leur enseignement fut rapidement suivi de ces redoutables insurrections de paysans, connues sous le nom de guerre des Anabaptistes. Luther écrivit contre eux : il arbora le drapeau de la croisade que les nobles dirigèrent contre ces malheureux, et bientôt ce mouvement fut éteint dans le sang et les supplices. Ce fut là le puritanisme de l'Allemagne : il n'eut pas plus de succès, il eut moins de durée qu'en Écosse.

Ainsi, en théorie, le protestantisme luthérien enseigna la souveraineté de la raison individuelle, et l'inutilité des œuvres pour le salut. En pratique, son règne fut établi par la volonté des rois, des princes, des seigneurs, qui y trouvèrent et une doctrine d'indépendance personnelle, et la confirmation du droit qu'ils tiraient de leur naissance et de leur position. Ce fut, pour eux tous, et toujours, une question d'intérêt particulier.

Maintenant, il nous faut chercher quelle est la philosophie dont les principes répondent le plus directement aux dogmes monstrueux que nous venons d'exposer.

S'il est une philosophie qui pose le *moi* avant toutes choses, qui fasse tout émaner de lui, aussi bien la morale que la science; qui enferme le *moi* de Dieu même dans les proportions assignées au *moi* de l'homme; qui conclue à l'aristocratie, c'est-à-dire, à la supériorité de l'individu sur tous; qui admette pour les peuples la fatalité des climats et des races; qui, en affirmant le libre arbitre, le nie cependant, graces aux conditions qu'il lui impose; une telle philosophie sera certainement celle qui répondra le mieux en théorie au prostestantisme luthérien ; et, s'il se trouve que cette philosophie soit née dans des têtes protestantes, ait été propagée par des protestans, conclue à une aristocratie dont le fait seul est juge, nous pourrons prononcer avec une certitude presque entière.

Or cette philosophie existe: c'est celle qui se nomme *eclectisme*, ou, parmi les adeptes, *doctrinarisme*. On peut juger, par ce qu'elle fait en France, à quel point elle est, en pratique, conforme au protestantisme de la noblesse germanique et anglaise.

Mais dans une population telle que celle de France, l'éclectisme nu ne pouvait prendre. Il y a ici un corps de nation qui existe depuis quatorze siècles, et vit d'un sentiment d'unité traditionnelle qui ne lui a jamais failli, et dont il vient de donner les plus puissantes preuves. Notre nation a repoussé le protestantisme parce qu'il lui était présenté par des aristocrates, et qu'il attaquait sa vieille unité. Cette nation croit à elle-même et non à quelqu'un s'il n'est elle. Pour soumettre cette nation rebelle à la foi de l'égoïsme, ennemie des choses mesquines, où chaque génération avait toujours préféré la grande destinée de tous à son propre bonheur, à son intérêt temporel, il fallait l'attaquer par l'exemple et par les traditions. Par l'histoire on a essayé de lui prouver qu'il n'y avait pas pour elle d'avenir national; par l'exemple, on a essayé de lui montrer que la grandeur des peuples était celle de quelques familles. Voici comment on s'y est pris pour atteindre ce but. Cependant pour cela on n'a pas eu besoin de sortir du protestantisme; mais on a quitté le luthéranisme germanique, et l'on a emprunté quelques pages au protestantisme d'Italie. En cela, on n'a fait qu'imiter certains docteurs de la moderne Allemagne.

Depuis long-temps l'église romaine, il faut le dire, et puissent ces observations la changer, depuis long-temps, disons-nous, cette église n'a plus de catholique que le titre, les prétentions, et les espérances qui reposent sur elle. Si l'on entend par catholicisme, non-seulement l'universalité dans le présent, mais encore l'unité d'un dogme toujours conforme à lui-même dans le passé, dans le présent, dans l'avenir, l'église romaine n'est plus que l'ombre d'elle-même. Qu'elle voie son enseignement! Elle n'apprend plus aux hommes que le soin de leur salut individuel; elle s'est retirée des affaires sociales, ou lorsqu'elle s'y mêle, c'est pour obéir aux injonctions de princes qui ne doivent être que des hérétiques à ses yeux, tels que l'empereur de Russie, ou c'est encore pour appuyer les doctrines qui immobilisent les sociétés humaines, le riche dans sa liberté et son bonheur héréditaire, le pauvre dans la fatalité de ses souffrances et de ses tentations. Rien de grand, rien de généreux, rien d'impulsif n'est, depuis des siècles, sorti de son sein. Ses prêtres sont riches et heureux; ils ne souffrent plus ni la prison, ni l'exil comme le peuple. Si Grégoire VII revenait sur terre, ils l'excommunieraient; ils crucifieraient peut-être le fils de Dieu lui-même, s'il reparaissait au milieu de nous pour expliquer son Évangile. Depuis bientôt cinq siècles les papes marchent dans cette voie. Ils y étaient déjà; Alexandre VI, le Borgia, régnait, lorsque Machiavel vint exposer la désespérante politique de son temps et la réduire en théorie. Ces mœurs mauvaises existaient lorsque le philologue Vico, épuisant une direction où les papes eux-mêmes avaient poussé, tirant la quintessence des doctrines politiques de l'antiquité, vint remettre au jour cette pensée d'Ocellus Lucanus : les nations, comme les individus, naissent, croissent et meurent, pour être remplacées par d'autres nations qui subiront les mêmes destinées.

Il faut reconnaître cependant qu'il y a, dans les doctrines des deux savans italiens, un caractère d'universalité qu'était incapable de trouver l'individualisme luthérien. On y reconnaît le cachet des habitudes catholiques qu'avait imposées aux deux auteurs leur éducation première. Quoi qu'il en soit, nos éclectiques se sont emparés de ces systématisations historiques, et en ont fait l'usage que nous avons vu dans la préface précédente.

Ainsi le doctrinarisme est le produit de la combinaison des divers protestantismes. Nous n'avons donc plus droit de nous étonner des singuliers mélanges de religion et d'irréligion, de superstition et d'incrédulité, de libéralisme et d'aristocratie, de sympathie pour les individus et de froide et impassible cruauté pour les masses, d'égoïsme et de prétentions socialisantes, de doute et de certitude, que nous trouvons dans les têtes de ces hommes. Il ne faudrait pas croire cependant que tous les protestans soient éclectiques ; un grand nombre se sont révoltés contre ces absurdités immorales : ils sont inconséquens peut-être, mais au moins ils pensent comme nous, et sont restés nos frères.

Il nous reste maintenant à exposer la doctrine qui leur dispute le terrain en France. Nous nous comporterons, à l'égard de celle-ci, comme nous l'avons fait dans l'examen de la précédente.

La révolution française n'offre rien de semblable à ce que nous venons de voir en décrivant les actes politiques du protestantisme. Elle procéda d'une manière complétement inverse de la réforme. Elle commença par affirmer la souveraineté du peuple, et le dogme de la fraternité universelle. Sa force n'émanait point de la volonté du pouvoir ou de l'intérêt des hautes classes, mais des fermes croyances des masses. Elle n'employa le mode par négation qu'alors qu'on lui résista ; ce fut ainsi qu'elle fut conduite à renverser la royauté, qu'elle chassa la noblesse, qu'elle persécuta les prêtres ; qu'à ses yeux l'égoïsme qui s'isole, ou le fédéralisme, fut un crime dont le seul soupçon suffisait pour appeler la mort. Il fut libre aux nobles, aux prêtres, aux fédéralistes, d'accepter l'égalité et une part dans le dévouement qu'elle s'était fait ; ils refusèrent, et elle les traita en ennemis. Jamais il n'y avait eu une pareille unité dans tant d'hommes et avec des chefs si peu nombreux et si peu influens. On peut dire que dans ses mains les individus furent des instrumens qu'elle brisa aussitôt qu'ils cessaient de la servir. Aussi, le catholique de Maistre, étonné à la vue de cette action toujours intelligente, toujours ordonnée, quel que fût son chef apparent, disait que c'était encore une fois Dieu qui créait une nouvelle société par la main des Francs.

Nous ne trouvons dans l'histoire de la réforme que le mouvement puritain et anabaptiste qui promit d'être semblable, s'il n'avait été écrasé. Là il y avait aussi de la foi, du dévouement, une volonté de bien pour tous. Mais, ce qui prouve incontestablement que le protestantisme luthérien ou calviniste ne comportait pas ces sentimens, c'est qu'il les combattit et les mit à mort. Si nous succombons, nous autres, ce ne sera pas au moins par la main de ceux qui se disent nos frères ; mais ce sera sous le poids de nos ennemis, l'aristocratie européenne et le protestantisme.

Étudions les principes dont nos pères ont poursuivi le triomphe au profit de tous, par le sacrifice de leur sang, et nous apercevrons que la politique française devait différer de la politique protestante de toute la distance qui sépare le catholicisme de la réforme luthérienne.

Mettons d'abord en regard le principe de la *souveraineté du peuple* avec celui de la *souveraineté de la raison individuelle*. Un ministre du roi, qui est né protestant et s'est fait l'un des docteurs de l'éclectisme, déclarait dernièrement à la tribune de la chambre des députés, qu'il résisterait toute sa vie, sans relâche et sans pitié, à ce dogme absurde de la souveraineté du peuple. Cela fut entendu, et personne ne sut rompre le silence ! « C'est-à-dire, fallait-il répondre, que votre égoïsme ne consentira jamais à se soumettre à une loi de dévouement, et ne la comprendra jamais ; c'est-à-dire que vous vous placez au-dessus de tous les hommes réunis, soit comme moraliste, soit comme savant, soit comme politique habile ; c'est-à-dire que tous les hommes sont faits pour vous, et que vous n'êtes fait pour en servir aucun. Sachez que Socrate, le plus sage des hommes, disait que ce qu'il savait le mieux, c'est qu'il ne savait rien. Sachez que celui qui croit tout savoir est incapable de jamais rien apprendre. Sachez enfin que le maître, le créateur de la civilisation moderne, Jésus-Christ, a enseigné que celui-là serait le premier parmi nous qui se ferait le serviteur de tous les autres. »

En effet, le principe de la souveraineté du peuple est d'abord catholique, en cela qu'il commande à chacun l'obéissance à tous. Il suppose qu'il existe une doctrine à laquelle on doit se dévouer, soit les générations, soit les individus. Et quelle est cette doctrine ? La révolution s'est expliquée clairement sur cette question ; elle a répondu que c'était le dogme de la fraternité.

Le principe dont il s'agit est encore catholique, en cela qu'il comprend tout le passé, tout le présent, et tout l'avenir. En effet, sa signification dépend entièrement, ainsi que nous l'avons vu dans une préface précédente, de la définition du mot peuple. Or, nous répéterons ici quelques mots de notre conclusion d'alors. On ne peut pas entendre par ce mot la souveraineté du présent ; car celui-ci passe toujours ; on ne peut entendre en réalité que le but commun que poursuivait la société, but qui appartient autant à l'avenir et au passé, qu'au présent lui-même. Ainsi, souveraineté du peuple ne signifie autre chose que souveraineté du but d'activité commune qui fait une nation.

Quant au dogme de la fraternité, il est catholique en ce qu'il tend à faire de toutes les sociétés humaines une seule nation soumise à l'égalité des devoirs; à supprimer pour tous la fatalité de la mauvaise éducation et de la misère; à donner à tous la possession du libre arbitre, c'est-à-dire, le pouvoir de choisir entre le bien et le mal, entre le dévouement et l'égoïsme, entre la récompense et la peine. Il est catholique enfin en ce qu'il émane directement de l'enseignement de l'église en ce qu'il repousse l'égoïsme auquel conclut le protestantisme, etc.

Nous avons maintenant à rechercher, parmi les philosophies existantes, celle qui répond le plus directement au sens de la révolution française.

Or, ce n'est pas la philosophie matérialiste. Celle-ci, en effet, est aussi une des filles du protestantisme. Elle pose le *moi* individuel avant toutes choses; elle est forcée de faire tout commencer par le *moi*, sciences, morale, société. Elle ne peut donner d'autre sanction à la morale que l'égoïsme; elle a été mise en vogue par la noblesse ainsi que le luthéranisme, et c'est de là qu'elle est descendue dans la bourgeoisie; elle constitua toujours la croyance d'une très-petite minorité, et encore dans une certaine classe. Les plus purs et les plus énergiques promoteurs de la révolution l'avaient en horreur. Enfin, en histoire, elle conclut au même système qu'ont adopté les éclectiques, c'est-à-dire, au système circulaire. Nous avons, au reste, assez souvent remué cette question dans les préfaces précédentes, pour être dispensés de nous y arrêter davantage. Il nous suffira de dire que si l'on veut comparer, partie par partie, la philosophie éclectique avec celle des matérialistes, on sera étonné de la similitude. La logique, la métaphysique, l'éthique sont les mêmes. Il n'y a de différence que les appellations, qui sont franches de la part des derniers, fausses et trompeuses de la part des seconds. Aussi n'hésitons-nous pas à ranger les matérialistes modernes parmi les protestans. Selon nous ils auraient la même portée politique; et, pour le dire en passant, le pouvoir qui règne et gouverne actuellement en France en offre une preuve remarquable.

Mais, peut-on objecter, nous avons sous les yeux des hommes qui font preuve de dévouement et qui cependant professent les doctrines matérialistes. Cela est vrai, sans doute; mais ce sont des hommes inconséquens, chez lesquels les sentimens et les habitudes de devoir que leur a inspirés leur première éducation, ont été plus puissans que la science qu'ils ont apprise dans les écoles. Il faut remarquer que chez ces hommes le sentiment est contradictoire à la science: le sentiment affirme, la science nie ou doute; le sentiment leur commande de se dévouer, la science leur dit qu'ils doivent se conserver et agir pour eux-mêmes seulement. Le sentiment est maintenant le plus puissant; la logique est la moins forte. Lorsque le feu de la jeunesse sera passé, disent les hommes chagrins, lorsqu'ils craindront moins le qu'en dira-t-on, et que par plénitude d'eux-mêmes ils seront arrivés à mépriser le public, lorsqu'ils ne se livreront plus à leur premier mouvement et réfléchiront avant d'agir, alors vous verrez ces hommes faire comme tant d'autres que nous avons connus, et s'enfermer dans quelque intérêt particulier. Quant à nous, nous espérons que la réflexion les changera.

Nous ne connaissons qu'une philosophie qui réponde à tout ce qui fit la gloire et la fécondité de la révolution, qui explique et enseigne tout ce qu'elle a réellement voulu : c'est la philosophie du progrès. Elle est rigoureusement, au mouvement scientifique des temps antérieurs, ce que les intentions révolutionnaires furent aux tendances politiques des siècles précédens. Ainsi que le protestantisme et le matérialisme systématique, elle ne rompt pas avec la continuité humaine, pour faire toujours tout recommencer par chaque *moi* qui se pose. Elle a un but uniquement social comme notre révolution même. Nous allons rendre compte en peu de mots des raisons de cette concordance.

Il y avait, dans le dernier siècle, en France, deux écoles qui toutes deux ont joué un rôle dans nos troubles depuis 1789 jusqu'à ce jour, deux lignes de travaux qu'il est important d'apprécier.

L'une est celle des économistes ; et par ce nom, alors, on n'entendait pas quelque chose d'aussi étroit que devint la science de la conservation lorsque des écrivains protestans y eurent porté la main ; on comprenait la science de l'organisation sociale elle-même dans toute son étendue. Cette ligne de travaux succédait à celle des légistes du *droit des gens*. C'est dans cette école que le mot progrès commença à acquérir toute son importance historique et politique : le catholique Turgot voulut l'appliquer à l'histoire ; mais il eut seulement le temps de tracer le plan de l'œuvre qu'il méditait. Ce sera un travail toujours regrettable, car personne n'ignore que ce grand économiste avait en projet la plupart des améliorations que la révolution a réalisées ; et l'on ne sait quelle influence un tel ouvrage eût pu exercer sur la direction des affaires en 1789, surtout lorsque l'on voit quelle circonstance lui en avait inspiré la pensée. Turgot, en lisant l'histoire universelle de Bossuet, avait aperçu que le véritable sentiment du christianisme avait manqué à ce grand écrivain ; il trouvait qu'il ne montrait nullement comment la foi poussait les hommes dans la voie de créer un meilleur avenir pour leurs enfans ; qu'en un mot le christianisme avait été envisagé par lui comme une doctrine immobile, et non comme un germe que l'espèce humaine était appelée à faire fructifier. Nul doute qu'une œuvre traitée dans cette direction n'eût eu une influence incalculable, et sur la jeunesse et sur le clergé lui-même ; car elle eût donné le secret révolutionnaire du christianisme. Quoi qu'il en soit, c'est à la même école qu'appartenaient tous les hommes qui traitèrent la question d'amélioration sociale ; et Rousseau doit en être considéré comme l'artiste et le vulgarisateur.

A côté de cette première ligne, il en existait une autre : c'était celle des hommes qui poursuivaient les conséquences de la philosophie de l'anglais Locke, et qui, par Condillac, aboutirent au matérialisme. Ceux-là ne s'occupèrent guère que de ce que l'on appelle, en scolastique, logique, métaphysique et ontologie. Ils eurent de grands succès de salon, et furent de mode chez les nobles de Versailles ; et cela devait être ainsi, car si leurs hypothèses ne paraissaient guère toucher au réel de la vie sociale, elles rendaient excusables toutes les faiblesses naturelles aux hommes riches et puissans. L'incrédulité semblait un titre, une distinction de plus, qui élevait son propriétaire bien au-dessus du peuple superstitieux.

Lorsque la révolution éclata, ces deux directions se trouvèrent mêlées dans les assemblées et dans tous les actes politiques. La première donna sa science et ses bonnes œuvres ; la seconde son dévergondage d'incrédulité et son savoir-faire égoïste. Sans doute les hommes de cette seconde ligne sont à peu près les seuls qui aient survécu à la révolution ; mais tout le monde sait à quel prix ! Et ce sont eux aussi qui ont souillé les pages de notre histoire, et qui ont détourné le char de la route. Quant aux autres, ils sont presque tous morts flétris des crimes qu'avaient commis ceux qui les tuèrent. L'histoire du rôle que joua le matérialisme dans nos quarante-cinq dernières années doit servir d'enseignement à tous ceux qui aujourd'hui ont le malheur d'y tenir, et d'y voir une doctrine de probité.

L'idée générale philosophique qui est restée après la révolution, c'est l'idée progrès ; comme celle qui est restée du protestantisme est la souveraineté de la raison individuelle. Nous reviendrons, dans une prochaine préface, à l'étude comparée de l'application de ces deux principes à l'histoire.

HISTOIRE PARLEMENTAIRE

DE LA

RÉVOLUTION

FRANÇAISE.

AVRIL 1792.

Depuis que le ministère girondin a pris la conduite des affaires, les divers partis réagissent avec force les uns contre les autres. Tous sont convaincus que la révolution est maintenant saisie par des chefs, que les événemens vont être rapides, et qu'il n'y a pas un moment à perdre, de quelque volonté d'ailleurs que l'on soit animé.

Aussi, partout on fait diligence pour arriver en temps utile, soit comme agresseur, soit comme obstacle, soit comme auxiliaire. L'heure d'agir est venue. Pendant que les meneurs girondins épuisent à la hâte le protocole diplomatique, pour aboutir à la déclaration de guerre, les royalistes deviennent de plus en plus provocateurs. Entre eux et les révolutionnaires de toute couleur, monarchiens, c'est-à-dire partisans des deux chambres, constitutionnels, ou partisans d'une seule chambre, républicains, etc., il n'y a désormais qu'une question de sang, et les amis de l'ancienne royauté ne sont pas ceux qui appellent une lutte décisive avec le moins d'impatience.

Cinq avis sont en présence, cinq avis opiniâtres, résolus, exclusifs. Les dernières conclusions sont affirmées de part et d'autre avec une égale colère, et les chocs commencent aussitôt. C'est sur le thème habituel de la guerre que se heurtent les opinions dont nous allons indiquer sommairement les différences radicales. La fête préparée et donnée aux soldats de Château-Vieux, par les Jacobins et les Girondins réunis, aigrit incidentellement toutes les haines, et la discussion principale y prend feu brusquement.

Tant que la fête où l'on doit réhabiliter les victimes de Nancy n'est qu'un événement probable, la presse des Feuillans se contente de rappeler « le meurtre de Désilles aux panégyristes des Suisses de Château-Vieux. » A mesure que l'exécution de ce projet devient certaine, les sarcasmes des journalistes dont il s'agit croissent en amertume. Enfin, à la veille même de l'espèce de pompe triomphale que le peuple va décerner « aux cliens de Collot-d'Herbois, » comme les appelle André Chénier, l'indignation des Feuillans éclate avec une témérité inouïe jusqu'ici dans leur histoire.

Ce parti est vraiment exaspéré. Roucher, A. Chénier, de Pange, Bayard commandant de la garde nationale, se signalent par des écrits pleins d'audace. Ils gourmandent la pusillanimité de la classe bourgeoise, montent devant elle sur la brèche, et la sollicitent hardiment à l'extermination des clubs. L'état-major de la garde nationale, le directoire du département, la majorité du conseil-général de la commune, répondent à ces appels. La Fayette lui-même, le chef de cette opinion, quitte l'armée et vient furtivement à Paris.

Alors les Feuillans concertent leur opposition, et ne négligent aucune des ressources dont ils peuvent disposer pour empêcher la fête annoncée. Ils disent à la garde nationale qu'on veut humilier par « cette apothéose de galériens » ceux qui, en septembre 1790, honorèrent au Champ-de-Mars la mémoire de Désilles et la défaite de ses meurtriers. Dupont de Nemours publie contre Pétion des libelles sanglans. Le directoire en masse résiste au corps municipal qui, cédant au vœu des sections, venait d'autoriser la solennité arrêtée pour le 15 d'avril. Rœderer seul se ménageait doucement un rôle équivoque. Mais il est aperçu à la fenêtre du monarchien Jaucourt, et l'on sait qu'il y a eu ce jour-là, chez ce député, un dîner d'ultra-feuillans. Collot-d'Herbois dénonce Rœderer à la tribune des Jacobins. Celui-ci vient se justifier, avoue qu'en effet il a dîné avec des aristocrates, et demande ce que cela prouve. Les Montagnards le huent, et les Girondins l'applaudissent.

Cependant les Jacobins discutent, au sein de leur société, l'ordonnance de la fête. La Fayette y est attaqué chaque jour ; chaque jour quelque grief nouveau grossit l'acte d'accusation. On va jusqu'à proposer que « le nom du héros des deux mondes soit attaché au même écriteau que celui de l'infâme Bouillé. » Les Girondins écartent cette proposition.

Au conseil général de la commune, on fait la motion d'enlever de la salle des séances les bustes de La Fayette et de Bailly. Une forte majorité s'y oppose. La discussion s'engage, et la minorité, au milieu d'un épouvantable tumulte, essaie de généraliser la question : elle demande qu'on ne puisse élever des statues à des hommes vivans. Ce moyen détourné provoque une véritable mêlée. D'Herminigy, le même commandant que nous avons déjà vu menacer Goupilleau, s'approche de Danton comme pour le frapper. Danton proteste contre la violence, et se retire.

On trouvera plus bas les pièces de cette polémique. Les Feuillans, obligés de subir la réception glorieuse faite aux soldats de Château-Vieux, s'en vengèrent par une cérémonie funèbre en l'honneur de Simoneau, maire d'Étampes. Cette représaille ne leur attira de la part des Jacobins aucune récrimination sérieuse ; seulement ils scrutèrent plus attentivement, qu'au moment de sa mort, la vie de Simoneau. Marat dressa une enquête d'où « le prétendu martyr de la loi sortit atteint et convaincu de nombreux accaparemens. »

Au milieu de ces querelles, les partis ne perdaient point de vue le mouvement diplomatique. Lorsque la déclaration de guerre fut décrété, les séances des Jacobins ne furent plus qu'un long orage. Les partisans de Brissot étaient en majorité dans le clube; mais les tribunes étaient unanimes pour Robespierre et ses amis.

Voici les cinq opinions qui divisaient la capitale :

Les monarchiens, le parti de Malouet, Clermont-Tonnerre, Mounier, etc., représenté par Mallet-du-Pan, voulait qu'on réalisât franchement le gouvernement anglais, et disait qu'à ce prix on n'aurait pas la guerre.

Les Feuillans avaient, au fond, le même système; mais une seule chambre était à leurs yeux un mode transitoire encore nécessaire. Ils ne s'opposaient pas directement à la guerre : ils disaient « qu'il fallait épuiser tous les moyens de conciliation; que les Jacobins étaient l'unique prétexte de la coalition dont la France était menacée, et que, pour conserver la paix, il suffisait de la destruction des sociétés populaires. »

Les Girondins, persuadés qu'ils ne se délivreraient de la noblesse et du papisme que par l'abolition de la royauté, voulaient la guerre, afin d'amener plus vite un changement dans la forme du gouvernement : la république leur semblait inévitable dès l'entrée en campagne.

Robespierre et ses partisans ne voulaient la guerre que lorsqu'il serait bien démontré qu'elle était imposée par le salut du peuple et de la révolution. Ils dirent d'abord aux Girondins qu'ils devaient user de leur position ministérielle pour obtenir la sanction des décrets contre les prêtres et contre les émigrés; que la guerre serait inutile si ces deux décrets étaient enfin sanctionnés. Ensuite ils leur reprochèrent de conserver le commandement de l'armée à des généraux nommés par la faction qu'ils remplaçaient au pouvoir; ils ne pouvaient assez admirer leur obstination et leur aveuglement sur le compte de La Fayette. Ce nom mêlé à toutes les plaintes, à tous les soupçons, irrita progressivement la méfiance des Jacobins. Quand Fauchet, à la séance du 2 avril, vint absoudre Narbonne au nom du comité de surveillance, Narbonne, justifié d'ailleurs par Condorcet, dans la *Chronique de Paris*, et par Brissot, dans le *Patriote Français*; quand Guadet lui-même prit la parole en faveur de l'ex-ministre, alors il se fit aux Jacobins une clameur de dénonciation telle qu'on n'en avait pas encore entendu de semblable. Les partisans de Brissot et la députation de la Gironde, Grangeneuve seul excepté, furent accusés de trahir. Chabot, Merlin, la minorité du comité de surveillance, articulèrent contre Fauchet de graves inculpations. Chabot déclara que c'était dans les soirées de madame Canon (sobriquet par lequel on désignait à cette époque madame de Staël, à cause sans doute de ses opinions très-prononcées pour la guerre), où l'évêque du Calvados allait dormir, que le panégyrique de Narbonne avait été préparé; de plus, il affirma que Fauchet, en plein comité de surveillance, parlait naguère d'une espèce de protectorat à confier à Narbonne, dans le cas d'une seconde fuite du roi; que Fauchet y disait en outre avoir sondé Narbonne à ce sujet, et en avoir obtenu un consentement formel. La connaissance de ce fait ne fut qu'une voie plus large et plus sûre ouverte aux hommes qui cherchaient La Fayette partout où ils saisissaient une intrigue : ce fil les conduisit et ils s'acharnèrent aussitôt, sans désemparer, à rompre le nœud auquel tenaient de près ou de loin toutes les variétés contre-révolutionnaires. Narbonne n'était qu'un degré qui montait à La Fayette. Ce détour était digne de ceux qui, comme Fauchet et Brissot, avaient si puissamment contribué à faire de La Fayette le généralissime de l'armée parisienne, en 1789; qui, jusqu'au 17 juillet 1791, n'avaient cessé d'être ses prôneurs en titre; qui, depuis le massacre du Champ-de-Mars, avaient eu la prudence de se taire, travaillant, désormais sous le couvert, à la fortune politique du soi-disant héros auquel ils avaient attaché la leur. Les Jacobins résumaient ainsi le passé. Venant à la circonstance présente, ils disaient à leurs adversaires : « Vous êtes républicains, vous êtes préoccupés d'une question de forme, le fond vous importe peu. Or, choisir le moment d'une conflagration universelle pour changer la forme sociale, c'est, ou trahir, ou divaguer, ce qui revient au même. Vous espérez que La Fayette sera votre Washington, d'autres espèrent qu'il sera le Monk que leurs vœux appellent; qui vous assure que lui-même ne se réserve pas le rôle de Cromwel? Par La Fayette, vous tenez aux Feuillans et aux monarchiens, par les monarchiens aux royalistes. Pour nous, ce ne sont pas les usurpations de La Fayette que nous craignons. Nous craignons tout ce que laissera faire sa profonde nullité, et les royalistes sont la seule réalité dangereuse au-devant de laquelle jouent des vanités éphémères. Jugez vous-même un homme obsédé de flagorneurs subalternes, et distribuant à sa domesticité les postes militaires à sa nomination. N'a-t-il pas fait son aide-de-camp de son mouchard favori, de cet Étienne qui écrivit pour son maître tant d'infâmes libelles, qui assomma Rotondo, parce que Rotondo avait fait contre son maître le calembourg *moitié l'un, moitié l'autre?* Tout vous y invite, séparez-vous de La Fayette. Vous le devez constitutionnellement, car sa promotion est un attentat constitutionnel. Il est dit dans la Constitution, chap. II, section IV, article 2. « Les membres de l'assemblée nationale actuelle.... ne pourront être promus au ministère, ni recevoir aucunes places, dons, pensions, traitemens ou commissions du pouvoir exécutif ou de ses agens, pendant la durée de leurs fonctions, ni pendant deux ans après en avoir cessé l'exercice. » Il est dit dans l'article 2 du chapitre : IV « Le roi confère le commandement des armées, des flottes, etc.; il nomme les deux tiers des contre-amiraux; il nomme le tiers des colonels, etc... en se conformant aux lois sur l'avancement. » — Là-dessus, voici notre dilemme : ou le généralat est un grade soumis comme tous les autres aux lois de l'avancement, ou il n'y est pas soumis; s'il y est soumis, il est évident que La Fayette, n'ayant pas rang d'ancienneté, ne pouvait être général ; si ce grade n'est pas soumis aux lois sur l'avancement, c'est donc une de ces places, de ces commissions à la disposition du pouvoir exécutif, auquel cas La Fayette, membre de la Constituante, s'est rendu complice d'une forfaiture, en acceptant, contre la lettre même de la Constitution, un emploi conféré par le pouvoir exécutif. Héritiers de Delessart, après avoir été ses accusateurs, révoquez la nomination de La Fayette, ou bien vous êtes aussi coupables et plus dangereux que ceux qui l'ont nommé. » (*Journal des Jacobins,* du 3 avril.)

Tel est le résumé des attaques dirigées par les amis de Robespierre contre les amis de Brissot. Quant à Robespierre, il était si fermement convaincu que la révolution courait un péril imminent, qu'il donna soudain sa démission d'accusateur public, et, prenant appui sur le terrain de la Constitution, il y appela tous les patriotes de bonne foi, négligeant les nouveautés républicaines, qu'il estimait actuellement funestes. Il parla dans ce sens aux Jacobins, et publia son *Défenseur de la Constitution.* Nous verrons ceux qui se séparèrent de lui, et leurs motifs. Nous aurons à exposer des luttes violentes et des ressentimens implacables.

Les Girondins essayèrent de la calomnie pour détruire l'influence de Robespierre; ils l'accusèrent maladroitement de tenir au comité autrichien, d'aller chez la Lamballe, etc.; et le mensonge était si gratuit, qu'il tourna immédiatement à la plus grande gloire de *l'incorruptible* Robespierre.

Lorsque Marat, qui venait de reprendre son journal, dénonça les Brissotins, et jugea ce parti dans un article que Desmoulins regardait comme le meilleur morceau sorti de la plume de l'ami du peuple; lorsque, après avoir accusé tous les généraux d'être partisans du système Mounier, il conseilla aux soldats d'égorger tous ces traîtres et de se nommer des chefs, les amis de Brissot firent lancer le décret d'accusation contre Marat. A la même époque, *la Feuille du jour,* journal feuillant, affirmait aussi que les généraux étaient tous partisans des deux chambres. Les amis de Marat relevèrent cet aveu contre-révolutionnaire, et firent remarquer que les Girondins en laissaient les auteurs en paix.

Le cinquième avis était celui des royalistes. Ils voulaient l'invasion et la restauration, confondant dans la même réprobation Mallet-du-Pan le monarchien et Brissot le fédéraliste. Royon fut décrété d'accusation en même temps que Marat.

Nous aborderons maintenant les détails compris dans le sommaire qu'on vient de lire. Nous transcrirons en premier lieu les actes diplomatiques jusques et y compris la déclaration de guerre, nous ferons précéder ce chapitre de la séance où Fauchet présenta sur Narbonne les conclusions du comité de surveillance. Notre second chapitre sera composé des extraits les plus intéressans de la presse à l'occasion des soldats de Château-Vieux. Le troisième comprendra une analyse des séances des Jacobins; nous terminerons par l'histoire des actes parlementaires, étrangers à la question de la guerre.

Rapport sur Narbonne. — Séance du 2 avril.

[*M. Fauchet, au nom des comités militaire et de surveillance.* Vos comités réunis ont examiné soigneusement la dénonciation faite contre M. Narbonne, par M. Dubois-Crancé, M. de Hesse, et les corps administratifs du département des Basses-Pyrénées. Cette dénonciation, qui avait paru très-grave à l'assemblée, lors de sa lecture, a fixé toute l'attention de vos comités; ils se sont entourés de personnes qui connaissent les localités, et de membres experts dans l'art des fortifications. Le résultat de leurs opinions n'a laissé aucun doute dans nos esprits, et nous espérons qu'il fera sur l'assemblée la même impression. Les preuves que M. Narbonne a données des soins qu'il a pris pour fortifier Perpignan, ne permettent pas de croire qu'il ait rien négligé pour fortifier les autres postes de cette frontière. La ville de Perpignan est à l'abri d'un coup de main; les constructions que M. Narbonne y a fait faire pour placer de l'artillerie, la défendraient contre une invasion des Espagnols. D'ailleurs, cette invasion n'est pas aussi facile que les dénonciateurs voudraient le faire entendre. Ils avouent eux-mêmes que Bellegarde, qui est en avant de Perpignan, défend cette ville d'une manière sûre, à moins que le gouverneur ne fût un traître. Il est vrai qu'ils l'accusent de l'être; mais ce n'est pas M. Narbonne qui l'a placé; et, d'un autre côté, un chef aurait beau être un traître, il ne réussirai pas, s'il ne trouvait des soldats qui partageassent sa trahison et de pareils soldats sont rares dans l'armée française. (On applaudit.)

Les militaires n'ont point compris comment les dénonciateurs prétendent que, dans une ville bastionnée, on pourra faire sauter une porte avec une bombe. Ce n'est pas le patriote Dubois-Crancé qui doit craindre sérieusement qu'une ville où il se trouve avec des soldats français, soit prise à la main par les Espagnols. (On applaudit.)

M. Narbonne a fait, pour la défense de cette frontière, tout ce qui dépendait de lui, dans un aussi court intervalle que celui de son ministère. Il est hors de tout reproche à cet égard. Les ouvrages commencés, et déjà en partie exécutés, pour la défense de Perpignan, ne sont pas approuvés par M. de Hesse; mais le conseil de fortification, qui doit s'y connaître aussi, les a jugés nécessaires. Quand on réfléchit que M. Narbonne n'a pas été ministre plus de trois mois, que de tous côtés il était obligé de porter ses soins et de faire face à tout à la fois, on doit convenir que, loin de mériter des reproches, il est digne d'éloges. (On applaudit.) Le pouvoir exécutif n'était pas mort entre ses mains; il était plein de mouvement et de vie. Si les bataillons de gardes nationales n'ont pas été organisés, habillés, équipés, payés, ce n'a pas été de sa part faute de démarches auprès des corps administratifs et de la trésorerie nationale. On le blâme à l'égard de M. Choisy; mais M. Choisy avait une très-grande réputation militaire. Élevé de la classe du peuple aux premiers emplois de l'armée, on pouvait raisonnablement compter sur son civisme.

On voudrait trouver partout des Luckner : mais où sont-ils? montrez-les; et si M. Narbonne ne les a pas employés, lancez contre lui le décret d'accusation. On s'est plaint beaucoup de ce que le ministre ne donnait pas des fusils neufs à toutes les gardes nationales ; mais fallait-il dégarnir à la fois tous les magasins de fusils de rechange, et n'est-il pas sage de leur donner d'abord des fusils moins bons, quoique suffisans pour se façonner aux manœuvres. Nous ajouterons à la décharge de M. Narbonne, relativement à ses marchés pour des armes, qu'il avait établi à Moulins une manufacture au succès de laquelle il a mis la plus grande sollicitude.

Enfin, un ministre que la cour a obligé de quitter, lorsqu'elle en gardait d'autres qui avaient perdu la confiance publique, ne marchait pas sur la même ligne. La surveillance est utile à l'égard des principaux agens d'un pouvoir qui aura long-temps encore de la peine à se familiariser avec la souveraineté nationale; mais elle ne doit pas être exagérée. (On applaudit.) Nous devons rendre justice à un ministre qui a déplu aux courtisans par sa franchise, par l'accent de la liberté; qui s'est montré actif quand nul autre ne voulait l'être, et qui a plus fait en deux mois que les autres en un an. Étranger à M. Narbonne, ami de M. Dubois-Crancé, il convenait au président du comité de surveillance de prononcer des paroles justificatives à l'égard d'un ministre. (On applaudit.) Voici le projet de décret que vos comités m'ont chargé de vous proposer.

L'assemblée nationale, après avoir entendu la dénonciation faite contre M. Narbonne par MM. Dubois-Crancé, de Hesse, et par les corps administratifs du département des Basses-Pyrénées, etc., et après avoir entendu le rapport de ses comités militaire et de surveillance, décrète qu'il n'y a pas lieu à accusation contre M. Narbonne. (On applaudit.)

M. le président annonce que M. Dorizy a réuni la majorité des suffrages pour la présidence.

M. Dorizy prend le fauteuil.

On demande l'impression du rapport de M. Fauchet. Quelques membres réclament la question préalable sur cette proposition.

M. Merlin. J'appuie la question préalable, et je demande l'ajournement de la discussion jusqu'après le rapport du compte général de l'administration de M. Narbonne. (On murmure.) Il y a encore mille raisons à opposer à M. Narbonne. (Nouveaux murmures.)

M. Dumas. L'assemblée a décidé que M. Narbonne serait entendu ; je demande qu'il le soit sur-le-champ.

M. le président. Je préviens l'assemblée que M. Narbonne est ici, et qu'il attend, pour paraître, les ordres de l'assemblée.

L'assemblée décide que M. Narbonne sera introduit.]

M. Narbonne paraît à la barre. — La grande majorité de l'assemblée applaudit. — Il prononce une longue apologie que les conclusions de Fauchet nous dispensent de transcrire. Il se retire au milieu de nouveaux applaudissemens.

[*M. Duhem.* Je sais que je ne serai point entendu avec faveur en ce moment, l'assemblée s'étant avilie jusqu'à applaudir M. Narbonne... (Deux ou trois membres de l'assemblée, et quatre ou cinq personnes des tribunes applaudissent.)

Des cris *à l'Abbaye! à l'Abbaye!* se font entendre dans une grande partie de la salle.

M...... L'assemblée ne se serait avilie que dans le cas où elle aurait applaudi à la proposition de M. Duhem, de garder M. Narbonne à vue.

Les cris continuent : *A l'Abbaye! à l'Abbaye!*

M. Duhem monte précipitamment à la tribune. — Quelques membres de l'assemblée, et les tribunes publiques placées aux extrémités de la salle, applaudissent.

Une agitation violente se manifeste dans l'assemblée.

M. Dumoslard. Je demande la parole pour une motion d'ordre. Vous avez entendu avec quelle indécence les tribunes viennent d'applaudir le membre qui s'est permis de manquer à l'assemblée nationale; et quand je dis les tribunes, je ne veux pas confondre les personnes qui sont peut-être soudoyées par l'aristocratie, les personnes à qui l'on indique, du geste, la contenance qu'elles doivent tenir, et les paisibles citoyens qui assistent à nos délibérations. Je fais donc la motion que l'on fasse sortir sur-le-champ les tribunes placées aux extrémités de la salle. (Les murmures sont mêlés de cris tumultueux.) Nos prédécesseurs ont sauvé la nation française du despotisme. (*Une voix s'élève* : Par la révision.) Sauvons-la d'un mal non moins dangereux. Mirabeau disait à cette tribune : « Le néant est là, il attend la noblesse ou la Constitution. » Et moi, je vous dis : « Le néant est là, il attend le règne des lois ou l'anarchie. » (On applaudit.)

M. Dubayet. Je demande que l'assemblée se fasse respecter par toutes les tribunes qui sont prêtes à lui manquer.

L'agitation continue.

MM. Merlin, Larivière et Taillefer occupent la tribune, et se disputent la parole.

M. Merlin. Je suis loin d'approuver ceux qui manquent au respect dû aux représentans du peuple, assemblés à l'assemblée nationale. (On rit, on murmure, on demande l'ordre du jour.) Mais lorsque ces représentans ont pu applaudir un homme qu'ils allaient juger, les tribunes ont pu applaudir... (Les deux tribunes placées à l'extrémité de la salle retentissent d'applaudissemens. — Quelques personnes ; placées dans les tribunes latérales, applaudissent.)

Tous les membres placés à la gauche de M. le président quittent leurs places, se répandent dans la salle, et demandent à grands cris un comité général. L'assemblée est dans la plus violente agitation.

M. le président se couvre.

Les membres qui avaient quitté leurs places les reprennent; le calme se rétablit.

M. le président rappelle l'assemblée au respect qu'elle se doit à elle-même.

M. Lagrevole. Plusieurs membres, poussés par une juste indignation, ont demandé un comité général; un instant de réflexion leur fera sentir que l'assemblée doit en ce moment prendre une mesure qui aille plus directement au but qu'elle doit se proposer. M. Duhem a paru manquer à l'assemblée. (Une voix s'élève : *dites qu'il y a manqué.*) Il montait à la tribune sans doute pour se justifier ; et c'est en ce moment que les tribunes vous disent, par leurs applaudissemens : « Le membre

que vous improuvez, nous l'approuvons et nous le soutenons. »
Si l'assemblée était insensible à cette conduite, on ne sait à quel
point pourrait s'arrêter l'indécence. Je demande donc que les
deux tribunes qui ont applaudi sortent à l'instant. (On applaudit
dans une grande partie de la salle.)

Quelques membres réclament l'ordre du jour.

On demande que la proposition de faire sortir les deux tribunes placées aux extrémités de la salle soit mise aux voix.

M. Merlin. Je m'oppose à ce qu'on viole la Constitution.

M. Grangeneuve demande la parole.

M. le président veut consulter l'assemblée.

M. Ducos. Je demande à prouver......; entendez-vous monsieur le président?...

M. Lasource fait aussi des efforts inutiles pour se faire entendre.

M. Grangeneuve insiste pour avoir la parole.

L'assemblée décide qu'elle lui sera accordée.

M. Grangeneuve. Si l'on a voulu me refuser la parole parce qu'on me soupçonnait de n'être pas autant jaloux qu'un autre de conserver la dignité qui convient aux représentans du peuple, on ne m'a pas rendu justice. Mais s'il est possible d'allier avec l'équité une proposition moins rigoureuse que celle de M. Lagrevole, on me pardonnera les efforts que j'ai faits pour être entendu. Au moment où les tribunes ont applaudi, il n'y avait point encore de loi qui statuât sur le compte du ministre. (On murmure.) Je ne fais pas cette réflexion pour les disculper entièrement, mais pour marquer la différence qu'il y a entre la volonté présumée de l'assemblée et celle qu'elle a déclarée par un décret. M. Lagrevole ne propose pas de faire sortir toutes les tribunes, mais seulement celles....

Une voix s'élève des bas côtés : *Oui, celles du peuple.* (Les cris recommencent dans une partie de la salle. *A l'ordre ! à l'ordre !*)

M. le président. Je rappelle à l'opinant qu'il n'y a point de distinction entre les personnes qui assistent à nos séances, et que toutes les tribunes sont celles du peuple.

M. Grangeneuve. Quand j'ai dit les tribunes du peuple, je n'ai voulu que distinguer les tribunes publiques de celles où l'on n'entre qu'avec des billets.

M. Lagrevole, en proposant de les faire sortir, exclut de nos délibérations ce qui est essentiellement le peuple. (Les applaudissemens sont couverts par les murmures.)

L'agitation de l'assemblée empêche M. Lagrevole de se faire entendre.

M. Vergniaud paraît à la tribune.

L'assemblée ferme la discussion.

M. le président. Je rappelle à l'assemblée l'ordre de la délibération. D'une part, on demande que les tribunes sortent à l'instant; de l'autre, on demande qu'elles soient simplement rappelées au respect qu'elles doivent à l'assemblée, et qu'on passe de suite à l'ordre du jour; enfin on demande l'ordre du jour pur et simple. D'après le réglement, je mets d'abord aux voix cette dernière proposition.

L'assemblée consultée, décide à une très-grande majorité, qu'elle ne passera point à l'ordre du jour.

On demande la priorité pour la motion de M. Lagrevole.

La question préalable est réclamée sur cette proposition.

M. Vergniaud insiste pour être entendu.

M. le président veut consulter l'assemblée sur la question de priorité.

MM. Archier et Merlin crient : *Cela ne se peut pas, monsieur le président !*

Plusieurs membres demandent que M. Vergniaud soit entendu.

L'assemblée lui accorde la parole.

M. Vergniaud. Avec une courte explication, peut-être l'assemblée sortira-t-elle de l'embarras où elle se trouve. M. Duhem, dans un moment d'irréflexion, a employé une expression injurieuse; aussitôt il a senti sa faute, et il s'est précipité à la tribune pour faire part à l'assemblée de son repentir. (On rit.) Les tribunes, qui ont deviné l'intention de M. Duhem.... (On rit aux éclats,) ont applaudi, non à l'injure, mais aux mouvemens de repentir... (Les rires recommencent.) Je demande que M. Duhem, qui venait pour se rappeler lui-même à l'ordre, y soit en effet rappelé par l'assemblée.

La discussion est fermée.

M. le président. Je mets aux voix la priorité pour la motion de M. Lagrevole. (Le tumulte recommence; plusieurs voix : *Cela ne se peut pas!*)

M. Girardin. Suivez le réglement, monsieur le président : deux motions ont été faites, mettez aux voix la priorité.

M. Charlier. Je demande que M. Lagrevole soit rappelé à l'ordre, pour avoir fait une motion inconstitutionnelle.

M. le président. Je vais mettre aux voix la priorité.

M. Goupilleau. Vous ne le pouvez pas.

N..... Si vous le faites, je demande la parole contre vous, et que vous soyez rappelé à l'ordre.

On entend dans les tribunes placées aux extrémités de la salle ces cris : *Allons-nous-en! allons-nous-en!* — Plusieurs des personnes qui s'y trouvent, invitent du geste leurs voisins à sortir. — Quelques-unes paraissent menacer l'assemblée.

M. le président est couvert.

M. Lecointe-Puyravau. On a perdu de vue les principes, quand on soutient que l'assemblée n'a pas le droit de faire sortir les tribunes; elle ne porte point par-là atteinte à la loi qui exige la publicité de ses séances : seulement elle punit des personnes qui lui ont manqué de respect; j'ajoute qu'une loi positive lui accorde ce droit; mais je dois à la vérité de dire que j'ai remarqué dans les tribunes des extrémités, des personnes qui n'applaudissaient pas, et dans les tribunes latérales, des personnes qui applaudissaient; ainsi, en adoptant la proposition de M. Lagrevole, vous puniriez des innocens, et vous laisseriez impunis des coupables. Je fais donc la motion que le président rappelle à l'ordre les citoyens des tribunes qui ont applaudi.

L'assemblée adopte la proposition de M. Lecointe-Puyravau.

M. le président. Au nom de l'assemblée, je rappelle à l'ordre les citoyens des tribunes qui ont applaudi.

M. Duhem. Je prie l'assemblée de me juger avec rigueur, mais avec impartialité ; si on le croit nécessaire, je suis le premier à demander à être rappelé à l'ordre ; mais je prie aussi l'assemblée de me permettre de développer l'idée que je voulais lui soumettre lorsque j'ai été interrompu.

L'assemblée passe à l'ordre du jour.

M. Dumas. Le rapporteur de vos comités réunis a discuté les différens chefs d'accusation articulés contre le ministre de la guerre, de manière, je crois, à ne plus rien laisser à éclaircir, et le discours du ministre se rapporte si parfaitement avec ce rapport, que je ne crois pas qu'il soit nécessaire d'entrer dans une nouvelle discussion ; je demande qu'il soit déclaré, non pas qu'il n'y a pas lieu à accusation contre le ministre, mais qu'il n'y a pas à délibérer sur la dénonciation ; je me réserve de demander ensuite l'impression du rapport et du discours du ministre, afin d'effrayer enfin, par une justice éclatante, les dénonciateurs indiscrets ou coupables.

M. Rouyer. Je demande, pour l'intérêt même du ministre comme pour celui de l'assemblée, l'impression et l'ajournement du rapport.

M. Crublier-Opler. Je m'oppose à l'ajournement. Il est étonnant que, lorsqu'il s'agit d'absoudre, on invoque les ajournemens, que jamais on n'a pu obtenir lorsqu'il s'est agi d'accuser. Pour connaître, dans cette affaire-ci, le caractère des dénonciateurs, il suffit de se rappeler que déjà le prince de Hesse s'était rendu au comité militaire pour dénoncer M. Wittenkoff ; mais qu'ayant été sommé d'apporter les pièces qui pouvaient appuyer sa dénonciation, et s'étant même engagé à le faire, il n'a plus reparu. Il fit une autre dénonciation qui avait pour objet le retard des travaux des fortifications de Nancy, de Toul, etc. Nous lui observâmes que ces villes étant en troisième et en quatrième ligne, un décret de l'assemblée nationale s'opposait à ce qu'elles fussent mises sur le pied de guerre. D'après cela, on peut juger les talens militaires et les intentions des dénonciateurs.

M. Bazire. Je réclame l'ajournement d'un rapport dans lequel on ne propose rien moins que de mettre un *veto* sur l'opinion publique.

M. Daverhoult. La dénonciation faite contre le ci-devant ministre de la guerre consistait, partie dans des faits, partie dans des raisonnemens militaires. Il résulte évidemment du rapport, que les faits sont controuvés. Les raisonnemens décèlent la profonde ignorance du dénonciateur. Je crois qu'il serait absolument impolitique d'ordonner un ajournement. Quelle est en effet l'origine de cette dénonciation? Elle a été faite dans ce même comité secret que M. Narbonne a poursuivi lorsqu'il était dans le ministère, pour l'empêcher d'influencer le pouvoir exécutif; il ne faut pas que l'assemblée soit le jouet de ces viles intrigues de cour.

L'assemblée ferme la discussion.

M. Vaublanc. Votre comité vous propose de délibérer qu'il n'y a pas lieu à accusation. Comme la proposition d'accuser le ministre n'a été convertie en motion par aucun membre de l'assemblée, je demande qu'il soit décidé qu'il n'y a pas lieu à délibérer sur la dénonciation.

M. Reboul. Lorsqu'une fois l'assemblée nationale s'est nantie d'une dénonciation, elle exerce les fonctions de jurés, et par conséquent elle ne peut prononcer que par cette simple formule : il y a, ou il n'y a pas lieu à accusation. Je demande donc la question préalable sur la proposition de M. Vaublanc.

L'assemblée accorde la priorité au projet de décret des comités militaire et de surveillance.

Ce projet de décret est unanimement adopté ainsi qu'il suit :

« L'assemblée nationale, après avoir entendu la dénonciation faite contre M. Narbonne, ex-ministre de la guerre, par M. Dubois-Crancé, et appuyée par la municipalité et le directoire du département des Pyrénées-Orientales, et M. de Hesse, commandant général de la 10ᵉ division; après avoir ouï le rapport de ses comités militaire et de surveillance réunis, décrète qu'il n'y a pas lieu à accusation contre M. Narbonne. »]

ACTES DIPLOMATIQUES.

Séance du 5 avril.

[*M. le ministre des affaires étrangères.* Le courrier que j'avais envoyé à Turin, par l'ordre du roi, est arrivé avec la réponse à la dépêche dont je l'avais chargé pour M..., ministre de France auprès de la cour de Sardaigne. Comme notre politique ne doit plus rien avoir de mystérieux, je demande à l'assemblée la permission de lui lire d'abord la dépêche, ensuite la réponse.

A M...., chargé des affaires de France auprès de la cour de Turin, le 21 mars.

« J'aurais désiré, monsieur, trouver plus d'intérêt dans votre correspondance; mais je ne puis m'en prendre à vous, puisque depuis le départ de M. Choiseul vous n'avez reçu aucun ordre sur les démarches que vous aviez à faire auprès de la cour de Turin. Le roi veut que vous consultiez le ministre sur les dispositions de cette cour, parce que la nation française ne doit plus être incertaine sur le nombre de ses ennemis. Les intentions du roi, à l'égard de sa majesté sarde, sont très-amicales; mais les rassemblemens de troupes qui se font dans le Piémont, dans le Milanais, le transport d'un gros train d'artillerie en Savoie, sont des circonstances sur lesquelles vous pouvez demander des explications franches et promptes. Il n'est pas possible que la France voie sans inquiétude un train d'artillerie aussi considérable aux portes de Lyon. Ce train est inutile pour contenir les habitans, quelle que soit l'agitation des esprits, puisque des garnisons sont entretenues dans les villes. Il ne peut donc annoncer, de la part du gouvernement de Sardaigne que des intentions hostiles, surtout lorsque l'on voit que les émigrés français se rassemblent à Nice, non pas comme dans un asile; mais comme dans un cantonnement, où ils font des enrôlemens, achètent des armes, forment des magasins, et qu'ils sont soutenus par la cour de Turin. Le roi a déjà fait expliquer les électeurs de Trèves et de Mayence sur des dispositions semblables, et ces deux princes lui ont fait des réponses satisfaisantes. Il doit à la confiance de la nation de prendre les mêmes mesures à l'égard de sa majesté sarde, et de lui demander les mêmes explications.

» Vous déclarerez au ministre, 1° que la nation française désire de conserver la paix avec tous ses voisins, et surtout avec la Sardaigne, son alliée; 2° qu'elle espère la même réciprocité de sentimens de la part de sa majesté sarde; 3° que le roi, chargé particulièrement de veiller sur la sûreté extérieure du royaume, demande à sa majesté sarde des explications brèves sur le bruit qui s'est répandu que des troupes étaient disposées à entrer dans le Piémont; ce qui exigerait, de la part de la France, un rassemblement de forces équivalent; 4° le roi espère que, pour la sécurité de la France, sa majesté sarde s'empressera de faire repasser dans le Piémont le gros train d'artillerie qui a été envoyé en Savoie, où il est inutile : à moins qu'on ne médite une invasion; qu'elle ordonnera que les attroupemens des émigrés français du côté de Nice et près des frontières, seront dissipés; que leurs magasins seront éloignés, et que tout rassemblement hostile leur sera interdit, que pour cela il leur sera ordonné de s'éloigner à une distance telle qu'ils ne puissent plus porter le trouble dans les départemens méridionaux, ni menacer la sûreté des frontières. Le roi vous charge de demander, sur tous ces points, des réponses promptes et catégoriques. Il n'est pas possible qu'un roi qui est regardé comme le père de son peuple veuille entreprendre une guerre sanglante, dans le dessein de soutenir des émigrés qui n'invoquent son secours que pour porter le fer et la flamme dans leur patrie. C'est au cœur du roi que s'adressent ces demandes, qui n'ont toutes pour objet que de maintenir l'harmonie qui a subsisté jusqu'ici entre les deux nations. »

Réponse du chargé des affaires de France près la Cour de Turin, au ministre des affaires étrangères.

« Les dépêches dont vous m'avez honoré, datées du 21 mars, et qui m'ont été remises, le 27, par un courrier extraordinaire, exigent de moi une si prompte exécution des ordres du roi, que je ne me suis permis aucun retard. Je me suis rendu, le lendemain 28, chez le ministre à qui j'ai lu ces dépêches ; mais l'événement fâcheux dont j'ai eu l'honneur de vous faire un récit succinct, et qui est arrivé ce même jour, a nécessairement interrompu la marche des affaires, et le cœur paternel de sa majesté sarde en a été profondément affligé, sans cependant en être abattu. Le lendemain, le calme ayant été rétabli, j'ai sollicité une réponse ; le ministre m'a dit qu'il n'avait pas encore pris les ordres du roi. Dans la discussion que j'ai eue avec lui, je ne me suis jamais écarté de l'esprit de la dépêche. J'ai demandé une réponse pour le vendredi suivant ; mais le conseil s'étant ce jour-là prolongé fort tard, je n'ai pu l'obtenir que le lendemain. Le 31 au matin, le ministre m'a dit qu'il était autorisé par le roi son maître, à me donner les réponses suivantes sur les quatre articles contenus dans la dépêche, réponses, a-t-il ajouté, qu'on doit d'autant plus regarder comme franches, loyales et catégoriques, qu'elles portent sur des faits connus.

Réponses.

1° Le roi ne peut que recevoir avec plaisir les assurances que sa majesté très-chrétienne lui a fait remettre de son désir de concourir à tout ce qui peut assurer la prospérité des deux États, et le bon voisinage qui doit régner entre eux.

2° Sa majesté se flatte d'avoir donné assez de preuves de la réciprocité de ses sentimens, pour qu'on ne puisse douter de sa sincérité ; elle désire qu'on prenne en France les mêmes soins qu'elle a pris dans ses États pour le maintien de la paix.

3° Quoique le roi de Sardaigne ne puisse être tenu de donner des explications sur des demandes qui ne sont fondées que sur des bruits faussement répandus de rassemblemens prétendus, formés à Nice et dans les États voisins, elle s'empresse de donner les explications demandées sur tous les faits qui sont à sa connaissance. Les troupes du Milanais sont beaucoup au-dessous du pied de paix ; sa majesté ne leur a donné d'autre destination que celle de la garde de ses États. Il est notoire et public qu'il n'existe et n'a jamais été envoyé dans la Savoie aucun train d'artillerie, que même les bataillons qui y ont été envoyés en garnison n'ont pas emmené avec eux leur contingent de petites pièces de canon.

4o Sa majesté sarde s'étant constamment conformée au principe de ne souffrir aucun rassemblement d'émigrés dans ses États, et ayant eu le soin de dissiper ces rassemblemens, sans attendre aucune réquisition, ayant même récemment donné des ordres pour que les émigrés se retirassent dans l'intérieur du pays, loin des frontières, et pour qu'ils s'y tinssent même en petit nombre, il n'y avait pas lieu à donner de nouveaux ordres à cet égard ; que le fait des enrôlemens n'était pas plus fondé, puisqu'on n'a jamais toléré rien de semblable ; que les ordres donnés antérieurement ayant été loyalement exécutés, il ne peut donc plus y avoir de nouvelles dispositions.

D'après ces explications franches et catégoriques, le roi voudra bien faire aussi que, de sa part, il ne soit porté aucune atteinte aux lois du bon voisinage par des moyens ouverts ou cachés....

Tel est le résumé des réponses que m'a données le ministre..... Dans les conférences que j'ai eues avec lui, il m'a paru que le roi son maître fut faussement soupçonné de vouloir rompre l'harmonie qui existe entre les deux États ; il m'a rappelé les achats de grains autorisés en Savoie et en Piémont pour la France, et il m'a paru que le roi de Sardaigne était uniquement occupé de la conservation de la paix dans l'intérieur de ses États.]

SÉANCE DU 14 AVRIL.

[Tous les ministres du roi entrent dans la salle.

Le ministre des affaires étrangères. Monsieur le président, le roi m'ordonne de faire part à l'assemblée des dépêches de Vienne, arrivées cette nuit par un courrier extraordinaire.

Le ministre des affaires étrangères fait lecture, 1° de la lettre qu'il a écrite dans la nuit du 18 au 19 mars, à M. Noailles, ambassadeur de France auprès de la cour de Vienne. — Après lui avoir donné connaissance de son avénement au ministère, il lui ordonne, au nom du roi, de requérir la diminution des troupes dans les provinces belgiques, et la dispersion des français émigrés ; 2° de deux lettres de M. Noailles, en réponse à celle du ministre ; il y sollicite son rappel, déclare que sa présence et son intervention sont désormais inutiles, et qu'il croit devoir suspendre la remise de ses lettres de créance ; 3° d'une seconde lettre en date du 27 mars, par laquelle le ministre des affaires étrangères charge M. Noailles de déclarer que s'il n'obtient pas de la cour de Vienne une réponse catégorique et positive, au retour du courrier le roi se regardera comme en état de guerre. Enfin, il prévient l'assemblée que le roi vient de charger M. Mault de porter au roi de Bohême et de Hongrie une lettre écrite de sa main, dont voici la teneur ;

Lettre du roi, écrite de sa main au roi de Hongrie et de Bohême.

Monsieur mon frère et neveu, la tranquillité de l'Europe dépend de la réponse que fera votre majesté à la démarche que je dois aux grands intérêts de la nation française, à ma gloire et au salut des malheureuses victimes de la guerre, dont le concert des puissances menace la France. Votre majesté ne peut pas douter que c'est de ma propre volonté, et librement, que j'ai accepté la Constitution française ; j'ai juré de la maintenir ; mon repos et mon honneur y sont attachés : mon sort est lié à celui de la nation dont je suis le représentant héréditaire, et qui, malgré les calomnies qu'on se plaît à répandre contre elle, mérite et aura toujours l'estime de tous les peuples. Les Français ont juré de vivre libres ou de mourir ; j'ai fait le même serment qu'eux. Le sieur de Mault que j'envoie, mon ambassadeur extraordinaire auprès de Votre Majesté, lui expliquera les moyens qui nous restent pour empêcher et prévenir les calamités de la guerre qui menace l'Europe. C'est dans ces sentimens, etc. (On appplaudit.) *Signé* Louis.

M. Britch. L'assemblée a dû voir dans la conduite de M. Noailles une désobéissance formelle aux ordres du roi. Je la regarde comme une trahison, et je propose de le mettre en état d'accusation. (On applaudit.)

M. Mailhe. La conduite de M. Noailles me paraît aussi très-suspecte; mais elle mérite cependant d'être examinée. Je demande donc que les pièces soient renvoyées au comité diplomatique.

M. Kersaint. L'examen des pièces me paraît d'autant plus nécessaire, qu'il est impossible que la conduite de M. de Noailles soit spontanée; on connaît trop son dévouement à la personne du roi.

M. Guadet. Je ne m'oppose point au renvoi au comité diplomatique, si l'on entend par-là le renvoi des dépêches qui pourront mettre l'assemblée à même de découvrir les traîtres qui ont dirigé la conduite de M. Noailles; mais je m'y oppose, si l'on entend par-là retarder le décret d'accusation. Il n'y a rien à examiner : la désobéissance formelle à l'ordre du roi est constatée. Il est bon que la cour de Vienne, en recevant la preuve de l'énergie du roi, reçoive aussi celle de votre justice. (On applaudit.)

M. Merlin. C'est pour l'intérêt de la France et non pas pour celui de M. Noailles que je prends la parole. Je pense qu'on doit lui accorder la faculté de venir se justifier à la barre.... (On murmure.)

On demande que le décret d'accusation soit mis aux voix. — Quelques membres sollicitent le renvoi au comité.

Cette proposition est rejetée par la question préalable.

L'assemblée décrète qu'il y a lieu à accusation contre M. Noailles, ambassadeur de France auprès de la cour de Vienne.

L'assemblée ordonne l'impression des pièces dont le ministre des affaires étrangères a donné connaissance, et leur renvoi au comité diplomatique.

La séance est levée à quatre heures et demie.]

SÉANCE DU 19 AVRIL.

[*Le ministre des affaires étrangères.* J'ai l'honneur d'apporter à l'assemblée nationale une lettre du roi.

Lettre du roi.

« Je vous prie, monsieur le président, de prévenir l'assemblée que je compte m'y rendre demain à midi. »   *Signé* Louis.

Le ministre des affaires étrangères. Je vais maintenant vous donner connaissance de deux que j'ai reçues de M. Noailles, notre ambassadeur à la cour de Vienne.

Lettre de M. Noailles à M. Dumourier, en date du 5 avril.

« Votre expédition, monsieur, du 27 mars m'a été remise par le courrier Dotville, le 4 avril au matin. J'ai rempli sur-le-champ les instructions qu'elle portait, en allant trouver le vice-chancelier de cour et d'état comte de Cobentzel. J'ai préféré de m'adresser à lui, parce qu'il est plus accessible que M. le prince de Kaunitz, et que j'étais sûr, par cette voie, de faire parvenir promptement au souverain ce que je désirais qui vînt à sa connaissance.

» J'ai dit au vice-chancelier tout ce qui pouvait conduire à une explication définitive telle que vous la souhaitez. Je lui ai représenté combien les inquiétudes devenaient de jour en jour plus fondées, à la vue des préparatifs hostiles qui se faisaient de tous côtés contre nous; qu'en vain on nous objecterait nos propres armemens; qu'on n'ignorait pas qu'ils avaient été provoqués; que nous désirerions pouvoir prendre autant de confiance dans la conduite à notre égard des puissances étrangères, qu'elles avaient lieu d'être tranquilles sur nos dispositions; que si la malveillance se fût moins exercée contre nous, nous aurions achevé pacifiquement l'ouvrage de notre régénération; que la cour de Vienne avait commencé par former une ligue contre nous, par accorder asile et protection aux émigrés, par témoigner toute sorte d'intérêt à leurs agens : qu'aujourd'hui elle rassemblait dans le Brisgaw des forces qui nous étaient d'autant plus suspectes que la tranquillité des Pays-Bas n'exigeait rien de semblable; que nous avions besoin d'être rassurés autrement que par des paroles; que de simples assurances pacifiques ne nous paraîtraient actuellement avoir pour but que de gagner du temps; qu'enfin les choses en étaient venues au point que j'avais reçu l'ordre positif de demander une déclaration par laquelle la cour de Vienne renoncerait à ses armemens et à la coalition, ou d'annoncer qu'au défaut de cette déclaration le roi se regarderait comme en état de guerre avec l'Autriche, et qu'il serait fortement soutenu par la nation entière, qui ne soupirait qu'après une prompte décision.

» Le comte de Cobentzel a entrepris de justifier sa cour sur les vues hostiles qu'on lui supposait. Il m'a protesté que le roi de Hongrie et de Bohême était très-éloigné de vouloir se mêler de nos affaires intérieures, et ne pensait nullement à appuyer les intérêts des émigrés. Il m'a répété ce qu'il m'avait déjà dit plusieurs fois, qu'on avait envoyé des renforts dans le Brisgaw, parce qu'on les avait jugés nécessaires au pays pour y maintenir l'ordre et la justice, et pour être à portée de donner du secours aux états de l'empire qui requerraient assistance dans le voisinage. J'ai observé que tant de précautions, d'après le concert qui nous était connu, ne justifiaient que trop nos alarmes. J'ai insisté particulièrement sur la cessation de ce concert, si contraire à ce que nous aurions dû attendre de notre allié.

» La réplique du comte de Cobentzel m'a confirmé dans l'opinion où j'ai toujours été qu'on ne voulait pas nous attaquer, mais qu'on se préparait à nous faire des demandes sur lesquelles il serait peut-être difficile de s'entendre avant d'avoir essayé la force des armes. Le ministre autrichien m'a dit que le concert n'était plus une affaire personnelle au roi de Hongrie et de Bohême; qu'il ne pouvait s'en retirer qu'avec les autres cours, et que ce concert continuerait d'avoir le même objet, aussi long-temps qu'on n'aurait pas terminé ce qui restait à régler avec la France. Il m'a spécifié ces trois points :

» 1° La satisfaction des princes possessionnés ;

» 2° La satisfaction du pape pour le comtat d'Avignon ; (On rit.)

» 3° Les mesures que nous jugerions à propos de prendre, mais qui fussent telles que notre gouvernement eût une force suffisante pour réprimer ce qui pouvait inquiéter les autres états.

» Tous les raisonnemens sur ces différens objets étant épuisés de notre part, et le système qui est établi ici ne paraissant pas près de changer, j'ai demandé au comte de Cobentzel si, pour réponse aux représentations que je venais de lui faire, je pouvais mander que sa cour s'en tenait à la note officielle du 10 mars. Le vice-chancelier, se trouvant gêné dans le cercle où je le renfermais, m'a répondu qu'il prendrait les ordres du roi, et qu'il ne tarderait pas à m'informer de ce que Sa Majesté le chargerait de me dire.

» M. de Bischoffswerder est parti le 5 de ce mois, monsieur, pour retourner à Berlin. Il se serait mis plus tôt en route, mais il a attendu pendant quelques jours, m'a-t-on dit, la rédaction d'une circulaire qui doit être adressée aux cours coalisées, et vraisemblablement aux états de l'empire, comme co-états, pour demander à chacun les secours qu'il se propose de fournir en cas de guerre, soit en hommes, soit en argent. Je n'ai cependant aucune certitude sur le fait de cette circulaire. M. de Bischoffswerder s'arrêtera à Prague pour voir le prince de Hohenlohe, et convenir avec lui du jour et du lieu où le général autrichien pourra avoir une entrevue avec M. le duc de Brunswick. On croit que cette entrevue aura lieu à Leipsick, dans le courant du mois. Suivant toutes mes notions, la cour de Vienne a adopté un plan purement défensif, malgré les instances de la cour de Berlin pour lui en faire admettre un autre. »

Dépêche de M. Noailles à M. Dumourier en date du 7 avril.

« J'attendais, monsieur, pour faire partir le courrier, la réponse du vice-chancelier, comte de Cobentzel. Il vient de me dire, de la part du roi de Hongrie, que la note en date du 18 mars contenait la réponse aux demandes que j'avais été chargé de renouveler ; qu'on pouvait d'autant moins changer les dispositions exprimées dans cette note, qu'elle renfermait aussi l'opinion du roi de Prusse sur les affaires de France, opinion conforme en tous points à celle du roi de Hongrie. M. le comte de Cobentzel m'a également prévenu qu'il avait reçu l'ordre de sa majesté de faire le même rapport à M. de Blumendorf, à Paris.

M. Lérembourg. M. Noailles n'est pas plus coupable pour avoir gardé pendant quelques heures les dépêches de M. Dumourier, que M. Dumourier pour avoir gardé pendant cinq jours les dépêches de M. Noailles, sans en avoir donné connaissance à l'assemblée. Je demande donc que le décret d'accusation rendu contre M. Noailles soit rapporté sur-le-champ.

M. Mayern. Quand l'assemblée a cru M. Noailles coupable, elle n'a pas hésité à le mettre en accusation ; aujourd'hui qu'elle le sait innocent, elle ne doit pas hésiter à retirer son décret.

Quelques membres réclament l'ordre du jour.

L'assemblée décide qu'elle ne passera pas à l'ordre du jour.

Le décret d'accusation rendu contre M. Noailles, ambassadeur de France à la cour de Vienne, est rapporté à la presque unanimité.]

SÉANCE DU 20 AVRIL.

[*Un huissier.* — Messieurs, voilà le roi.

Le roi entre accompagné de tous ses ministres.—Tous les membres sont debout et découverts.—Le roi va prendre la place assignée par le règlement.—Il s'assied.— Les députés s'asseyent. — Les ministres restent debout autour du roi.

Le roi. Je viens au milieu de l'Assemblée nationale, pour l'entretenir d'un des objets les plus importans dont elle puisse s'occuper. Mon ministre des affaires étrangères va vous lire le rapport qu'il a fait à mon conseil sur notre situation politique.

Le ministre des affaires étrangères fait lecture de ce rapport.

Rapport fait au conseil, le 18 avril 1792, l'an IV de la liberté.

« Sire, lorsque vous avez juré de maintenir la Constitution qui a assuré votre couronne, lorsque votre cœur s'est sincèrement réuni à la volonté d'une grande nation libre et souveraine, vous êtes devenu l'objet de la haine des ennemis de la liberté. L'orgueil et la tyrannie ont agité toutes les cours ; aucun lien naturel, aucun traité n'a pu arrêter leur injustice. Vos anciens alliés vous ont effacé du rang des despotes; mais les Français vous ont élevé à la dignité glorieuse et solide de chef suprême d'une nation régénérée. Vos devoirs sont tracés par la loi que vous avez acceptée, et vous les remplirez tous. La nation française est calomniée ; sa souveraineté est méconnue; des émigrés rebelles trouvent un asile chez nos voisins ; ils s'assemblent sur nos frontières ; ils menacent ouvertement de pénétrer dans leur patrie, d'y porter le fer et la flamme. Leur rage serait impuissante, ou peut-être elle aurait déjà fait place au repentir, s'ils n'avaient pas trouvé l'appui d'une puissance qui a brisé tous ses liens avec nous dès qu'elle a vu que notre régénération changerait la forme de notre alliance avec elle, et la rendrait nécessairement plus égale.

» Depuis 1756, l'Autriche avait abusé d'un traité d'alliance que la France avait toujours trop respecté. Ce traité avait épuisé depuis cette époque notre sang et nos trésors, dans des guerres injustes que l'ambition suscitait, et qui se terminaient par des traités dictés par une politique tortueuse et mensongère, qui laissait toujours subsister des moyens d'exciter de nouvelles guerres. Depuis cette fatale époque de 1756, la France s'avilissait au point de jouer un rôle subalterne dans les sanglantes tragédies du despotisme ; elle était asservie à l'ambition toujours inquiète, toujours agissante de la maison d'Autriche, à qui elle avait sacrifié ses alliances naturelles.

» Dès que la maison d'Autriche a vu dans notre Constitution que la France ne pourrait plus être le servile instrument de son ambition, elle a juré la destruction de cette œuvre de la raison ; elle a oublié tous les services que la France lui avait rendus ; enfin, ne pouvant plus dominer la nation française, elle est devenue son ennemie implacable.

» La mort de Joseph II semblait présager plus de tranquillité de la part de son successeur Léopold qui, ayant appelé la philosophie dans son gouvernement de Toscane, paraissait ne devoir s'occuper que de réparer les calamités que l'ambition démesurée de son prédécesseur avait attirées sur ses États. Léopold n'a fait que paraître sur le trône impérial, et cependant c'est lui qui a cherché à exciter sans cesse toutes les puissances de l'Europe. C'est lui qui a tracé dans les conférences de Padoue, de Reichenbach, de La Haye et de Pilnitz, les projets les plus funestes contre nous; projets qu'il a couverts, Sire, du prétexte avilissant d'une fausse compassion pour votre majesté, pendant que vous déclariez à tout l'univers que vous étiez libre; pendant que vous déclariez que vous aviez accepté franchement et que vous soutiendriez de tout votre pouvoir la Constitution.

» C'est alors que, calomniant la nation dont vous êtes le représentant héréditaire, et vous fesant l'outrage de feindre de ne pas croire à votre liberté et à la pureté de vos intentions, ce prince employait tous les ressorts d'une politique sombre et astucieuse, pour grossir le nombre des ennemis de la France, sous les prétextes les moins faits pour autoriser une ligue aussi menaçante. C'est Léopold qui, lié depuis long-temps avec la Russie pour partager les dépouilles de la Pologne et de la Turquie, a détaché de notre alliance ce roi du nord dont l'inquiète activité n'a pu être arrêtée que par la mort, au moment où il allait devenir l'instrument de la fureur de la maison d'Autriche.

» C'est Léopold qui a animé contre la France le successeur de l'immortel Frédéric, contre lequel, par une fidélité à des traités imprudens, nous avions, depuis près de quarante ans, défendu la maison d'Autriche. C'est Léopold qui s'est déclaré le chef d'une ligue qui tend au renversement de notre Constitution. C'est lui qui, dans des pièces officielles que l'Europe jugera, invite une partie de la nation française à s'armer contre l'autre, cherchant à réunir sur la France les horreurs de la guerre civile aux calamités de la guerre extérieure.

» Tels sont les attentats de l'empereur Léopold contre une nation généreuse qui, même depuis sa régénération, respectait ses traités, quelque désavantageux et quelque funestes qu'ils lui fussent.

» Il est nécessaire de rapporter à votre majesté une note officielle, du 18 février, du prince de Kaunitz, parce que cette note est la dernière pièce de négociation entre l'empereur Léopold et votre majesté.

» C'est dans cette note officielle du 18 février surtout, que ses projets hostiles sont à découvert. Cette note, qui est une véritable déclaration de guerre, mérite un examen réfléchi. Le prince de Kaunitz, qui est l'organe de son maître, commence par dire que « jamais intention partiale et pacifique n'a été plus clairement énoncée et constatée que celle de S. M. I., dans l'affaire des rassemblemens au pays de Trèves. » A la vérité, la cour de Vienne avait fait sortir des Pays-Bas les émigrés armés, de peur que le ressentiment des Français ne les portât à entrer dans les provinces Belgiques, où s'étaient faits les premiers rassemblemens, où les rebelles tiennent encore un état-major d'officiers-généraux en uniforme et avec la cocarde blanche ; à la cour même de Bruxelles, où, contre les capitulations et cartels, on recevait et on reçoit encore journellement des bandes nombreuses, et même des corps entiers avec armes, bagages, officiers, drapeaux et caisse militaire ; donnant ainsi une injuste protection à la désertion la plus criminelle, accompagnée de vol et de trahison. Dans le même temps, la cour de Vienne, sur la demande irrégulière de l'évêque de Bâle, établissait une garnison dans le pays de Porentruy, pour s'ouvrir une entrée facile dans le département du Doubs, violant, par l'établissement de cette garnison, le territoire du canton de Bâle, violant les traités qui mettent le pays de Porentruy sous la garantie de ce canton et de la France.

» Dans le même temps, la cour de Vienne augmentait considérablement ses garnisons dans le Brisgaw. Dans le même temps, la cour de Vienne donnait des ordres au maréchal de Bender de se porter avec ses troupes dans l'électorat de Trèves, au cas où les Français s'y porteraient pour dissiper les rassemblemens de leurs rebelles émigrés. A la vérité, la cour de Vienne semblait prescrire à l'électeur de Trèves de ne plus tolérer ces rassemblemens : à la vérité aussi, ce prince ecclésiastique semblait, pour un moment, dans l'intention de dissiper ces attroupemens ; mais tout cela n'était qu'illusoire : on cherchait à abuser votre ministre à Trèves par des mensonges et à l'intimider par des outrages. Les attroupemens ont recommencé à Coblentz en plus grand nombre, leurs magasins sont restés dans le même état, et la France n'a vu, dans toute cette affaire, qu'un jeu perfide, des menaces et de la violence.

» M. de Kaunitz ajoute, « que la nature et le but légitime des propositions de concert faites par l'empereur au mois de juillet 1791, aussi bien que la modération et l'intention amicale de celle qu'il fit au mois de novembre suivant, n'ont pu échapper à la connaissance du gouvernement français. » Cet aveu du prince Kaunitz confirme les desseins hostiles de la cour de Vienne ; il prouve qu'au mépris de son alliance, il provoquait les autres puissances de l'Europe à former contre la France une ligue offensive, qui n'est que suspendue par la lettre circulaire du prince de Kaunitz, au 12 novembre.

» M. de Kaunitz dit ensuite « que toute l'Europe est convaincue avec l'empereur, que ces *gens* notés par la dénomination du parti *Jacobin* voulant d'abord exciter la nation à des armemens et puis à sa rupture avec l'empereur, après avoir fait servir des rassemblemens dans les États de Trèves de prétextes au premier, cherchent maintenant à amener des prétextes de guerre par les explications qu'ils ont provoquées avec sa majesté impériale d'une manière astucieuse et accompagnées de circonstances calculées visiblement à rendre difficile à ce prince de concilier dans ses réponses les intentions pacifiques et amicales qui l'animent, avec le sentiment de sa dignité blessée et de son repos compromis par les fruits de leur manœuvre. »

» Cette phrase obscure contient une fausseté, une injure. Ce que M. de Kaunitz désigne par des *gens*, c'est l'Assemblée, c'est la nation entière exprimant son vœu par ses représentans ; ce n'est point un club qui a demandé des explications catégoriques ; et on voit, dans la distinction que fait le ministre autrichien, le projet perfide de représenter la France comme en proie à des factions qui ôtent tout moyen de négocier avec elle. Le reste de cette note est une explosion de son humeur contre ce qu'il nomme le parti des Jacobins, qu'il qualifie de *secte pernicieuse*.

» La mort de l'empereur Léopold aurait dû amener d'autres principes de négociations; mais le système de la maison d'Autriche est toujours le même, et le changement des princes qui gouvernent n'y apporte aucune variation.

» Le roi de Bohême et de Hongrie, sollicité de répondre catégoriquement pour faire cesser les inquiétudes des deux nations et pour opérer la tranquillité de l'Europe, a fait connaître ses dernières résolutions à votre majesté, par une dernière note du prince Kaunitz, datée du 18 mars.

» Comme cette note est l'*ultimatum* de la cour de Vienne, comme elle est encore plus provocante que toutes les autres pièces de cette négociation, elle mérite aussi un examen réfléchi. Le premier mot de cette note est une injure artificieuse : *Le gouvernement français ayant demandé des éclaircissemens catégoriques, etc., etc.* Sire, il n'est donc plus question du roi des Français. M. de Kaunitz vous sépare de la nation pour faire croire que vous n'êtes pas libre, que vous n'êtes pour rien dans les négociations et que vous n'y prenez aucun intérêt. L'honneur de votre majesté est engagé à démentir cette perfide insinuation.

» M. de Kaunitz dit ensuite : « Mais à plus forte raison convenait-il à la dignité de grandes puissances de réfuter avec franchise et de ne point traiter d'*insinuations confidentielles*, qui puissent être dissimulées dans la réponse à des imputations et des interprétations auxquelles se trouvaient mêlés les mots de *paix* ou de *guerre* et accompagnées de provocations de tous genres. »

» Certainement, le ministre des affaires étrangères doit regretter d'avoir placé dans une telle négociation des insinuations confidentielles; mais il ne pouvait pas imaginer que le prince Kaunitz aurait la perfidie de les tronquer et de les dénaturer pour en abuser. Et si la négociation reprenait une tournure pacifique, la première démarche de votre majesté serait de demander au roi de Bohême et de Hongrie la punition d'un premier ministre infidèle, qui, par des abus de confiance, s'est efforcé d'aliéner le cœur de ce jeune monarque, et de rendre irréconciliables deux nations faites pour s'estimer.

» Le prince de Kaunitz parle ensuite « de la justice des motifs sur lesquels se fondent les explications données par ordre de feu l'empereur ; » et il ajoute, « que le roi de Hongrie adopte complétement sur ce point les sentiments de son père. » Il dit ensuite, « qu'on ne connaît point d'armement et de mesures dans les États autrichiens qui puissent être qualifiés de préparatifs de guerre. »

» Le contraire est prouvé, le concert des puissances est connu, les armées autrichiennes s'assemblent, les places fortes s'élèvent, les camps sont tracés, les généraux et les armées sont désignés et le prince de Kaunitz oppose à tant de faits une dénégation dénuée de toute vraisemblance. C'est à nous qu'il dit « que les troubles des Pays-Bas sont suscités par les exemples de la France et par les coupables menées des Jacobins. » Comme si les troubles des Pays-Bas n'avaient pas précédé la révolution française; comme s'il avait pu oublier que l'assemblée constituante avait refusé de prendre aucune part à ces troubles.

» M. de Kaunitz ajoute : « Quant au concert dans lequel feu sa majesté impériale s'est engagée avec les plus respectables puissances de l'Europe, le roi de Hongrie et de Bohême ne saurait anticiper sur leurs opinions et sur leur détermination commune ; mais toutefois il ne croit point qu'elles jugeront convenable ou possible de faire cesser ce concert, avant que la France ne fasse cesser les motifs graves qui en ont provoqué ou nécessité l'ouverture. » Voilà donc le roi de Bohême et de Hongrie accédant à la ligue formée par son père contre la France, déclarant que cette ligue doit durer jusqu'à ce que nous ayons soumis notre Constitution à son jugement et à sa révision; le voilà donc avouant un traité qui rompt formellement celui de 1756.

» Mais, dussent leurs desseins et leurs artifices prévaloir, sa majesté se flatte que du moins la partie saine et principale de la nation envisagera alors, comme une perspective consolante d'appui, l'existence d'un concert dont les vues sont dignes de sa confiance et de la crise la plus importante qui ait jamais affecté les intérêts communs de l'Europe. » On ne dissimule pas même, dans ces perfides expressions, le projet d'armer les citoyens; c'est ainsi que ce ministre octogénaire lance au milieu de nous, d'une main débile, le tison de la guerre civile.

» Non, sire, les Français ne se désuniront pas lorsque la France sera en danger. Beaucoup d'émigrés quitteront les étendards criminels qu'ils ont suivis; ils rougiront de leurs erreurs et viendront les expier en combattant pour la patrie. Votre majesté donnera l'exemple du civisme en ressentant les injures qui sont faites à la nation.

» Lorsque vous m'avez chargé du ministère des affaires étrangères, j'ai dû remplir la confiance de la nation et la vôtre en employant en votre nom le langage énergique de la raison et de la vérité. Le ministre de Vienne se voyant trop pressé par une négociation pleine de franchise, s'est renfermé en lui-même et s'est référé à cette note du 18 mars, dont je viens de vous présenter l'analyse; cette note est une véritable déclaration de guerre. Les hostilités n'en sont que la conséquence; car l'état de guerre ne consiste pas seulement dans les coups de canon, mais dans les provocations, les préparatifs et les insultes.

» Sire, de cet exposé, il résulte, 1° que le traité de 1756 est rompu par le fait de la maison d'Autriche; 2° que le concert entre les puissances, provoqué par l'empereur Léopold, au mois de juillet 1791, confirmé par le roi de Hongrie et de Bohême, d'après la note du prince de Kaunitz, du 18 mars 1792, qui est l'*ultimatum* des négociations, étant dirigé contre la France, est un acte d'hostilité formel; 3° Qu'ayant mandé par ordre de votre majesté *qu'elle se regarderait décidément comme en état de guerre, si le retour du courrier n'apportait pas une déclaration prompte et franche*, en réponse aux deux dépêches des 19 et 27 mars, cet *ultimatum*, qui n'y répond point, équivaut à une déclaration de guerre; 4° Que dès ce moment il faut ordonner à M. de Noailles de revenir en France sans prendre congé, et cesser toute correspondance avec la cour de Vienne.

» Après toutes les réflexions qu'entraîne une détermination aussi importante, dans laquelle il s'agit de peser, dans la balance de l'équité la plus rigoureuse, d'un côté le danger de ne pas soutenir et venger la souveraineté méconnue de la nation française, de l'autre les calamités que peut entraîner la guerre :

» Considérant que les circonstances impérieuses où nous nous trouvons, et qui deviennent de jour en jour plus instantes par l'approche de différens corps de troupes autrichiennes qui s'assemblent de toutes parts sur nos frontières, nous ont amenés au point de prendre un parti décisif. — Résumons le passé :

» Le 29 novembre, députation de l'assemblée nationale au roi pour l'inviter à prendre les mesures les plus fermes, pour mettre fin aux attroupemens et enrôlemens qui se faisaient sur les frontières, et pour exiger une réparation en faveur des citoyens français qui avaient reçu des outrages.

» Le 14 décembre, le roi témoigne à l'assemblée nationale la confiance qu'il avait encore à cette époque dans les bonnes dispositions de l'empereur, en ajoutant qu'il prenait en même temps les mesures militaires les plus propres à faire respecter ses déclarations; et que, si elles n'étaient point écoutées, il ne lui resterait qu'à proposer la guerre. C'est alors que l'assemblée nationale décrète le développement des forces qui garnissent les frontières de l'empire.

» Le 14 janvier, l'assemblée nationale invite le roi à demander à l'empereur, au nom de la nation française, des explications claires et précises sur ses dispositions; elle fixe le terme du 10 février pour les réponses, et à défaut de réponse, *ce procédé de l'empereur sera envisagé par la nation comme une rupture du traité de 1756, et comme une hostilité.*

» Le 25 janvier, l'assemblée nationale donne un décret en cinq articles, dont le troisième prolonge le terme fatal donné à l'empereur, jusqu'au 1er mars, et ajoute que *son silence, ainsi que toutes réponses évasives ou dilatoires seront regardées comme une déclaration de guerre;*

» Considérant que l'honneur du roi des Français et sa bonne foi sont perfidement attaquées par l'affectation marquée de le séparer de la nation, dans la note officielle du 18 mars, qui répond *au gouvernement français*, au lieu de répondre *au roi des Français*.

» Considérant que, depuis l'époque de la régénération, la nation française est provoquée par la cour de Vienne et ses agens, de la manière la plus intolérable; qu'elle a continuellement essuyé des outrages en la personne de M. Duveyrier, envoyé par le roi, et retenu indignement en état d'arrestation; dans celle d'un grand nombre de citoyens français outragés ou emprisonnés dans les différentes provinces de la domination autrichienne, par haine pour notre Constitution, pour notre uniforme national et pour les couleurs distinctives de notre liberté.

» Considérant que dans toute la Constitution il ne se trouve aucun article qui autorise le roi à déclarer que la nation est en état de guerre, qu'au contraire, dans l'art. II, section Ire du chap. III : *De l'exercice du pouvoir législatif*, il est dit ce qui suit : « La guerre ne peut être décidée que par un décret du corps législatif, rendu sur la proposition formelle et nécessaire du roi, et sanctionné par lui. » Qu'ainsi ce n'est pas un conseil que le roi peut demander, mais une proposition formelle qu'il doit nécessairement faire à l'assemblée nationale.

» Considérant enfin que le vœu prononcé de la nation française est de ne souffrir aucun outrage, ni aucune altération dans la constitution qu'elle s'est donnée; que le roi, par le serment qu'il a fait de maintenir cette Constitution, est devenu dépositaire de la dignité et de la sûreté de la nation française. Je conclus à ce que, forte de la justice de ces motifs, et de l'énergie du peuple français et de ses représentans, sa majesté, accompagnée de ses ministres, se rende à l'assemblée nationale pour lui proposer la guerre contre l'Autriche.

Le roi. Vous venez d'entendre le rapport qui a été fait à mon conseil. Les conclusions y ont été adoptées unanimement. J'en ai moi-même adopté la détermination. Elle est conforme au vœu plusieurs fois exprimé de l'assemblée nationale et à celui qui m'a été exprimé par plusieurs citoyens de divers départemens. J'ai dû épuiser tous les moyens de maintenir la paix. Maintenant je viens, aux termes de la Constitution, vous proposer formellement la guerre contre le roi d'Hongrie et de Bohême.

M. le président. Sire, l'assemblée nationale prendra en très-grande considération la proposition formelle que vous lui faites. Votre majesté sera instruite par un message du résultat de sa délibération.

Le roi sort de la salle. — On entend quelques applaudissemens et des cris de : *vive le roi.*

L'assemblée s'ajourne à cinq heures du soir.]

SÉNCE DU 20 AU SOIR.

M. Lasource. L'assemblée s'est ajournée pour examiner la proposition du roi; mais je crois que pour donner à la délibération plus de solennité, elle doit renvoyer la proposition du roi à son comité diplomatique, pour qu'il lui en soit fait un rapport dans la séance de demain. (Il s'élève quelques applaudissemens et des murmures.)

M. Daverhoult. La détermination que vous allez prendre est de la nature de celles où la prudence du législateur doit s'allier avec le courage et l'impétuosité du caractère national. Je pense que la guerre doit être décrétée, mais seulement après de mûres délibérations. Il importe que la discussion qui précédera votre décret répande dans tous les esprits la conviction qu'elle est devenue inévitable. Je demande donc qu'il soit fait un rapport par le comité diplomatique, et que la discussion ne s'ouvre que dans la séance de demain.

N.... Je crois qu'il est d'autant plus important que vous entendiez un rapport de votre comité, que l'une des bases essentielles de votre délibération vous manque, je veux dire la connaissance des communications politiques entretenues par le ministre des affaires étrangères avec la Prusse. (Il s'élève de violens murmures.

— On demande que l'opinant soit formellement rappelé à l'ordre de la question. — Il quitte la tribune.)

M. *Mailhe*. Je m'oppose au renvoi au comité diplomatique; et je vais faire quelques observations très-courtes pour en établir les inconvéniens. Depuis long-temps vos vœux, vos délibérations même, appelaient la proposition que le roi vous a faite ce matin; et sans les manœuvres d'un ministre perfide qui ménageait à nos ennemis le temps de réunir leurs forces, déjà peut-être les menaces de la maison d'Autriche se trouveraient converties en supplications. (On applaudit.) Quoi! lorsque la cour de Vienne couvrait encore du voile de la paix ses complots contre la liberté, vous provoquiez la guerre pour la forcer à reconnaître votre indépendance; et aujourd'hui que ce voile est déchiré, aujourd'hui qu'elle prend enfin une attitude hostile, vous perdriez le temps à de vaines discussions! (On applaudit à plusieurs reprises.) Songez bien à l'effet que peut produire la manière dont vous allez prononcer votre confiance dans le courage des défenseurs de la Constitution. Faites voir au peuple français, faites-lui voir par une délibération unanime... (*Plusieurs voix s'élèvent dans une partie de l'assemblée* : Non, non.) — M. Mailhe continue au milieu des applaudissemens de la grande majorité de l'assemblée et des tribunes. — (De nouveaux murmures l'interrompent encore.)

M. *Goupilleau*. Monsieur le président, maintenez donc l'assemblée dans l'ordre, et faites cesser les interruptions et les clameurs de cette partie de l'assemblée.

M. *Mailhe*. Puisque vous êtes fortement pénétrés des atteintes portées par les menaces de la cour de Vienne, à la dignité nationale, ne perdez pas le temps en vaines discussions; en un mot, ne faites pas aux braves défenseurs de la patrie l'injure de douter un seul instant de leur courage. (Il s'élève de nombreux applaudissemens.)

— On demande que la discussion s'ouvre à l'instant. — Cette motion, appuyée avec chaleur par un grand nombre de membres, est accueillie par les acclamations réitérées des spectateurs.

M. le président. L'assemblée me paraît disposée à entrer sur-le-champ dans le fond de la discussion. J'observe qu'en ce cas, M. Mailhe n'est pas inscrit le premier sur la liste de la parole. Je vais mettre la proposition d'ordre aux voix.

L'assemblée décide, à une très-grande majorité, que la discussion est ouverte sur la proposition du roi.

Quelques membres observent que le tumulte des discussions particulières les a empêchés de prendre part à la délibération. — Ils demandent qu'il soit fait une nouvelle épreuve.

M. Hua. J'appuie la proposition qui est faite de recommencer, dans le calme, la délibération qui vient d'être prise. J'observe que c'est de la sagesse et de la maturité de votre discussion, que va dépendre le sort de 25 millions d'hommes. La France entière a les yeux fixés sur vous, craignez qu'elle ne vous accuse d'avoir avili le caractère national, en portant la légèreté jusque dans les déterminations les plus graves. J'ai entendu dire, par le préopinant, que les représentans de la nation ne doivent pas paraître douter du courage des défenseurs de la patrie : cela est vrai; mais pour que ce courage ait une base solide, il faut que les Français aussi ne puissent douter de la prudence de leurs représentans. (Une partie de l'assemblée applaudit.) Quand, sur le rapport d'un ministre, rapport sur lequel je ne fais, quant à présent, aucune réflexion, quand, par une discussion précipitée, et dans une séance du soir.... (Il s'élève des murmures.)

M. Merlet. Je demande que l'opinant soit rappelé à l'ordre, afin qu'il sache que nous sommes assemblée nationale à six heures du soir comme à dix heures du matin. (On applaudit.)

M. Hua. Je dis que l'enthousiasme est bon sur le champ de bataille, mais que la prudence doit être au conseil; et c'est vous, messieurs, qui êtes le conseil de la nation. Comment est-il possible à des représentans du peuple, qui sont pénétrés des fonctions importantes qu'ils vont remplir, de précipiter leurs délibérations?.... (Les murmures recommencent.)

M. le président. M. Hua, je vous observe que vous n'avez demandé la parole que pour une motion d'ordre.

M. Hua. Je dis qu'il est une motion d'ordre à faire, qui paraîtra sans doute bien juste à ceux qui ont à cœur que l'assemblée prenne le ton de gravité qui lui convient ; c'est que la discussion ne soit pas ouverte sur-le-champ, et surtout qu'elle ne soit pas terminée dans cette séance. En effet, il est de principe qu'il faut que la guerre, avant d'être déclarée, soit démontrée inévitable, et par conséquent il est de notre devoir rigoureux de convaincre tous les individus de la nation.... (Il s'élève des murmures et quelques éclats de rire.) Oui, tous les individus de la nation, que la guerre est le seul parti qu'il nous reste à prendre. On est allé précipitamment aux voix sur la question de savoir si l'on ouvrirait sur-le-champ la discussion. Il paraît que l'affirmative a été décrétée ; eh bien ! moi, je dis que je n'ai rien entendu de tout ce que M. le président a mis aux voix, et que le tumulte ayant empêché un grand nombre de membres de participer à la délibération, ils ont le droit de demander qu'elle soit recommencée.

— Il se fait une nouvelle épreuve sur la proposition d'ouvrir sur-le-champ la discussion ; elle est redécrétée presqu'à l'unanimité et au bruit des applaudissemens des tribunes.

Les ministres entrent dans la salle, pour assister à la discussion.

M. Pastoret. Sans doute, nous ne devons pas nous laisser entraîner aux mouvemens exagérés de l'enthousiasme : cette passion ne doit pas, plus que toutes les autres, atteindre les législateurs d'un grand empire ; mais est-ce donc d'aujourd'hui que nous sommes provoqués, et doute-t-on encore de notre longue patience, pour oser nous accuser d'enthousiasme ? Le ministre des affaires étrangères nous a présenté aujourd'hui le tableau des griefs de la nation française envers la maison d'Autriche. Je n'entreprendrai pas de vous le retracer ; mais enfin ces armemens de concert provoqués par l'empereur, et maintenus, au prix de toutes sortes de sacrifices, par le roi de Hongrie et de Bohême ; la violation répétée des traités faits avec la France depuis 400 ans.... voilà, sans doute, des motifs suffisans pour autoriser la

France menacée, attaquée, à se mettre enfin en état de guerre pour sa propre défense. (On applaudit.) Il est temps de s'arracher enfin à la longue incertitude qui, depuis long-temps, tourmente tous les vœux et toutes les pensées; il est temps que l'on voie une grande nation déployer tout son courage et toute la force de sa volonté pour défendre sa liberté, c'est-à-dire la cause universelle des peuples.... Oui, la liberté va triompher, ou le despotisme va nous détruire. Jamais le peuple français ne fut appelé à de plus hautes destinées. Nous ne pouvons douter, quand nous connaissons le courage des gardes nationales, le zèle qu'elles ont montré pour la défense de la patrie, nous ne pouvons douter du succès d'une guerre entreprise sous de si généreux auspices. La victoire sera fidèle à la liberté; (On applaudit.) et les soldats citoyens et les citoyens soldats s'empresseront à la défendre d'une ardeur égale, et à l'affermir par des triomphes. Les défenseurs de la Constitution ne sont pas tous aux frontières : ils existent dans nos villes, ils font prospérer nos campagnes, ils travaillent dans nos ateliers; enfin, partout où il y a des Français libres, il y a des défenseurs de la liberté; et si nos ennemis pouvaient avoir un moment de succès, l'on verrait aussitôt se réunir, de toutes les parties de l'empire, des citoyens pour repeupler nos armées, y ranimer l'énergie et leur assurer des triomphes.... Jamais la nation française n'a mieux senti le besoin de la gloire, de la sûreté, de l'indépendance.

Je propose le projet de décret suivant :

« L'assemblée nationale, délibérant sur la proposition formelle du roi, décrète qu'il y a lieu à déclarer la guerre au roi de Bohême et de Hongrie, ordonne qu'une députation de 24 de ses membres portera ce décret au roi. (On applaudit.)

N..... Je demande que la discussion soit fermée, à moins que quelqu'un ne se présente pour parler contre.

M. Becquet. Si l'assemblée veut m'entendre, j'espère lui démontrer qu'elle ne peut pas accepter la proposition du roi.

Un grand nombre de voix. Oui, oui; parlez.

Il se fait un grand silence.

M. Becquet. Lorsque le roi propose de faire la guerre au nom de la nation, les représentans du peuple doivent se recueillir profondément sur une déclaration dont les conséquences peuvent si puissamment influer sur le sort des empires. Jamais délibération n'a dû être précédée d'un plus mûr, d'un plus sérieux examen; et, soit que vous adoptiez ou non la proposition du roi, il importe que votre délibération présente le tableau des dangers de l'un et l'autre parti ; il importe que l'opinion publique, éclairée par votre discussion, en reçoive une vive impulsion vers le but où vous voulez la diriger. Je vais donc entrer dans tous les développemens dont cette question me paraît susceptible.

Dans un pays libre, on ne fait la guerre que pour mettre la Constitution à l'abri des atteintes extérieures, ou pour venger des injures faites à la dignité nationale. Je vais examiner si, en entreprenant une guerre, dont vous ne pouvez calculer la durée, vous n'exposeriez pas, au contraire, cette même Constitution que vous voulez défendre, et si, d'ailleurs, le ministère autrichien vous y a effectivement provoqués; enfin, j'oserai combattre cette généreuse ardeur du peuple français ; et j'ai la confiance de croire qu'en énonçant, dans l'Assemblée nationale, une opinion qui a pour objet de garantir la nation du plus cruel des fléaux ; après l'esclavage, je serai entendu avec quelque faveur.

S'il est un moment où la nation ait besoin de calme, c'est sans doute celui qui succède aux secousses d'une grande révolution. Le mouvement toujours violent qui accompagne la destruction des abus anciens cause, toujours et inévitablement, un grand nombre de maux particuliers qui ne peuvent se réparer qu'au sein de la paix. Vouloir la guerre dans de telles circonstances, c'est vouloir prolonger les désastres et les malheurs particuliers, et retarder l'époque de la prospérité nationale. Des institutions nouvelles ne peuvent s'essayer et prospérer qu'à la faveur de la tranquillité publique. La guerre, au contraire, étant un état de crise, s'oppose aux mouvemens réguliers du corps politique; d'où il résulte qu'une nation qui vient de régénérer ses institutions, doit éviter soigneusement la guerre. (Il s'élève des murmures.)

Plusieurs voix. Patience!

M. Becquet. Ce principe me paraît impérieux lorsque je l'applique aux circonstances où nous nous trouvons. Notre Constitution n'est pas encore bien affermie; les pouvoirs constitués n'ont pas encore une marche bien assurée; la loi n'obtient pas partout l'obéissance qu'elle obtiendra sans doute par la suite, quand on s'en sera fait une espèce d'habitude et de religion; des dissentions intestines agitent nos départemens, et exigent l'emploi de la force pour réprimer les troubles sans cesse renaissans. Si nos armées combattent au-dehors, qui pourra contenir les séditieux au-dedans? (Les murmures redoublent.) Si le défaut de la force publique leur assure l'impunité, croyez qu'ils se livreront à plus d'audace.... Mais les finances surtout sont le nerf de l'État; les nôtres ont encore besoin de quelques années de repos pour que l'ordre puisse s'y rétablir.

M. Cambon. Vous ne les connaissez pas, monsieur; nous avons de l'argent plus qu'il n'en faut.

M. Becquet. Je sais combien est puissante la force morale qui résulte de la volonté de la nation entière; je sais quels prodiges de valeur on doit attendre des Français combattant pour la liberté; mais l'on sait aussi ce que nos armées de terre et de mer doivent inspirer d'inquiétudes, si nous avons à soutenir une guerre générale. (Une nouvelle irruption de murmures interrompt M. Becquet. — On demande qu'il soit rappelé à l'ordre.)

M. Dumas. Je demande qu'on ne viole pas ici la liberté des opinions.

M. le président. Messieurs, je vous prie de faire trêve aux murmures et aux conversations particulières, et de laisser le président rappeler l'opinant à l'ordre de la question, s'il s'en écarte.

M. Becquet. Il faut donc, avant d'entreprendre une guerre, examiner s'il ne nous reste aucun moyen de la prévenir, puisqu'elle peut avoir de si funestes effets, même dans le cas où nous serions victorieux. J'ajoute que la guerre que l'on vous propose peut devenir d'autant plus dangereuse qu'elle deviendrait une guerre générale, surtout si vous attaquez le Brabant. Les dernières dépêches de M. Noailles vous annoncent que la Prusse et la Bohême se préparent à un concert, c'est-à-dire, qu'elles réuniront leurs forces contre vous ; la plus grande partie de l'Allemagne épousera sur-le-champ la querelle de ces deux puissances, qui sont les régulatrices suprêmes de la conduite des électeurs. Je suppose que la diplomatie mystérieuse des puissances du midi ne recèle rien de contraire à vos espérances, du moins est-il certain que nous ne pouvons pas douter de la malveillance de celles du nord. Mais la puissance qui doit principalement fixer votre attention, c'est l'Angleterre; nous ne devons pas beaucoup compter sur les assurances de neutralité que nous a données son ministère; et surtout, comme je viens de le dire, si nous attaquons le Brabant. Depuis long-temps l'Angleterre regarde ce pays comme une barrière insurmontable, nécessaire à la sûreté et à la prospérité de son commerce, et qu'elle a acheté au prix de son sang; elle regarde le maintien du gouvernement actuel du Brabant comme un intérêt national; elle craindra que si le commerce des Pays-Bas franchit ses limites actuelles et s'étend au-delà de l'Escaut, il ne parvienne à rivaliser avec celui d'Angleterre. En effet, les Brabançons, une fois rendus à la liberté politique, ne voudront-ils pas aussi jouir de la liberté du commerce? (On applaudit.)

Enfin, l'Angleterre craindra aussi, pour la Hollande, une révolution nouvelle qui nuirait essentiellement à ses intérêts. Le parti stadhoudérien, pour lequel elle a prodigué ses secours, peut à peine contenir celui qui est attaché à la France. Tout mouvement qui ferait pencher la balance en faveur de la France, lui serait nuisible; elle se réunirait donc à la Prusse, pour soutenir le parti stadhoudérien? N'en doutons pas, le motif des assurances amicales du ministère anglais, c'est que cette nation aime la liberté que vous avez conquise; mais s'il présente à ce même peuple, dans la rupture qu'il médite avec la France, un grand intérêt commercial, bientôt vous aurez et la nation anglaise et l'Europe entière contre vous. Et quelle est la puissance qui pourrait résister à tant de forces réunies? La sagesse ne prescrit-elle pas de peser de si importantes considérations? Certes, si la justice décidait toujours du sort des armes, la victoire n'abandonnerait pas la cause de la liberté; mais comme la fortune n'accompagne pas toujours la justice et le courage, ne devons-nous pas réunir nos efforts pour préserver la patrie des grandes calamités qui la menacent?....

Si j'ai peint avec énergie les dangers de la guerre (Des ris et des murmures éclatent dans une grande partie de la salle.), c'est parce que j'ai tenu le langage de la vérité, et qu'il faut toujours la dire, surtout quand il s'agit d'arrêter les mouvemens impétueux d'une ardeur imprudente. Je me serais tû, s'il m'avait paru impossible d'éviter la guerre; mais nous pouvons parvenir au redressement des griefs par la voie des négociations. (Il s'élève des murmures.) Loin de vouloir la guerre, la cour de Vienne déclare au contraire, dans sa dernière dépêche, ne vouloir donner aucun appui aux émigrés...

Plusieurs voix. Cela n'est pas vrai.

M. le président. Messieurs, n'interrompez pas l'orateur.

M. Becquet. Le roi de Bohême et de Hongrie annonce, à la vérité, qu'il prend un grand intérêt aux réclamations des princes possessionnés en Alsace; mais en commençant par donner des indemnités à ceux qui ont ouvert des négociations, en adoptant, à l'égard de ces indemnités, le projet si sage de M. Kooch, qui tend à y intéresser la diète et à séparer la maison d'Autriche du chef de l'Empire, on ne peut douter que cette affaire ne se termine à la satisfaction des deux partis. L'autre point de la dépêche concerne la prise de possession d'Avignon. Il paraît que le pape a réclamé protection auprès de la cour de Vienne; mais le roi a été chargé de proposer des indemnités; elles peuvent être l'objet d'une négociation très-facile à entamer. Il faut croire que les puissances étrangères ne se refuseront pas à des conventions et à des explications amicales, parce qu'elles ont intérêt à respecter notre repos. L'Autriche, qui a le centre de ses forces à deux cents lieues d'ici, ne peut nous faire la guerre qu'avec des efforts ruineux ; et ne croyez pas qu'au lieu de détourner ses regards de la révolution de la Pologne, qu'au lieu de se concerter avec Catherine sur cet objet principal de son traité avec la Prusse, elle consente à vous attaquer, si vous ne l'y contraignez. En effet, elle n'a pris, depuis que les négociations sont entamées, que des mesures défensives ; trois armées formidables bordaient vos frontières ; elle n'y a opposé qu'un nombre de troupes très-inférieur. Vous le savez, et sans doute vous ne voulez l'attaquer en ce moment, que parce que vous êtes certains d'être plus préparés qu'elle dans vos mesures. (Il s'élève un violent tumulte.) — On demande que l'opinant soit rappelé à l'ordre.)

M. Rouyer. Je demande qu'on entende tout ce que dira M. Becquet, sauf les calomnies.

M. Becquet. Je vous le demande donc, pourquoi vouloir engager une guerre ? pourquoi surtout dire qu'elle est inévitable, puisque toutes les puissances ont un intérêt contraire, et qu'elles déclarent qu'elles ne veulent pas nous attaquer ? On oppose le concert entre l'Autriche et la Prusse. Sans doute la nation a de justes raisons de se plaindre de cette coalition de rois qui, pour être momentanée, n'en est pas moins dirigée contre la Constitution française ; sans doute la cour de Vienne a des torts, et nous ne devons pas souffrir qu'elle usurpe notre souveraineté en intervenant dans nos affaires intérieures ; mais en supposant même que ces puissances refusassent à renoncer à ce concert, serait-ce une raison suffisante pour leur déclarer la guerre ? Doit-on la déclarer pour un simple soupçon, pour une menace non fondée ? Ce concert n'est qu'un système défensif qu'elles ont adopté plutôt pour elles que contre nous. Eût-on pu exiger, au milieu de l'effervescence générale qui se manifestait en France, et lorsque des bruits de guerre avaient déjà plusieurs fois retenti dans cette enceinte, que les puissances étrangères se reposassent sur notre déclaration de renoncer aux conquêtes, et qu'elles ne prissent aucune mesure défensive, lorsque l'ardeur et la juste indignation de nos gardes nationales semblaient les menacer d'une invasion ? Si après cela nous attaquions l'Autriche, nous forcerions tous les rois du monde à se liguer contre nous; car ils verraient leurs trônes ébranlés et une cause commune à soutenir dans cette lutte de la liberté contre le despotisme. Une nation libre aura-t-elle l'immoralité d'appeler sur une nation voisine les calamités de la guerre, pour se venger des insultes d'un ministre? Elle serait bien fausse, la gloire qui consisterait à se venger d'un outrage qui ne peut jamais atteindre une nation libre.

Renonçons donc à une entreprise qui n'a aucun objet réel; bornons-nous à nous défendre si quelque puissance nous attaque; et probablement nous n'aurons pas de guerre; car aucune puissance n'a intérêt à nous attaquer. En les provoquant, au contraire, nous jetterons sur notre cause la plus grande défaveur aux yeux des peuples voisins. On nous prêtera le caractère d'agresseurs, on nous représentera comme un peuple inquiet, qui trouble le repos de l'Europe, au mépris des traités et de ses propres lois. Vous aurez donc à combattre, non-seulement les despotes, mais les peuples eux-mêmes, armés contre vous par la haine naturelle qu'inspire à tout homme celui qui vient troubler le repos de son pays. Enfin cette guerre, j'ose le dire encore, relève déjà les espérances de tous les ennemis de la révolution ; c'est après la guerre qu'ils soupirent. Les émigrés, actuellement sans appui, dirigeront les armées des puissances étrangères; les ennemis intérieurs en auront plus d'audace.

Je conclus à ce que l'assemblée nationale décrète qu'il n'y a pas lieu à délibérer sur la proposition du roi; que le pouvoir exécutif demeure chargé de défendre le royaume contre toute attaque, et le roi invité à entamer de nouvelles négociations pour dissoudre tout concert attentatoire à la souveraineté nationale, et prévenir toute rupture.

M. Lasource. Je demande à suivre M. Becquet d'un bout à

l'autre de son discours, si toutefois l'assemblée juge que ses sophismes méritent une réponse.

M. Daverhoult. Je demande que ceux qui prennent la parole soient tenus de se renfermer dans les points suivans : qu'ils prouvent, premièrement que le peuple français eût, s'il veut soutenir la liberté et l'égalité dont il jouit, consenti à ce que des cours étrangères forment des concerts pour porter atteinte à sa Constitution ; qu'il déclare s'il entend qu'Avignon soit rendu au pape, et que les princes possessionnés soient réintégrés dans la jouissance de leurs droits féodaux ; 2° qu'ils soient tenus aussi de ne pas compter les peuples pour rien ; 3° qu'ils ne discutent pas *la manière* de faire la guerre, car ce n'est pas de cela qu'il s'agit maintenant ; ce n'est pas à l'assemblée à décider si l'on attaquera ou si l'on n'attaquera pas. (Il s'élève quelques murmures.) La question soumise à l'assemblée nationale se réduit seulement à examiner si notre situation nous permet de faire la guerre : or, je dis qu'elle nous le permet, car nous avons le courage de la faire ; je dis même que quand même elle ne nous le permettrait pas, il faudrait la faire encore, parce que notre liberté est menacée, et que nous avons juré de vivre libres ou de mourir. (On applaudit.)

M. Guadet. Je demande la parole pour une motion d'ordre, et je la réduis à deux mots. Comme M. Becquet a parfaitement bien prouvé que la nation française ne pourrait, sans lâcheté et sans compromettre sa sûreté et sa Constitution, refuser la guerre qu'on lui a déclarée ; comme d'ailleurs le tableau infidèle qu'il a fait de notre situation ne peut anéantir les faits ; comme il n'est pas au pouvoir de M. Becquet de prouver que le bilan de nos finances n'est pas dans un beaucoup meilleur état que celui de toutes les puissances armées contre nous, ni de persuader qu'il soit une puissance au monde qui, à la seule voix du souverain, ait créé cent mille gardes nationaux, et qui présente dans son intérieur une force de quatre millions de citoyens libres armés ; comme, en un mot, il résulte du discours de M. Becquet que les représentans de la nation ne peuvent pas balancer à adopter la proposition du roi ; je demande qu'on aille sur-le-champ aux voix. (On applaudit.)

M. Bazire. Je m'étonne, et toute la France, et l'univers entier s'étonnerait avec moi.... (Il se fait un grand silence.)..... et l'univers entier, dis-je, s'étonnerait avec moi de voir discuter aussi légèrement une mesure aussi grave. (Il s'élève des murmures. — Une partie de l'assemblée applaudit.) Lorsque vous allez faire couler des flots de sang, et créer des dépenses énormes ; lorsque vous allez prendre une détermination qui peut compromettre votre liberté et celle du genre humain, je crois qu'il faut au moins discuter, et entendre tous les orateurs qui veulent parler pour et contre..... Je sais que le tableau des forces de toutes les puissances de l'Europe n'a rien qui doive nous intimider, et que cette considération serait au-dessous de la dignité de la nation que vous représentez ; mais il est une considération bien plus importante que je vous prie de saisir. S'il faut entreprendre la guerre, il faut la faire de manière qu'elle ne soit point accompagnée de trahisons. (Deux ou trois membres de l'assemblée et quelques personnes des tribunes applaudissent.) Je demande que tous les orateurs qui voudront parler sur cet objet soient entendus, et que la discussion dure au moins trois séances.

M. Mailhe. Je ne suivrai M. Becquet ni dans les frivoles alarmes, ni dans les vains raisonnemens auxquels il s'est livré. Il ne s'agit plus de discuter la question de savoir si vous décréterez la guerre ; il s'agit de la décréter, ou de vous résoudre à vous avilir aux yeux de l'Europe, et à compromettre la liberté de la nation que vous représentez ; il s'agit de déconcerter les projets d'un roi qui ne s'est permis d'insulter à la France, que parce que des rebelles lui ont donné une fausse idée de sa situation intérieure et de ses forces publiques ; il s'agit de déployer la contenance fière que vous avez tant de fois annoncée ; il s'agit de soutenir par votre confiance le peuple français sur la hauteur de courage où il s'est élevé : faites voir à ce grand peuple, par une délibération prompte, unanime (On applaudit.), que vous méprisez ses ennemis, et il les méprisera ; faites-lui voir que vous le croyez invincible, et il le sera.

Que dis-je? Combien de fois ne vous a-t-il pas lui-même dit et répété que tous les despotes réunis parviendraient plutôt à réduire la France entière en une vaste solitude qu'à y faire rétrograder la liberté d'un seul pas ? (De nombreux applaudissemens s'élèvent dans l'assemblée et dans les tribunes.) Combien de fois ce peuple bon et loyal, mais fortement sensible à une injure nationale, ami de la paix, parce que sa Constitution le veut ainsi, mais avide de combattre quand le besoin de sauver cette même Constitution lui en fait un devoir, ne vous a-t-il pas sollicité d'accorder un libre cours aux mouvemens d'indignation et de vengeance dont il est animé contre ceux qui osent menacer sa souveraineté?

Hâtez-vous donc de céder à sa juste, à sa généreuse impatience. L'humanité souffre sans doute lorsqu'on considère qu'en décrétant la guerre vous allez décréter la mort de plusieurs milliers d'hommes; mais considérez aussi que vous allez décréter peut-être la liberté du monde entier. (On applaudit.) Considérez la crise politique qui travaille l'Europe. Considérez les lâches, les coupables espérances qu'on donne en France aux traîtres, et les inquiétudes meurtrières dont on y agite les bons citoyens. Considérez qu'au dehors le despotisme est dans ses dernières convulsions, qu'une prompte attaque précipitera son agonie; mais qu'il pourrait devenir plus redoutable que jamais, si vous lui donniez le temps de rappeler autour de lui toutes ses ressources. (Les applaudissemens recommencent et se prolongent.) Considérez qu'au dedans la liberté présente une masse de forces qu'elle n'avait encore eu chez aucun peuple, mais qu'elle y est comprimée par une foule de contradictions qui menacent de l'étouffer, et qu'elle ne cessera d'être en danger que lorsque vous aurez permis à ses défenseurs de renverser les obstacles qui arrêtent sa marche et son extension. Considérez enfin que le sort de cette grande lutte entre la liberté et le despotisme dépend peut-être de l'accélération du décret que vous allez porter. Une guerre entreprise pour une telle cause, et dans de pareilles circonstances, ne doit pas être regardée comme le fléau, mais comme le triomphe de l'humanité.

Je demande que l'assemblée ne désempare pas sans avoir décrété la guerre.

— Les acclamations des spectateurs se reproduisent avec plus de force encore.

Une grande partie de l'assemblée demande à aller aux voix.

M. *Dubayet.* Je partage l'impatience de l'assemblée....... (Les cris redoublent pour aller aux voix.) Je partage votre impatience..... (Les murmures continuent.— On demande que la délibération soit prise sans désemparer.) Sans doute s'il existe une grande question c'est celle-ci ; elle est parfaitement digne des pères de la patrie. Daignez m'entendre ; je parle pour l'honneur national. J'observe, 1° que l'assemblée ne peut, sans lâcheté, ne pas décréter la guerre. (On applaudit.) Nous sommes tous Français, et le même sang bouillonne dans nos veines. Lorsque des puissances coalisées, j'ose dire le mot, ont l'*audace* de prétendre à nous donner un gouvernement... (*Un grand nombre de voix s'élèvent*: Non, non, elles n'y parviendront pas.), non, non, sans doute nous ne le souffrirons jamais, nous voulons la guerre, puisqu'elle est nécessaire pour défendre notre liberté; et dussions-nous tous périr, le dernier de nous prononcerait le décret. (De nombreux applaudissemens retentissent dans toutes les parties de la salle.)

Ainsi, en entrant ce soir à l'assemblée, j'étais loin de penser qu'il pût entrer dans les combinaisons politiques d'aucun de nous, qu'il ne fallût pas faire la guerre ; j'étais bien loin de croire que les arrière-pensées de quelques membres vous feraient prolonger cette discussion ; car il ne vous est pas plus possible de ne pas la prononcer, qu'il vous serait possible de détruire la Constitution... Ne craignez pas de précipiter votre décision ; elle ne saurait être trop prompte ; car dès l'instant que vous aurez décrété la guerre, dès-lors tous les citoyens seront obligés de se prononcer ; tous les partis rentreront dans le néant ; les torches de la discorde s'éteindront pour n'être remplacées que par le feu des canons et les baïonnettes. Je conclus au décret pour la guerre.

— On renouvelle la demande de fermer la discussion.

M. le président se dispose à mettre aux voix la motion de

M. Bazire. — De violens murmures repoussent cette proposition. MM. Thuriot, Albite et Chabot observent *qu'elle n'est pas appuyée.*

MM. Jaucourt et Hua la reproduisent. — M. le président consulte l'assemblée.

Elle décide presqu'unanimement qu'il n'y a pas lieu à délibérer sur la prolongation de la discussion à trois jours.

M. Jaucourt. L'opinion de l'assemblée n'a été suspendue par notre opposition que parce que nous avons cru qu'il convenait de donner à la France entière une preuve de la maturité de nos délibérations. Nos cœurs partagent les sentimens de tous ceux qui ont parlé à cette tribune; mais M. Bazire vient de lancer ici un trait empoisonné. Il a dit qu'il était important de prévenir les trahisons, de dévoiler les traîtres. Je demande qu'avant que la discussion soit fermée, M. Bazire soit entendu.

N..... Je demande que, pour ne pas entrer dans ces scandaleuses discussions, on mette, sur-le-champ, aux voix la proposition de M. Mailhe. (On applaudit.)

M. le président. Il y a deux propositions pour lesquelles la priorité est demandée; celle de M. Guadet et celle de M. Mailhe. Je les prie de les répéter.

M. Guadet. Ma proposition, à laquelle M. Mailhe se réfère, consiste à ce que l'assemblée décrète la proposition du roi et le renvoi de la rédaction à son comité diplomatique.

M. Brissot. Je demande, par amendement, que le rapport de la rédaction soit fait séance tenante.

M. le président. Avant de mettre les propositions aux voix, il faut savoir si la discussion doit être fermée.

M. Dumas. C'est précisément contre cette proposition, M. le président, que je demande la parole.

M. Quinette. Je la demande pour un fait. Le 25 janvier, vous avez décrété qu'à défaut par l'empereur de vous donner une pleine et entière satisfaction au 1er mars, vous regarderiez son silence ou toute réponse évasive ou dilatoire comme une déclaration de guerre. Vous êtes au 1er avril et vous discutez!..... Oui, ces délais ne sont que des ruses de guerre sous le voile de la paix, et il est impossible que vous délibériez plus long-temps sans devenir les jouets de nouvelles ruses politiques. (On applaudit.)

M. Dumas insiste pour avoir la parole contre la proposition de fermer la discussion, et contre les motions tendantes à précipiter les délibérations.

M. Rouyer. M. le président, sauvez-nous donc de ces misérables débats, en mettant aux voix la clôture de la discussion.

M. Dumas. Consultez l'assemblée pour savoir si j'aurai la parole.

L'assemblée décide que M. Dumas ne sera pas entendu.

M. Merlin se présente à la tribune. — On persiste à demander que la discussion soit fermée.

On en décrète la clôture.

M. Merlin. Ce que je voulais dire, c'est qu'il faut déclarer la guerre aux rois et la paix aux nations. (Les tribunes applaudissent.)

L'assemblée entre en délibération. Il se fait un profond silence.

Le décret d'urgence est porté.

M. le président met aux voix la proposition du roi.

Elle est adoptée par une délibération unanime, et au bruit des applaudissemens de tous les spectateurs.

MM. Théodore Lameth, Jaucourt, Dumas, Gentil, Baert, Hua et Becquet, s'élèvent seuls contre le décret.

M. Condorcet. J'ai cru qu'il était important qu'après avoir pris une détermination aussi grave, l'assemblée publiât une déclaration politique de ses principes. Voici le projet de manifeste que j'ai rédigé, pour le soumettre à sa délibération :

« Forcée de consentir à la guerre par la plus impérieuse nécessité, l'assemblée nationale n'ignore pas qu'on l'accusera de l'avoir volontairement accélérée ou provoquée. Elle sait que la marche insidieuse de la cour de Vienne n'a eu d'autre objet que de donner une ombre de vraisemblance à cette imputation, dont les puissances étrangères ont besoin pour cacher à leurs peuples les motifs réels de l'attaque injuste préparée contre la France ; qu'elle sera répétée par les ennemis intérieurs de notre Constitution et de nos lois, dans l'espérance criminelle de ravir la bienveillance publique aux représentans de la nation. Une simple exposition de leur conduite sera leur unique réponse, et ils l'adressent avec une confiance égale aux étrangers comme aux Français, puisque la nature a mis au fond du cœur de tous les hommes le sentiment de la même justice. (On applaudit.) Chaque nation a seule le pouvoir de se donner des lois et le droit inaliénable de les changer à son gré. Ce droit n'appartient à aucune, ou leur appartient à toutes avec une entière égalité ; l'attaquer dans une seule c'est déclarer qu'on ne le reconnaît dans aucune autre. Vouloir le ravir à un peuple étranger, c'est annoncer qu'on ne le respecte pas dans celui dont on est le concitoyen ou le chef ; c'est trahir sa patrie, c'est se proclamer l'ennemi du genre humain.

» La nation française devait croire que des vérités si simples seraient senties par tous les princes, et que, dans le dix-huitième siècle, personne n'oserait leur opposer les vieilles maximes de la tyrannie. Son espérance a été trompée, une ligue s'est formée contre son indépendance ; et elle n'avait que le choix d'éclairer ses ennemis sur la justice de sa cause, ou de leur opposer la force des armes. Instruite de cette ligue menaçante, mais jalouse de conserver la paix, l'assemblée nationale a d'abord demandé quel était l'objet de ce concert entre des puissances si long-temps rivales ; et on lui a répondu qu'il avait pour motif le maintien de la tranquillité générale, la sûreté et l'honneur des couronnes, la crainte de voir se renouveler les événemens qu'ont présentés quelques époques de la révolution française. Mais comment la France menacerait-elle la tranquillité générale puisqu'elle a pris la résolution solennelle de n'entreprendre aucune conquête, de n'attaquer la liberté d'aucun peuple, puisqu'au milieu de cette lutte longue et sanglante, qui s'est élevée dans les Pays-Bas et dans les États de Liége, entre le gouvernement et les citoyens, elle a gardé la neutralité la plus rigoureuse ?

» Sans doute la nation française a prononcé hautement que la souveraineté du peuple n'appartient qu'au peuple qui, borné dans l'exercice de sa volonté suprême par les droits de la postérité, ne peut déléguer de pouvoir irrévocable ; elle a hautement reconnu qu'aucun usage, aucune loi expresse, aucun consentement, aucune convention ne peuvent soumettre une société d'hommes à une autorité qu'ils n'auraient pas conservé le droit de reprendre. Mais quelle idée les princes se feraient-ils donc de la légitimité de leur pouvoir ou de la justice avec laquelle ils l'exercent, s'ils regardaient l'énonciation de ces maximes comme une entreprise contre la tranquillité de leurs États ? Diront-ils que cette tranquillité pourrait être troublée par les ouvrages, les discours de quelques Français ? Ce serait alors exiger, à main armée, une loi contre la liberté de la presse ; ce serait déclarer la guerre aux progrès de la raison : et quand on sait que partout la nation française a été impunément outragée, que les presses des pays voisins n'ont cessé d'inonder nos départemens d'ouvrages destinés à solliciter la trahison, à conseiller la révolte : quand on se rappelle les marques de protection ou d'intérêt prodiguées à leurs auteurs, croira-t-on qu'un amour sincère de la paix, et non la haine de la liberté ait dicté ces hypocrites reproches? On a parlé des tentatives faites par des Français pour exciter les peuples voisins à reprendre leur liberté, à réclamer leurs droits. Mais les ministres qui ont répété ces imputations, sans oser citer un seul fait qui les appuyât, savaient-ils combien elles étaient chimériques ? Et ces tentatives eussent-elles été réelles, les puissances qui ont souffert le rassemblement de nos émigrés, qui leur ont donné des secours, qui ont reçu leurs ambassadeurs, qui les ont publiquement admis dans leurs conférences, n'auraient pas conservé le droit de se plaindre, ou bien il faudrait dire que tout est légitime contre les peuples, que les rois seuls ont de véritables droits, et jamais l'orgueil du trône n'aurait insulté avec plus d'audace à la majesté des nations. (On applaudit.)

» Le peuple français, libre de fixer la forme de sa Constitution, n'a pu blesser, en usant de ce pouvoir, ni la sûreté, ni l'honneur des couronnes étrangères. Les chefs des autres pays mettraient-ils donc au nombre de leurs prérogatives le droit d'obliger la nation française à donner au chef de son gouvernement un pouvoir égal à celui qu'eux-mêmes exercent dans leurs États? Voudraient-ils, parce qu'ils ont des sujets, empêcher qu'il n'existât ailleurs des citoyens libres? Et comment ne s'apercevraient-ils pas qu'en se croyant tout permis pour maintenir ce qu'ils appellent la sûreté des personnes, ils déclarent légitime tout ce qu'on pourrait entreprendre pour la restauration de la liberté des autres peuples. Si des violences, si des crimes ont accompagné quelques époques de la révolution française, c'était aux seuls dépositaires de la volonté nationale qu'appartenait le pouvoir de les punir ou de les ensevelir dans l'oubli. Tout citoyen, tout magistrat, quel que soit son titre, ne doit demander justice qu'aux lois de son pays, ne peut l'attendre que d'elles. Les puissances étrangères, tant que leurs sujets n'ont pas souffert de ces événemens, ne peuvent avoir le droit ni de s'en plaindre, ni de prendre des mesures hostiles pour en empêcher le retour. La parenté, l'alliance personnelle entre les rois n'est rien pour les nations; esclaves ou libres, des intérêts communs les unissent; la nature a placé leur bonheur dans la paix, dans les secours mutuels d'une douce fraternité : elle s'indignerait qu'on osât mettre dans une même balance le sort de vingt millions d'hommes et les affections ou l'orgueil de quelques individus? Sommes-nous donc condamnés à voir encore la servitude volontaire des peuples entourer de victimes humaines les autels des faux dieux de la terre? (On applaudit à plusieurs reprises.)

» Ainsi, ces prétendus motifs d'une ligue contre la France n'étaient tous qu'un nouvel outrage à son indépendance. Elle avait droit d'exiger une renonciation à des préparatifs injurieux, et d'en regarder le refus comme une hostilité. Tels ont été les principes qui ont dirigé les démarches de l'assemblée nationale; elle a continué de vouloir la paix, mais elle devait préférer la guerre à une patience dangereuse pour la liberté. Elle a juré de périr plutôt que de souffrir que l'on portât atteinte à la souveraineté du peuple, ni surtout à cette égalité sans laquelle il n'existe, pour les sociétés humaines, ni justice, ni bonheur. (On applaudit.)

Reprocherait-on aux Français de n'avoir pas respecté les droits des autres peuples, en n'offrant que des indemnités pécuniaires, soit aux Allemands possessionnés en Alsace, soit au pape ? Les traités avaient reconnu la souveraineté de la France sur l'Alsace, et elle y était paisiblement exercée depuis plus d'un siècle. Les droits que ces traités avaient réservés, sont des priviléges. La nation devait un dédommagement aux possesseurs pour les avantages réels qui en étaient la suite ; c'est là tout ce que peut exiger le droit de propriété quand il se trouve en opposition avec la loi, en contradiction avec l'intérêt public.

» Dira-t-on qu'on peut, pour dédommager ces princes, leur abandonner une portion du territoire ? Non, une nation généreuse et libre ne vend point les hommes, elle ne condamne point à l'esclavage, elle ne livre point à des maîtres ceux qu'elle a une fois admis au partage de sa liberté.

» Les citoyens du Comtat étaient maîtres de se donner une Constitution, ils pouvaient se déclarer indépendans ; ils ont préféré d'être Français et la France ne les abandonnera point après les avoir adoptés. Eût-elle refusé d'accéder à leurs désirs ? Leur pays est enclavé dans son territoire, et elle n'aurait pu permettre à leurs oppresseurs de traverser la terre de la liberté, pour aller punir des hommes d'avoir osé se rendre indépendans et reprendre leurs droits. (On applaudit.) Ce que le pape possédait dans ce pays était le salaire des fonctions du gouvernement ; le peuple, en lui ôtant ses fonctions, a fait usage d'un pouvoir qu'une longue servitude avait suspendu, mais n'avait pu lui ravir, et l'indemnité proposée par la France n'était pas même exigée par la justice.

» On a fait entendre que le vœu du peuple français pour le maintien de son égalité et de son indépendance, était celui d'une faction ; mais la nation française a une Constitution ; cette Constitution a été reconnue, adoptée par la généralité des citoyens ; elle ne veut être changée que par le vœu du peuple, et suivant des formes qu'elle-même a prescrites. Tant qu'elle subsiste, les pouvoirs établis par elle ont seuls le droit de manifester la volonté nationale ; et c'est par eux que cette volonté a été déclarée aux puissances étrangères. C'est le roi qui, sur l'invitation de l'assemblée nationale, et en remplissant les fonctions que la Constitution lui attribue, s'est plaint de la protection accordée aux émigrés, a demandé inutilement qu'elle leur fût retirée ; et l'on doit s'étonner, sans doute, d'entendre annoncer, comme le cri de quelques factieux, le vœu solennel du peuple, publiquement exprimé par ses représentans légitimes.

» Quel titre aussi respectable pourraient donc invoquer les rois qui forcent des nations égarées à combattre contre les intérêts de leur propre liberté, à s'armer contre des droits qui sont aussi les leurs, à étouffer, sur les débris de la Constitution française, les germes de leur propre félicité et les communes espérances du genre humain?..... Et d'ailleurs, qu'est-ce qu'une faction qu'on accuse d'avoir conspiré pour la liberté universelle du genre humain?...... C'est donc l'humanité tout entière que des ministres esclaves osent flétrir de ce nom odieux !..... Mais, disent-ils, le roi des Français n'est pas libre. Eh ! n'est-ce donc pas être libre que de ne dépendre que des lois de son pays ? La liberté de les contrarier, de s'y soustraire, d'y opposer une force étrangère, ne serait pas un droit, mais un crime.

» Mérite-t-on le nom d'agresseur lorsque menacé, provoqué par un ennemi injuste et perfide, on lui enlève l'avantage de porter les premiers coups? Ainsi, loin d'appeler la guerre, l'assemblée nationale a tout fait pour la prévenir. En demandant des explications nouvelles sur des intentions qui ne pouvaient être douteuses, elle a montré que si l'orgueil des rois est prodigue du sang de leurs sujets, l'humanité des représentans d'une nation libre est avare du sang de ses ennemis.

» Cet insultant orgueil, loin de l'intimider, ne peut qu'exciter son courage. Il faut du temps pour discipliner les esclaves du despotisme. Tout homme est soldat, quand il combat la tyrannie. Et la France, dans sa vaste étendue, n'offrira plus à nos ennemis qu'une volonté unique, celle de vaincre ou de périr toute entière avec sa liberté et ses lois. » (On applaudit à plusieurs reprises.)

L'assemblée ordonne l'impression du travail de M. Condorcet, et ajourne à trois jours sa délibération sur cet objet.

M. Vergniaud. Vous devez à la nation, à sa gloire, à son bonheur, de prendre tous les moyens pour assurer le succès de la grande et terrible détermination par laquelle vous avez signalé cette mémorable journée : or, il en est un qui est simple, et qui cependant me paraît devoir être très-efficace. Rappelez-vous le jour de cette fédération générale, où tous les Français dévouèrent leur vie à la défense de la liberté, à celle de la Constitution. Rappelez-vous le serment que vous-mêmes avez prêté le 14 janvier, de vous ensevelir sous les ruines de cet emple, plutôt que de consentir à la moindre capitulation, de souffrir qu'il soit fait une seule modification à la Constitution. Quel est le cœur glacé qui ne palpite pas dans ces momens augustes ! l'ame froide qui ne s'élève pas, j'ose dire, jusqu'au ciel, avec les acclamations de la joie universelle ! l'homme apathique qui ne sent pas son être s'agrandir et ses forces s'élever par un noble enthousiasme, au-dessus des forces de l'humanité ! Eh bien ! donnez encore à la France, à l'Europe, le spectacle imposant de ces fêtes nationales. Ranimez cette énergie devant laquelle tombent les Bastilles. Donnez une nouvelle activité au sentiment brûlant qui nous attache à la liberté et à la patrie. Faites retentir toutes les parties de l'Empire de ces mots sublimes : *Vivre libre ou mourir ! la Constitution tout entière, sans modification, ou la mort !* Que ces cris se fassent entendre auprès des trônes coalisés contre vous ; qu'ils leur apprennent que les vœux de conserver la Constitution, ou de faire la guerre pour la défendre, ne sont pas seulement les vœux de la majorité de la nation, mais les vœux unanimes de tous les Français ; qu'en vain on a compté sur nos divisions intérieures ; que, lorsque la patrie est en danger, nous ne sommes plus animés que d'une seule passion, celle de la sauver ou de mourir pour elle ; qu'enfin, si la fortune trahissait dans les combats une cause aussi juste que la nôtre, nos ennemis pourraient bien insulter à nos cadavres, mais que jamais ils n'auront un seul Français dans leurs fers.

Je propose de décréter que les gardes nationales et les troupes de ligne prêteront, le 10 du mois prochain, le serment du 14 janvier. (Il s'élève quelques murmures.)

Plusieurs voix : Point de serment.... L'ordre du jour.

L'assemblée passe à l'ordre du jour.

M. Journu propose la suppression des corsaires. — Il est interrompu dans le développement de cette proposition, par M. Kersaint, qui observe que le comité de marine s'occupe de cet objet, et que des mesures ont été prises par le ministre pour la sûreté du commerce français.

M. Forfaix rend compte du succès des mesures prises par la trésorerie nationale pour l'approvisionnement du numéraire effectif nécessaire au succès de la guerre. — Il propose un projet de décret adopté en ces termes :

Les sous-officiers et soldats faisant partie des trois grandes armées, seront payés de la totalité de leur solde en argent, à la réserve, pour les volontaires nationaux, des retenues ordonnées pour leur habillement, linge et chaussure.

Quant aux régimens en garnison dans les places de Givet, Huningue, Landau, Philippeville, Marienbourg, Bouillonet, Monaco, ils continueront à toucher les deux tiers de leurs appointemens en numéraire, sans aucune plus value pour les assignats qu'ils recevront.

— On lit une lettre par laquelle l'administration du département des Bouches-du-Rhône dénonce le général Wittgenstein comme ayant refusé de déférer à ses réquisitions. — Cette dénonciation est renvoyée au comité de surveillance.

M. Gensonné présente, au nom du comité diplomatique, la rédaction du décret rendu sur la proposition du roi. — Cette rédaction est décrétée ainsi qu'elle suit :

» L'assemblée nationale, délibérant sur la proposition formelle du roi, considérant que la cour de Vienne, au mépris des traités, n'a cessé d'accorder une protection ouverte aux Français rebelles, qu'elle a provoqué et formé un concert avec plusieurs puissances de l'Europe contre l'indépendance et la sûreté de la nation française ;

» Que François 1er, roi de Hongrie et de Bohême, a, par ses notes des 18 mars et 7 avril dernier, refusé à renoncer à ce concert;

» Que malgré la proposition qui lui a été faite par la note du 11 mars 1792, de réduire, de part et d'autre, à l'état de paix, les troupes sur les frontières, il a continué et augmenté des préparatifs hostiles ;

Qu'il a formellement attenté à la souveraineté de la nation française, en déclarant vouloir soutenir les prétentions des princes allemands possessionnés en France, auxquels la nation française n'a cessé d'offrir des indemnités;

» Qu'il a cherché à diviser les citoyens français, et à les armer les uns contre les autres, en offrant aux mécontens un appui dans le concert des puissances;

» Considérant enfin que ce refus de répondre aux dernières dépêches du roi des Français ne lui laisse plus d'espoir d'obtenir, par la voie d'une négociation amicale, le redressement de ces différens griefs, et équivaut à une déclaration de guerre;

» Décrète qu'il y a urgence.

» L'assemblée nationale déclare que la nation française, fidèle aux principes consacrés par sa Constitution, *de n'entreprendre aucune guerre dans la vue de faire des conquêtes, et de n'employer jamais ses forces contre la liberté d'aucun peuple*, ne prend les armes que pour la défense de sa liberté et de son indépendance; que la guerre qu'elle est obligée de soutenir n'est point une guerre de nation à nation, mais la juste défense d'un peuple libre contre l'injuste agression d'un roi;

» Que les Français ne confondront jamais leurs frères avec leurs véritables ennemis; qu'ils ne négligeront rien pour adoucir le fléau de la guerre, pour ménager et conserver les propriétés, et pour faire retomber, sur ceux-là seuls qui se ligueront contre sa liberté tous les malheurs inséparables de la guerre;

» Qu'elle adopte d'avance tous les étrangers qui, abjurant la cause de ses ennemis, viendront se ranger sous ses drapeaux et consacrer leurs efforts à la défense de sa liberté; qu'elle favorisera même, par tous les moyens qui sont en son pouvoir, leur établissement en France;

» Délibérant sur la proposition formelle du roi, et après avoir décrété l'urgence, décrète la guerre contre le roi de Hongrie et de Bohême. »

Un de messieurs les secrétaires fait l'appel de vingt-quatre commissaires chargés de porter sur-le-champ le décret à la sanction du roi.]

Polémique à l'occasion des soldats de Château-Vieux.

Le 29 mars, la section de Sainte-Geneviève nomma Roucher au nombre des députés qui devaient assister à la fête destinée aux soldats de Château-Vieux. « J'accepte la députation, répondit Roucher, mais à la condition que le buste du généreux Désilles sera sur le char de triomphe, afin que le peuple contemple l'assassiné au milieu de ses assassins. (*Journal de Paris*, numéros du 31 mars et du 1ᵉʳ avril.)

Aux auteurs des Annales patriotiques. — « Quiconque connaît M. Roucher, a dû sentir que la fête que nous préparons aux soldats de Château-Vieux lui déplairait, à raison du bien qu'elle peut produire. — Quiconque connaît le patriotisme de la section de Sainte-Geneviève, a bien présumé qu'il n'était pas possible qu'elle eût choisi, pour la représenter dans une fête civique, un homme qui pue d'aristocratie et qui bâille depuis deux ans après une contre-révolution. — Il faut, pour comprendre quelque chose au bruit que le sieur Roucher a fait pour cette affaire, savoir que, dans le nombre des commissaires à choisir, un plaisant proposa de le nommer, ce qui fit beaucoup rire tous les autres. C'est en faveur de la plaisanterie qu'on s'était permise à son égard que l'assemblée lui a pardonné le propos qu'il a tenu, propos trop bête pour être insolent, mais qui, dans une autre occasion, lui aurait vraisemblablement attiré quelque désagrément.

Signé Méhée de la Touche, *l'un des commissaires pour la fête de Château-Vieux.* »

L'auteur de cette lettre ajoutait en note : « Cet ex-président du club de la Sainte-Chapelle dit à l'assemblée qui venait d'approuver la fête et de nommer vingt-quatre commissaires, qu'il se croirait déshonoré s'il se joignait à eux. Déshonoré! Eh où en sommes-nous donc, monsieur l'ex-président?.... Nous savons qu'il y a de par le monde une certaine madame de Bussy et une certaine caisse financière qui, *de pleine, un jour se trouva vide.* »

Réponse de Roucher. — « *Aux auteurs du Journal de Paris.*— Messieurs, un quidam, qui signe *Méhée de la Touche*, vient, dans les *Annales patriotiques et littéraires*, n. XCVII, p. 4, col. Ire, d'insérer contre moi, au sujet de la *grande fête civique*, une lettre que tous ceux qui se connaissent en décence pourraient bien avoir trouvé écrite en style de laquais ; mais je ne me plains pas de ce style : c'est sans doute la propriété du quidam, et il ne faut troubler personne dans sa propriété. Je ne me plains pas davantage du fond des choses ; on me dénonce comme un homme sans patriotisme, comme un homme qui depuis deux ans bâille après une contre-révolution, en un mot comme un aristocrate. Permis à tous les *Méhée* des Jacobins, du club central, des sociétés fraternelles, de s'élever à force de génie jusqu'à l'invention de cette injure. D'ailleurs le ciel n'a pas mis pour rien au cœur de l'homme sensé et de l'honnête homme la pitié pour les sots et le mépris pour les fripons. Mais au bas de cette lettre on lit une note dont je suis encore le sujet. (Ici Roucher transcrit la note que nous avons citée.) Voilà, messieurs, ajoute-t-il, la calomnie avec ses caractères les plus hideux. Ceux dont je suis connu personnellement par un long commerce doivent être bien sûrs que je n'imiterai pas certain journaliste (Carra), certain législateur même (Brissot), qui, accusés, l'un de vol par la voie des papiers publics, l'autre de manutention infidèle par affiches aux coins des rues, après un premier cri jeté par décence, se sont endormis au bruit de l'infamie qu'on a fait pleuvoir sur eux. Le jour même j'ai porté plainte pour connaître le lâche auteur de cette note.

On dit, mais je ne puis le croire, que c'est le libraire Buisson lui-même (le propriétaire-éditeur des *Annales*); puisse-t-on m'avoir dit faux! Mais quel que soit celui qui s'est fait de la liberté de la presse un poignard pour assassiner l'honneur d'autrui, je lui déclare, et j'en prends un engagement public auquel je ne manquerai pas, je lui déclare que je le poursuivrai jusqu'à jugement définitif. Il est temps qu'un homme probe outragé obtienne une justice qui, par un juste effroi, purge enfin la société de ce qu'elle a de plus impur : des libellistes, de leurs fauteurs, complices et adhérens. » (*Journal de Paris* du 8 avril.)

Les *Annales patriotiques* publièrent coup sur coup (numéros XCVIII et XCIX) les deux rétractations suivantes :

« Ce n'est pas sans la plus grande surprise que, dans le numéro d'hier (XCVII), page 432, au bas de la note qui termine la première colonne, nous avons aperçu une faute typographique qui pourrait induire en erreur quelques-uns de nos lecteurs. Les trois dernières lignes de cette note, ne doivent avoir et n'ont aucun rapport avec les lignes précédentes; mais comme il serait rigoureusement possible que quelqu'un y aperçût une application injurieuse à la probité de M. Roucher, nous déclarons ici que telle n'a point été notre intention; et que, sans partager sa façon de penser sur la chose publique, nous n'entendons porter aucune atteinte à son honneur. »

Seconde rétractation. « Sur l'erreur typographique malheureusement échappée dans nos annales (n° XVII), et que nous avons volontairement désavouée dans le numéro suivant, nous savons que M. Roucher a manifesté cette vive sensibilité qui caractérise l'homme d'honneur qui se croit outragé. Nous nous faisons un devoir de lui renouveler la réparation la plus solennelle : sa probité, bien connue, le met au-dessus de l'atteinte fortuite d'une phrase totalement étrangère à la note qui la précède, puisque cette note n'a d'autre objet que la diversité d'opinion, sur laquelle chacun est parfaitement libre. Personne ne rend plus de justice que nous à la pureté et à la délicatesse de M. Roucher; et nous ne nous consolerions pas d'avoir pu fournir occasion à la moindre interprétation qui lui fût injurieuse, si nous n'étions bien sûrs que son excellente réputation éloignera toujours de lui, aux yeux de tous les gens de bien, l'ombre même du soupçon. »

Roucher adressa les deux rétractations des *Annales* au *Journal de Paris* du 11 avril, en y ajoutant ces réflexions : « Il y a longtemps que je ne demande aux bons citoyens que d'avoir le courage de leur vertu. Ces factieux, ces calomniateurs, ces brigands qui nous agitent, nous diffament et nous égorgent, ne sont forts que de notre faiblesse; essayons de leur faire tête, et l'audace à l'instant ne sera plus que de la lâcheté.— Encore une fois, je répète mon cri de guerre : hommes de probité, vous seuls, les vrais amis de la patrie et de la liberté, montrez-vous avec courage, et vos propriétés, vos vies, votre honneur sont sauvés. »

Le 30 mars, Collot-d'Herbois lut aux Jacobins un factum rédigé par lui, intitulé : *La vérité sur les soldats de Château-Vieux*. Ce factum remplit les quatre dernières colonnes du Journal de la Société, n° CLXIX. Il fut imprimé et affiché par ordre du club. Les Feuillans attaquèrent Collot-d'Herbois, et il leur fit une réponse générale dont *le Moniteur* du 10 avril nous a conservé la meilleure partie. Comme cette réplique contient et fortifie l'argumentation de l'affiche, nous n'avons pas à nous occuper de celle-ci. En conséquence nous transcrivons de suite l'attaque d'André Chénier, la réponse de Collot, et le jugement de Marat sur la manière dont celui-ci avait présenté la défense des Suisses.

Journal de Paris du 4 avril. « Quelques hommes toujours habiles à prouver que, qui peut tout a raison, même sans nier les faits que l'on allègue contre la fête triomphale des soldats de Château-Vieux, ne l'attribuent qu'à un enthousiasme général, auquel, selon eux, l'honneur de la nation ou de la ville de Paris n'est nullement intéressé.

» D'abord j'avoue que cet enthousiasme général ne m'a point frappé; j'ai même été frappé du contraire. J'ai vu un petit nombre d'hommes s'agiter, se démener, déclamer de pompeuses amplifications. Tout le reste des citoyens m'a semblé voir ce projet les uns avec une juste aversion, les autres, et c'est le plus grand nombre, avec la plus froide indifférence. Quant à ce que l'honneur de la ville de Paris est entièrement désintéressé dans cette affaire, j'ai quelque peine à le concevoir, car il est bien évident que, ou la garde nationale de Metz, ou le régiment de Château-Vieux, ont été des meurtriers et des ennemis publics. Si c'est la garde nationale de Metz, commandée au nom de la loi, et en vertu des décrets de l'assemblée nationale, par un général qui depuis s'est montré parjure et traître, qui s'est montrée elle-même aussi patriote que courageuse et intrépide; alors les soldats de Château-Vieux ont été des rebelles et des meurtriers; et je ne comprends guère comment la ville de Paris ne se déshonorerait pas un peu lorsque ses citoyens, sa municipalité, ses magistrats, se réunissent à fêter des rebelles et des meurtriers.

» D'autres profonds politiques vous disent, d'un ton capable, que l'on veut, par le triomphe de ces soldats, humilier et faire rougir ceux qui voulurent jadis se servir d'eux pour tenir et remettre la nation dans les fers.

» Certes, l'on n'a jamais entendu rien d'aussi insensé que ce raisonnement. Pour faire pièce à un mauvais gouvernement qu'on détruit, inventer des extravagances capables de détruire toute espèce de gouvernement! récompenser l'insurrection contre la tyrannie par des honneurs accordés à la rébellion contre les lois! et célébrer le refus que firent des soldats de fusiller des citoyens français de Paris, en couronnant ces mêmes soldats qui ont fusillé les citoyens français de Metz! Je ne crois pas que la folie elle-même puisse atteindre à un plus haut degré de déraison, d'absurdité, de délire.

» On dit que dans toutes les places publiques où passera cette pompe, les statues seront voilées. Et, sans m'arrêter à demander de quel droit des particuliers qui donnent une fête à leurs amis s'avisent de voiler les monumens publics, je dirai en effet que si cette misérable orgie a lieu, ce ne sera point les images des despotes qui doivent être couverts d'un crêpe funèbre; c'est le visage de tous les hommes de bien, de tous les Français soumis aux lois; insultés par les succès des soldats qui s'arment contre les décrets, et pillent leur caisse militaire. C'est à toute la jeunesse du royaume, à toutes les gardes nationales, de prendre les couleurs du deuil lorsque l'assassinat de leurs frères est parmi nous un titre de gloire pour les étrangers. C'est l'armée dont il faut voiler les yeux pour qu'elle ne voie pas quel prix obtiennent l'indiscipline et la révolte; c'est à l'assemblée nationale, c'est au roi, c'est à tous les administrateurs, c'est à la patrie entière à s'envelopper la tête pour n'être pas de complaisans ou de silencieux témoins d'un outrage fait à toutes les autorités et à la patrie entière. C'est le livre de la loi qu'il faut couvrir, lorsque ceux qui en ont déchiré les pages à coups de fusil reçoivent des honneurs civiques.

» On dit que cette procession ira *purifier* le Champ-de-Mars, où le sang des patriotes a coulé. Il est vrai que le sang des patriotes a coulé au Champ-de-Mars. Il est vrai que de braves citoyens se rendant à leur poste et à leurs drapeaux pour faire triompher la loi et défendre la liberté de Paris et de l'assemblée nationale, furent lâchement assassinés par des scélérats furieux. Si c'est à ce sang qu'on offre des sacrifices expiatoires, je n'y vois rien de répréhensible que le choix des sacrificateurs, et la mémoire des gardes nationaux parisiens tués au Champ-de-Mars sera mal honorée par la présence de ceux qui ont tué les gardes nationales de Metz. Mais ce sont les gardes nationaux parisiens eux-mêmes que l'on nous représente ici comme des ennemis et des meurtriers, pour avoir retardé au moins de quelques mois le règne des fanatiques et des fripons; pour avoir, au nom de la loi, appelés par leurs chefs et par leurs magistrats, repoussé les violences d'énergumènes qui, le matin, s'étaient souillés de deux meurtres; et qui, interprètes des volontés d'un Brissot et d'autres personnages semblables, avaient affiché, avec menace, le dessein de changer la Constitution et la forme du gouvernement, et de soumettre l'assemblée nationale et la France à l'empire des clubs et de cinq ou six Démosthènes des halles. Quel est le citoyen qui n'est pas imbécille, et qui peut avoir oublié tout cela ? (1)»

(1) André Chénier expose ici l'affaire du Champ-de-Mars (17 juillet 1791) d'une manière complétement fausse. Il n'y a pas une seule de ses allégations qui ne soit controuvée, ainsi que nos lecteurs le reconnaîtront, pour peu qu'ils se

« Si c'était véritablement une juste et louable horreur pour l'effusion du sang humain qui excitât cet enthousiasme, d'autres soldats suisses offraient une occasion de le manifester d'une manière non équivoque. Les soldats de Château-Vieux, révoltés contre leurs chefs, rebelles à toutes les lois, ont fait feu sur les citoyens français armés par et pour la loi. Les soldats d'Ernest ont été observateurs de la discipline et soumis à leurs chefs, jusqu'à déposer leurs armes dès qu'ils en ont reçu l'ordre, devant des agresseurs armés malgré la loi. N'eût-il pas été plus sage et plus utile de consoler ces braves militaires d'un injuste affront, et de les récompenser de leur civique et douloureuse obéissance par des honneurs qui seraient à la fois un hommage à l'humanité, et une leçon à tous les citoyens armés, de savoir quelquefois sacrifier même une sorte de gloire, pour en chercher une plus belle dans la soumission aux lois ?

» Citoyens de Paris, qui formez le plus grand nombre, hommes honnêtes, mais faibles, il n'en est pas un de vous, qui, interrogeant son ame et la raison, ne sente la force de ces vérités, ne sente combien la patrie, et combien lui, son fils, son frère sont insultés par ces outrages faits aux lois, et à ceux qui les exécutent, et à ceux qui meurent pour elles. Comment donc ne rougissez-vous pas qu'une poignée d'hommes turbulens, qui semblent nombreux parce qu'ils sont unis et qu'ils crient, vous fassent faire leur volonté, en vous disant que c'est la vôtre, et en amusant

rappellent les documens authentiques que nous avons produits à ce sujet. Il est prouvé que les meurtriers du perruquier et de l'invalide ne furent point les signataires de la pétition ; il est prouvé que ceux-ci n'obéissaient ni à Brissot, ni à d'autres personnages, mais au sentiment justifié par la fuite du roi et par la conduite de l'assemblée nationale ; il est prouvé qu'ils n'affichèrent rien, qu'ils ne menacèrent personne ; qu'ils signaient paisiblement, et sans armes, une pétition dans laquelle ils demandaient à l'assemblée nationale de ne pas prononcer sur Louis XVI avant d'avoir consulté les quatre-vingt-trois départemens, et que les gardes nationaux, conduits par La Fayette et par Bailly, fusillèrent, sans sommation, des hommes, des femmes et des enfans, réunis sur l'autel de la patrie. Nous faisons cette note parce que Collot-d'Herbois, répondant à André Chénier, se contenta là-dessus de lui dire qu'il était un hypocrite, et qu'il ne croyait pas à ce qu'il écrivait. André (*Journal de Paris* du 10 avril) répliqua simplement : COLLOT-D'HERBOIS EN A MENTI. (*Note des auteurs.*)

par d'indignes spectacles cette curiosité puérile et vaine qu'on vous reproche justement?

» Dans une ville où un patriotisme sage et un véritable esprit public auraient donné aux citoyens le juste sentiment de leur dignité, une pareille fête ne trouverait partout devant elle que silence et que solitude; partout les rues et les places publiques abandonnées, les maisons fermées, les fenêtres désertes; partout le mépris et la fuite des passans feraient du moins connaître à l'histoire quelle part les hommes de bien auraient prise à cette scandaleuse bacchanale.

» En lisant, en écoutant quelques-unes des apologies de cette fête, je n'ai pu m'empêcher de plaindre leurs auteurs, et de me dire à moi-même : Heureux l'homme droit et sage qui, méprisant tout esprit de corps, repoussant toute association à un parti quelconque, ne connaît d'autre lien parmi les hommes que la justice et les lois! Ne voulant arriver aux emplois et aux honneurs que par l'étude de la vertu, il n'aura jamais à servir l'ambition de personne pour satisfaire la sienne. La reconnaissance ou l'espoir ne lui imposeront jamais le sacrifice de sa conscience, et la nécessité de soutenir des absurdités par des mensonges, et des turpitudes par des sophismes. ANDRÉ CHÉNIER. »

La réponse de Collot s'adresse à tous les journalistes feuillans. Les objections principales de cette presse y sont relevées et réfutées. Voici ce qu'en renferme *le Moniteur* du 10 avril.

« Les ambitieux, les intrigans qui, dans le temps, ont préparé, combiné, amené à point l'éternellement horrible affaire de Nancy, ne se sont pas servis de petits moyens.

» Ceux qui voulurent ensuite entraîner la majorité de la garde nationale parisienne à se préparer d'éternels remords, en votant des remerciemens à Bouillé, firent agir de violentes, d'empoisonnées séductions.

» Les mêmes moyens, les mêmes séductions sont employés aujourd'hui qu'il s'agit de l'arrivée des soldats de Château-Vieux, échappés à leurs bourreaux.

» Il y a des gens pour qui une seconde affaire de Nancy serait une excellente affaire.

» Citoyens! voyez comme on cherche à troubler notre joie, notre fête! la joie, la fête du peuple, et à terminer celle qu'il prépare aux soldats de Château-Vieux par une sanglante catastrophe.

» Je sais bien que ce ne sont pas cette fois-ci des libellistes à la douzaine que l'on a mis en avant. J'ai dit qu'il s'agissait d'une seconde affaire de Nancy, de faire massacrer les citoyens par les citoyens; *C'est un grand coup* : on ne ménagera pas les frais; en de telles occasions, on fait les choses largement....

» Je répondrai tout à l'heure, pour les soldats de Château-Vieux, aux *gens de bien* qui les attaquent. Mais je veux d'abord parler aux hommes dont le cœur est bon, et l'ame élevée et sensible, parce que ce sont ceux-là dont je recherche l'estime.

» On m'a dit que je montrais trop de passion contre Bouillé, dans l'écrit intitulé : *la Vérité sur les soldats de Château-Vieux.* Eh bien ! oui : j'ai Bouillé en exécration, en horreur. On m'a dit que j'aimais les soldats de Château-Vieux. Ah! on a bien dit : oui, je les aime et je les aimerai tant que je vivrai, parce qu'ils seront toujours ce qu'ils ont été, et ce qu'ils sont.

» Mais puisque mon amitié est suspecte, ce n'est plus moi; c'est un homme qui ne les aime pas, c'est leur plus sévère accusateur, leur major, M. Salis-Samade, qui va les défendre lui-même.

» Je vais citer mot à mot ce que ce major a dit dans un mémoire qu'il fit imprimer incontinent après l'affaire de Nancy.

» Remarquez qu'on renouvelle aujourd'hui, contre les soldats de Château-Vieux, précisément les mêmes imputations qui ont égaré l'assemblée constituante, et qui ont causé tant de meurtres; on affecte de dire, de publier que ces braves soldats ont été révoltés, dilapidateurs de la caisse du régiment, assassins des gardes nationales de Metz, etc. Voyons ce que dit là-dessus l'homme qui leur est le plus contraire, leur major.

» Il dit, page 2 du mémoire : « Que les soldats réclamèrent, le

10 août, un compte de bois qui leur était dû depuis six mois, et reconnu si légitime, que l'état-major n'eut d'excuse, pour avoir retardé le remboursement, qu'en taxant le commissaire des guerres de négligence. Il dit : que les nommés Emery et Delisle, grenadiers, ayant été soupçonnés d'avoir rédigé, par écrit, d'autres réclamations pécuniaires, ils furent condamnés, le 10 août, à passer dix tours par les courroies, dans une rangée de cent hommes, à avoir les cheveux coupés, et à être chassés du régiment. Il dit : qu'après cette exécution, tous les individus du régiment, officiers et soldats, furent poursuivis par le peuple courroucé, et que la municipalité ne put calmer cette indignation, n'ayant aucun moyen contre le peuple et la garnison réunis.

» Veut-on savoir comment l'écrit qui attirait une peine si dure aux grenadiers était rédigé ? En voici le préambule, qu'on trouve à la fin du mémoire du major. « Inspirés par des sentimens d'honneur, et animés par cette confiance qu'un bon et fidèle soldat doit toujours avoir dans des chefs équitables et généreux, les sous-officiers, caporaux et soldats de Château-Vieux observent, etc. » C'est pour avoir tenu ce langage que deux grenadiers ont été passés par les courroies.

» Veut-on savoir comment l'état-major a répondu aux plus légitimes réclamations ? Je vais citer l'article 4. Les soldats observaient : que depuis long-temps, l'état-major avait imposé illicitement un louis par mois sur chaque vivandier, ce qui forçait ces vivandiers à renchérir leurs boissons et alimens, et tournait au désavantage du soldat.

» L'état-major répondit : que le droit de l'état-major, à cet égard, provenait d'un ancien droit que les seigneurs en Suisse font payer à leurs vassaux, qui doivent leur donner la langue des bêtes mortes.

» Souvenez-vous, citoyens, que c'est en 1789 qu'un état-major de l'armée française faisait cette réponse à des soldats forcés de se fournir aux vivandiers, puisqu'ils étaient en garnison et consignés dans une citadelle.

» Venons à l'accusation d'avoir dilapidé la caisse. Je vois,

p. 11, qu'après avoir long-temps disputé sur les réclamations, *l'état-major finit par donner un à-compte de vingt-sept mille livres,* que les soldats acceptèrent, quoique cela ne fît pas la dixième partie de ce qu'ils réclamaient. La caisse ne fut donc pas pillée.

» Il est dit ensuite, à la page 12, que les soldats, après avoir dépensé libéralement ces 27,000 liv., vinrent prier eux-mêmes leur commandant de tout oublier, et de reprendre son autorité ; que le corps entier prit les armes ; qu'il jura fidélité à la nation, à la loi et au roi. Il faut croire que ce serment avait été négligé par l'état-major jusqu'alors : et c'est à cet instant où il était prêté, qu'on disait, dans le sein de l'assemblée constituante, que tout était en combustion à Nancy, et qu'on surprit le décret du 16 août.

» Enfin je vois, page 12, que ce fatal décret du 16, ayant été proclamé à Nancy le 18, toute la garnison obéit, et que la garde nationale concilia tous les esprits par sa médiation.

« Voyez ensuite les pages 14, 15, 16. Le major convient que tout étant apaisé, l'arrivée de Malseigne excita de nouveaux orages. On lit, page 19, que Malseigne blessa légèrement trois soldats (et non pas deux comme j'avais dit d'abord), et qu'un d'entre eux, pâle et défaillant, montrait le tronçon ensanglanté de l'épée du général, brisée sur une de ses côtes (parce qu'il avait été blessé légèrement), en demandant vengeance.

» Dans les pages suivantes, l'événement de Lunéville est décrit comme je l'ai décrit moi-même. Le major ajoute seulement, qu'en rentrant à Nancy, les troupes furent couvertes d'applaudissemens, et que les citoyennes surtout se distinguèrent par la manière d'exprimer leur approbation.

» Je demande si ce sont là des caractères de révolte, comme le dit André Chénier ? Je demande si j'ai été partial en défendant ces malheureux soldats ? Ah ! bien au contraire ! je suis honteux de n'avoir pas dit à leur avantage tout ce que dit le major ! Oui, si j'avais dit que les citoyennes les embrassaient, leur donnaient des couronnes civiques, on aurait bien compris, par cette seule citation, qu'ils étaient innocens.

» Enfin nous arrivons en face de Bouillé, à la journée du 31. Le major dit, page 23, que Bouillé étant arrivé à l'improviste, c'est-à-dire sans proclamation, il redemanda Malseigne, avec menace de passer tout au fil de l'épée, si on ne le lui rendait pas à l'instant. Il dit qu'une erreur fatale, reconnue par Bouillé lui-même, dans les ordres portés au régiment y causa une grande irritation. Il dit que, pendant qu'on prenait des éclaircissemens à cet égard, le régiment de Château-Vieux se mit en marche pour sortir de la ville, ayant le régiment du roi en tête de la colonne; que cette colonne fit halte au moment où on rendait Malseigne à un détachement des troupes de Bouillé ; qu'à peine Malseigne eut dépassé la colonne, on entendit derrière elle une fusillade très-vive, et quelques coups de canon; que ce bruit était l'effet d'une décharge que les gardes nationaux, bourgeois et soldats de la garnison, venaient de faire sur les troupes de Bouillé, au moment où elles s'étaient présentées; qu'aussitôt plusieurs bourgeois et soldats de la colonne s'ébranlèrent en criant : *Nous sommes trahis; on nous attaque en queue : rentrons à Nancy, allons venger nos frères que l'on égorge.*

» Qu'ensuite le régiment du roi et Mestre-de-camp rentrèrent dans leur quartier, et Château-Vieux à la citadelle où l'on eut peine à le retenir, parce qu'il brûlait d'aller aux coups de fusil qu'on entendait de tous les côtés; qu'enfin un gros peloton ne put pas y tenir ; et, emporté par la fureur, courut s'unir à des bourgeois poursuivis et massacrés par les troupes de Bouillé. (Ces troupes étaient les hussards et Royal-Allemand, et non pas les gardes nationales de Metz.)

» Je le demande à tous les dignes soldats de l'armée française, quel est celui qui n'aurait pas fait ce que fit le gros peloton des soldats de Château-Vieux?

» Ai-je dit autre chose, encore une fois, que ce que dit le major lui-même ?

» Hommes sincères! hommes de probité! dites-moi actuellement si les soldats de Château-Vieux ont pillé la caisse du régiment, s'ils ont assassiné Desilles, s'ils ont assassiné les gardes nationales de Metz? Dites-moi s'ils ne sont pas au contraire les plus sûrs vengeurs de la cause de la liberté?

» Enfin, à la page 29, le major dit qu'à la fin de cette journée et le lendemain, en arrivant à Vic, il manquait deux cent quatre-vingt-quatorze hommes au régiment. C'est encore la triste vérité que j'ai annoncée. Il en était resté deux cents sur le champ de bataille, et soixante-quatre avaient été ou roués, ou pendus, ou envoyés aux galères; les autres avaient déserté.

» Que direz-vous à tout cela, vous qui irritez encore les esprits contre les soldats de Château-Vieux? etc. »

Marat (*Ami du Peuple* (1) du 22 avril) jugea sévèrement l'affiche de Collot-d'Herbois. Il trouva évasives ses réponses à Chénier et à Roucher. Il disait de ce dernier que la perte d'une place de

---

(1) Nous avons annoncé, au moment où Marat suspend son journal (15 décembre 1792), qu'il le reprit le 12 avril 1792. Il y fut invité par un arrêté des Cordeliers. Voici cet arrêté, imprimé en tête des six premiers numéros de la reprise.

*Club des Cordeliers. — Société des amis des droits de l'Homme et du Citoyen. —
Extrait du procès-verbal du 7 avril 1792, l'an IV de la liberté.*

La société des droits de l'homme et du citoyen a témoigné à l'*Ami du Peuple*, au sévère et courageux Marat, le désir qu'elle avait qu'il reprît son journal.

Toujours dévoué à sa patrie, cet écrivain s'est décidé à reprendre la plume, fortement acérée par les nouvelles manœuvres du crime et de la tyrannie. Plus que jamais Marat va percer le vice au cœur, soutenir les amis de la liberté, encourager, éclairer le peuple, étonner les esclaves, faire pâlir les méchans.

Qu'il fut douloureux pour l'ami du peuple de fuir sur une terre étrangère, lorsque, ses jours proscrits, sa perte jurée par les assassins de la cour et de La Fayette, il laissait sans défenseur des milliers de victimes, frappées du même coup que lui! Mais qu'eût-il pu faire dans ce temps d'horreur, quand la plupart des écrivains populaires étaient lâches ou vendus? Eût-il servi la cause de l'humanité en continuant son journal, lorsque le plus tranquille citoyen ne pouvait proférer le nom de l'*Ami du Peuple* sans être traîné dans les cachots?

Aujourd'hui que les Catilina n'infestent plus que par intervalle cette cité..... Aujourd'hui que d'autres se forment peut-être.... mais qu'il est encore temps de conjurer l'orage..... Marat va reprendre la plume !.... Chez un peuple récemment libre, les écrivains patriotes ne doivent point laisser de masque aux ambitieux. Ils doivent verser à pleines mains l'infamie sur les traîtres; ils doivent dénoncer impitoyablement tous les mandataires déhontés, qui se prostituent sans pudeur au pouvoir exécutif, ou qui insultent à la majesté du peuple en méconnaissant ses droits.

Le club des Cordeliers s'empresse de faire connaître aux sociétés patriotiques les intentions de l'*Ami du Peuple*, afin qu'elles le secondent et l'aident à affermir la Constitution sur les bases indestructibles de la déclaration des droits de l'homme et du citoyen.

regrattier qu'il avait obtenue du roi, à la recommandation d'un valet de garde-robe, était le motif qui lui faisait répandre son venin sur les amis de la révolution. Après avoir cité quelques phrases de Collot, il ajoute :

« A ce verbiage d'un rhéteur pusillanime, substituons les aveux ingénus d'un citoyen éclairé, et les vérités lumineuses d'un politique hardi et profond.

» Oui, les soldats de Château-Vieux étaient insubordonnés à des officiers fripons qui les opprimaient, pour les piller plus à leur aise, et à des chefs atroces qui les poignardaient pour les punir de ce qu'ils ne voulaient être ni volés ni opprimés.

» Oui, les soldats de Château-Vieux ont résisté à un décret barbare qui allait les livrer au fer d'une armée d'assassins, s'ils refusaient de se soumettre à leurs chefs tyranniques.

» Oui, les soldats de Château-Vieux se sont mis en défense contre les aveugles satellites qui s'avançaient sous les ordres d'un conspirateur sanguinaire, pour les asservir ou les massacrer.

» Oui, les soldats de Château-Vieux ont fait mordre la poussière à quinze cents assassins féroces, satellites soudoyés, et volontaires nationaux, qui accouraient pour les égorger.

» Que leur reproche-t-on ? D'avoir violé quelques décrets iniques d'un législateur corrompu. Mais c'était pour obéir aux plus saintes lois de la nature et de la société, devant lesquelles toute autre doit fléchir.

» Pour l'homme, la première des lois de la nature, est le soin de sa propre conservation ; et la première des lois de la société est le salut public ; toute loi qui leur est opposée est, par cela même, folle, injuste, barbare, tyrannique, et le premier devoir du citoyen est de la fouler aux pieds. C'est ce qu'ont fait les soldats de Château-Vieux. Loin de leur faire un crime de leur courageuse résistance à leurs oppresseurs, à leurs assassins, on

---

Tous les citoyens sont donc prévenus que c'est véritablement Marat qui reprend la plume.

Le club des Cordeliers a nommé, pour porter le présent arrêté dans les sociétés, MM. Vincent, Dubois, Salbert, Baron, Berger et Machaut.

Signé HÉBERT, *président.* NAUD, *secrétaire.*

doit leur en faire un mérite. Toutes les lois naturelles et humaines les y autorisaient. L'assemblée constituante avait consacré ce droit fondamental de la Constitution : et même après les avoir fait barbarement périr par le fer des assassins et par le fer des bourreaux, elle n'a pu se dispenser de faire amende honorable de sa lâche cruauté, quelque prostituée qu'elle fût d'ailleurs au despote (1).

» C'est ce qu'ont fait pareillement les gardes nationaux de Metz, blessés à Nancy par les soldats de Château-Vieux, en venant reconnaître leur erreur (2), et en sollicitant l'honneur d'être admis à la fête donnée à ces victimes de l'amour de la patrie. Après cela, quel lâche scélérat aurait encore l'audace de faire un crime à ces braves soldats de leur résistance à l'oppression? L'*Ami du Peuple*, qui le premier éleva la voix pour plaider leur cause contre la tyrannie, devant le public abusé, fonda toujours leur défense sur ces principes d'éternelle vérité. Seul encore contre tous, il ose préconiser les soldats de Château-Vieux comme les citoyens les plus judicieux, et les patriotes les plus courageux qui se soient montrés depuis la prise de la Bastille.

» Aux yeux de tout homme de cœur, ils méritent les éloges dus aux héros de la liberté. Non, je ne leur reprocherai jamais d'avoir fait couler le sang des assassins; mon seul regret est qu'ils aient versé le leur.

» Combien il est douloureux que les régimens du roi et de Mestre-de-Camp ne se soient pas réunis à eux pour soutenir le siége, après avoir député à toutes les garnisons voisines, pour demander secours ! Combien il est fâcheux qu'ils n'aient pas passé au fil de l'épée l'exécrable Bouillé, avec tous ses officiers et tous ses satellites qui auraient refusé de mettre bas les armes! Combien il est malheureux qu'ensuite ils ne soient pas venus dans la capitale, punir de mort le despote et tous les pères conscrits qui

(1) C'est ce qu'elle a fait, en arrêtant toute poursuite ultérieure contre la garnison de Nancy, et en jetant un voile sur tout ce qui s'était passé.

(2) Ils ont déclaré hautement qu'ils avaient été indignement trompés par Bouillé et par Mottié.

avaient trempé dans l'horrible conspiration! Une conduite aussi héroïque en aurait fait les sauveurs de la France.

» Ici j'entends crier à la barbarie ; mais c'est par humanité que je forme ces regrets. Calculez et voyez s'il n'eût pas été à désirer que la garnison de Nancy eût pensé comme moi ; cinq à six mille scélérats auraient été retranchés du nombre des vivans, soit; mais cent mille patriotes, dès-lors égorgés traîtreusement, seraient encore pleins de vie ; et la France entière ne serait pas depuis si long-temps en proie aux désordres de l'anarchie, aux horreurs des dissensions civiles; elle ne serait pas épuisée de misère, menacée de famine, et prête à être livrée aux fureurs de la guerre civile.

» La sainte doctrine de la résistance aux mauvais décrets peut seule sauver l'état; l'*Ami du Peuple* la prêchera-t-il donc à des sourds ? » (N° 637.)

On pourrait composer un volume de tout ce qui fut écrit pour et contre la réhabilitation des Suisses. Le *Journal de Paris* seul nous fournirait plus de vingt articles, les uns anonymes, les autres pseudonymes, les autres signés Bayard, Roucher, Chéron, Naudeville, Gudin, Chénier. La capitale fut tapissée des injures que se renvoyèrent les Feuillans et les Jacobins. Il y eut de nombreuses altercations pour des affiches arrachées ; les citoyens armés de piques et la garde nationale furent bien souvent à la veille d'en venir aux mains. Le Palais-Royal était le lieu où ces scènes offrirent le plus de tumulte et d'animosité. Collot-d'Herbois qui, dans la réponse qu'on vient de lire, s'était appuyé principalement du rapport fait sur les événemens de Nancy, par le major de Château-Vieux, l'un des plus ardens ennemis des soldats, avait pris l'engagement, à la tribune des Jacobins, de poursuivre devant des juges, le poète Roucher. Celui-ci répondit (*Journal de Paris* du 14 avril) par une lettre pleine de sarcasmes, dans laquelle il rappelait à Collot-d'Herbois sa pièce du *Bon Angevin* : « Ce personnage de roman comique, qui des tréteaux de Polichinelle, va sauter sur un char de victoire, s'est élancé vers moi comme pour me frapper de la rame que ses Suisses lui ont rapportée des galères. » Roucher dit ensuite dans une note ce que c'était que le *Bon Angevin*. « C'est le titre d'une pièce de théâtre de la façon de Collot-d'Herbois, histrion de son métier, à Angers, 1775. A cette époque l'Anjou faisait partie de l'apanage de *Monsieur*; et Collot, à qui rien ne disait alors qu'il pourait y avoir un jour des patriotes en France, usait sa vie à parler, à penser, à écrire comme un esclave, qui, pour être aperçu du frère de son maître, se prosterne devant lui et rampe. »

Nous passons maintenant aux actes de la garde nationale, du directoire et de la municipalité.

Le 3 avril, Aclocque, commandant-général du mois, transmit au directoire une lettre de Bayard, commandant du 5ᵉ bataillon de la 2ᵉ légion, lettre dans laquelle Bayard dénonçait un plan de la fête de Château-Vieux, parlant de tableaux allégoriques destinés à humilier la garde nationale. Aclocque et lui déclarâient au procureur-syndic Rœderer que l'honneur était plus cher à la garde nationale que la vie, et ils le priaient « de vouloir bien peser cette observation. » Il leur fut répondu par les administrateurs du directoire : « Nous ne pouvons croire que ce projet existe; mais si quelque entreprise contre-révolutionnaire allait attaquer cet honneur si précieux, la répression de cette entreprise serait à la fois, pour nous, un besoin et un devoir. » (*Journal de Paris* du 3 avril.)

Pétion publia à ce sujet la lettre suivante, imprimée, affichée et envoyée aux quarante-huit comités des sections et aux soixante bataillons, par ordre du corps municipal.

Lettre du maire de Paris à ses concitoyens.

« Je crois de mon devoir de m'expliquer en peu de mots sur la fête qui se prépare à l'occasion de l'arrivée des soldats de Château-Vieux.

» Les esprits s'échauffent, les passions fermentent, les citoyens se divisent; tout semble présager le désordre. On veut changer un jour de fête en un jour de deuil. Les ennemis du bien public s'applaudissent; mais les amis de la patrie et de la paix se rallieront toujours, et l'espoir des intrigans sera trompé.

» De quoi s'agit-il ? Des soldats qui, les premiers, avec les gardes-françaises, ont brisé nos fers, qui ensuite en ont été surchargés, arrivent dans nos murs; des citoyens projettent d'aller à leur rencontre, de les recevoir avec fraternité : ces citoyens suivent un mouvement naturel ; ils usent d'un droit qui appartient à tous; ils invitent leurs concitoyens, ils invitent les magistrats du peuple à s'y trouver. Les magistrats ne voient rien là que de simple, que d'innocent; ils voient des citoyens qui s'abandonnent à la joie, à l'allégresse; chacun est libre de particiger ou ne pas participer à cette fête. Ce n'est pas l'autorité qui la provoque, c'est le vœu des citoyens qui la donne. Si personne n'eût vu que ce qui est, tout se serait passé sans bruit ; tout se serait fait à Paris comme dans les villes que les soldats de Château-Vieux ont traversées, et où ils ont été bien accueillis.

» Au lieu de cela, de grands spéculateurs ont tiré de grandes conséquences, et ont mis en jeu jusqu'à nos intérêts politiques.

» Des esprits sombres ont rêvé des malheurs.

» Des mal-intentionnés, qui s'emparent de toutes les circonstances pour occasioner des désordres et pour créer des partis, ont soufflé le feu de la discorde.

» On a trompé, on a aigri de bons citoyens par des faits faux. On leur a dit : 1° qu'il y aurait des inscriptions injurieuses pour nos frères d'armes ; 2° que les couleurs nationales seraient couvertes d'un voile funèbre;3° qu'on ferait la purification du Champ-de-Mars. Eh bien! d'après le plan communiqué à la municipalité, il n'y a pas un mot de vrai dans tout cela.

» C'est cependant sur ces allégations mensongères et perfides que l'opinion d'un grand nombre de personnes s'est formée, que des libelles, que des placards incendiaires ont paru, et que de bons patriotes, faute de s'entendre, sont divisés.

» Le département de Paris lui-même, dans une lettre où il annonce le désir qu'il a de maintenir la tranquillité publique, dit « que si les bruits qu'on répand sont vrais, que si l'on attaque l'honneur de la garde nationale, la répression de cette entreprise est tout à la fois pour lui un besoin et un devoir. »

» Des hommes qui ne respirent que le trouble ont cru apercevoir de l'opposition entre le département et la municipalité. L'instant leur a paru favorable; ils se sont empressés de faire présenter au département des pétitions contre la fête. Imaginant, d'une part trouver un point d'appui, de l'autre mettre deux autorités aux prises, ranger autour de chacune d'elles un parti, ils se sont promis et se promettent le plus affreux succès.

» Ils ont bien senti en effet que si cette fête n'eût rencontré aucun obstacle, il était impossible qu'il en résultât aucun mal; qu'il en résulterait au contraire un avantage sensible; c'est que l'esprit public s'élève, et prend un nouveau degré d'énergie au milieu des amusemens civiques.

» Mais nous l'espérons, les faits bien éclaircis, toutes ces trop importantes tracasseries disparaîtront. Le département et la municipalité seront toujours d'accord dans les momens où le bien public exigera leur sollicitude, et il ne restera aux ennemis de la liberté et de l'ordre, que la honte de voir échouer leurs sinistres projets. »   *Signé* PÉTION.

Pitra, officier municipal de l'ancienne commune, répondit à l'une des assertions de la précédente lettre. — « *Aux auteurs du Journal de Paris.* Messieurs, il est faux que les soldats de Château-Vieux aient, les premiers, avec les gardes-françaises, brisé nos fers, ainsi que le dit M. le maire, dans sa lettre à ses concitoyens, affichée aujourd'hui. Les soldats de Château-Vieux, ainsi que ceux de Salis-Samade et d'un autre régiment étranger, restèrent le 12 et le 13 de juillet 1789, renfermés dans le Champ-de-Mars, pendant que les gardes-françaises, réunis aux citoyens de Paris, prenaient la Bastille. Ils ne sont sortis du Champ-de-Mars que la nuit du 14, lorsqu'ils surent que les districts de l'Oratoire, de Saint-Roch, de Saint-Honoré et de Saint-Germain-l'Auxerrois allaient les attaquer, et ils prirent la fuite en abandonnant leurs bagages dont les districts s'emparèrent. J'invoque à l'appui du démenti que je donne à cette assertion de la lettre de M. Pétion, le témoignage de nos braves gardes-françaises et de tous les citoyens rassemblés dans leurs districts en ces grands jours de la révolution. J'invoque le témoignage de tous les électeurs de 1789; j'invoque enfin leurs procès-verbaux qui constatent que Paris et la France doivent beaucoup aux gardes-françaises, mais qui constatent aussi que les soldats de Château-Vieux ont pris la fuite la nuit du 14 juillet, lorsque quelques districts marchaient pour les attaquer. — PITRA, électeur de 1789. Ce 8 avril. »

André Chénier réfuta aussi Pétion. Il termine son long article par ces apostrophes : « J'aurais tort d'oublier l'affectation qui règne dans cette lettre, comme dans tous *leurs* écrits, de désigner quiconque s'est soulevé contre la turpitude de cette fête, comme un artisan de manœuvres et un *intrigant*. Monsieur Pétion, les *intrigans* sont ceux qui se dévouent aux intérêts d'un parti pour obtenir des applaudissemens et des dignités. Les *intrigans* sont ceux qui font plier, ou qui laissent plier les lois sous les volontés des gens à qui ils se croient redevables. Les *intrigans* sont ceux qui, étant magistrats publics, flattent lâchement les passions de la multitude qui règne et les fait régner, et injurient, et outragent, et appellent *intrigans* les citoyens courageux qui ne veulent ni régner, ni obéir à d'autres lois que les lois mêmes. Voilà quels sont les *intrigans*. » (*Journal de Paris* du 15 avril.)

La plus rude attaque fut celle de Dupont de Nemours. Nous prenons sa lettre dans un recueil de pièces inscrit à la Bibliothèque Royale, sous la lettre Z. 2284. z. d. 429.

Lettre de Dupont de Nemours à Pétion.

« MONSIEUR,

» Lorsque le péril public est très-grand, c'est le devoir de tous les citoyens de le dire, et surtout de le dire aux hommes en place; bien plus encore lorsque c'est par ces hommes en place qu'il est excité, qu'il est accru.

» Ayant coopéré à la Constitution, ayant, comme tous les Français, juré de la maintenir, étant particulièrement chargé de faire régner les lois, l'ordre et la paix dans la capitale, vous vous êtes fait l'avocat des Suisses de Château-Vieux.

» Vous avez, pour eux, manqué à la vérité une fois, en disant qu'ils avaient été utiles à la révolution, qu'ils avaient refusé de combattre le peuple de Paris. Vous avez été justement relevé de cette erreur par M. Pitra, un des citoyens qui a le plus tôt, le plus réellement servi la révolution, et auquel vous n'avez pas répondu. Il est faux que ces Suisses aient refusé de combattre le peuple de Paris; il est trop vrai qu'ils ont combattu les gardes nationales de la Meurthe et de la Moselle.

» Vous avez, pour eux, manqué à la vérité deux fois, en disant qu'il n'était pas question, dans leur fête, de voiler les monumens publics, de couvrir d'un crêpe les couleurs nationales, de purifier le champ de la fédération; tandis que c'est sur la présentation du plan qui contenait tous ces détails, et qui a été imprimé et affiché avec profusion, que vous avez, par votre influence, déterminé la municipalité à faire cortége dans la fête proposée.

» Vous avez, pour eux, manqué à la vérité trois fois, en disant qu'il n'y avait rien de pareil à l'ancien plan dans le second, tandis que dans celui-ci il n'y a rien de changé au fond du premier, et qu'on s'est seulement borné à le détailler moins, à annoncer moins clairement l'intention perverse qu'on avait d'abord trop manifestée; vous avez cru que pour tromper les Parisiens, il suffisait de substituer au mot *purifier*, celui de *brûler des parfums*, et au lieu de l'indication de *tels bas-reliefs et de telles inscriptions*, l'annonce plus vague de *peintures, de sculptures, d'inscriptions*.

» Dans ce second plan que vous citez avec complaisance, que vous avez envoyé comme justification à un de nos anciens collègues, l'estimable Schwendt, l'insolence est même poussée plus haut que dans le premier, en ce qu'on assigne une place où se trouvera, dit-on, une députation de l'assemblée nationale, à qui on n'a demandé aucune permission, à qui on n'a même fait encore aucune invitation. On paraît se croire assuré de la commander, et de lui dire la veille ou le matin : *Corps législatif, obéissez à vos* maîtres et aux nôtres, les inventeurs et les ordonnateurs de la fête de Château-Vieux; envoyez-y une députation, sa place est marquée. Non pas, dites-vous aujourd'hui; les invitations seront individuelles; c'est-à-dire que le discours se borne à celui-ci : *Corps législatif, suspendez vos travaux pour la fête de Château-Vieux. Si vous ne le voulez pas, nous sommes certains que plusieurs de vos membres quitteront leur devoir et votre séance pour figurer avec des rebelles et des assassins. Ils ne seront peut-être pas en grand nombre; mais enfin, nous croyons en connaître qui sont dignes d'honorer les Suisses de Château-Vieux.*

» Et les gens qui se permettent de traiter ainsi les représentans de la nation, vous les appelez patriotes ! Ce sont eux que vous prenez pour compagnons ! C'est avec eux que vous allez dîner en bonne fortune à la Rapée : tellement que le général mandé par vous est obligé de galoper deux heures dans Paris pour prendre vos ordres, et de deviner enfin où vous pouvez être.

» Vous avez, pour eux, manqué à la vérité quatre fois, en disant au département que la majorité des citoyens et de la garde nationale de Paris voulaient absolument cette fête ; et vous saviez si bien que vous manquiez à la vérité, que vous n'avez pas osé convoquer les sections, qui vous auraient forcé de la reconnaître.

» Monsieur, ces subterfuges ne sont plus de saison, le moment presse : vous ne tromperez ni les sections, ni l'armée, ni les quatre-vingt-trois départemens. Il faut vous expliquer et parler net.

» La fête de *Château-Vieux*, que vous cachez après coup sous la phrase péniblement traînante *de fête en l'honneur de la liberté à l'occasion des Suisses de Château-Vieux*, et que je vous montrerai bientôt qui est la fête d'un intolérable despotisme, est-elle une fête publique ou une fête privée ? Répondez.

» Si elle est une fête publique, si elle est un honneur public rendu aux assassins de Désilles désarmé et prêchant la paix, rendu aux meurtriers de trente-huit gardes nationales porteurs d'une loi, pourquoi n'avertissez-vous pas ceux qui sont assez insensés et assez corrompus pour vouloir décerner un honneur public à de telles actions, que la Constitution a remis au pouvoir législatif exclusivement le droit *d'accorder des honneurs publics?* Pourquoi autorisez-vous leur méprise par votre concours, par votre présence, par celle de la municipalité?

» Vous dites, monsieur, que cette fête est *donnée par le peuple.* Qu'appelez-vous le peuple? Avez-vous recréé, par votre autorité, les ordres que la Constitution a détruits pour jamais? Y a-t-il un autre peuple en France que la collection de tous les citoyens? A-t-il une autre manière d'exprimer sa volonté que par l'organe de ses représentans? Peut-il dans un gouvernement représentatif, retenir l'autorité qu'il leur a confiée? Hors de l'assemblée nationale, il n'y a que des individus qui n'ont le droit de s'exprimer que par des pétitions. Le peuple est souverain quand il élit; il jouit de sa souveraineté quand ses représentans décrètent.

Mais croyez-vous, monsieur, que nous ignorions, que la nation entière ignore l'abus honteux que vous faites du mot de peuple, soit quand vous parlez de la fête de Château-Vieux, soit quand vous écrivez que *vous êtes entre le peuple et la loi.* Tout Paris l'a vu, sept cent mille citoyens l'ont vu, ce peuple à qui vous transmettez le plus beau droit que la Constitution ait remis à l'assemblé nationale.

» Il a, lundi dernier, promené dans Paris les Suisses de Château-Vieux.

» Il les a conduits au faubourg Saint-Antoine. Vingt hommes de tous costumes les précédaient; quarante, dont une partie seulement vêtus en gardes nationales, les suivaient. C'était tout, c'étaient cent personnes, y compris les femmes et les triomphateurs. Je crois bien que le directoire secret n'y était pas, et il y manquait encore la municipalité. On marchait en criant: *Vive Château-Vieux! Pendez La Fayette et Bailly.* Les citoyens détournaient la tête avec horreur. Vous savez ce qu'ordonnent les lois sur ces motions d'assassinats qui ont été répétées pendant la journée entière. Vous savez combien elles sont plus exécrables quand elles portent sur des hommes qui ont tant contribué à la liberté française.

» Qui avez-vous réprimé? Qui avez-vous fait punir? Contre qui avez-vous réveillé la vigilance de l'accusateur public?

» On était venu de Versailles, en forçant, le pistolet sur la gorge, ceux que l'on rencontrait à grossir la troupe, ou à se mettre à genoux et à crier : *Vive Château-Vieux!* Ignorez-vous ces choses, monsieur? vous ne faites pas votre devoir. Les savez-vous? vous le trahissez.

» La fête de Château-Vieux n'est-elle qu'une fête privée? Pourquoi le premier magistrat du peuple et la municipalité lui laissent-ils prendre et lui donnent-ils, autant qu'il est en eux, le caractère d'une fête publique; de la plus solennelle des fêtes publiques? Pourquoi le dernier arrêté de la municipalité interdit-il, à cause de cette fête, l'usage des voitures? Le plaisir privé de quelques personnes doit-il attenter à la liberté des autres, et condamner à la prison ceux que leurs affaires, ou la seule beauté de la saison appellent hors de chez eux, mais à qui la faiblesse de leur santé ne permet pas d'aller à pied? Pourquoi interdisez-vous les voitures dans l'intérieur de Paris, et au midi de la rivière, tandis que le cortége ne doit passer que sur les boulevarts et au nord?

» Vos amis disent que vous ne faites, en cela, que ce qui est d'usage pour un spectacle ordinaire; mais, pour aucun spectacle, on ne prohibe les voitures. On règle seulement l'ordre dans lequel elles doivent défiler, la place où elles doivent se ranger.

» Pourquoi permettez-vous aux personnes qui donnent cette fête privée, de s'emparer, de disposer pour leurs orgies de la plus sainte des propriétés publiques, du champ de la fédération, de l'autel de la patrie, des lieux consacrés aux plus augustes fêtes nationales?

» Le champ de la fédération, l'autel de la patrie vous appartiennent-ils, monsieur? Sont-ils la propriété privée de ce petit nombre de citoyens qui veulent honorer l'assassinat et la rebellion aux décrets du corps législatif, légalement sanctionnés, qui entreprennent de forcer leurs compatriotes à se mettre à genoux devant les Suisses de Château-Vieux; et auxquels vous avez l'audace, coupable dans les deux sens, de donner le nom de *peuple*, pour les avilir d'un côté, en renouvelant les distinctions, pour leur attribuer, de l'autre, la souveraineté sur la France entière?

» Le champ de la fédération, l'autel de la patrie, le Panthéon, la salle de l'assemblée nationale, le palais du roi sont la propriété commune des quatre-vingt-trois départemens, confiés par la totalité des citoyens du royaume, à la garde de leurs frères d'armes de Paris. Si les citoyens des quatre-vingt-trois départemens eussent pu croire que le premier venu, que la municipalité de Paris disposeraient arbitrairement de ces propriétés nationales; que les mânes de ceux qui ont péri pour la loi seraient insultées sur l'autel même de la patrie, par des parfums brûlés *en l'honneur* ou *à l'occasion de leurs assassins* qu'on mènerait en triomphe; que les membres de l'assemblée nationale seraient journellement injuriés dans le sanctuaire même des lois; que le roi ne serait pas en paix et en sûreté dans le palais que la nation lui donne; les quatre-vingt-trois départemens auraient envoyé chacun une garde à l'assemblée nationale, au château des Tuileries, au champ de la fédération. Leurs citoyens étaient, et sont en droit de le faire; et s'ils ne l'ont pas fait, c'est qu'ils ont compté sur l'honneur, sur le courage, sur l'amour pour la Constitution, qui caractérisent si éminemment l'armée parisienne.

» Monsieur, ne vous flattez point que l'armée parisienne manque à leur confiance et à son devoir. Vous pouvez oublier tous ceux de votre place; vous et ceux qui vous conseillent, ceux qui, avec votre secours, s'efforcent d'usurper la souveraineté nationale, vous pouvez pousser le délit et le délire jusqu'à tenter de mettre l'armée parisienne hors d'état de *résister à l'oppression* et de justifier l'estime du véritable peuple de France, qui, des Alpes aux Pyrénées, et de la Méditerranée à l'Océan, a cru bien faire en remettant à la garde de l'armée parisienne ses plus précieuses propriétés nationales. Mais là finit votre autorité; mais là finira le despotisme des coupables, dont vous n'avez pas honte de vous constituer le ministre, et qui se font un jeu perpétuel de violer les droits de leurs concitoyens et ceux des représentans de la nation.

» Quoi, monsieur, il s'agit, dites-vous, d'une fête privée, *à l'occasion de quelques assassins,* et vous, magistrat du peuple de Paris, vous osez, *à l'occasion* de cette fête, défendre au peuple de Paris, à l'armée nationale parisienne de porter ses armes accoutumées. Vous en avez pris l'arrêt municipal hier 12 avril; ainsi faisaient, monsieur, les ministres du 12 juillet 1789; on leur a répondu le 14.

» Quoi, monsieur, vous insultez le peuple de Paris, l'armée parisienne, au point de paraître redouter pour la sûreté publique de la voir sous les armes, lorsque pour la sûreté publique, votre devoir est de l'y appeler ! Quoi, pour honorer mieux les *assassins*, vous voulez désarmer tous les frères d'armes des *assassinés*. Vous voulez que Paris soit pendant un jour, et pendant un jour consacré à des orgies en faveur du crime, à peu près privé de force publique ! A qui, monsieur, prétendez-vous donc livrer, non-seulement le champ de la fédération et l'autel de la patrie, mais la capitale, l'assemblée nationale, le roi, nos femmes, nos enfans, nos propriétés? Vous ne le direz pas. Je vais le dire, et peut-être en le disant, aurai-je encore une fois le bonheur de déranger les complots dont je suis porté à croire que vous n'êtes que la dupe; en dévoilant le crime, on suspend ses coups; il rougit de sa propre laideur; il tremble devant la punition qui l'attend; il s'arrête, nie, s'enveloppe et se cache jusqu'à meilleure occasion.

» Ceux qui vous mènent comme un enfant, ont entendu livrer Paris à dix mille piques, qui, lundi dernier, n'avaient point de porteurs, et pour lesquelles un seul homme, avouant qu'il n'était autorisé par aucune signature, a néanmoins obtenu de l'assemblée nationale qu'elles seraient reçues dimanche 15, à la barre, le jour même où les Suisses de Château-Vieux et leurs dignes amis seraient maîtres de Paris, le jour où vous vous proposiez de défendre à la garde nationale de porter les armes.

» Les bras qui doivent employer les dix milles piques au gré des ennemis de la Constitution, au gré des amis de Château-Vieux, sont arrivés et arrivent tous les jours : tous les jours de cette semaine, douze ou quinze cents inconnus sont entrés dans Paris, venant de toutes les parties du royaume et même des pays étrangers ; les routes en sont couvertes. Il mendient dans les rues en toutes sortes de patois, malgré les secours bénins de leurs amis, qui peuvent n'avoir pas pourvu à tout ; car il est difficile de compter combien de corbeaux attirera le carnage, combien de brigands l'espoir du pillage pourra réunir.

» Je n'ai pas tout dit. A cette horrible armée, digne de l'*occasion*, les généraux sont préparés. Les papiers publics, les lettres particulières nous annoncent que les amis de Jourdan, qui ont tant sollicité pour lui l'amnistie, voyant que la sagesse de l'assemblée nationale n'y comprenait pas les assassinats de la Glacière, ont forcé sa prison : déjà on l'a fait recevoir en triomphe dans quelques villes comme les Suisses de Château-Vieux. Il arrive à Paris demain ; il sera dimanche à la fête, avec ses compagnons, avec les deux Mainvielle, avec Peytavin, avec tous les scélérats qui de sang-froid ont tué dans une nuit soixante-huit personnes sans défense, et qui ont violé les femmes avant de les égorger.

» Catilina, Céthégus, marchez : les soldats de Sylla sont dans la ville ; Manlius est aux portes ; et le consul lui-même entreprendra de désarmer les Romains.

» Consul, dans les jours de périls, Cicéron fut maître à Rome ; mais c'est qu'il était vertueux et qu'à la tête de ses amis on nommait Caton.

» Ces grands événemens éclairent les peuples, ils arrachent les masques. Il n'est pas un homme à présent, pas une femme, pas un enfant de huit ans qui ne voie parfaitement de quoi il est question.

» Il s'agit de la souveraineté du peuple français ; il s'agit de savoir s'il se maintiendra dans la liberté qu'il a conquise ; s'il maintiendra, conformément à la Constitution, ceux qu'il a librement choisis dans les fonctions publiques qu'il leur a confiées ; ou s'il se laissera maîtriser, s'il laissera usurper tous les pouvoirs par des hommes qu'il n'a pas choisis, par un petit nombre de factieux qui se recrutent eux-mêmes, et qui asservissent, d'un bout du royaume à l'autre là nation, ses délégués et ses représentans, en employant, selon les circonstances, la calomnie, le pillage, l'incendie et l'assassinat.

» Dieu a donné à ces tyrans l'insolence et la bêtise, comme à tous les tyrans. Ce sont des fruits de l'abus du pouvoir qui détruisent nécessairement tout pouvoir abusif. C'est

» Grace à cet esprit de vertige et d'erreur,
» De la chute des rois funeste avant-coureur,

que ces têtes perdues ont été chercher, dans toute l'armée de ligne, pour les présenter comme des patriotes à qui la garde nationale doit de la reconnaissance et des honneurs, les seuls soldats de ligne qui aient osé opposer la force à la loi ; les seuls qui aient tué des gardes nationales, exécuteurs de la loi ; les seuls qui aient assassiné un homme parce qu'il les suppliait de ne pas tirer sur la garde nationale.

» Ils ne sont pas, ni vous non plus, monsieur, à concevoir combien est énorme une telle sottise. Mais comme les autres tyrans, ils ont cru la couvrir en outrant les moyens de force, en agitant leurs satellites, en appelant leurs auxiliaires, en vomissant l'injure, en allumant les flambeaux, en aiguisant les piques et les poignards. Vains efforts, qui comme ceux que tous les tyrans font pour conserver le pouvoir qui leur échappe, ne font que creuser l'abîme où ils vont être engloutis. Le peuple de France n'a pas quitté un maître pour en prendre mille. Il y avait une bastille du despotisme, nous l'avons détruite ; il y a visiblement une bastille de l'anarchie ; elle ne peut subsister.

« Les nouvelles lettres-de-cachet, autant arbitraires, bien plus multipliées, plus cruelles, bien plus redoutables que les anciennes, et qui frappent à la fois sur l'honneur, sur les biens, sur la vie, ne seront pas plus tolérées que les autres ne l'ont été.

» Je ne suis point prophète, je ne suis qu'un citoyen à la fois intrépide et paisible ; mais j'ai lu l'histoire et je connais le cœur humain : la mesure est comble, elle verse. J'ose espérer, monsieur, qu'avant la fin du mois il n'y aura plus en France d'autre corporation que la nation elle-même, d'autres autorités que celles qui ont été établies par la Constitution.

» Cette Constitution a été remise *en dépôt à la fidélité du corps législatif, du roi et des juges, à la vigilance des pères de famille, aux épouses et aux mères, à l'affection des jeunes citoyens, au courage de tous les Français.* Le dépôt sera gardé. Tous les Français ont juré de *vivre libres* : ils ne seront pas plus esclaves des clubs que des rois. Tous les Français ont dit, *la Constitution ou la mort*. Ils ne veulent point mourir, ils auront donc *la Constitution*, et pas une virgule n'y sera changée avant l'époque qu'elle-même a fixée pour la révision.

» Dites-le, monsieur, à ceux avec qui vous vivez, à ceux dans les mains de qui la calomnie elle-même commence à s'émousser, et qui lui ont ôté son poison en le prodiguant. Inutilement ils tenteront d'appeler *aristocrates* les citoyens qui sont *constitutionnaires*; c'est parce que nous sommes bien décidés à ne vouloir jamais de la ci-devant noblesse des races et des fiefs, que nous ne voulons pas davantage de la nouvelle noblesse des sociétés usurpatrices. C'est parce que nous ne voulons pas recevoir sur parole la loi d'aucun prêtre, que nous ne voulons pas jurer ni obéir davantage sur la foi d'aucune délibération signée *président* et *secrétaires*, lorsque nous n'avons donné mission, ni à secrétaires, ni à président, ni à délibérans.

» C'est en nous tenant ainsi fixés invariablement à notre Constitution, c'est en montrant que toutes nos forces concourent à l'affermir, que nous imprimerons le respect pour elle à tous ses ennemis du dedans et du dehors. Ils ne sont encouragés que par les divisions et l'anarchie que fomentent vos amis. Le même jour finira la guerre intestine et la guerre étrangère ; ce sera le jour où commencera le règne de la loi. Il est prochain, monsieur ; car celui des protecteurs, des émules et des complices de Jourdan et des Château-Vieux est un règne passé. Ils pourront bien assassiner encore deux jours, peut-être moi demain, et peu m'importe ; mais leur puissance est frappée au cœur : la France sera libre une seconde fois, et cela importe beaucoup à tous les bons citoyens. »

DUPONT, *ancien député de Nemours à l'assemblée nationale constituante.*

Voici la réponse de Pétion ; elle est insérée par parties dans le *Patriote Français*, nos du 24, du 25 et du 26 avril.

Réponse de Pétion à Dupont de Nemours.

« Il est difficile, monsieur, d'imaginer une diatribe plus dégoûtante que celle que vous venez de publier contre moi. Il n'est pas un homme honnête qui n'en soit révolté.

» Vous vous dites ami de la vérité, et vous avancez les faits les plus inexacts.

» Vous vous dites ami de la paix, et vous soufflez le feu de la discorde.

» Vous vous dites ami de la Constitution, et vous parlez le langage des contre-révolutionnaires les plus décidés.

» Dans quel moment publiez-vous ce libelle? C'est lorsque les malveillans provoquent les citoyens égarés à en venir aux mains. Ne vous est-il pas tombé dans la pensée que vous pouviez faire couler le sang des hommes ? Et comment cette idée effrayante n'a-t-elle pas fait tomber la plume de vos mains ?

» Ceux qui égorgent leurs frères sont les écrivains fanatiques qui leur prêchent la révolte, la désobéissance aux autorités constituées et le mépris de leurs devoirs.

» En lisant votre lettre je me suis rappelé que, dans un moment critique où vous et vos amis échauffiez le peuple contre les assignats, vous annonçâtes à l'assemblée nationale qu'on parlait d'un soulèvement pour un jour que vous sûtes indiquer ; et la veille de ce jour fatal, vous fîtes circuler dans le public un écrit empoisonné, où vous alarmiez le peuple sur ses moyens de subsistance, où vous lui disiez qu'il paierait le pain à un prix excessif, et ses vêtemens au poids de l'or.

» Cet écrit était anonyme. Vous l'aviez mis furtivement sous les presses de l'imprimerie nationale ; vous fûtes démasqué et couvert de confusion.

» Ainsi, dans deux circonstances remarquables, vous aiguisez les poignards ; vous les présentez au peuple, vous l'excitez à frapper ; et vous voulez rendre ensuite responsables ceux qui sont à l'écart, ceux qui, non-seulement sont étrangers au délit, mais qui veillent pour le prévenir.

» Ici ce ne sont pas seulement les citoyens de Paris que vous cherchez à aigrir et à porter à des excès ; ce sont tous les Français. Vous dites, page 10, « que les membres de l'assemblée na-
» tionale sont insultés dans le sanctuaire des lois ; que le roi n'est
» pas en sûreté dans son palais ; vous engagez chaque départe-
» ment à envoyer des gardes pour défendre et conserver leurs
» représentans. »

» Les plus implacables ennemis de la liberté et de l'ordre parlent-ils autrement ? Si c'est ainsi que vous aimez la Constitution, vous l'aimez comme les autres la trahissent.

» Mais nous ne sommes plus dupes des mots. Celui de Constitution est dans toutes les bouches ; c'est le manteau dont l'hypocrite s'enveloppe pour contrefaire l'homme de bien, et pour persécuter avec impunité les vrais défenseurs de nos droits.

» Ma profession de foi sur la Constitution est claire et précise. Je lui trouve des défauts, et ce ne sont probablement pas ceux que vous apercevez. Mais, avec ses imperfections, je la maintiendrai jusqu'à la mort, et je lui serai plus fidèle que ceux qui en paraissent idolâtres.

» Vous pouvez répéter tant que vous voudrez que le maire de Paris et ceux qui l'entourent veulent une autre forme de gouvernement. Ces lieux communs sont usés, et ne peuvent plus séduire que les ignorans et les sots. Je déclare très-positivement que les personnes que je vois avec le plus d'intimité, que mes amis, que moi, nous voulons la Constitution telle qu'elle est ; et, pour me servir de vos expressions, sans y changer une virgule.

» Ne confondez pas éternellement l'opinion que chacun peut avoir sur tel ou tel article de la Constitution qu'il trouve mauvais, mais que néanmoins il défend et maintient comme inhérent à l'ensemble, avec la volonté d'une autre Constitution et la violation de celle qui est jurée par la nation.

» Je ne conçois même pas comment on peut supposer que le magistrat qui s'est engagé de faire exécuter la loi de son pays se propose de la détruire.

» Vous avez voulu affaiblir les torts dont vous me gratifiez, en les rejetant sur la condescendance que j'ai pour mes amis.

» Laissez-moi, je vous prie, mes fautes tout entières. Ceux qui me connaissent savent bien que j'ai le caractère bon, mais non pas faible; que je n'adopte pas légèrement une opinion, mais que je la suis avec constance et fermeté; que je tiens à mes principes d'une manière inébranlable, et qu'il n'est pas de considération humaine qui puisse m'en écarter; je dirai plus : c'est qu'il n'est peut-être pas d'homme en place qui agisse plus d'après lui que je ne fais. Certes, je suis loin de négliger les avis qu'on veut bien me donner; mais je n'ai le plus souvent ni le temps ni l'occasion de consulter, et il faut que je prenne conseil de moi-même.

» J'arrive aux faits qui concernent les Suisses de Château-Vieux. Je ne parlerai pas des services qu'ils ont rendus à la patrie, lorsqu'ils ont refusé les secours de leurs armes au despotisme; nous ne nous entendrions jamais sur ce point. Vous ne connaissez ces braves militaires que d'après les plates rapsodies et les récits infidèles et calomnieux de quelques gazetiers à gage, et vous niez jusqu'à l'évidence. Vous repoussez les faits qui se sont passés sous les yeux de tout Paris.

» Je ne vous parlerai pas de la fatale affaire de Nancy, où les citoyens-soldats et les soldats-citoyens, également innocens, également égarés, se combattirent, croyant combattre pour leur pays, pour la loi, pour la liberté. Il est démontré pour tout homme non prévenu que les ordonnateurs de cette cruelle boucherie furent seuls coupables. Cette vérité a été défigurée avec effronterie par des écrivains mercenaires... Et ce sont là les oracles que vous consultez !

» Vous traitez ces soldats de brigands, d'assassins! Comment osez-vous, avec cette légèreté, hasarder des imputations aussi odieuses? Car enfin, si l'on vous demandait des preuves, où les trouveriez-vous? Il ne suffirait pas de recourir à ces journaux imposteurs ou de se livrer à des déclamations vagues; il faudrait des faits solidement établis, des pièces authentiques. Où sont-ils? ou sont-elles? Je vous défie d'en produire.

» L'arrivée des Suisses de Château-Vieux dans nos murs était annoncée depuis long-temps; on ne parlait que des fêtes qu'ils recevaient sur leur passage. Une députation nombreuse de citoyens se présenta au conseil-général de la commune, pour le prier d'assister à la cérémonie qu'on préparait à ces victimes de la liberté.

» J'avais si peu dirigé les pétitionnaires, ainsi que vous l'insinuez, que je ne savais pas qu'ils fussent présens à la séance, que je ne connaissais pas un mot de leur pétition. Elle fit une impression très-vive sur le conseil-général qui, à l'instant même, arrêta de se rendre à la fête. Il arrêta aussi de faire imprimer la pétition et de l'envoyer aux sections.

» C'est moi encore qui, suivant vous, ai déterminé la municipalité à faire cette démarche. Je ne relève pas ce fait, parce qu'il me blesse, mais parce qu'il blesse une vérité que le public présent peut attester, parce qu'aussi vous tendez sans cesse à m'isoler de la municipalité. C'est le plan constamment suivi par tous les journalistes qui m'attaquent; comme si les arrêtés d'un corps n'étaient que les arrêtés du chef; comme si toute une assemblée était dans son président.

» Le conseil-général crut faire là une action très-simple et très-louable, satisfaire aux devoirs de la reconnaissance, et imiter l'exemple des autres villes.

» Les esprits n'étaient pas encore exaltés, la fermentation n'avait pas pris un caractère de malignité, les progrès de l'intrigue étaient peu sensibles; on parlait diversement de la fête, mais sans animosité; on n'était pas ennemis pour être d'un avis opposé.

» Un premier placard, qui rendait compte du cérémonial,

échauffa beaucoup les têtes, et devint une arme dangereuse entre les mains des malveillans et des chefs de parti ; et à l'instant des pamphlets furent commandés, des supplémens payés, des écrits incendiaires distribués avec profusion ; on remua toutes les passions, on fit jouer tous les ressorts.

» On dit aux uns : Ce sont les Jacobins qui sont à la tête de la fête. — Elle eut pour opposition tous les ennemis des Jacobins.

» On dit aux autres : La municipalité la favorise. — Elle eut pour opposans tous ceux qui ne voient cette municipalité qu'avec ombrage.

» On dit à ceux-ci : la fête est dirigée contre M. de La Fayette, et pour le perdre. — Elle eut pour opposans tous les partisans de M. de La Fayette.

» On dit à ceux-là : la fête est une insulte faite à la garde nationale. — Elle eut pour opposans tous ceux des citoyens en uniforme qui crurent légèrement à cette insinuation perfide.

» Sans compter les nombreux ennemis de la Constitution, qui saisissent toujours avec empressement les occasions de troubles pour se réunir aux perturbateurs.

» Sans compter encore une multitude de citoyens paisibles qui ne sont d'aucun parti, mais qui redoutent tout ce qui peut altérer leur tranquillité.

» Ainsi, la masse des citoyens égarés, réunie à celle des citoyens agitateurs, était assez considérable.

» Eh bien ! monsieur, je n'avais jamais lu, et je n'ai pas encore lu le placard qui, dites-vous, m'a servi de base : je ne le connais que par des fragmens.

» Je fis alors ce qui est d'un magistrat qui aime sincèrement la paix et qui cherche à concilier les esprits. Je vis M. Tallien, citoyen estimable, l'un des ordonnateurs de la fête, et je le priai de mettre dans le cérémonial toute la décence et toute la simplicité dont il était susceptible, et de faire disparaître toutes les allusions qui pourraient offenser quelques citoyens, et les aigrir les uns contre les autres.

» M. Tallien et ses co-associés publièrent un autre projet de fête; et lorsque vous prétendez, monsieur, qu'il ressemble au premier, qu'il n'y a rien de changé au fond, on est étonné de vous voir avancer un fait aussi contraire à la vérité, et si facile à démentir par le rapprochement des deux écrits.

» Vous faites beaucoup de bruit de ce que, dans ce projet, on a désigné une place pour les juges, pour les magistrats, pour les membres de l'assemblée nationale. Vous remarquez, non sans dessein, que c'est un ordre intimé à ces fonctionnaires publics; et vous vous écriez : *Corps législatif! obéissez à vos maîtres et aux nôtres.*

» Est-il un homme de bon sens qui puisse penser que les citoyens ordonnateurs de la fête aient jamais pu vouloir autre chose que d'émettre un vœu, que de manifester un désir? Car enfin, à quel titre, de quel droit auraient-ils commandé aux autorités constituées l'acte le plus libre pour le plus simple citoyen? Mais il était bon et utile à vos vues de chercher à les rendre odieux, d'exciter contre eux l'animadversion des autorités constituées; et vous l'avez fait.

» C'est après les avoir ainsi environnés du soupçon, que vous me faites dîner avec eux à la Rapée, pour établir entre nous une coalition dangereuse.

» Je ne dirai pas que cet épisode est déplacé; mais je dirai qu'il manque de vérité. Il est très-vrai que j'ai assisté à un banquet de famille, à la Rapée; mais avec qui? Avec les officiers municipaux, et uniquement avec les officiers municipaux. Et vous travestissez en une sorte de conjuration un repas fraternel fait entre les magistrats du peuple.

» Je suis honteux de me traîner dans ces détails ; et pour m'attacher à quelque chose de plus sérieux, j'observerai que la municipalité était convenue de ne pas se rendre en corps à la fête : ce n'était point elle qui l'ordonnait, qui la dirigeait; elle n'avait dès lors qu'une surveillance de police à exercer.

» Plus nous avancions, plus les esprits s'échauffaient; plus les préventions étaient fortes, et moins on s'entendait. Je crus qu'il était prudent de publier une lettre très-simple, propre à répandre le calme et à dissiper les préjugés. J'en donnai lecture au corps municipal qui l'accueillit. J'ose dire qu'elle ne fut pas sans effet dans le public; ce qui irrita beaucoup les chefs de conspiration et les ennemis de l'ordre.

» Ce qui accrut aussi, pendant quelque temps, l'espoir des mécontens, c'est qu'ils crurent le département opposé à la municipalité. Les petites querelles de compétence entre ces deux corps, favorisaient cette opinion. Ceux qui s'opposaient à la fête s'adressaient donc au département, tandis que les partisans de cette fête se présentaient à la municipalité.

» Mais les premiers étaient bien inférieurs en nombre aux seconds; et les papiers qui répétaient sans cesse que la majorité des citoyens était contre la fête, ou étaient mal instruits, ou étaient de mauvaise foi.

» Ce qu'il y avait de plus alarmant, c'est qu'une partie de la force armée s'assemblait ; c'est qu'elle croyait son honneur intéressé à ce que la fête n'eût pas lieu; c'est qu'elle s'isolait des autres citoyens. C'est vous, monsieur, ce sont vos semblables qui l'entreteniez dans ce funeste égarement : vous, qui faites sans cesse de la garde nationale une corporation particulière, et ce que vous appelez l'*armée parisienne*.

» Ceux qui m'ont suivi dans ces circonstances savent combien de soins je pris pour dissiper ces malentendus et ces erreurs, pour réconcilier les citoyens entre eux, pour substituer le langage calme de la raison aux emportemens des passions.

» Enfin, les soldats de Château-Vieux arrivèrent à Paris. Vous faites de leur marche, depuis Versailles, un roman aussi contraire à la vérité qu'à la vraisemblance. A qui persuaderez-vous jamais que des citoyens qui arrivent en chantant, en dansant, aient commis toutes les violences que vous leur prêtez; qu'ils aient mis le pistolet sur la gorge de tous les passans, pour les forcer, ou à grossir le cortége, ou à crier : *vive Château-Vieux !*

» Au surplus, n'est-il pas trop étrange que vous me demandiez sérieusement pourquoi je n'ai pas fait réprimer, pourquoi je n'ai pas fas fait punir, pourquoi je n'ai pas livré à l'accusateur public ces prétendus perturbateurs, ces motionnaires assassins.

» Mais vous, qui êtes bien instruit des plus petits détails, voudriez-vous me dire quels sont les coupables, me donner leurs noms; car vous ne prétendez pas sans doute que je doive faire des dénonciations vagues.

» Les soldats de Château-Vieux furent introduits dans l'assemblée nationale pour lui rendre leurs hommages. On sait l'opposition qu'éprouva leur admission aux honneurs de la séance. Mais enfin, le décret devait préparer les esprits à la fête, et faire tomber beaucoup de clameurs.

» Ces soldats vinrent aussi saluer le conseil général de la commune, et je fis à leur discours une réponse qui, je crois, portait avec elle un caractère de sagesse et de vérité qui, dans d'autres temps, eût sans doute réuni tous les suffrages. Je ne concevais pas quelle difficulté on trouvait à allier les honneurs décernés aux braves gardes nationales de Nancy, avec ceux qu'on se disposait à rendre aux soldats de Château-Vieux.

» C'etait cette sagesse même qui redoublait la rage des ennemis de la liberté. Ils voyaient que les illusions étaient sur le point de se dissiper; ils multipliaient leurs efforts pour les maintenir. Séductions, menaces, calomnies, toute la perversité des cœurs corrompus fut mise en usage.

» J'en atteste tous ceux qui m'ont vu dans ces momens difficiles; j'étais impassible au milieu de toutes ces agitations; j'écoutais tout avec une grande tranquillité; je faisais en sorte de dégager mon ame de toute espèce d'affection personnelle; et je devais paraître d'autant plus prévenu aux yeux des hommes hors de toute mesure, que j'avais moins de prévention.

» Tandis que j'étais injurié, diffamé; tandis qu'insultant avec audace à mon caractère de magistrat, on avait l'indignité de me représenter comme l'instigateur des troubles, je m'occupais sans relâche à les apaiser; je ne cessais de faire des observations pour que la fête n'eût que des formes simples, grandes, et dignes d'un peuple libre.

» C'est moi qui ai mis en avant l'idée de ne pas placer les soldats de Château-Vieux dans le char, parce que je pense qu'il ne faut pas idolâtrer les hommes, quels qu'ils soient ; que faire les uns trop grands, c'est rendre les autres trop petits. Je ne crains pas de le dire ici, cette idée était fortement combattue, et c'est à la confiance que les citoyens ont eue en moi, que l'on doit, en partie, un succès que la force n'eût jamais obtenu.

» Une autre idée, d'un plus grand intérêt encore, a été celle d'abandonner le peuple à sa propre raison, au sentiment de sa dignité, de faire disparaître tout signe de contrainte, et de se reposer de sa garde sur lui-même.

» Cette idée avait un but sage pour les circonstances ; elle a un but moral pour tous les temps.

» Il était dangereux sans doute, au milieu d'une pareille effervescence, de laisser armée une masse aussi considérable d'hommes, qui, rapprochés les uns des autres, pouvaient, au plus léger différend, devenir ennemis, arroser la terre de leur sang, et en faire un vaste champ de carnage.

» Rien ne peut inspirer au peuple des sentimens plus nobles et plus généreux que la confiance qu'on lui témoigne. C'est le rendre jaloux de la mériter. C'est en estimant les hommes qu'on les rend bons et dignes de leur nature. Voilà la manière de les former à la vertu, à l'amour de leurs devoirs, à l'obéissance aux lois.

» O vous qui manifestez toujours de la défiance au peuple, qui le croyez sans cesse capable de tous les excès et de tous les désordres ; c'est ainsi que vous le dépravez, que vous le rendez méchant. Il est bien peu d'hommes qui aient le courage de n'être pas méprisables, lorsqu'ils sont méprisés.

» Eh bien ! monsieur, vous blâmez jusqu'à cette mesure. Que dis-je ? vous voulez la faire regarder comme injurieuse à la garde nationale. Vous allez plus loin encore, vous avez la lâcheté coupable de supposer que j'ai voulu désarmer ces braves citoyens, pour diriger contre eux, contre la sûreté publique et contre les propriétés, dix mille piques portées par des scélérats. Est-ce l'amour de l'humanité, est-ce l'amour de la paix, est-ce l'amour de la vérité qui vous ont suggéré ces noires pensées? Il est facile d'en juger.

» Je l'ai proposée cette mesure, avec l'intime conviction qu'elle était voulue par la prudence, et qu'elle était du plus honorable, comme du plus grand exemple. J'ai eu la satisfaction de la voir favorablement accueillie par le corps municipal.

» Chaque jour, des avis particuliers et des feuilles publiques demandaient à la municipalité que la fête n'eût pas lieu. On lui faisait les reproches les plus amers de ne pas s'y opposer; on la rendait responsable des événemens, et de pareilles inepties acquéraient du crédit.

» Nous demandons à tout homme raisonnable, de quel droit la municipalité aurait empêché des citoyens de se réjouir, de se livrer à tous les sentimens du plaisir et de l'allégresse. La loi leur permettait de s'assembler paisiblement et sans armes; et nulle autorité ne peut défendre ce que la loi permet. Il y avait donc ou ignorance ou méchanceté, à exiger de la municipalité ce qu'elle n'avait pas le pouvoir de faire.

» Et en supposant même qu'elle eût eu ce pouvoir, était-il juste, était-il prudent qu'elle en fît usage? On apercevait des inconvéniens à laisser faire cette fête. Mais n'y en avait-il pas de plus grands à prétendre l'arrêter?

» Elle était annoncée; un grand nombre de citoyens la voulait; des contributions volontaires étaient fournies; des préparatifs étaient faits. Ou il fallait obtenir qu'au jour indiqué, nul citoyen ne sortît de chez lui, ce qui était impossible; ou il n'y avait pas de moyen pour prévenir une réunion considérable de personnes. Cette réunion opérée, comment empêcher des chants d'allégresse, des danses, des festins, une fête enfin? Et si cependant on eût été assez insensé et assez injuste pour ordonner qu'il n'y aurait pas de fête, il aurait donc fallu se transporter avec des baïonnettes et du canon, pour dissiper un rassemblement très-innocent, et le traiter comme séditieux!

» Quand de sang-froid on se livre à des réflexions aussi simples, on ne conçoit pas comment on a pu se permettre de blâmer la conduite de la municipalité. C'est que l'esprit de parti défigure tous les objets, c'est qu'il est des momens où les illusions ont toute la force de la vérité.

» Le directoire du département témoigna le désir de conférer avec la municipalité, sur la fête qui se préparait, et plusieurs officiers municipaux s'empressèrent de s'y rendre. On discuta successivement différens points, et l'on s'arrêta particulièrement à cette idée : qu'il y avait beaucoup plus de danger de s'opposer à la fête, qu'à la laisser aller à son cours paisible et naturel.

» Le département prit un arrêté qui n'était que le résultat de la conférence ; il produisit un assez bon effet, et il déconcerta les projets d'un grand nombre de malveillans.

» J'étais pleinement rassuré sur les dispositions du peuple..... J'avais la conviction qu'il se conduirait avec sagesse et dignité ; mais je craignais un peu plus que vous, monsieur, que les gens sans aveu, que les mauvais sujets dont Paris est infecté, et que les ennemis de la chose publique y attirent, ne se mêlassent dans les groupes, n'excitassent des querelles, ne commissent des désordres, pour ensuite les imputer au peuple et le calomnier.

» Vous saviez, dites-vous, par des lettres particulières, que des brigands devaient arriver dans Paris pour la fête ; vous désignez nommément plusieurs individus. Je ne révoquerai pas en doute votre correspondance ; je ne vous demanderai pas à la voir, mais, en la supposant vraie, il était d'un bon citoyen de la communiquer à la police qui n'était certainement pas aussi bien informée que vous.

» Je n'avais cessé, depuis quinze jours, de recevoir une multitude d'avis particuliers qui me menaçaient du poignard et de la mort ; la veille même j'en reçus encore de semblables : je reçus le vôtre. Mais, tranquille avec moi-même, et ne croyant pas facilement aux assassins, je fis peu d'attention à toutes ces menaces.

» Enfin il parut, ce jour si long-temps attendu. Qu'il était beau ! qu'il était serein ! la fête fut de même. C'était sans doute un bien étonnant spectacle, que celui où trois à quatre cent mille hommes se livraient, en toute liberté, aux sentimens vrais de la joie et de l'allégresse, où nul homme armé ne faisait la police, et où cependant régnaient l'ordre le plus parfait et l'harmonie la plus touchante. Quand on rapproche ce tableau de celui qu'offraient les fêtes du despotisme, où quelques milliers d'individus, entassés, comprimés dans leurs mouvemens, alignés par des baïonnettes, attendaient, avec l'impatience de la faim, des morceaux de pain et de viande qu'on jetait sur leurs têtes; où des hommes payés et ivres sautaient autour de quelques pièces de vin; il ne faut pas avoir une ame, il ne faut pas aimer la liberté, pour ne pas sentir avec délices que nous ne sommes plus les mêmes hommes, que nous nous élevons sensiblement à la hauteur de notre destinée; ici, le peuple a mis de la grandeur et de la simplicité dans ses plaisirs.

» Il suffit de jeter les yeux sur les emblêmes et sur les ornemens de la fête; ils nous rappellent, malgré nous, les amusemens civiques des anciens peuples libres. Pourquoi faut-il que de malheureuses divisions d'opinions, excitées par des intrigans, devenues d'autant plus actives que l'on s'entendait moins, aient empêché tous nos frères de prendre part à cette fête de la liberté, de l'égalité; et la leur ait fait envisager avec une aveugle prévention? Quand le bandeau sera tombé, quand le prestige du moment sera dissipé, on verra que cette fête est une des époques les plus remarquables dans les progrès de l'esprit public et dans l'élévation du peuple, qu'il est si intéressant d'instruire et de former à toutes les vertus. On la jugera comme je l'ai entendu juger par des étrangers, qui, témoins de ce spectacle, en sont sortis pleins d'enthousiasme et d'une nouvelle estime pour le peuple. »

Le 11 avril, le corps municipal prit l'arrêté suivant, transcrit par nous du *Patriote Français* du 15 avril:

« Le corps municipal instruit qu'un grand nombre de citoyens, satisfaits de posséder les soldats de Château-Vieux dans nos murs, doit se réunir dimanche prochain pour se livrer aux sentimens purs de la joie et de l'allégresse ;

» Convaincu que nul signe de contrainte ne doit comprimer ces épanchemens généreux; que l'abandon de la confiance doit prendre la place de l'appareil de la force, que les fêtes de la liberté doivent être libres comme elle; qu'il est temps de montrer au peuple qu'on l'estime, qu'on croit à sa raison et à sa vertu, qu'on croit qu'il n'a pas de meilleur gardien que lui-même;

» Ne pouvant se rappeler sans attendrissement, que, dans ses beaux jours de la liberté il se rendait en foule, et pourtant avec ordre, au Champ-de-Mars, pour élever un temple majestueux à la Constitution ; qu'il travaillait avec allégresse au bruit des instrumens et de cet air fameux qui réjouit les hommes libres et fait trembler les despotes; que nulle baïonnette ne prescrivait sa marche, ne dirigeait ses mouvemens et que jamais un aussi grand rassemblement d'hommes n'a été et plus paisible et plus imposant, et n'a laissé après lui de traces plus heureuses ;

» Persuadé qu'il est aussi sage que moral de renouveler ce bel exemple, d'abandonner le peuple au sentiment de sa dignité ; assuré que ce sentiment lui tracera des règles d'ordre et d'harmonie tout aussi bonnes que celles de la police la plus clairvoyante et la plus exacte; qu'il lui inspirera le respect qu'il se doit à lui-même;

» Considérant en outre que les amusemens civiques qui se préparent, ne sont commandés par aucune autorité constituée, et que les citoyens qui se rassemblent ne peuvent, suivant les lois, que le faire paisiblement et sans armes;

» Le procureur de la commune entendu,

» Arrête ce qui suit :

» 1° Aucun citoyen, s'il n'est de service, ne pourra, sans réquisition légale, paraître en armes, dimanche prochain, 15 du présent mois; toute espèce d'armes est comprise dans la présente prohibition;

« 2° Les voitures, à l'exception de celles destinées à l'approvisionnement et au nettoiement de Paris, ne pourront rouler le même jour, depuis dix heures du matin jusqu'à huit heures du soir.

» Le présent arrêté sera imprimé, affiché, mis à l'ordre, envoyé aux quarante-huit sections et aux soixante bataillons. »
Signé, Pétion, maire; Dejoly, secrétaire-greffier. »

Pétion transmit cet arrêté au directoire avec une lettre ainsi conçue :

» J'ai l'honneur, messieurs, de vous adresser l'arrêté que le corps municipal a pris dans la séance d'hier, et que vous m'avez témoigné le désir d'avoir sous les yeux. Vous verrez, messieurs, que cet arrêté est conforme aux principes, propre à rassurer tous les amis de la tranquillité publique, et à éviter les inconvéniens dont on prend plaisir à alarmer les citoyens.

» Vous savez, messieurs, que la loi leur permet de s'assembler paisiblement et sans armes, que nulle autorité ne peut les empêcher de profiter de ce droit.

» Je vous répète, messieurs, ce que mes collègues et moi nous avons dit dans la conférence de ce matin, et dont je suis intimement pénétré : c'est qu'il y aurait mille fois plus de danger à empêcher la fête qui se prépare, que de la laisser aller à son cours naturel et paisible.

» Je pense, messieurs, que l'intérêt public et le bien de la paix exigent que le département se réunisse à la municipalité dans cette circonstance. Les opposans ne trouvant plus de point d'appui, alors toutes les petites passions particulières se tairont, et l'espoir de ceux qui ne respirent que le trouble sera encore une fois trompé. Pétion. »

Le directoire avait reçu de nombreuses pétitions de l'état-major de la garde nationale, qui le sollicitaient de s'opposer à la fête. Les officiers du bataillon des Filles-Saint-Thomas s'étaient fait remarquer par une adresse menaçante, et le directoire ainsi appuyé se refusait obstinément à donner son adhésion. Or, elle était nécessaire pour que la ville agît en cette circonstance. Le corps municipal commença par déclarer qu'on n'entendait pas que la fête fût un acte municipal; qu'elle était donnée individuellement par les citoyens; que c'était un acte privé. Malgré cette explication et tant que les soldats de Château-Vieux furent désignés comme l'unique objet de la fête, le directoire montra une mauvaise volonté qui pouvait amener une collision funeste. Le 6 avril (*Journal du club des Jacobins*, n. CLXXIII), Tallien, en annonçant au club des Jacobins qu'il était impossible que la fête dont il était un des ordonnateurs fût préparée pour le lundi 10, jour où arrivaient les soldats de Château-Vieux, dit qu'il ne fallait pas tant la considérer comme décernée aux victimes de Bouillé, que comme une pompe célébrée pour glorifier la liberté, à l'occasion de leur délivrance. Collot-d'Herbois s'empara du mot de Tallien et en fit l'objet d'une proposition qui, disait-il, concilierait enfin tout le monde. Le club arrêta, au milieu des applaudissemens universels, que la fête serait dédiée à la liberté. Au même instant Robespierre parut à la tribune, et y fit une sortie terrible contre l'instigateur de toutes les tracasseries suscitées depuis quelques jours aux patriotes.

« Dans tous les événemens, s'écria-t-il, c'est aux causes précises qu'il faut s'attacher, et dans la question qui s'élève, savez-vous quelle est la cause qui s'oppose au triomphe de la liberté du peuple et du patriotisme opprimé? Contre qui croyez-vous avoir à lutter? Contre l'aristocratie? non. Contre la cour? non : c'est contre un général destiné depuis long-temps par la cour à de grands desseins (Applaudissemens.); qui après avoir trompé le peuple, trompe encore la cour elle-même; qui ne connaît ni les principes de la liberté, ni ceux de l'égalité dont il est le plus grand ennemi. Or, messieurs, à des hommes exercés dans toutes les manœuvres de l'intrigue pour renverser les plus utiles projets et pour semer la discorde, il faut opposer la célérité.

» Il suffit de rapprocher les circonstances présentes de tout ce qui s'est passé, des menées que nous avons reprochées au même agent dans d'autres circonstances, pour se convaincre que c'est sa seule résistance que nous avons à combattre. Ce n'est pas la garde nationale qui voit les préparatifs de cette fête avec inquiétude ; c'est dans l'état-major que le génie de La Fayette conspire contre la liberté et les soldats de Château-Vieux. C'est le génie de La Fayette qui conspire au directoire du département de Paris, et qui prend des conclusions contre le vœu du peuple ; c'est le génie de La Fayette qui égare dans la capitale et dans les départemens une foule de bons citoyens, qui, si cet hypocrite n'eût point existé, seraient avec nous les amis de la liberté. C'est La Fayette qui, dans le moment où les amis de la Constitution se réunissent contre les ennemis, forme un parti redoutable contre la Constitution, et qui divise les amis de la Constitution eux-mêmes. Partout où il y a des ennemis de la liberté, La Fayette est le plus dangereux de tous, parce qu'il conserve encore un masque de patriotisme suffisant pour retenir sous ses drapeaux un nombre considérable de citoyens peu éclairés. C'est lui qui, joint à tous les ennemis de la liberté, soit aristocrates, soit feuillans, se met en état, dans les momens de troubles ou de crise, de renverser la liberté ou de nous la faire acheter par des torrens de sang et par des calamités incalculables.

» C'est La Fayette que nous avons ici à combattre ; c'est La Fayette qui, après avoir fait, dans l'assemblée constituante tout le mal que le plus grand ennemi pouvait faire à la patrie, c'est lui qui, après avoir feint de se retirer dans ses terres, est revenu briguer la place de maire, non pour l'accepter, mais pour la refuser, afin de se donner par là un air de patriotisme ; c'est lui qui a été promu au généralat de l'armée française pour que les complots ourdis depuis trois ans atteignissent enfin le but. Oui, c'est La Fayette que nous avons à combattre.

» Il faut ici faire une observation bien importante sur le projet présenté par le comité central des sociétés patriotiques : c'est sans le savoir et sans son intention qu'il a proposé une devise équivoque, qu'il a entendue certainement dans un bon sens, mais que l'on doit rejeter par cela seul qu'elle est équivoque, par cela seul qu'il faut porter devant le peuple des inscriptions simples et claires. La devise : *Bouillé seul est coupable*, n'a été sans doute appliquée qu'aux bons citoyens trompés, mais elle pourrait paraître une absolution de La Fayette. Bouillé seul est-il en effet coupable? Non certes; ils sont innocens, tous ceux qui ont agi pour la loi, qui ont cru l'exécuter et défendre la liberté. C'est toujours sous ce point de vue que j'ai présenté cette affaire à l'assemblée constituante; j'ai toujours soutenu que les tyrans et leurs chefs seuls étaient coupables. Bouillé n'était que l'instrument de ceux qui le dirigeaient; l'agent de la cour et surtout l'agent de La Fayette. Les gardes nationales de Metz étaient innocentes; comme celles de Paris, elles ne peuvent être que patriotes; l'une et l'autre a été trompée par La Fayette. Et comment pourrions-nous dire à la face de la nation, dans la fête de la liberté, que Bouillé seul est coupable? A-t-il osé agir sans ordres? N'a-t-il pas toujours marché avec un décret à la main? Et qui sont ceux qui ont sollicité ce décret? Sur quels rapports a-t-il été rendu? D'abord sur le rapport des officiers en garnison à Nancy, qui avaient intention de jeter de la défaveur sur les soldats; sur le rapport du ministre de la guerre, M. Latour-Dupin. Quels étaient les intermédiaires de La Fayette? ceux qui circulaient dans le sein de l'assemblée constituante, la veille du décret fatal, Qui répandait le fiel de la calomnie? La Fayette. Quels étaient ceux qui excitaient les clameurs, qui ne permettaient pas une seule réflexion dans une discussion dont on voulait que le résultat fût d'égorger nos frères? Qui m'a empêché moi-même de parler? La Fayette. Qui sont ceux qui me lançaient des regards foudroyans? La Fayette et ses complices. Qui sont ceux qui ne voulurent pas donner un seul moment à l'assemblée nationale? Qu'est-ce qui précipita le fatal décret qui immola les plus chers amis du peuple? La Fayette et ses complices. Qui voulut étouffer ce grand attentat en le couvrant d'un voile impénétrable, et qui demanda une couronne pour les assassins des soldats de Château-Vieux? La Fayette. Enfin, quel est celui qui pour mieux insulter à la mémoire des infortunés que notre zèle et nos regrets ne ressusciteront pas, fit donner des fêtes dans tout le Royaume aux infâmes qui les avaient égorgés! Quel est celui qui excitait ces fêtes? La Fayette. Et dans un triomphe populaire consacré à la liberté et à ses soutiens, on verrait une inscription qui absoudrait La Fayette; qui ferait tomber le coup sur un ennemi impuissant, pour sauver celui qui tient encore, dans ses mains ensanglantées, les moyens d'assassiner notre liberté. Non. (Applaudissemens universels.) »

Collot d'Herbois. « M. Robespierre oublie un fait : qu'est-ce qui fait faire tous les jours ces libelles infâmans? La Fayette. (Applaudissemens.) »

Robespierre. « Cette fête qu'on prépare peut être vraiment utile à la liberté, et devenir le triomphe du peuple long-temps outragé, parce qu'elle terrasse les oppresseurs de la vertu et fait luire le jour de la vérité sur les attentats des tyrans. Il faut donc que cette fête remplisse cet objet; or, ce n'est point par de vaines décorations, ce n'est point par des devises brillantes, c'est par l'esprit patriotique qui y présidera, c'est par la présence des victimes du despotisme que ce but sera rempli ; c'est pour cela que je demande l'exécution de l'arrêté de la société, par lequel elle ordonne qu'il sera fait une pétition individuelle à la municipalité pour demander que les bustes de La Fayette et de Bailly disparaissent de la maison commune.

» Je demande aussi que la devise, *Bouillé seul est coupable*, soit changée en celle-ci : *Les tyrans seuls sont coupables*. Quand les bons citoyens verront que La Fayette est le seul moteur de ces intrigues, tout se ralliera. » — Ces propositions furent adoptées.

Le nouveau titre donné à la fête ne laissa plus de prétexte à la résistance du directoire. Il répondit à Pétion par l'arrêté suivant, dans lequel il envisagea la question comme une affaire de simple police, laissant au maire toute la responsabilité, et ordonnant, pour le constater, l'impression de la lettre que nous avons citée.

Extrait des registres du directoire du département de Paris, du 12 avril 1792, l'an IV de la liberté.

« Le directoire du département, sur les pétitions qui lui ont été présentées, relativement à une fête projetée dans la ville de Paris, dont le jour paraît définitivement indiqué pour le 15 de ce mois;

» Considérant que l'exercice immédiat de la police, en ce qui concerne la tranquillité publique, est spécialement confié à la vigilance des officiers municipaux; qu'ils sont avantageusement pourvus de tous les moyens d'exercer cette vigilance, de connaître la situation des esprits, d'éclairer l'opinion, de la diriger dans le sens de la loi, et de l'y ramener, toujours par des moyens doux et paternels;

» Que le devoir des administrateurs du département, en ce qui concerne la police municipale, n'est pas de l'exercer, mais d'avertir et de surveiller ceux qui l'exercent;

» A pensé que son premier devoir était de conférer avec la municipalité de Paris, de lui communiquer les pétitions qu'il avait reçues, et de s'assurer des mesures qu'elle avait prises pour que le rassemblement annoncé ne fût point une occasion de désordre;

» De ce concert et des explications fraternelles qui ont eu lieu entre la municipalité et le directoire, sont résultés, sous la foi des assurances les plus positives, des renseignemens propres à satisfaire les bons citoyens : la municipalité a formellement annoncé au directoire que la fête projetée pour le 15 de ce mois ne porte aucun caractère de force publique, qu'elle n'est ordonnée par aucune autorité constituée; qu'aucune municipalité, aucun corps administratif, aucun corps de troupes, aucune partie de la force armée n'y assistera collectivement, ni avec le cérémonial et les marques distinctives qui conviennent aux solennités publiques; que les particuliers qui donnent cette fête la consacrent directement à la liberté, qu'elle est annoncée maintenant sous ce titre; que la municipalité, sans en ordonner les détails, s'est assurée, autant qu'il est possible, que rien n'y blesserait ni la décence publique, ni la dignité des citoyens d'une nation libre, ni le respect dû aux lois; enfin, que le rassemblement indiqué aura lieu paisiblement et sans armes, et que cette disposition, conforme à la loi, est spécialement ordonnée par l'arrêté de la municipalité, du 11 de ce mois.

» La déclaration des officiers municipaux, confirmée par la lettre de M. le maire, en date d'aujourd'hui 12 avril, atteste en outre que la paix publique ne sera pas troublée par le rassemblement annoncé, et pourrait l'être au contraire par des précautions prohibitives.

» D'après ces considérations, le procureur-général-syndic entendu :

» Le directoire arrête que la lettre de M. le maire au directoire du département, en date d'aujourd'hui, sera publiée et imprimée à la suite du présent arrêté; charge la municipalité de Paris de continuer à veiller avec la plus grande attention à ce que, dans le rassemblement projeté pour le 15 de ce mois, il ne se passe rien qui puisse blesser le respect dû aux lois, aux autorités constituées, à la dignité et à la sûreté des citoyens.

» Signé LAROCHEFOUCAULT, *président*; BLONDEL, *secrétaire*. »

Les soldats de Château-Vieux arrivèrent à Paris le 9 avril. Voici la séance de l'assemblée nationale où fut discutée et décrétée leur admission à la barre.

SÉANCE DU 9 AVRIL.

[Une lettre du maire de Versailles annonce que les quarante soldats de Château-Vieux, mis en liberté par la faveur d'une amnistie, ont porté, en arrivant à Paris, leurs premiers pas vers l'assemblée nationale, et qu'ils désirent lui présenter leurs hommages. (De nombreux applaudissemens s'élèvent dans l'assemblée et dans les tribunes.)

On demande que les soldats soient admis à l'instant.

M. *Jaucourt*. Si les soldats de Château-Vieux ne se présentent que pour témoigner à l'assemblée leur reconnaissance, j'appuie avec plaisir la demande qu'ils font d'être admis à la barre; mais je demande expressément qu'après avoir été entendus, ils ne soient point admis à la séance; et je demande à énoncer les motifs qui me paraissent devoir les exclure de cet honneur. (De violens murmures interrompent l'orateur. — Des cris : *à bas ! à bas !* partent de l'une des tribunes. — Une partie de l'assemblée demande l'ordre du jour. M. Jaucourt veut continuer : les cris et les huées des tribunes l'interrompent encore. — Enfin la voix du président rétablit le silence.)

L'assemblée recevra sans doute avec satisfaction les infortunés dont elle a brisé les fers ; elle doit entendre avec plaisir l'expression de leur reconnaissance. Mais l'intérêt qu'inspire leur présence ne peut pas faire oublier l'esprit du décret qui a prononcé leur liberté. Une amnistie n'est ni un triomphe ni une couronne civique. Je veux croire que les soldats de Château-Vieux ont été égarés ; mais les gardes nationales, mais les soldats de la troupe de ligne qu'ils ont combattus aux portes de Nancy se sont dévoués à la défense de la loi, et eux seulement sont morts pour la patrie. Et lorsqu'on a honoré leur mort d'un deuil public porté par toutes les gardes nationales françaises, était-ce pour que l'on décernât, un an après, les mêmes honneurs à ceux-là mêmes sous les coups de qui sont tombées tant d'infortunées victimes de la loi?

Si cela était juste, il faudrait recréer les régimens de Château-Vieux et de Royal-Allemand, les honorer du triomphe ; il faudrait apprendre aux régimens de ligne et aux gardes nationales qui ont marché vers Nancy, sous les drapeaux de la loi, qu'ils ont été les instrumens d'un grand crime. Avant cet acte solennel, vous ne pouvez déshonorer les mânes de Désilles, et celles des citoyens-soldats qui se sont sacrifiés pour la loi ; vous ne pouvez faire une aussi cruelle censure de l'assemblée constituante, ni déchirer, par ce triomphe, le cœur sensible de tous ceux qui ont pris part à l'expédition de Nancy, et outrager la nation suisse au moment d'un renouvellement de capitulation. (De nouveaux murmures s'élèvent dans une partie de l'assemblée. — Des applaudissemens de la partie opposée sont couverts par les clameurs des tribunes.)

Qu'il soit permis à un militaire qui fut, avec son régiment, commandé pour cette expédition, de vous représenter que votre décision peut faire une grande impression sur l'armée. (Les murmures redoublent.) Les honneurs que vous rendrez aux soldats de Château-Vieux feront croire que vous les regardez non pas comme des hommes qui ont été trop punis, mais comme des victimes innocentes. (*Plusieurs voix.* Oui, oui.) Croyez que l'armée verra dans votre conduite l'encouragement à l'insubordination ; et craignez que toutes les fois qu'on lui commandera d'exécuter quelques ordres rigoureux, elle ne croie avoir acquis le droit de s'y refuser, sous prétexte que tout ordre sévère est injuste. Je demande que les soldats de Château-Vieux soient admis à la barre, que l'assemblée leur permette de lui présenter les témoignages de leur reconnaissance, mais que les honneurs de la séance ne leur soient pas accordés.

M. Jaucourt quitte la tribune au bruit des applaudissemens d'une petite partie de l'assembée, des murmures de la partie opposée, et des huées des galeries.

M. Gouvion se présente à la tribune; il paraît très-agité. — Plusieurs membres demandent qu'il ne soit point entendu. Après quelques débats, il obtient la parole.

M. Gouvion. J'avais un frère, bon patriote, qui, par l'estime de ses concitoyens, avait été successivement commandant de la garde nationale et membre du département. Toujours prêt à se sacrifier pour la loi, c'est au nom de la loi qu'il a été requis de marcher à Nancy avec les braves gardes nationales. Là, il est tombé percé de cinq coups de fusils. Je demande si je puis voir tranquillement les assassins de mon frère.... (De violentes clameurs s'élèvent dans les tribunes.)

Une voix s'élève dans l'assemblée : Eh bien, monsieur, sortez. (Les tribunes applaudissent.)

M. Gouvion veut continuer. — Les murmures redoublent. On distingue plusieurs personnes dans les tribunes, criant avec violence : *A bas! à bas!*

L'assemblée presque entière se soulève, et manifeste son indignation, en rappelant elle-même les tribunes à l'ordre. — Le président leur réitère, au nom de l'assemblée, l'injonction de rester en silence.

MM. Dumas, Foissey, Jaucourt et plusieurs autres membres parlent au milieu du tumulte, pour demander que le membre qui vient d'interrompre M. Gouvion soit censuré.

M. Gouvion. Je traite avec tout le mépris qu'il mérite, et avec, je dirais le mot, si je ne respectais l'assemblée, le lâche qui a été assez bas... (De violentes rumeurs éclatent dans une partie de l'assemblée et dans les tribunes. *Plusieurs voix* : A la question! à l'ordre! à bas!)

M. Choudieu. Je me nomme : c'est moi qui ai interrompu M. Gouvion. (Les tribunes applaudissent.)

Une partie de l'assemblée demande que la discussion soit fermée.

M. le président. M. Gouvion n'a pas terminé; je dois lui maintenir la parole.

M. Gouvion. J'ai applaudi à la clémence de l'assemblée nationale, lorsqu'elle a rompu les fers de ces malheureux soldats qui avaient peut-être été égarés; mais il n'en est pas moins vrai qu'ils se sont rendus coupables en n'obéissant pas à la loi.

Une voix s'élève : C'est parce qu'ils n'ont pas obéi à Bouillé. (Il s'élève des murmures. — L'interlocuteur est rappelé à l'ordre.)

M. Gouvion. Les décrets de l'assemblée constituante ont été impuissans sur eux. Sans provocation de la part de la garde nationale de deux départemens, ils ont fait feu sur ces gardes nationales. Mon frère est tombé, et ce ne sera jamais tranquillement que je verrai flétrir la mémoire de ces gardes nationales par des honneurs accordés aux hommes sous les coups desquels sont tombées tant de malheureuses victimes de la loi.

M. Foissey. Ils ont tout sacrifié à un vil intérêt, à la passion de l'or. (Il s'élève des murmures.) C'est pour de l'or qu'ils se sont soulevés...

M. le président. C'est M. Couthon qui a la parole.

M. Couthon. J'ai reconnu depuis très-long-temps que les malheureux soldats de Château-Vieux ont été victimes de leur patriotisme, immolés par les fureurs d'un homme dont l'éloge a retenti dans cette enceinte. Je demande, d'après cela, s'il n'est pas digne de l'assemblée, s'il n'est pas de son devoir de faire oublier, autant qu'il est en elle, à ces malheureux les maux qu'ils ont soufferts, et d'honorer en eux le triomphe de la liberté. Quand on aurait quelques reproches à leur faire, il faudrait être bien esclave des vieux préjugés pour vouloir déshonorer des hommes que la loi a innocentés... (On applaudit. — On murmure.)

M. le président. J'exhorte les membres de l'assemblée à entendre en silence les opinans, et je rappelle les tribunes aux égards qu'elles leur doivent.

M. Couthon. L'assemblée a rompu leurs fers ; elle les a rendus à la société, elles les a rétablis dans tous les droits de citoyen ; ils viennent donc ici avec tous leurs droits, et conséquemment, puisqu'il est vrai que l'usage s'est introduit d'admettre tous les pétitionnaires aux honneurs de la séance, ils ne doivent pas être distingués, à cet égard, des autres citoyens. Il faut être esclave de tous les vieux préjugés pour ne pas sentir ces vérités. Ma motion est que les soldats de Château-Vieux soient admis aux honneurs de la séance. Je demande même que la discussion soit fermée ; car il est inouï qu'une aussi longue discussion se soit jamais élevée pour savoir si l'on établirait entre des citoyens des différences qu'aucune loi n'autorise.

— Une partie de l'assemblée applaudit ; l'autre s'oppose avec force à la proposition de fermer la discussion.

On lit la liste des membres inscrits pour la parole ; ce sont MM. Mailhe, Merlin, Grangeneuve, Guadet, Fauchet, Bazire, etc.

L'assemblée décide, presque à l'unanimité, que la discussion est fermée.

On demande la division des deux propositions.

La première, ayant pour objet l'admission à la barre, est unanimement adoptée.

La seconde est mise aux voix en ces termes : Les soldats de Château-Vieux seront-ils admis aux honneurs de la séance?

La majorité paraît se lever pour l'affirmative.

M. le président. L'opinion de la majorité des secrétaires est que les soldats de Château-Vieux sont admis aux honneurs de la séance. (On applaudit. — Des *bravos* prolongés partent de toutes les galeries.)

Un grand nombre de membres élèvent des réclamations contre la décision du bureau; ils se répandent tumultueusement dans la salle, en demandant l'appel nominal.

Une grande agitation se manifeste dans toutes les parties de la salle.

M. le président. Une partie de l'assemblée se lève contre l'opinion du bureau, et demande l'appel nominal.—L'assemblée veut-elle que l'on procède à l'appel nominal?

Un grand nombre de voix avec force : Non, non.

M. Lacroix. Je demande qu'on passe à l'ordre du jour sur la proposition de l'appel nominal, parce que, au terme du réglement, il ne doit avoir lieu que dans le cas de doute. Or, ici il n'y a point de doute, puisque, d'après l'avis du président et celui du bureau, le décret est prononcé. Je ne vois dans cette proposition qu'un moyen employé pour faire perdre la séance ou pour empêcher l'exécution du décret qui vient d'être rendu. (Les tribunes applaudissent.)

M. Daverhoult. Le raisonnement du préopinant serait concluant, s'il avait pu prouver que l'opinion des secrétaires est une loi contre laquelle l'assemblée ne puisse réclamer. Nous avons déjà eu des exemples d'appels nominaux qui ont eu des résultats tout-à-fait contraires à l'avis des secrétaires.

— Un long intervalle se passe dans l'agitation et dans le tumulte des altercations particulières.

M. Lacombe. Puisqu'on ne peut obtenir le silence à d'autre prix que celui d'un appel nominal, nous vous sommons, M. le président, d'y faire procéder sur-le-champ.

Plusieurs voix. Oui, oui, nous demandons tous l'appel nominal.

On procède à l'appel nominal. — Il donne pour résultat, 281 voix sur 546 pour le *oui*, et 265 pour le *non*.

En conséquence, M. le président prononce que les soldats de Château-Vieux, qui ont demandé à se présenter à l'assemblée, seront admis aux honneurs de la séance. (De nombreux applaudissemens et des cris de *bravo* s'élèvent à triple reprise dans l'assemblée et dans les tribunes.)

M. le président annonce que la garde nationale, qui a escorté ces soldats, demande à défiler devant l'assemblée. (On applaudit.)

Les quarante soldats de Château-Vieux sont introduits à la barre. — M. Collot d'Herbois, leur défenseur officieux, porte la parole.

M. *Collot*. Législateurs, vous voyez devant vous les soldats de Château-Vieux, dont vous avez brisé les fers. C'est pour eux un besoin pressant que de déposer dans votre sein leur reconnaissance. Leur cœur en est devenu plus impatient à mesure qu'ils approchaient du lieu de vos séances. Dans tous les départemens qu'ils ont traversés, ils ont trouvé le plus vif intérêt pour leur patriotisme, et j'ose le dire, pour leur innocence. (On applaudit.) Ils ont recueilli sur toute la route des tributs qui doivent vous être bien précieux. Ce sont les bénédictions sincères, vives et prolongées du peuple français pour tous les décrets que vous avez rendus ; car la sanction du peuple sur vos décrets n'a jamais été retardée. (On applaudit à plusieurs reprises.)

Le décret qui donne la liberté aux soldats de Château-Vieux, qui les a rendus à la patrie, a été regardé comme un bienfait par la grande majorité des citoyens français. (On applaudit.) Cela suffit sans doute pour répondre à leurs ennemis ; car ces infortunés soldats ont encore des ennemis : les plus cruels peut-être, je le dis avec douleur, ont siégé avec vous dans cette enceinte, et il doit nous être bien doux de voir, que de là même qu'étaient partis les foudres, les condamnations, les fers et la mort, de là aussi leur viennent aujourd'hui, quoique peut-être avec moins de rapidité, l'espérance, la consolation et la justice. (On applaudit.) Les chaînes qu'ils ont portées étaient pesantes ;

leurs corps en ont été souvent douloureusement affectés ; mais leurs ames sont toujours restées libres, et vouées à jamais au sentiment et à la défense de la liberté. En prenant l'uniforme de garde national, ils en ont renouvelé le serment, et ils le renouvellent ici devant vous. Puissent leurs fers, que vous avez brisés, législateurs, être les derniers dont le despotisme puisse jamais enchaîner les ardens amis, les plus déterminés défenseurs de la liberté. (On applaudit.)

M. le président. L'assemblée a prononcé en votre faveur une amnistie, elle a ajouté à ce premier bienfait la permission de paraître à la barre, pour recevoir les témoignages de votre reconnaissance, elle s'est empressée de briser vos fers. Jouissez de sa bienfaisance, et qu'elle soit pour vous un motif puissant d'amour pour vos devoirs, et d'obéissance aux lois.

L'assemblée nationale vous accorde les honneurs de la séance.

On introduit les 40 soldats dans l'intérieur de la salle, où ils sont accueillis par les applaudissemens d'une partie de l'assemblée, et par les acclamations des tribunes.

Les détachemens de la garde nationale de Versailles, qui les ont accompagnés, défilent dans la salle, au bruit des tambours et des cris de *vive la nation*, répétés par tous les spectateurs. —On remarque, dans les rangs, des gardes nationaux de Paris, sans armes, ainsi que des gardes suisses. —Ce détachement est suivi par un nombreux cortége de citoyens et de citoyennes, portant des drapeaux tricolores, des piques, et autres emblèmes de la liberté. — Des citoyens, représentant les différentes sociétés populaires de Versailles et de Paris, ferment la marche, et portent les drapeaux donnés aux Suisses de Château-Vieux, par les différens départemens qu'ils ont parcourus.

M. Gonchon portant la parole au nom du faubourg St.-Antoine, et tenant en main une pique surmontée du bonnet de la liberté. Les citoyens du faubourg St-Antoine, les vainqueurs de la Bastille, les hommes du 14 juillet, m'ont chargé de vous avertir qu'ils font fabriquer dix mille piques de plus, suivant le modèle que vous voyez. Elles seront toujours forgées pour soutenir la liberté, la constitution, et pour vous défendre. Ils n'ont pas eu le temps de vous apporter des signatures ; mais ils vous prient de déterminer le jour où vous voudrez bien les recevoir. Nous vous en dirions bien davantage, car nous ne sommes jamais muets quand il s'agit d'exprimer nos sentimens et notre amour pour la liberté ; mais nous avons déjà tant crié : *Vive la liberté, vive la constitution, vive l'assemblée nationale*, que nous en sommes enroués..... (On applaudit.)

(On demande l'impression du discours de M. Collot d'Herbois. Elle est décrétée.)

Le dernier mot des Feuillans, dans cette querelle, fut un Iambe d'André Chénier, intitulé : *Hymne.* Cette satire parut le jour même de la fête, dans le *Journal de Paris.* Elle n'est imprimée, dans les œuvres complètes d'André Chénier (Renduel, 1833), que jusqu'au vers : *et La Fayette à l'échafaud.* Les trois quarts au moins de la pièce manquent, ainsi que le post-scriptum en prose dont Chénier la fit suivre. Nous reproduisons ce morceau.

Salut, divin Triomphe! entre dans nos murailles,
Rends-nous ces guerriers illustrés
Par le sang de Désille, et par les funérailles
De tant de Français massacrés.
Jamais rien de si grand n'embellit ton entrée,
Ni quand l'ombre de Mirabeau
S'achemina jadis vers la voûte sacrée
Où la gloire donne un tombeau.
Ni quand Voltaire mort et sa cendre bannie
Rentrèrent aux murs de Paris,
Vainqueurs du fanatisme et de la calomnie,
Prosternés devant ses écrits.
Un seul jour peut atteindre à tant de renommée,
Et ce beau jour luira bientôt!
C'est quand tu conduiras Jourdan à notre armée
Et La Fayette à l'échafaud.
Quelle rage à Coblentz ! quel deuil pour tous ces princes!
Qui, partout diffamant nos lois,
Excitent contre nous et contre nos provinces
Et les esclaves et les rois !
Ils voulaient nous voir tous à la folie en proie ;
Que leur front doit être abattu !
Tandis que parmi nous, quel orgueil, quelle joie,
Pour les amis de la vertu !
Pour vous tous, ô mortels, qui rougissez encore

Et qui savez baisser les yeux !
De voir des échevins que la Rapée honore,
    Asseoir sur un char radieux
Ces héros, que jadis sur les bancs des galères
    Assit un arrêt outrageant,
Et qui n'ont égorgé que très-peu de nos frères,
    Et volé que très-peu d'argent !
Eh bien, que tardez-vous, harmonieux Orphées ?
    Si sur la tombe des Persans
Jadis Pindare, Eschyle, ont dressé des trophées,
    Il faut de plus nobles accens.
Quarante meurtriers, chéris de Robespierre,
    Vont s'élever sur nos autels.
Beaux-arts, qui faites vivre et la toile et la pierre,
    Hâtez-vous, rendez immortels
Le grand Collot d'Herbois, ses cliens helvétiques,
    Ce front que donne à des héros
La vertu, la taverne, et le secours des piques ;
    Peuplez le ciel d'astres nouveaux.
O vous, enfans d'Eudoxe, et d'Hipparque, et d'Euclide,
    C'est par vous que les blonds cheveux,
Qui tombèrent du front d'une reine timide,
    Sont tressés en célestes feux ;
Par vous l'heureux vaisseau des premiers Argonautes
    Flotte encor dans l'azur des airs ;
Faites gémir Atlas sous de plus nobles hôtes,
    Comme eux dominateurs des mers.
Que la nuit de leurs noms embellisse les voiles,
    Et que le nocher aux abois
Invoque en leur galère, ornement des étoiles,
    Les Suisses de Collot-d'Herbois.

P. S. « Au reste, puisque tous les magistrats de la capitale nous assurent que cette fête n'est rien qu'une fête privée et particulière, et qu'elle n'a *aucun des caractères d'une fête publique*, on ne peut rien faire de mieux que de les croire. Ainsi, il faut soigneusement prévenir tous les citoyens qui pourraient s'égarer en s'abandonnant imprudemment à un peu de logique, il faut, dis-je, les prévenir de ne point manquer de foi ; et que, malgré toutes les apparences, les ordres qui interrompent le cours habituel des choses, comme celui de ne point sortir en carrosse, de ne point porter d'armes, etc., ne sont point *des caractères de fête publique.*

» Les discussions au sujet de cette fête, outre quelques lettres d'un magistrat qui égaieront un jour les lecteurs par leur bon sens et leur dialectique, ont du moins produit ce bien-ci : c'est de faire connaître, par la franchise et la vigueur avec lesquelles plusieurs citoyens ont défendu l'honnêteté publique, que des siècles d'esclavage, et les efforts sans nombre qu'on met tous les jours en œuvre pour corrompre et anéantir toutes les idées morales dans l'esprit de la nation, n'ont pas pu réussir à nous ôter le sentiment de ce qui est bon et vrai.

» Il est bien fâcheux que l'on ne se soit pas arrêté dès l'origine à une fête en l'honneur de la Liberté ; fête avec laquelle les Suisses de Château-Vieux n'auraient rien eu de commun. Alors cette fête n'aurait point dû être et n'aurait point été une fête privée, mais publique. L'allégresse générale, l'assentiment de tous les citoyens, le concours de toutes les autorités, les talens de David et des autres artistes, alors bien employés, lui auraient donné tout ce qu'elle devait avoir de grand et d'auguste ; et tous les bons Français, en adorant la statue de leur Déesse, n'auraient pas eu le chagrin de la voir en pareille compagnie.

» *André* CHÉNIER. »

Voici maintenant le récit de la fête d'après le *Journal universel*, n. 878.

« Je n'entreprendrai point de peindre la fête de la Liberté, pour Paris et ses environs, qui la connaissent aussi bien que moi ; mais je dirai à mes frères des départemens, que jamais spectacle plus imposant ne s'est offert à l'admiration d'un plus grand nombre de témoins. Les croisées dans les rues, les arbres sur le boulevard, les toits étaient autant d'amphithéâtres remplis de spectateurs. Les cris de vive la nation, vive la liberté, vivent les citoyens de Brest, vive Château-Vieux, vivent les gardes-françaises, retentissaient partout dans les airs.

» La marche de la fête était ouverte par une foule de citoyens portant des devises ; venaient ensuite les respectables invalides, les droits de l'homme gravés sur deux tables, et portés par quatre citoyens ; puis les bustes de Voltaire, de Rousseau, de Franklin et de Sidney, et les drapeaux anglais, américain et français. Deux sarcophages, l'un aux mânes des gardes nationaux, l'autre à ceux des soldats de Château-Vieux tués dans la malheureuse affaire de Nancy. Leurs noms étaient écrits sur les côtés des monumens. Ensuite des inscriptions portant les noms des quatre-vingt-trois départemens ; puis une multitude innombrable de citoyens et de citoyennes de toutes les sections de Paris, et surtout du faubourg Saint-Antoine ; les sociétés patriotiques ; une grande quantité de gardes nationaux sans armes ; le livre de la constitution ; les citoyens des corps constitués ; le modèle d'une galère avec des inscriptions analogues aux victimes qui y avaient été enchaînées ; des femmes et des jeunes filles vêtues de blanc portaient les débris des chaînes de Château-Vieux, suspendus à quarante trophées surmontés de couronnes civiques, au milieu desquels on lisait les noms de chacun de ces honorables soldats. Le trophée qui portait le nom de l'infortuné qui n'a pu survivre à ses malheurs, était revêtu d'un crêpe : enfin arrivaient les braves soldats de Château-Vieux, mêlés avec des ci-devant gardes-françaises qui portaient leur ancien uniforme, avec le drapeau et les clefs de la Bastille, des pierres de cette prison du despotisme. La marche était fermée par un char magnifique de vingt-quatre pieds de haut sur vingt-sept de long et onze de largeur, s'abaissant par degrés sur le devant, et se terminant en proue ; il portait la statue de la Liberté assise, à l'extrémité supérieure, dans une chaise de forme antique ; de la main gauche, elle tenait une massue ; de la droite, elle montrait au peuple le bonnet de la Liberté ; sous ses pieds était un joug brisé, et devant elle un autel d'où s'élevait une fumée de parfums. A l'autre extrémité du char, la renommée, portée sur le globe, semblait se précipiter avec rapidité pour dire à l'univers : LA FRANCE EST LIBRE....

» On s'est arrêté d'abord à la Bastille, sur les débris de laquelle on s'est livré avec enthousiasme au souvenir du jour de sa destruction. La musique, devant l'Opéra, a exécuté le chœur à la Liberté et la Ronde nationale. Il y a eu plusieurs stations en divers endroits, entre autres à la mairie, où le maire et les membres de la municipalité se sont joints à la marche comme simples particuliers.— Il y en a eu :

» A la place Louis XV, où plusieurs députés sont aussi venus augmenter le cortége. Cette place, garnie d'un peuple innombrable, offrait un coup d'œil vraiment enchanteur.

» Au Gros-Caillou, le bataillon s'est rangé sans armes devant le chef-lieu du poste, pour recevoir les citoyens. On a exécuté la Ronde nationale; et après la Ronde, le peuple et les gardes se sont pressés dans les bras les uns des autres. La ronde a été également chantée devant l'hôpital militaire. Comme il était fermé, les malades témoignaient leurs regrets de ne pouvoir participer à la fête, et en même temps l'intérêt qu'ils y prenaient en suspendant leurs bonnets à travers les grilles, et en les agitant. Dans toute la route, le peuple chantait et dansait avec enthousiasme. Mais c'est surtout au Champ-de-Mars que la fête a pris un caractère capable de faire éprouver à tous les patriotes les transports les plus vifs et les sensations les plus délicieuses.

» Le champ et l'autel de la patrie étaient couverts de citoyens et de citoyennes qui attendaient avec impatience l'arrivée du cortége. Bientôt de vifs applaudissemens, de nombreuses acclamations l'annoncèrent, et il s'avança majestueusement vers l'autel auguste, où fut juré le pacte fraternel qui unit tous les Français. La table de la Déclaration des droits y fut déposée ; on rassembla à l'entour tous les signes, tous les emblèmes, tous les drapeaux qui ornaient la marche ; des parfums furent brûlés. Le char de la Liberté fit le tour de l'autel, et les airs retentirent des louanges de cette unique divinité des Français. La nuit mit fin à cette cérémonie : alors commencèrent des danses et des farandoles, égayées encore par des chants civiques ; puis chacun s'en retourna tranquillement chez soi.

» Pendant cette longue fête, l'on ne vit pas paraître une seule baïonnette : il ne se commit pas le moindre désordre ; il y régna toujours la police de la liberté, et cet ordre qui résulte de l'harmonie des esprits et des cœurs.

» Ah! rien n'est plus beau qu'une grande masse d'hommes animés des mêmes sentimens de patriotisme et de fraternité ; rien n'est plus beau que les élans de ces ames qui n'ont pas appris l'art de dissimuler ou de compasser leur joie ; rien n'est plus beau que le peuple abandonné à lui-même ; rien n'est plus beau que la modération de ce peuple, représenté par ses ennemis comme une canaille vile et féroce ; de ce peuple qui, contrarié pendant si long-temps pour la fête qu'il préparait, ne s'est vengé de ses calomniateurs que par le mépris le plus absolu. Ah ! cette fête qui a donné au peuple un nouveau sentiment de ses forces (l'aristocratie était morte) ; cette fête, célébrée avec une affluence, une allégresse, un ordre, une paix, une effusion franche de bienveillance et de joie populaire, doit laisser un souvenir bien doux dans l'ame de tous les patriotes, et un sentiment de confusion dans celle des ennemis impuissans du bien public, et un regret cuisant dans le cœur de ces écrivains qui ont opposé à cette fête une contradiction aussi absurde qu'opiniâtre et déshonorante. Amis de la liberté, amis du peuple soyez contens ; le peuple que vous aimez est digne d'être libre : livré à lui-même dans l'essor d'un triomphe qu'on lui a disputé, il a su tout à la fois s'y livrer et se contenir. Il était là dans toute sa force, et il n'en a point abusé. Pas une arme pour réprimer les excès, mais pas un excès à réprimer, pas une rixe, même particulière; pas une désobéissance à la volonté générale, qui était la concorde et le bonheur de tous. Et vous, sages administrateurs, donnez souvent de ces fêtes au peuple : répétez celle-ci chaque année, le 15 avril; que la fête de la liberté soit notre fête printannière; que d'autres solennités civiques signalent le retour des autres saisons de l'année.

» Autrefois le peuple n'avait de fêtes que celles de ses maîtres : elles ne faisaient que le dépraver et l'avilir. Donnez-lui-en qui soient les siennes; elles élèveront son ame; elles adouciront ses mœurs, elles développeront sa sensibilité, en affermissant son courage, elles en feront, disons mieux, elles en ont déjà fait un peuple nouveau. Les fêtes populaires sont la meilleure éducation du peuple. »

CLUB DES JACOBINS.

Les présidens du mois sont Mailhe, Vergniaud et Lasource. — Un assez grand nombre de séances furent consacrées à l'affaire des Suisses de Château-Vieux. Nous avons transcrit plus haut celle que nous avons cru devoir conserver. Ici nous bornerons nos extraits aux attaques et aux dénonciations entre girondins et jacobins.

La querelle, commencée par Guadet, à l'occasion des doctrines morales émises par Robespierre, fut continuée en dehors du club. Plusieurs journaux, notamment le *Courrier de Gorsas*, prirent parti pour les girondins et hasardèrent des insinuations de ministérialisme contre le chef de l'opinion opposée. Robespierre s'en plaignit amèrement à la séance du 2 avril. Il termina son discours en disant : « Si quelqu'un a des reproches à me faire, je l'attends ici; c'est ici qu'il doit m'accuser, et non dans des piques-niques, dans des sociétés particulières. Y a-t-il quelqu'un? qu'il se lève! »

M. Réal. « Oui, moi! »

M. Robespierre. « Parlez! »

M. Réal monte à la tribune au milieu des applaudissemens d'une partie de l'assemblée, des huées de l'autre et des tribunes. »

M. Réal. « Citoyens qui m'entendez, citoyens des tribunes, les improbations que reçoit en ce moment un homme libre, qui ne sait courber la tête que sous le despotisme de la loi, prouvent qu'il n'y a pas dans cette salle beaucoup d'hommes libres ou dignes de l'être. (Grands applaudissemens. Huées et murmures.)

» Je vous accuse, M. Robespierre, non de crimes ministériels, (*Une voix* : C'est bien heureux.) mais d'opiniâtreté, mais d'acharnement à avoir tenté tous les moyens possibles pour faire passer pour l'opinion de la société, dans la question de la guerre, l'opinion qu'elle s'était formée sur cette grande question. Je vous accuse d'exercer dans cette société, peut-être sans le savoir et sûrement sans le vouloir, un despotisme qui pèse sur tous les hommes libres qui la composent. »

— (« Ici de nouvelles improbations, de nouveaux cris interrompent l'orateur, M. Robespierre monte à la tribune pour demander le silence en faveur de M. Réal. Plusieurs membres, entre autres MM. Saint-Huruges et Santonax, impatiens d'une dispute aussi oiseuse, demandent l'ordre du jour. M. Robespierre s'écrie à la perfidie sur cette demande, et commence ce qu'il appelle sa justification. Enfin à neuf heures, M. Rabit, député extraordinaire de Brest, obtient la parole. ») (*Journal du club du 4 avril.*)

Il nous faut omettre toutes les séances entre le 2 et le 17 avril pour arriver au second fait de l'espèce de ceux dont nous nous sommes proposés de composer notre analyse. Nous avertissons le lecteur que cet intervalle est rempli d'accusations contre La Fayette, soit à cause de ses menaces pour empêcher le cérémonie du 15, soit à cause de sa présence à Paris, lorsqu'il devrait être à son poste, soit au sujet de son buste et de celui de Bailly, qu'on veut à tout prix faire disparaître de la salle des séances du conseil communal. Les Jacobins adressèrent là-dessus une pétition à la municipalité. Nous avons déjà dit qu'elle ne fut pas accueillie ; nous avons mentionné les circonstances du débat sur les bustes, qu'il était utile de ne pas négliger : nous n'y reviendrons pas.

Séance du 17 avril. « N... Je dénonce M. Rœderer pour avoir dîné chez M. de Jaucourt. Hier je passais dans la rue du Théâtre-Français, j'aperçois à une fenêtre M. Rœderer à côté de MM. Ramond et Lacretelle. Je m'informe, et on me dit qu'ils sont chez M. de Jaucourt. Pour bien connaître tous les personnages et ne garder aucun doute, je vins me placer à une fenêtre qui est en face. Ces messieurs se retirèrent. Dans la persuasion que M. Brissot pouvait bien être de la partie, je me rends dans l'hôtel même, je frappe et je demande M. Brissot. On me répond : Il n'est pas ici ; et aussitôt les convives de M. de Jaucourt de se retirer par une porte de derrière. C'est tout ce que j'ai pu apprendre. J'ignore si M. Brissot était du nombre. »

M. *Collot d'Herbois.* « J'ai demandé la parole pour faire quelques observations qui me paraissent essentielles. Il nous importe peu qu'une personne dîne là ou là, mais ce qu'il nous importe c'est qu'un Jacobin ait un caractère uniforme; que d'un côté M. Rœderer n'ait pas la figure d'un Jacobin, et de l'autre celle d'un Feuillant. Pour moi, je ne sais où dîne M. Rœderer, mais je sais que lorsque la municipalité a eu besoin d'être soutenue, elle n'a trouvé aucun défenseur au département; car il faut que les magistrats zélés du peuple soient soutenus, sans cela nos ennemis en triompheraient. Oui, messieurs, il y a des personnes qui sont infiniment plus du côté des Feuillans que du côté des Jacobins.

» Il est temps de tracer la ligne de démarcation entre les braves citoyens et ceux qui ne veulent pas se ranger du côté des principes sévères et qui veulent avoir deux figures. Il est temps que nous connaissions également et l'esprit et la figure de ceux qui sont ici. Ne craignez rien d'une pareille désertion; il y a beaucoup de bons citoyens qui ne demandent qu'à entrer ici, qui occuperont les places vacantes. Je le dis hautement, M. Rœderer n'a pas fait ce qu'il devait faire dans la discussion qui s'est élevée entre le département et la municipalité. Je voulais garder le silence, mais la vérité l'emporte. Le préopinant qui a cité le nom de M. Rœderer ne me permet pas de me taire.

» Dimanche, à cinq heures après-midi, au moment où M. Pétion allait se rendre à notre vœu et à celui de tous les bons citoyens, le département lui écrit une lettre; et je dois dire que c'est malgré M. Pétion que l'on m'en a donné connaissance. On lui écrit pour lui dire qu'on avait oublié de lui faire observer que le lendemain du dimanche était le lundi; que les lundis à Paris étaient fort critiques, que c'était toujours le lundi qu'on avait vu arriver des événemens; qu'en conséquence la responsabilité qu'on lui avait imposée pour la fête continuait encore sur ce qui pouvait arriver lundi.

» Cette observation nous apprend que nous devons encore plus à M. Pétion que nous ne croyions lui devoir, ou plutôt nous ne lui devons rien, car, quand M. Pétion s'est acquitté de son devoir avec courage, il pense avoir fait ce qu'il devait faire, et n'attend pas de remercîmens.

» Mais il n'en est pas moins vrai que cette circonstance devait lui donner de grandes inquiétudes. S'il avait un ami dans le département, il devait s'opposer à une pareille censure. Et qui aurait dû être cet ami? M. Rœderer. Mais M. Rœderer a épousé les principes que vous avez condamnés. Il avait à choisir de convertir ou de se laisser corrompre, et il est corrompu. Il est temps qu'on cesse d'accorder de la considération aux personnes, pour la consacrer aux actions et aux principes. Il est temps de faire expliquer ceux qui ne se servent du titre de membres de cette société que pour se ménager des ressources dans l'occasion, lorsque souvent même ils prennent les mesures les plus contraires aux intentions de cette société.

» Quant à M. Rœderer, je demande que le comité de correspondance lui écrive pour lui demander des explications sur sa conduite, non pas comme fonctionnaire public, comme procureur-syndic du directoire du département de Paris, mais comme citoyen, comme Jacobin; pour lui dire qu'il n'a pas rempli, à l'égard de cette société, tout ce qu'elle avait droit d'attendre de lui à l'égard de la fête, et qu'il n'a pas fait, dans cette circonstance, ce qu'il devait faire même comme individu et membre de cette société. » (*Journal du Club*, numéro 179.)

A la séance du 22, le prince de Hesse, celui qui, avec Dubois de Crancé, avait dénoncé le mauvais état dans lequel se trouvait la frontière de Perpignan, par la négligence du ministre de la guerre, vint impliquer Brissot dans cette dénonciation. Il déclara que sa confiance en l'auteur du *Patriote Français* le lui avait fait prendre pour correspondant, et qu'il lui avait adressé plusieurs lettres relatives à la trahison présumée de Narbonne, sans que jamais Brissot en publiât aucune dans son journal.

Rœderer monta ensuite à la tribune. Sa justification fut très-applaudie. « On me fait un crime d'avoir dîné chez un membre du côté droit... Fallût-il dîner avec des aristocrates à Paris, à Coblentz, au fond même des enfers avec ceux déjà qui y sont descendus, devrais-je en être cru moins invariable dans mes principes? — Je passe aux imputations de M. Collot d'Herbois, et qui me sont d'autant plus sensibles qu'elles me viennent d'un des plus honnêtes hommes que je connaisse. Il avait à choisir, a-t-il dit en parlant de moi, de convertir ou de se laisser corrompre, et il est corrompu. Quoi! c'est donc être gagné par la corruption que d'avoir prêté le char de Voltaire pour la fête de Château-Vieux? C'est donc être corrompu que d'avoir devancé les propositions de M. Pétion auprès du directoire? C'est donc être corrompu que d'être toujours l'ami de M. Pétion, que de lui avoir dit que j'assisterais à la cérémonie de Château-Vieux? Oui, messieurs, je devais y assister : mes devoirs et vos intérêts m'appelaient à mon poste. Je sais que la matinée, une lettre a été écrite à M. Pétion, qui lui donnait une responsabilité beaucoup plus grande qu'il ne comptait, et qu'on m'accuse de n'avoir pas pris son parti comme je l'aurais dû. Mais, dans ce moment, je n'étais pas au directoire : des affaires, des obstacles me retenaient chez moi; plusieurs membres de cette société ont pu m'apercevoir à ma fenêtre, sur le boulevard du Temple, applaudissant, avec ma femme et mes enfans, au cortége qui passait devant nous. »

Collot d'Herbois était absent; il arriva au moment où l'on mettait aux voix l'impression du discours de Rœderer. Thuriot proposait, vu le grand nombre des dénonciations, que les apologies des inculpés fussent imprimées aux frais des dénonciateurs. En ce moment Collot d'Herbois parut à la tribune. (Applaudissemens.)

« Messieurs, j'ai demandé la parole pour appuyer la proposition de M. Thuriot, car l'impression du discours de M. Rœderer n'est plus nécessaire qu'à moi. Je monte à la tribune pour le déclarer, puisqu'il faut que l'accusateur en fasse les frais. Il est bien malheureux que depuis trois mois que j'ai assisté assiduement à l'ouverture de la séance, excepté à celle-ci, ce soit dans ce moment que l'on ait agité en mon absence une question qui me regarde si particulièrement. M. Rœderer est justifié aux yeux de la société : je l'en félicite. Cependant j'attendrai que le discours soit imprimé et que je l'aie lu; jusque-là il me restera une impression plus profonde, car j'ai bien examiné sa conduite... » — (Il s'élève du tumulte dans plusieurs endroits de la salle. Je me retire, dit l'orateur ; et en même temps il descend de la tribune : puis il s'écrie : « MM. Barnave et Lameth aussi se sont justifiés ! » On l'invite à remonter à la tribune: il se rend. — Tumulte prolongé.) — « Eh bien! où est-il M. Rœderer? Je vais me prosterner devant lui. Cette justification-là a été bien préparée, puisque ni M. Robespierre, ni moi ne nous y sommes trouvés. Eh bien ! messieurs, il faut l'accepter cette justification, puisque l'on ne veut entendre personne en sens contraire. — Je fais une motion sage : que M. Rœderer me communique son discours. Je demande la parole pour parler un quart d'heure, mais il sera important ce quart d'heure; car quelques menaces qu'on puisse me faire, rien ne m'empêchera de dire la vérité. Je vous déclare que je vais vous dévoiler des manœuvres sur lesquelles j'ai des doutes violens. Je vous montrerai ceux qui, depuis quinze jours, cherchent à faire tomber la société dans un précipice. » Après avoir fermé la discussion, la société ajourna la décision au lendemain, en invitant Rœderer à communiquer son discours à Collot d'Herbois. (*Journ. du club*, n° CLXXXII.)

Séance du 25 avril. — M. *Collot d'Herbois.* « Le discours de M. Rœderer, sur lequel je dois parler à cette tribune, ne m'est parvenu que cet après-midi. Je ne ferai là-dessus aucune réflexion; je dois déplaire à un grand nombre de personnes de cette société; que ceux qui ne veulent pas entendre la vérité sortent : c'est une espèce de scrutin épuratoire qui va se faire. » (Murmures du côté gauche.) Collot d'Herbois réfute Rœderer très-brièvement : « Dis-moi qui tu fréquentes, je te dirai qui tu es. » Il termine ainsi son discours : « La séance dernière fournira beaucoup à nos ennemis, mais M. Robespierre et moi nous nous en félicitons. Ce qui nous cause surtout une grande satisfaction, c'est d'apprendre ce matin, que dans un café, sur la terrasse des Feuillans, Mlle Théroïgne a arrêté qu'elle retirait son estime à M. Robespierre et à moi. » (Rires universels.)

En ce moment, Mlle Théroïgne était à gauche dans la tribune des dames : irritée de l'apostrophe, et de la rumeur qu'elle faisait naître, elle s'élance par-dessus la barrière qui la séparait de l'intérieur de la salle. Surmontant les efforts que l'on faisait pour la retenir, elle s'approche du bureau avec des gestes animés, et insiste à demander la parole ; mais enfin elle est éconduite hors de la salle. Le tumulte continue : M. le président se couvre, et l'orage se dissipe.

Tallien monte à la tribune. Il commence par articuler de nouveaux griefs contre Rœderer, puis il ajoute : « Et moi aussi j'ai dénoncé MM. Brissot et Condorcet, dans un dîner où se trouvaient une foule de membres de cette société. Sans doute ils eussent désiré faire de nous les instrumens de leurs intrigues......... Vous avez pris de très-bonnes mesures en suspendant les réceptions. Il faut chasser de notre sein tous les ambitieux, tous les cromwellistes ; il faut qu'il n'y ait ici qu'un seul esprit, celui de l'amour de la patrie et de la Constitution. — Un abus encore très-grand s'est introduit dans la société ; la correspondance n'est plus aussi active. Il serait bon cependant de répandre des circulaires, comme l'a proposé un député de Strasbourg : c'est la première mesure. La deuxième, tirée de votre réglement même, est de soumettre à un scrutin épuratoire tous les membres de cette société. (Bravo ! bravo !) La troisième aurait pour objet le renouvellement de tous vos comités, surtout de correspondance : car, nous ne devons pas le dissimuler, la plupart de ceux qui le composent ont été nommés ou désignés par l'intrigue. »

M. *Duperrey.* « Déjà nous avons démasqué les Barnave, les Duport, les Lameth : on travaille à mettre dans la même évidence les intrigues des Brissot et des Condorcet : nous allons nous assurer qu'ils ne sont plus citoyens, et par conséquent indignes de cette société. On vous a dit que les membres composant les comités ont été nommés par la faction : j'étais sur le point de dénoncer les mêmes faits ; et comme je ne veux point être l'instrument des ambitieux, je donne ma démission de secrétaire et de membre du comité de correspondance. Cependant, j'observe que les propositions de M. Tallien sont prématurées. »

M. *Robespierre*. « Il est temps que la société adopte des mesures vigoureuses qui puissent la sauver. Je ne suis pas monté à la tribune pour développer ces mesures. Le moment de démasquer les traîtres arrivera : je ne veux pas qu'ils soient démasqués aujourd'hui ; du moins, pour ce qui me concerne, je remets cela à quelque temps ; mais qu'on n'aille pas dire alors que nous divisons les patriotes. Alors, on verra que c'est la véritable union que demandent les amis de la liberté. Une armée d'ennemis ne peut jamais se rallier ; et il y a toujours quelque chose d'ennemi entre la probité et la perfidie, entre le vice et la vertu. Alors on verra que ceux-là ne sont pas dégénérés, qui lèvent une partie du voile qui couvrait les plus affreux complots. Je remets à quelques jours les développemens de cette vérité. Il faut que les semences jetées aujourd'hui germent. Il faut que quand le coup sera frappé, il soit décisif ; qu'il n'y ait plus dans l'État que le parti de la liberté et celui des fripons. Il faut que tous ceux qui seront intéressés à la décision de cette grande cause soient présens à cette discussion. Je voudrais que la France entière l'entendît, et alors c'en serait fait de toutes les intrigues et de tous les ennemis de la Constitution. Je voudrais surtout que le chef coupable des factions et de tous les ennemis de la cause publique, que ce chef y assistât avec toute son armée. Je dirais à ses soldats, en leur présentant ma poitrine : Si vous êtes les soldats de La Fayette, frappez ! si vous êtes les soldats de la patrie, écoutez-moi ; et ce moment serait le dernier de La Fayette. — Je n'en dirai pas davantage. J'ai peut-être un peu effrayé. Mon intention était d'éveiller les honnêtes gens, et de les convaincre qu'ils doivent en ce moment croire que la patrie est exposée aux plus grands dangers, sans le zèle indomptable des citoyens contre la faction des intrigans qui veulent s'élever sur les ruines de la liberté....

M. Saint-Huruges. « Nommez-les, et ils n'existeront pas huit jours. »

M. Robespierre. « Il faut que vous sachiez comment cette société a été gouvernée pendant un temps. Pour présenter ce tableau appuyé de pièces justificatives, je demande un jour de la semaine : qu'on me permette vendredi de développer un plan de guerre civile présenté à l'assemblée nationale par un de ses membres. Je demande que, conformément à un arrêté de cette société on imprime une liste de tous ses membres. »

M. le président. « M. Anacharsis Clootz demande à parler mercredi contre tous les tyrans. »

M. Chabot. « Je vais vous dire des faits, rien que des faits, mais dont le développement fait tomber les écailles des yeux. Je demande si ceux qui ont parlé pour M. de Narbonne sont dupes de son prétendu patriotisme. Si M. Condorcet y croit, peu importe que sa femme ait été ou n'ait pas été séduite, car un homme ne doit pas se laisser aveugler par une femme. Au surplus, si nous avions des preuves, nous aurions conduit Narbonne, Fauchet son apologiste et toute la séquelle à la potence.

» Oui, ils seraient dignes de ce supplice, car apprenez que M. Narbonne visait au protectorat. M. Fauchet le secondait de toutes ses forces; et lorsque le premier nous fut dénoncé, le second nous dit que c'était lui qui avait inspiré à M. de Narbonne ses idées de cromwellisme. Le panégyrique de celui-ci a sans doute été soufflé à M. Fauchet par madame Canon (madame de Staël); car aussi, comme beaucoup d'autres, il s'est laissé égarer par des femmes. Long-temps la faction a dit : qui chargerons-nous du rapport de l'affaire de M. Narbonne? Enfin elle s'est adressée à M. Fauchet, à cause de sa réputation d'enragé : et vite il s'est chargé de ce rapport.

» M. Vergniaud a pu y avoir part. Pour qu'on ne s'aveugle pas sur les talens de M. Fauchet, il faut vous dire que M. Daubeterre a fait la partie militaire de ce rapport : l'autre, pendant ce temps-là, c'est-à-dire sur les onze heures du soir, dormait chez madame Canon. Encore un mot : un membre de la coalition a dit : Eh! quand M. Narbonne serait un dilapaditeur, serait-ce un motif pour le dénoncer? N'aurait-il pas cela de commun avec tous les autres ministres? » (*Journal du Club*, numéro CLXXXIII.)

Séance du 25 avril. — Ce jour même Rœderer avait écrit à Collot d'Herbois la lettre suivante : tous les journaux la publièrent.

« J'ai beaucoup dit, monsieur, en public et en particulier, que vous étiez un honnête homme ; vous avez dit et vous persistez à dire que je ne le suis pas. Comme je suis très-sûr de ma probité, vous m'avez réduit à douter de la vôtre ; et comme le bien que j'ai dit de vous donne du crédit au mal que vous dites de moi, et que je me crois aussi bon à garder pour la chose publique que vous, je vous cite au tribunal, et je vous y accuse *d'être un calomniateur*. Vous recevrez demain l'exploit de citation. »   *Signé* RŒDERER.

M. Collot d'Herbois. « Un jacobin doit se trouver trop heureux de professer devant les tribunaux l'opinion qu'il a énoncée à cette tribune. C'est devant eux que me cite M. Rœderer ; eh bien! je ne m'intimide pas, quoique mon adversaire ne soit que le prête-nom de la coalition que je méprise. Depuis six mois je marche au milieu des assassins ; mais tous les bons citoyens se rallient autour de moi, et puisque j'ai été assez heureux pour me charger utilement de la défense des autres, peut-être me défendrai-je bien moi-même. »

M. Fauchet. « Ce n'est pas devant les tribunaux que je veux poursuivre mon dénonciateur. Ce n'est pas un homme comme M. Collot d'Herbois auquel j'ai affaire. Mon dénonciateur m'a accusé d'avoir été gagné par M. de Narbonne. Jamais je n'ai mis les pieds chez lui. Je me suis chargé avec répugnance du rapport de son affaire ; il a été rédigé et présenté avec l'approbation de dix-huit membres du comité. Il est vrai que M. Chabot n'y était pas, mais c'est sa faute. Cet homme unique par sa turpitude ose attaquer une femme respectable, une femme dont l'ame est la plus belle et la plus honnête que je connaisse. Il vient vous tenir des propos orduriers qui se disent à peine dans les tavernes, et qui ne sortent que de la bouche des ivrognes. Je vous demande justice d'un tel homme qui déshonore la cause du patriotisme ; je vous le demande, non pas pour moi, mais pour la société. »

— (« M. Chabot demande à répondre. L'ordre de l'inscription pour la parole portait M. Brissot ; M. Rœderer insiste pour celui-ci. (Plusieurs voix : Aux tribunaux ! aux tribunaux !) L'épreuve, répétée deux fois, paraît douteuse ; enfin M. Brissot cède la parole à M. Chabot. »)

M. Chabot. « Et moi aussi je demande que l'on fasse justice ; et si les faits que j'ai dénoncés sont faux, je veux que l'on m'expulse de cette société : je n'ai pas dit que le complot dont j'ai parlé eût été concerté entre MM. Guadet et Brissot. J'ai dit que M. Guadet avait eu tort d'opiner pour que M. de Narbonne se rendît aux frontières avant l'apurement de ses comptes. J'ai dit que M. Vergniaud avait dit que M. Grangeneuve était comme une belle dont on n'obtient pas facilement les faveurs. Quant à M. Fauchet, qu'il dise que son projet de protectorat n'a pas été dénoncé au comité ; je lui prouverai le contraire quand il voudra » (1).

M. Fauchet. « J'ai dit que le département de la Gironde pourrait se mettre à la tête de la chose publique ; mais que ces coalitions ne valaient rien. Jamais il n'a été question ni de M. Guadet ni de M. Vergniaud. Si vous citez d'autres faits, vous avez grand tort. » (Tumulte.)

M. Chabot. « Je parle d'une dénonciation qui fut faite avant la chute de M. de Narbonne : je parle de protectorat. Madame Canon a dit à M. de Narbonne qu'il n'était pas fait pour rester dans un ministère, et qu'il devait viser à de plus hautes destinées ; à quoi M. de Narbonne répondit par un sourire et une inclination de tête. J'en appelle à M. Merlin, ici présent. »

(1) Nous ne savons si Chabot rappèle ici son discours du 23, ou bien s'il fait allusion à quelques propos tenus par lui ailleurs qu'à la tribune. Nous avons donné son précédent discours tel qu'il est dans le journal des Jacobins ; or il n'y est pas question de Guadet. (*Note des auteurs.*)

M. Lecointre. « Je propose de renvoyer cette affaire à un comité. »

M. Merlin. « Je suis appelé en témoignage. Voici les faits dont j'ai connaissance. Nous étions au comité de surveillance: nous avions vu le matin M. Béthune-Charost, qui m'avait déclaré son projet d'exciter la guerre dans le Brabant. Je dis que M. Béthune-Charost n'aimait pas la liberté comme nous ; qu'il voulait conserver les prêtres et les nobles, et établir un protectorat. A cette occasion, M. Fauchet nous dit que M. de Narbonne l'avait fait pressentir par une certaine dame pour lui dire que, si la Constitution s'écroulait, il serait l'homme du peuple. Pour moi, j'opinerais pour une assemblée d'électeurs des quatre-vingt-trois départemens, si des circonstances critiques l'exigeaient. »

M. Fauchet. « Il n'a jamais été question d'élever M. Narbonne au protectorat : je voulais savoir quelles seraient ses dispositions ; nous lui avons demandé quel parti il prendrait si le roi s'en allait ; il a répondu, celui du peuple. Ce n'est qu'ensuite que nous avons vu qu'il portait ses vues plus loin. »

M. Brissot. « J'ai été dénoncé à cette tribune, je viens m'y défendre. En commençant ma justification, je n'éprouve qu'un embarras, c'est de bien connaître et de bien fixer les crimes dont on m'accuse. Si j'en crois les récits que l'on fait, je vois des déclamations, des injures, des fureurs, mais pas un fait, pas une preuve, pas même le plus léger indice.

« Quels sont mes crimes ? J'ai fait les ministres, dit-on ; j'entretiens une correspondance avec La Fayette et Condorcet ; je veux faire un protecteur du premier, et j'ai travaillé pour cela avec le second. Certes, ceux-là m'accordent un grand pouvoir, qui pensent que de mon quatrième j'ai pu dicter des lois au château des Tuileries. Mais quand il serait vrai que j'eusse fait les ministres actuels, depuis quand serait-ce un crime d'avoir confié aux mains des amis du peuple les intérêts du peuple. — Ce ministère va, dit-on, corrompre ; il va jeter toutes ses faveurs sur des jacobins. Est-ce bien dans cette tribune que ce langage s'est fait entendre ! ne conviendrait-il pas plutôt aux Feuillans ?

Ah! plût au Ciel que toutes les places ne fussent occupées que par des Jacobins! »

Un censeur. « Il est impossible d'assister à cette séance et d'entendre les propos infâmes que tient ici M. Desmoulins. Il est affreux, après avoir employé tous les moyens d'honnêteté pour le faire cesser, de lui entendre crier à tue-tête, que l'orateur qui est à la tribune est un coquin. » (Tumulte. — *Plusieurs voix*: A la porte Desmoulins (1).)

M. Brissot. « Le mal ici n'est donc pas que quelques places dans les bureaux soient remplies par des Jacobins, mais bien de ce qu'elles ne le sont pas encore toutes. Plût au Ciel que tout fût Jacobin, depuis le fonctionnaire assis sur le trône, jusqu'au dernier commis des bureaux des ministres.

» La dénonciation est l'arme du peuple : savez-vous quels sont ses plus cruels ennemis ? ce sont ceux qui la prostituent. Voulez-vous la rendre utile, forcez les dénonciateurs de signer les dénonciations, et de ne point remettre leurs preuves au lendemain. Couvrez du plus profond mépris celui qui dénonce et ne prouve pas. Voilà le secret de condamner les dénonciateurs au silence, et de rassurer les bons citoyens : voilà ce que je ne cesse de demander à mes adversaires ; des preuves! des preuves! Ils me prêtent des correspondances avec La Fayette et Narbonne: j'ai déclaré et je déclare que je n'ai pas vu M. La Fayette depuis le 25 juin 1791, et que je n'ai eu avec lui aucune liaison directe ni indirecte depuis cette époque. Que deviennent les historiettes de déjeuners et de soupers avec M. Narbonne que je ne connais point,

---

(1) Desmoulins raconte ainsi cette scène dans une note de la *Tribune des patriotes*, n. 1, p. 21 : « J'ai dit que Brissot était un écrivain médiocre; je lui dois une réparation d'honneur. Justifiant hier devant les Jacobins les ministres, à qui on faisait le reproche de se servir des emplois qu'ils avaient à distribuer pour se faire un parti dans la société. « Est-il possible s'écriait-il, que l'on fasse ici un reproche au ministère de donner des places aux Jacobins! Plût au Ciel, messieurs, qu'on pût vous en donner à tous! etc. » On juge de l'effet que dut faire ce souhait. Je ne pus m'empêcher d'admirer l'orateur, et, me penchant vers l'oreille de mon voisin Duhem : Je ne connais, lui dis-je, dans Cicéron ni dans Démosthènes, aucun morceau plus propre à exciter l'intérêt! Que d'art! le coquin! A ce mot, quoique le cri fût d'admiration, je vis le moment où j'allais être traité par mes frères les Brissotins comme Panthée le fut par les Ménades. » (*Note des auteurs.*)

et avec madame de Staël dont je ne connais pas même la figure, et dont je déteste les principes impurs? Que deviennent ces calomnies soufflées par les amis du roi, réchauffées par les amis même de la Constitution, et entretenues par des hommes qui veulent se venger de ce que je n'épouse pas leurs fureurs où leurs vues personnelles?

» Depuis quelques temps ils parlent de protecteur et de protectorat. Je dois déclarer que j'étais étranger à toute l'histoire de protectorat et de tribunat dont on vient de vous entretenir. Ils veulent effrayer les esprits par ces mots de protectorat, et les accoutumer à celui de tribunat; ils ne voient pas que jamais le tribunat n'existera. Qui oserait détrôner le roi constitutionnel? Qui oserait se mettre la couronne sur la tête? Qui peut s'imaginer que la race des Brutus est éteinte? et qui ne sait pas qu'à défaut d'un Brutus, quand la nation serait assez lâche pour laisser long-temps la vie à un usurpateur, je vous le demande, où est l'homme qui ait dix fois le talent de Cromwell? Croyez-vous qu'il eût réussi dans une révolution comme la nôtre! il avait pour lui deux avenues terribles qui n'existent plus, l'ignorance et le fanatisme.

» Vous qui croyez voir dans La Fayette un Cromwell, vous ne connaissez ni La Fayette, ni votre siècle, ni le peuple français. Cromwell avait du caractère; La Fayette n'en a pas. On ne devient point protecteur sans caractère. Quand même il aurait du caractère, cette société renferme une foule d'amis de la liberté qui périraient plutôt que de le soutenir. J'en fais le premier le serment : ou l'égalité régnera en France, ou je mourrai en combattant les protecteurs et les tribuns; car les tribuns, messieurs, sont une autre classe d'ennemis bien plus dangereux pour le peuple. Les tribuns sont des hommes qui flattent le peuple pour le subjuguer, qui tyrannisent les opinions sous le nom de liberté, et qui jettent des soupçons sur la vertu parce qu'elle ne veut point s'avilir. Rappelez-vous ce qu'étaient Aristide et Phocion: ils n'assiégeaient pas toujours la tribune, mais ils étaient à leur poste, au camp ou dans les tribunaux. Rappelez-vous qu'ils ne dédaignaient aucun emploi, quelque mince qu'il fût, quand il était donné par le peuple; qu'ils ne parlaient jamais d'eux-mêmes; qu'ils parlaient peu, mais qu'ils faisaient beaucoup. Rappelez-vous qu'ils ne flattaient jamais le peuple, mais qu'ils l'aimaient; rappelez-vous que s'ils étaient ardens à dénoncer, ils ne dénonçaient jamais sans preuves, parce qu'ils étaient justes et philosophes. Les calomniateurs n'épargnèrent pas Phocion : il fut victime d'un flatteur du peuple, lors même qu'il voulait le sauver. Ah! ce trait me rappelle l'horrible calomnie élevée contre M. Condorcet. C'est au moment même où ce respectable patriote, luttant contre une maladie cruelle, et se livrant aux travaux les plus opiniâtres pour terminer le plan d'instruction publique, c'est au moment où il apprend aux puissances étrangères à respecter les peuples libres, c'est au moment où il épuise sa santé dans des calculs immenses pour régler les finances de l'empire, c'est alors que vous calomniez ce grand homme. Qui êtes-vous, pour avoir ce droit? Qu'avez-vous fait? Où sont vos travaux, vos écrits? Pouvez-vous citer comme lui tant d'assauts livrés pendant trente ans, avec Voltaire et d'Alembert, au trône, à la superstition, au fanatisme parlementaire et ministériel? Croyez-vous que si le génie brûlant de ces grands hommes n'eût embrasé petit à petit leurs ames, et ne leur eût fait découvrir le secret de leur grandeur et de leur force, croyez-vous qu'aujourd'hui la tribune retentirait de vos discours sur la liberté? Ce sont vos maîtres, et vous les calomniez lorsqu'ils servent le peuple!

» Vous déchirez Condorcet lorsque sa vie révolutionnaire n'est qu'une suite de sacrifices pour le peuple! Philosophe, il s'est fait politique; académicien, il s'est fait journaliste; noble, il s'est fait jacobin; placé par la cour dans un poste éminent, il l'a quitté pour le peuple. Il a consacré au peuple ses travaux et ses veilles; il a ruiné sa santé pour le peuple; et cependant, qui le déchire au milieu de ses immortels travaux? ce sont des hommes qui disent aimer le peuple et la liberté. On a pu perdre un homme de génie, mais on ne perdra jamais ses talens patriotes. Il marche toujours sur la même ligne, et le peuple est juste enfin. Le monument le plus ferme de votre révolution c'est la philosophie. Voyez celles qui ont manqué, elles n'étaient pas fondées sur la philosophie. Le patriote par excellence est philosophe. Voilà comme le bon homme Richard et Franklin furent toujours les amis du peuple. On le taxe d'être froid parce qu'il travaille dans le silence ; d'être ennemi du peuple, parce qu'il n'obsède pas sans cesse la tribune du peuple.

» Prenez-y garde, vous suivez vous-mêmes les impulsions de la cour. Que veut en effet la cour ? faire rétrograder les lumières du peuple. Que veulent les philosophes ? ils veulent que le peuple s'éclaire, qu'il apprenne à se passer de protecteurs et de tribuns. C'est ce que craignent également et les aristocrates et les agitateurs. Leur conduite est la même. Comme les amis de la cour, les agitateurs dénoncent et cherchent à décrier les patriotes ; comme les amis de la cour, ils crient contre la guerre, lorsque la guerre est voulue par la majorité des patriotes. (Ah !... ah !... ah ! Applaudissemens.)

» Certes je n'imiterai point la facilité de mes adversaires à calomnier ; je n'appuierai pas sur des on dit qu'ils sont payés par la liste civile ; je ne dénoncerai pas sur des on dit qu'ils ont un comité secret pour influencer cette société ; mais je dirai qu'ils tiennent la même marche que les partisans de la guerre civile. Je dirai que, sans le vouloir sans doute, ils font plus de mal aux patriotes. Dans quel moment viennent-ils jeter la division dans cette société ? dans le moment où nous avons la guerre extérieure, et ou la guerre intérieure nous menace. Ah ! messieurs, pourquoi cherche-t-on ici, depuis plusieurs mois, à détourner l'ordre du jour ? Les questions les plus importantes réclament votre attention : lorsque toutes les sociétés du royaume attendent que vous sollicitiez une foule de décrets favorables au peuple, et dont la sanction est facile dans l'état présent du ministère, vous laissez échapper une occasion qui peut-être ne se présentera jamais. Il est temps que vous vous occupiez de la discussion des objets qui intéressent l'assemblée nationale, que l'on veut vous faire perdre de vue. Je demande à la société de lui donner des explications là-dessus, et je conclus à ce que, vouant au mépris les dénonciations que j'ai réfutées, on passe à l'ordre du jour. »

— (« M. Robespierre monte à la tribune, et comme il n'est point inscrit dans l'ordre de la parole, il la demande pour une motion d'ordre. M. Guadet la demande également pour une motion d'ordre et l'obtient. M. Robespierre descend de la tribune. »)

M. Guadet. « Il y a quarante huit heures que le besoin de me justifier pèse sur mon cœur : il y a seulement quelques minutes que ce besoin pèse sur le cœur de M. Robespierre ; je demande à qui est due la priorité. (Applaudissemens. — La parole est conservée à M Guadet.)

« Il ne me reste qu'un seul fait à éclaircir, et si l'on pouvait encore douter de mon aversion pour le protectorat, je déclare qu'un protecteur, un tribun et moi n'existeront jamais ensemble. Je suis accusé d'avoir demandé à l'assemblée nationale que M. de Narbonne eût la faculté d'aller à son poste avant que ses comptes fussent rendus : mais j'observe qu'un citoyen ne devait pas souffrir de retard de la négligence d'un comité ; ce serait prononcer une peine contre l'intention de la loi. Au surplus, j'ai pensé, comme M. Lecointre, que M. de Narbonne pouvait rejoindre l'armée, sauf sa responsabilité. Je combats la motion de M. Brissot, et je demande que, sur toutes ces dénonciations, on ne passe pas à l'ordre du jour. Je finis en vous observant que vous devez vous tenir en garde contre ces orateurs empiriques qui ont toujours à la bouche les mots, *liberté, tyrannie, conjuration,* (huées des tribunes).... qui mêlent toujours à leur éloge personnel, des flagorneries pour le peuple : je demande que la société fasse justice de ces hommes. »

— (« M. Fréron demande la parole pour une motion d'ordre : ne pouvant l'obtenir, il la réclame contre M. le président (Lasource) ; et sous ce prétexte, il fait la motion que M. Guadet soit rappelé à l'ordre, pour avoir lancé un trait indirect, mais satirique contre M. Robespierre, sous la dénomination *d'orateur empirique.* — Le plus grand tumulte suit cette motion : des chapeaux se lèvent au bout des cannes, surtout dans les tribunes, au milieu de très-vifs aplaudissemens et de fortes huées. »)

M. le président. « L'opinant m'ayant demandé la parole pour parler contre moi, en a abusé pour parler contre M. Guadet ; je maintiens la parole à ce dernier, et je rappelle à l'ordre M. Fréron. »

M. Guadet. « J'observerai qu'il y a quelques jours, ayant combattu à cette tribune l'opinion de M. Robespierre avec toute l'honnêteté qui convient à un citoyen dont on admire les sentimens, je fus, en sortant de cette séance, insulté et traité de scélérat. Je crois bien avoir le droit de dire que le peuple était égaré sur mon compte. (*Plusieurs voix des tribunes*: Non ! non ! Tumulte.)

« Je reviens à mon sujet, et je conclus à ce que la société ne passe pas à l'ordre du jour. M. Robespierre ayant promis de dénoncer un plan de guerre civile, formé au sein même de l'assemblée nationale, je le somme de le faire. Moi je lui dénonce un homme qui met sans cesse son orgueil avant la chose publique; un homme qui, parlant toujours de patriotisme, abandonne le poste où il était appelé (allusion à sa démission récente de la place d'accusateur public). Je lui dénonce un homme qui, soit ambition, soit malheur, est devenu l'idole du peuple. » (Grand tumulte.)

M. Robespierre. « Par ces interruptions, et le tumulte qu'elles excitent, on me met dans l'impossibilité d'entendre mon dénonciateur, et on m'ôte les moyens de me défendre. Oui, messieurs, je déclare que je regarde comme préparés et dirigés contre moi, tous ces murmures. Je prie donc d'écouter M. Guadet dans le plus profond silence ; c'est une grâce que je crois avoir le droit de demander. »

M. Guadet. « Je continue, et je dénonce à M. Robespierre un homme qui, par amour pour la liberté de sa patrie, devrait peut-être s'imposer à lui même la peine de l'ostracisme, car c'est servir le peuple que de se dérober à son idolâtrie.— Je lui dénonce un homme qui, ferme au poste où sa patrie l'aura placé, ne parlera jamais de lui, et y mourra plutôt que de l'abandonner. Ces deux hommes, c'est lui, c'est moi. »

M. Robespierre. « Le discours de M. Guadet a rempli tous mes vœux; il renferme à lui seul toutes les inculpations qu'accumulent contre moi les ennemis sans nombre dont je suis entouré; en répondant à M. Guadet seul, j'aurai réfuté tous mes adversaires.

« Sans doute il existe dans cette société, comme dans toute la France, des orateurs empiriques qui, sous le masque du patriotisme, cachent leur désir de parvenir aux places; qui, à défaut de vertus, ont sans cesse dans la bouche les noms de peuple, de liberté et de philosophie.

« Quant à l'ostracisme auquel M. Guadet m'invite à me soumettre, il y aurait sans doute un excès de vanité à moi de me l'imposer, car c'est la punition des grands hommes, et il y n'appartient qu'à M. Brissot de les classer.

« On me reproche d'assiéger sans cesse cette tribune; mais que la liberté soit assurée, que le règne de l'égalité soit affermi, que tous les intrigans disparaissent, et vous me verrez empressé à fuir cette tribune et même cette société. Alors, en effet, le plus cher de mes vœux serait rempli; heureux de la félicité de mes concitoyens, je passerais des jours paisibles dans les délices d'une douce et sainte intimité : serait-ce à moi qu'on reprocherait de briguer les places, les honneurs, moi qui ne suis passionné que pour la liberté. (Applaudissemens.)

« Les membres qui ont occupé cette tribune avant moi ont consumé tout le temps de la séance : les développemens que j'aurais à donner pour ma justification exigent plus de temps qu'il ne nous en reste, je vous prie, M. le président, de vouloir bien me conserver la parole pour la prochaine séance.

M. Albitte. « Il est temps que cette désolante discussion finisse. Je demande que MM. Brissot, Guadet, Robespierre et autres se rassemblent, et se fassent part de leurs griefs : s'il tombent d'accord, tout sera terminé; si quelques uns d'entre-eux ne donnent pas des explications satisfaisantes, alors ils seront démasqués. Je demande, de plus, que chaque partie s'adjoigne six patriotes, qui serviront pour ainsi dire de jurés dans cette affaire.

M. Boursault. « Ce choc d'opinions est très-utile pour nous qui sommes de muets spectateurs : il sert, au milieu des passions, à nous faire connaître l'esprit et les vues des différens individus. »

M. *Robespierre.* « Je développerai un système suivi de conspirations. C'est par des rapprochemens que j'y parviendrai ; car des discours, des phrases lâchées à propos, de sourdes intrigues, sont les moyens employés pour détruire l'opinion publique, et miner la liberté. Je vous ferai voir par quelles trames on me rend l'objet des plus affreuses persécutions.

M. *Bazire* « J'engage M. Robespierre à ne pas prolonger davantage une discussion dont il est très-difficile de suivre le fil dans une assemblée aussi nombreuse, du moment qu'il ne s'agit pas de faits à prouver, de pièces à déposer, mais d'un système qui, pour être développé, a dit M. Robespierre, a besoin d'un grand nombre de rapprochemens toujours difficiles à saisir au milieu du tumulte qui naît nécessairement du choc d'intérêts aussi violemment sentis, que nous avons pu nous en apercevoir dans cette séance. Je le répète, j'engage M. Robespierre à choisir quelques journaux pour l'arène de la lutte qu'il veut soutenir, ou à faire imprimer tous les reproches qu'il croit avoir à faire à ses adversaires. »

— Ici un membre de l'assemblée nationale s'élève contre la proposition de Bazire. Il dit que M. de Robespierre avait promis de dévoiler un plan de guerre civile conçu dans le sein de l'assemblée nationale, et il le somme de tenir parole.

M. *Robespierre.* « Le seul objet que j'ai proposé de traiter dans la séance de vendredi est de dévoiler des manœuvres qui tendent à faire de cette société un instrument d'intrigues et d'ambition ; et c'est là ce que j'appelle un plan de guerre civile : au surplus, ce plan est tracé dans un projet de décret présenté à l'assemblée nationale et je le dévoilerai.

« Mes plus ardents adversaires ne sont pas MM. Guadet et Brissot. Les opinions que j'ai énoncées contre M. La Fayette m'ont valu la haine d'un bataillon entier, qui m'écrit pour que je donne des preuves, ou me prévient qu'il me traduira devant les tribunaux comme calomniateur. Voilà le plan qu'adoptent mes ennemis. Je dénonce un système tendant à pervertir l'esprit public : je ne puis fournir pour preuves que des inductions, que des rapprochemens, et ils veulent que, sur les faits que j'ai imputés à La Fayette, je le poursuive devant les tribunaux, sous peine de passer pour un intrigant dangereux.

« *La Chronique,* dans l'article rédigé par M. Condorcet, *le Patriote, le Journal général,* imprimé chez M. Baudouin, presque tous les journaux me dénoncent comme payé par le comité autrichien : ils me disent d'accord avec les Lameth. Il ne me reste donc que cette tribune, et le peuple qui m'entend, pour me justifier. Cependant, rendant justice aux vues qu'a proposées M. Bazire, je les adopte, et je ferai imprimer, sans m'interdire pour cela la faculté de dévoiler tous les mystères. »

— (Les membres de la société se retirent en foule, l'heure étant fort avancée; cependant la voix de M. Simon de Strasbourg en retient un grand nombre dans la salle.)

M. Simon. « Dans les départemens des Haut et Bas-Rhin, les patriotes et les prêtres constitutionnels sont livrés aux persécutions les plus terribles. Déjà plus de cinquante d'entre eux ont été égorgés ; soixante de leurs maisons ont été pillées et renversées ; leurs champs sont ravagés, leurs jardins dévastés. Dans les endroits reculés, on attend les conformistes pour les assassiner : et quels sont ceux qui sont ainsi traités ? Ce ne sont pas des gens qui flagornent le roi, comme j'en ai vu dans cette assemblée, ce sont les amis les plus sincères de la révolution. Le Directoire du département refuse de faire exécuter la loi : la société du Miroir le dénonce. La motion est faite de suivre l'exemple des Marseillais, de faire marcher les corps constitués dans le sens de la révolution, et d'opposer une digue au fanatisme et aux efforts de nos cruels persécuteurs. Eh bien! messieurs, un des auteurs de cette motion, Charles Lavaux, est décrété de prise de corps ; il est arrêté sans aucune des formalités prescrites par la loi. Deux autres membres ont aussi été décrétés; mais ils ont échappé aux poursuites de leurs ennemis.

» Je demande qu'il soit présenté à l'assemblée nationale une pétition tendante à obtenir la suspension des administrateurs de l'arrondissement où se commettent ces horreurs. Je dois vous observer qu'il ne renferme pas plus de huit à dix lieues carrées ; c'est sur ce petit espace que le fanatisme déploie toutes ses fureurs..... Je vous demande, messieurs, d'ajouter quelques observations.

» M. Guadet a énoncé une opinion indécente lorsqu'il a appelé peuple quelques polissons qui l'ont insulté dans la rue. J'appelle *peuple* tous ceux qui sont vertueux : ils valent mieux dans mon esprit que ceux qui ont du talent. Je passe à quelques faits.

» M. Brissot est allé chez M. Rœderer pour concerter avec lui les moyens d'opérer la réunion des sociétés de Strasbourg. Il a dit que les jacobins seraient toujours fort heureux de compter parmi eux un maire de Strasbourg (M. Diétrich).

» M. Brissot a tronqué la lettre feuillantine qui lui avait été écrite au sujet de la scission : je le défie de la produire telle qu'il l'a insérée dans un numéro de son journal. Il en a supprimé les grosses sottises contre les jacobins, et par ce retranchement il a servi la cause des Feuillans ; car le ton modéré qu'il est parvenu à donner à cet écrit ne le rend que plus dangereux.

» Je finis par demander aux tribunes si elles ne se croient pas bien unies aux jacobins, quoiqu'elles ne délibèrent pas dans leurs séances. (Oui ! oui ! oui !) Je demande que mes propositions soient présentées à la prochaine séance. » Accordé. (*Journal du Club*, n° 184, *et supplément.*)

Séance du 28 avril. La séance s'ouvre au milieu du tumulte. On réclame vivement l'ordre du jour pour Robespierre, à qui la parole a été réservée. Daubigny vient annoncer que le club électoral de la Sainte-Chapelle a triomphé dans l'élection du remplaçant de Robespierre. L'ex-ministre Duport-du-Tertre a été promu à la place d'accusateur public. Daubigny raconte que Duport, étant de garde aux Tuileries, le 15 avril, jour de la fête, avait été invité à dîner par le commandant du poste, et qu'il avait tenu ce propos : « Cette fête est fort belle, elle est très-nombreuse : eh bien ! qu'au milieu de cette canaille quelques polissons viennent seulement à se donner quelques coups de poings , vous verrez que tout est prêt pour les rappeler à l'ordre. » (Cris d'indignation. C'est, dit-on dans plusieurs parties de la salle, c'est à M. Robespierre que nous avons l'obligation d'avoir M. Duport pour accusateur public.)

M. Robespierre. « Au moment où le préopinant terminait son discours, j'ai entendu des voix s'élever avec véhémence, qui m'accusaient de la nomination de M. Duport-du-Tertre. Le choix de quelques fonctionnaires publics n'est pas ce qui doit le plus vous alarmer ; c'est le plan général de conspiration formé contre la liberté que vous devez surtout chercher à déjouer ; car à ce projet funeste tiennent toutes les nominations qui se font à présent. Je demande que sur cette dénonciation vous passiez à l'ordre du jour, et que la parole me soit accordée en vertu de l'un de vos précédens arrêtés : le salut public, mon honneur outragé, les considérations les plus importantes doivent me la faire obtenir. »

Le président annonce que les députés sont appelés à l'assemblée nationale; il prie quelqu'un de le remplacer au fauteuil.

Un grand nombre de voix. « M. Danton, M. Danton. »

M. Legendre. « Un des soutiens de la liberté à l'assemblée constituante, M. Prieur, est ici. Je pense que M. Danton le verra comme nous avec plaisir à la présidence. » (Plusieurs voix : Oui, oui !)

M. Prieur. « Je suis venu dans cette capitale pour me pénétrer du véritable esprit de la liberté. Le premier jour que j'ai été à l'assemblée nationale, j'ai entendu les voûtes de la salle retentir du cri de la guerre. Je me suis dit : tous les despotes vont trembler, car c'est fait d'eux et de leurs suppôts. Déjà le fanatisme se trouble ; les citoyens égarés de tous les départemens commencent à se rallier contre nos ennemis communs sous les drapeaux de la patrie. (Des voix : A l'ordre du jour !) J'abuse, il est vrai, des momens de cette société ; mais si quelques-uns de ses membres ne m'eussent appelé par mon nom, je me serais condamné au silence. Cependant j'ai cru qu'il était toujours à l'ordre du jour de parler de la liberté.... L'ordre du jour c'est de rétablir la paix entre les patriotes. (Applaudisemens universels.) L'ordre du jour c'est que Robespierre soit moins entier dans ses opinions ; car je le connais, Robespierre ; c'est qu'on juge moins légèrement des députés, à l'assemblée nationale, qui se sont bien conduits jusqu'à présent. Je désire qu'il n'existe dans cette société que des amis de la constitution ; j'aime à croire qu'il n'en existe pas d'autres. »

Sur le refus de Prieur, Danton prend le fauteuil.

M. Robespierre. « Le véhément discours que vous venez d'entendre, ne change rien à ma détermination, messieurs, il ne doit pas m'empêcher de prononcer le mien, parce qu'il ne peut pas faire que les vérités utiles que j'avais à vous mettre sous les yeux, ne soient pas des vérités ; parce qu'il ne peut pas faire que je n'ai pas le droit de repousser les inculpations qui m'ont été faites dans cette tribune. Ce que j'ai à dire importe à l'intérêt public ; il importe à mon honneur personnel. Je réclame donc la parole qui m'a été accordée : je crois, monsieur le président, que vous ne pouvez pas vous dispenser de me la maintenir. (Applaudi.) Je commence :

« Je ne viens pas vous occuper ici, quoi qu'on en puisse dire, de l'intérêt de quelques individus ni du mien ; c'est la cause publique qui est l'unique objet de toute cette contestation. Gardez-vous de penser que les destinées du peuple soient attachées à quelques hommes ; gardez-vous de redouter le choc des opinions et les orages des discussions politiques, qui ne sont que les douleurs de l'enfantement de la liberté. Cette pusillanimité, reste honteux de nos anciennes mœurs, serait l'écueil de l'esprit public et la sauve-garde de tous les crimes. Élevons-nous, une fois pour toutes, à la hauteur des ames antiques, et songeons que le courage et la vérité peuvent seuls achever cette grande révolution.

» Au reste, vous ne me verrez pas abuser des avantages que me donne la manière dont j'ai été personnellement attaqué ; et, si je parle avec énergie, je n'en contribuerai que plus puissamment à la véritable paix et à la seule union qui conviennent aux amis de la patrie.

» Ce n'est pas moi qui ai provoqué la dernière scène qui a eu lieu dans cette société; elle avait été précédée d'une diffamation révoltante dont tous les journaux étaient les instrumens, et répandue surtout par ceux qui sont entre les mains de mes adversaires. Deux députés à l'assemblée nationale, connus par leur civisme intrépide, et le défenseur de Château-Vieux, avaient articulé des faits contre plusieurs membres de cette société. Sans m'expliquer sur cet objet, et même sans y mettre autant d'importance que beaucoup d'autres, sans attaquer nommément qui que ce soit, j'ai cru devoir éclairer la société sur les manœuvres qui, dans ces derniers temps, avaient été employées pour la perdre ou la paralyser; j'ai demandé la permission de les dévoiler à cette séance; j'avais annoncé en même temps que je développerais dans un autre temps des vérités importantes au salut public; le lendemain, toutes les espèces de journaux possibles, sans en excepter la *Chronique* ni le *Patriote Français*, s'accordent à diriger contre moi et contre tous ceux qui avaient déplu à mes adversaires les plus absurdes et les plus atroces calomnies. Le lendemain, M. Brissot, prévenant le jour où je devais porter la parole, vient dans cette tribune, armé du volumineux discours que vous avez entendu.

» Il ne dit presque rien sur les faits allégués par les trois citoyens que j'ai nommés; il nous assure que nous ne devons pas craindre de voir une autorité trop grande entre les mains des patriciens; se livre à une longue dissertation sur le tribunat, qu'il présente comme la seule calamité qui menace la nation; nous garantit que le patriotisme règne partout, sans en excepter le lieu qui fut jusqu'ici le foyer de toutes les intrigues et de toutes les conspirations; loue la dénonciation en général, mais prétend que cette arme sacrée doit rester oisive, par la raison que nous sommes en guerre avec les ennemis du dehors : il va jusqu'à nous reprocher de crier contre la guerre, tandis qu'il n'est pas question de cela, et que nous n'en avons jamais parlé que pour proposer les moyens ou de prévenir en même temps la guerre étrangère et la guerre civile, ou au moins de tourner la première au profit de la liberté. Enfin, au panégyrique le plus pompeux de ses amis il oppose le portrait hideux de tous les citoyens qui n'ont point suivi ses étendards ; il présente tous les dénonciateurs comme des hommes exagérés, comme des factieux et des agitateurs du peuple ; et, dans ses éternelles et vagues déclamations, il m'impute l'ambition la plus extravagante et la plus profonde perversité. M. Guadet, que je n'avais jamais attaqué en aucune manière, trouva le moyen d'enchérir sur M. Brissot, dans un discours dicté dans le même esprit.

» Le même jour, un autre membre de cette société, pour s'être expliqué librement sur la conduite tenue par le procureur-syndic du département, dans la fête de la liberté, reçoit de la part de ce dernier l'assurance qu'il va le traduire devant les tribunaux, et devant quels juges ! Sera-ce devant les jurés, que le procureur-syndic a lui-même choisis? Et ce procureur-syndic est membre de cette société, et, après l'avoir prise pour arbitre d'une discussion élevée dans son sein, il décline son jugement pour la soumettre à celui des juges ! Il récuse le tribunal de l'opinion publique, pour adopter le tribunal de quelques hommes.

» Je n'ai eu aucune espèce de part, ni directement ni indirectement, aux dénonciations faites ici par MM. Collot, Merlin et Chabot : je les en atteste eux-mêmes ; j'en atteste tous ceux qui me connaissent ; et je le jure par la patrie et par la liberté ; mon opinion sur tout ce qui tient à cet objet est indépendante, isolée, ma cause ni mes principes n'ont jamais tenu ni ne tiennent à ceux de personne. Mais j'ai cru que dans ce moment la justice, les principes de la liberté publique et individuelle, m'imposaient la loi de faire ces légères observations sur le procédé de M. Rœderer, avant de parler de ce qui me regarde personnellement.

» Avant d'avoir expliqué le véritable objet de mes griefs, avant d'avoir nommé personne, c'est moi qui me trouve accusé par des adversaires qui usent contre moi de l'avantage qu'ils ont de parler tous les jours à la France entière dans des feuilles périodiques de tout le crédit, de tout le pouvoir qu'ils exercent dans le moment actuel. Je suis calomnié à l'envi par les journaux de tous les partis ligués contre moi. Je ne m'en plains pas ; je ne cabale point contre mes accusateurs ; j'aime bien que l'on m'accuse ; je regarde la liberté des dénonciations, dans tous les temps, comme la sauvegarde du peuple, comme le droit sacré de tout citoyen ; et je prends ici l'engagement formel de ne jamais porter mes plaintes à d'autre tribunal qu'à celui de l'opinion publique ; mais il est juste au moins que je rende un hommage à ce tribunal vraiment souverain, en répondant devant lui à mes adversaires. Je le dois d'autant plus que dans les temps où nous sommes, ces sortes d'attaques sont moins dirigées contre les personnes que contre la cause et les principes qu'elles défendent. *Chef de parti*, *agitateur du peuple*, *agent du comité autrichien*, *payé ou tout au moins égaré*, si l'absurdité de ces inculpations me défend de les réfuter, leur nature, l'influence et le caractère de leurs auteurs méritent au moins une réponse.

Je ne ferai point celle de Scipion, ou de La Fayette, qui, accusé dans cette même tribune de plusieurs crimes de lèse-nation, ne répondit rien. Je répondrai sérieusement à cette question de M. Brissot : Qu'avez-vous fait pour avoir le droit de censurer ma conduite et celle de mes amis ? Il est vrai que, tout en m'interrogeant, il semble lui-même m'avoir fermé la bouche en répétant éternellement avec tous mes ennemis que je sacrifiais la chose publique à mon orgueil ; que je ne cessais de vanter mes services, quoiqu'il sache bien que je n'ai jamais parlé de moi que lorsqu'on m'a forcé de repousser la calomnie et de défendre mes principes. Mais enfin comme le droit d'interroger et de calomnier suppose celui de répondre, je vais lui dire franchement et sans orgueil ce que j'ai fait. Jamais personne ne m'accusa d'avoir exercé un métier lâche, ou flétri mon nom par des liaisons honteuses et par des procès scandaleux ; mais on m'accusa de défendre avec trop de chaleur la cause des faibles opprimés contre les oppresseurs puissans ; on m'accusa, avec raison, d'avoir violé le respect dû aux tribunaux tyranniques de l'ancien régime, pour les forcer à être justes par pudeur; d'avoir immolé à l'innocence outragée l'orgueil de l'aristocratie bourgeoise, municipale, nobiliaire, ecclésiastique.

» J'ai fait dès la première aurore de la révolution, au-delà de laquelle vous vous plaisez à remonter pour y chercher à vos amis des titres de confiance, ce que je n'ai jamais daigné dire, mais ce que tous mes compatriotes s'empresseraient de vous rappeler à ma place, dans ce moment où l'on met en question si je suis un ennemi de la patrie et s'il est utile à sa cause de me sacrifier : ils vous diraient que, membre d'un très-petit tribunal, je repoussais, par les principes de la souveraineté du peuple, ces édits de Lamoignon auxquels les tribunaux supérieurs n'opposaient que des formes. Ils vous diraient qu'à l'époque des premières assemblées, je les déterminai moi seul, non pas à réclamer, mais à exercer les droits du souverain. Ils vous diraient qu'ils ne voulurent pas être présidés par ceux que le despotisme avait désignés pour exercer cette fonction, mais par les citoyens qu'ils choisirent librement. Ils vous diraient que, tandis qu'ailleurs le tiers-état remerciait humblement les nobles de leur prétendue renonciation à des priviléges pécuniaires, je les engageais à déclarer pour toute réponse à la noblesse artésienne que nul n'avait droit de faire don au peuple de ce qui lui appartenait; ils vous rappelleraient avec quelle hauteur ils repoussèrent le lendemain un courtisan fameux, gouverneur de la province et président des trois ordres, qui les honora de sa visite pour les ramener à des procédés plus polis; ils vous diraient que je déterminai l'assemblée électorale, représentative d'une province importante, à annuler des actes illégaux et concussionnaires que les états de la province et l'intendant avaient osé se permettre; ils vous diraient qu'alors comme aujourd'hui, en butte à la rage de toutes les puissances conjurées contre moi, menacé d'un procès criminel, le peuple m'arracha à la persécution pour me porter dans le sein de l'assemblée nationale; tant la nature m'avait fait pour jouer le rôle d'un *tribun ambitieux et d'un dangereux agitateur du peuple !* Et moi j'ajouterai que le spectacle de ces grandes assemblées éveilla dans mon cœur un sentiment sublime et tendre, qui me lia pour jamais à la cause du peuple par des liens bien plus forts que toutes les froides formules de serment inventées par les lois ; je vous dirai que je compris dès-lors cette grande vérité morale et politique annoncée par Jean-Jacques, que les hommes n'aiment jamais sincèrement que ceux qui les aiment; que le peuple seul est bon, juste, magnanime, et que la corruption et la tyrannie sont l'apanage exclusif de tous ceux qui le dédaignent. Je compris encore combien il eût été facile à des représentans vertueux d'élever tout d'un coup la nation française à toute la hauteur de la liberté. Si vous me demandez ce que j'ai fait à l'assemblée nationale, je vous répondrai que je n'ai point fait tout le bien que je désirais, que je n'ai pas même fait tout le bien que je pouvais. Dès ce moment, je n'ai plus eu affaire au peuple, à des hommes simples et purs, mais à une assemblée particulière, agitée par mille passions diverses, à des courtisans ambitieux, habiles dans l'art de tromper, qui, cachés sous le masque du patriotisme, se réunissaient souvent aux phalanges aristocratiques pour étouffer ma voix. Je ne pouvais prétendre qu'aux succès qu'obtiennent le courage et la fidélité à des devoirs rigoureux ; il n'était point en moi de rechercher ceux de l'intrigue et de la corruption : j'aurais rougi de sacrifier des principes sacrés au frivole honneur d'attacher mon nom à un grand nombre de lois. Ne pouvant faire adopter beaucoup de décrets favorables à la liberté, j'en ai repoussé beaucoup de désastreux, j'ai forcé du moins la tyrannie à parcourir un long circuit pour approcher du but fatal où elle tendait ; j'ai mieux aimé souvent exciter des murmures honorables que d'obtenir de honteux applaudissemens ; j'ai regardé comme un succès de faire retentir la voix de la vérité, lors même que j'étais sûr de la voir repoussée ; portant toujours mes regards au-delà de l'étroite enceinte du sanctuaire de la législation ; quand j'adressais la parole au corps représentatif, mon but était surtout de me faire entendre de la nation et de l'humanité : je voulais réveiller sans cesse dans le cœur des citoyens ce sentiment de la dignité de l'homme, et ces principes éternels qui défendent les droits des peuples contre les erreurs ou contre les caprices du législateur même. Si c'est un sujet de reproche, comme vous le dites, de paraître souvent à la tribune; si Phocion et Aristide que vous citez ne servaient leur patrie que dans les camps et dans les tribunaux, je conviens que leur exemple me condamne; mais voilà mon excuse. Quoi qu'il en soit d'Aristide et de Phocion, j'avoue encore que cet orgueil intraitable, que vous me reprochez éternellement, a constamment méprisé la cour et ses faveurs; que toujours il s'est révolté contre toutes les factions, avec lesquelles j'ai pu partager la puissance et les dépouilles de la nation; que, souvent redoutable aux tyrans et aux traîtres, il ne respecta jamais que la vérité, la faiblesse et l'infortune.

» Vous demandez ce que j'ai fait. Oh! une grande chose, sans doute. J'ai donné Brissot et Condorcet à la France : j'ai dit un jour à l'assemblée constituante que, pour imprimer à son ouvrage un auguste caractère, elle devait donner au peuple un grand exemple de désintéressement et de magnanimité, que les vertus des législateurs devaient être la première leçon des citoyens, et je lui ai proposé de décréter qu'aucun de ses membres ne pourrait être réélu à la seconde législature; cette proposition fut accueillie avec enthousiasme. Sans cela, peut-être beaucoup d'entre eux seraient restés dans la carrière, et qui peut répondre que le choix du peuple de Paris ne m'eût pas moi-même appelé à la place qu'occupent aujourd'hui Brissot ou Condorcet? Cette action ne peut être comptée pour rien par M. Brissot, qui, dans le panégyrique de son ami, rappelant ses liaisons avec d'Alembert et sa gloire académique, nous a reproché la témérité avec laquelle nous jugions des hommes qu'il a appelés *nos maîtres en patriotisme et en liberté*. J'aurais cru, moi, que dans cet art nous n'avions d'autres maîtres que la nature.

» Je pourrais observer que la révolution a rapetissé bien des grands hommes de l'ancien régime, que si les académiciens et les géomètres que M. Brissot nous propose pour modèles ont combattu et ridiculisé les prêtres, il n'en ont pas moins courtisé les grands et adoré les rois, dont ils ont tiré un assez bon parti; et qui ne sait avec quel acharnement ils ont persécuté la vertu et le génie de la liberté dans la personne de ce Jean-Jacques, dont j'aperçois ici l'image sacrée, de ce vrai philosophe qui seul, à mon avis, entre tous les hommes célèbres de ce temps-là, mérita ces honneurs publics, prostitués depuis par l'intrigue à des charlatans politiques et à de méprisables héros.

» Quoi qu'il en soit, il n'est pas moins vrai que, dans le système de M. Brissot, il doit paraître étonnant que celui de mes services que je viens de rappeler ne m'ait pas mérité quelque indulgence de la part de mes adversaires.

» J'ai cru encore que pour conserver la vertu des membres de l'assemblée nationale pure de toute intrigue et de toute espérance corruptrice, il fallait élever une barrière entre eux et le ministère; que leur devoir était de surveiller les ministres, et non de s'identifier avec eux, ou de le devenir eux-mêmes; et l'assemblée constituante, consacrant ses principes, a décrété que les membres des législatures ne pourraient parvenir au ministère ni accepter aucun emploi du pouvoir exécutif pendant quatre ans après la fin de leur mission. Après avoir élevé cette double digue contre l'ambition des représentans, il fallut la défendre encore longtemps contre les efforts incroyables de tous les intrigans qu'elle mettait au désespoir, et l'on peut facilement conjecturer qu'il m'eût été facile de composer avec eux sur ce point au profit de mon intérêt personnel. Eh bien! je l'ai constamment défendue, et je l'ai sauvée du naufrage de la révision. Comment le délire de la haine a-t-il donc pu vous aveugler au point d'imprimer dans vos petites feuilles, et de répandre partout dans vos petites coteries et même dans les lieux publics, que celui qui provoqua ces deux décrets aspire au ministère, pour lui et pour ses amis; que je veux renverser les nouveaux ministres pour m'élever sur leurs ruines. Je n'ai pas encore dit un seul mot contre les nouveaux ministres; il en est même parmi eux que je préférerais, quant à présent, à tout autre, et que je pourrais défendre dans l'occasion;

je veux seulement qu'on les surveille et qu'on les éclaire comme les autres ; que l'on ne substitue point les hommes aux principes, et la personne du ministre au caractère des peuples ; je veux surtout que l'on démasque tous les factieux. Vous me demandez ce que j'ai fait, et vous m'avez adressé cette question dans cette tribune, dans cette société, dont l'existence même est un monument de ce que j'ai fait ! Vous n'étiez pas ici lorsque, sous le glaive de la proscription, environné de piéges et de baïonnettes, je la défendais, et contre les fureurs de nos modernes Sylla, et même contre toute la puissance de l'assemblée constituante. Interrogez donc ceux qui m'entendirent ; interrogez tous les amis de la Constitution répandus sur toute la surface de l'empire ; demandez-leur quels sont les noms auxquels ils se sont ralliés dans ces temps orageux. Sans ce que j'ai fait vous ne m'auriez point outragé dans cette tribune, car elle n'existerait plus, et ce n'est pas vous qui l'auriez sauvée. Demandez-leur qui a consolé les patriotes persécutés, ranimé l'esprit public, dénoncé à la France entière une coalition perfide et toute puissante, arrêté le cours de ses sinistres projets, et converti ses jours de triomphe en des jours d'angoisses et d'ignominie. J'ai fait tout ce qu'à fait le magistrat intègre que vous louez dans les mêmes feuilles où vous me déchirez. C'est en vain que vous vous efforcez de séparer des hommes que l'opinion publique et l'amour de la patrie ont unis. Les outrages que vous me prodiguez sont dirigés contre lui-même, et les calomniateurs sont les fléaux de tous les bons citoyens. Vous jetez un nuage sur la conduite et sur les principes de mon compagnon d'armes, et vous enchérissez sur les calomnies de nos ennemis communs quand vous osez m'accuser de vouloir égarer et flatter le peuple ! Et comment le pourrais-je ? je ne suis ni le courtisan, ni le modérateur, ni le tribun, ni le défenseur du peuple ! je suis peuple moi-même.

» Mais par quelle fatalité tous les reproches que vous me faites sont-ils précisément les chefs d'accusation intentés contre moi et contre Pétion, au mois de juillet dernier, par les André, les Barnave, les Duport, les La Fayette ? Comment se fait-il que, pour répondre à vos inculpations, je n'aie rien autre chose à faire que de vous renvoyer à l'adresse que nous fîmes à nos commettans pour confondre leurs impostures et dévoiler leurs intrigues ? Alors ils nous appelaient factieux, et vous n'avez sur eux d'autre avantage que d'avoir inventé le terme *d'agitateur*, apparemment parce que l'autre est usé. Suivant les gens que je viens de nommer, c'était nous qui *semions la division parmi les patriotes*. C'était nous qui soulevions le peuple contre les lois, contre l'assemblée nationale, c'est-à-dire l'opinion publique contre l'intrigue et la trahison. Au reste, je ne me suis jamais étonné que mes ennemis n'aient point conçu qu'on pouvait être aimé du peuple sans intrigue, ou le servir sans intérêt. Comment l'aveugle-né peut-il avoir l'idée des couleurs, et les ames viles deviner le sentiment de l'humanité et les passions vertueuses ! Comment croiraient-ils aussi que le peuple peut lui-même dispenser justement son estime ou son mépris. Ils le jugent par eux-mêmes, ils le méprisent et le craignent ; ils ne savent que le calomnier pour l'asservir et pour l'opprimer.

» On me fait aujourd'hui un reproche d'un nouveau genre. Les personnages dont j'ai parlé dans le temps où je fus nommé accusateur public du département de Paris, firent éclater hautement leur dépit et leur fureur ; l'un d'eux abandonna même brusquement la place de président du tribunal criminel ; aujourd'hui ils me font un crime d'avoir abdiqué ces mêmes fonctions qu'ils s'indignaient de voir entre mes mains ! C'est une chose digne d'attention de voir ce concert de tous les calomniateurs à gages de l'aristocratie et de la cour, pour chercher, dans une démarche de cette nature, des motifs lâches ou criminels ! Ce qui n'est pas moins remarquable, c'est de voir MM. Brissot et Guadet en faire un des principaux chefs de l'accusation qu'ils ont dirigée contre moi. Ainsi, quand on reproche aux autres de briguer les places avec bassesse, on ne peut m'imputer que mon empressement à les fuir ou à les quitter. Au reste, je dois sur ce point, à mes concitoyens, une explication, et je remercie mes adversaires de m'avoir eux-mêmes présenté cette occasion de la donner publiquement.

Ils feignent d'ignorer les motifs de ma démission ; mais le grand bruit qu'ils en ont fait me prouverait qu'ils les connaissent trop bien ; quand je ne les aurais pas d'avance annoncés très-clairement à cette société et au public, il y a trois mois, le jour même de l'installation du tribunal criminel ; je vais les rappeler. Après avoir donné une idée exacte des fonctions qui m'étaient confiées, après avoir observé que les crimes de lèse-nation n'étaient pas de de la compétence de l'accusateur public, qu'il ne lui était pas permis de dénoncer directement les délits ordinaires, et que son ministère se bornait à donner son avis sur les affaires envoyées au tribunal criminel, en vertu des décisions du jury d'accusation; qu'il renfermait encore la surveillance sur les officiers de police, le droit de dénoncer leurs prévarications au tribunal civil, je suis convenu que, renfermée dans ces limites, cette place était peut-être la plus intéressante de la magistrature nouvelle. Mais j'ai déclaré que, dans la crise orageuse qui doit décider de la liberté de la France et de l'univers, je connaissais un devoir encore plus sacré que d'accuser le crime ou de défendre l'innocence et la liberté individuelle, avec un titre public, dans les causes particulières, devant un tribunal judiciaire ; ce devoir est celui de plaider la cause de l'humanité et de la liberté, comme homme et comme citoyen, au tribunal de l'univers et de la postérité ; j'ai déclaré que je ferais tout ce qui serait en moi pour remplir à la fois ces deux tâches, mais que si je m'apercevais qu'elles étaient au-dessus de mes forces, je préférerais la plus utile et la plus périlleuse ; que nulle puissance ne pouvait me détacher de cette grande cause des nations que j'avais défendue, que les devoirs de chaque homme étaient écrits dans son cœur et dans son caractère, et que, s'il le fallait, je saurais sacrifier ma place à mes principes, et mon intérêt particulier à l'intérêt général. J'ai conservé cette place jusqu'au moment où je me suis assuré qu'elle ne me permettrait pas de donner aucun moment au soin général de la chose publique ; alors je me suis déterminé à l'abdiquer. Je l'ai abdiquée, comme on jette son bouclier pour combattre plus facilement les ennemis du bien public ; je l'ai abandonnée, je l'ai *désertée*, comme on déserte ses retranchemens pour monter à la brèche. J'aurais pu me livrer sans danger au soin paisible de poursuivre les auteurs des délits privés, et me faire pardonner, peut-être, par les ennemis de la révolution, une inflexibilité de principes qui subjuguait leur estime. J'aime mieux conserver la liberté de déjouer les complots tramés contre le salut public, et je dévoue ma tête aux fureurs des Sylla et des Clodius. J'ai usé du droit qui appartient à tout citoyen, et dont l'exercice est laissé à sa conscience; je n'ai vu là qu'un acte de dévouement, qu'un nouvel hommage rendu par un magistrat aux principes de l'égalité et à la dignité du citoyen; si c'est un crime, je fais des vœux pour que l'opinion publique n'en ait jamais de plus dangereux à punir.

» Ainsi donc, les actions les plus honnêtes ne sont que de nouveaux alimens de la calomnie ! Cependant par quelle étrange contradiction feignez-vous de me croire nécessaire à une place importante, lorsque vous me refusez toutes les qualités d'un bon citoyen. Que dis-je? vous me faites un crime d'avoir abandonné des fonctions publiques, et vous prétendez que, pour me soustraire à ce que vous appelez l'idolâtrie du peuple, je devrais me condamner moi-même à l'ostracisme ! Qu'est-ce donc que cette idolâtrie prétendue, si ce n'est une nouvelle injure que vous faites au peuple ? N'est-ce pas être aussi trop défiant et trop soupçonneux à la fois de paraître tant redouter un simple citoyen qui a toujours servi la cause de l'égalité avec désintéressement, et de craindre si peu les chefs de factions entourés de la force publique, qui lui ont déjà porté tant de coups mortels.

» Mais quelle est donc cette espèce d'ostracisme dont vous parlez ? Est-ce la renonciation à toute espèce d'emplois publics, même pour l'avenir ? Si elle est nécessaire pour vous rassurer contre moi, parlez : je m'engage à en déposer dans vos mains l'acte authentique et solennel. Est-ce la défense d'élever désormais la voix pour défendre les principes de la Constitution et les droits du peuple? De quel front oseriez-vous me le proposer? Est-ce un exil volontaire, comme M. Guadet l'a annoncé en propres termes? Ah! ce sont les ambitieux et les tyrans qu'il faudrait bannir. Pour moi, où voulez-vous que je me retire? Quel est le peuple où je trouverai la liberté établie? et quel despote voudra me donner asile? Ah! on peut abandonner sa patrie heureuse et triomphante ; mais menacée, mais déchirée, mais opprimée! on ne la fuit pas, on la sauve ou on meurt pour elle. Le Ciel, qui me donna une ame passionnée pour la liberté, et qui me fit naître sous la domination des tyrans, le Ciel qui prolongea mon existence jusqu'au règne des factions et des crimes, m'appelle peut-être à tracer de mon sang la route qui doit conduire mon pays au bonheur et à la liberté ; j'accepte avec transport cette douce et glorieuse destinée. Exigez-vous de moi un autre sacrifice? Oui, il en est un que vous pouvez demander encore, je l'offre à ma patrie : c'est celui de ma réputation. Je vous la livre, réunissez-vous tous pour la déchirer, joignez-vous à la foule innombrable de tous les ennemis de la liberté ; unissez, multipliez vos libelles périodiques ; je ne voulais de réputation que pour le bien de mon pays : si, pour la conserver, il faut trahir par un coupable silence la cause de la vérité et du peuple, je vous l'abandonne ; je l'abandonne à tous les esprits faibles et versatiles que l'imposture peut égarer, à tous les méchans qui la répandent. J'aurai l'orgueil encore de préférer à leur frivoles applaudissemens le suffrage de ma conscience et l'estime de tous les hommes vertueux et éclairés ; appuyé sur elle et sur la vérité, j'attendrai le secours tardif du temps, qui doit venger l'humanité trahie et les peuples opprimés.

2. Voilà mon apologie : c'est vous dire assez sans doute que je n'en avais pas besoin. Maintenant il me serait facile de vous prouver que je pourrais faire la guerre offensive avec autant d'avantage que la guerre défensive. Je ne veux que vous donner une preuve de modération. Je vous offre la paix aux seules conditions que les amis de la patrie puissent accepter. A ces conditions, je vous pardonne volontiers toutes vos calomnies; j'oublierai même cette affectation cruelle avec laquelle vous ne cessez de défigurer ce que j'ai dit, pour m'accuser d'avoir fait contre l'assemblée nationale les réflexions qui s'adressaient à vous, cette

artificieuse politique avec laquelle vous vous êtes toujours efforcés de vous identifier avec elle, d'inspirer de sinistres préventions contre moi à ceux de ses membres pour qui j'ai toujours marqué plus d'égards et d'estime. Ces conditions, les voici :

» Je ne transige point sur les principes de la justice et sur les droits de l'humanité. Vous me parlerez tant que vous voudrez du comité autrichien ; vous ajouterez même que je suis son agent involontaire, selon l'expression familière de quelques-uns de vos papiers. Moi qui ne suis point initié dans les secrets de la cour, et qui ne puis l'être, moi qui ignore jusqu'où s'étendent l'influence et les relations de ce comité, je ne connais qu'une seule règle de conduite, c'est la déclaration des droits de l'homme et les principes de notre Constitution. Partout où je vois un système qui les viole constamment, partout où j'aperçois l'ambition, l'intrigue la ruse et le machiavélisme, je reconnais une faction, et toute faction tend, de sa nature, à immoler l'intérêt général à l'intérêt particulier. Que l'on s'appelle Condé, Cazalès, La Fayette, Duport, Lameth ou autrement, peu m'importe : je crois que sur les ruines de toutes les factions doivent s'élever la prospérité publique et la souveraineté nationale ; et dans ce labyrinthe d'intrigues, de perfidies et de conspirations, je cherche la route qui conduit à ce but : voilà ma politique, voilà le seul fil qui puisse guider les pas des amis de la raison et de la liberté. Or, quel que soit le nombre et les nuances des différens partis, je les vois tous ligués contre l'égalité et la Constitution ; ce n'est qu'après les avoir anéantis qu'ils se disputeront la puissance publique et la substance du peuple. De tous ces partis, le plus dangereux, à mon avis, est celui qui a pour chef le héros qui, après avoir assisté à la révolution du Nouveau-Monde, ne s'est appliqué jusqu'ici qu'à arrêter les progrès de la liberté dans l'ancien, en opprimant ses concitoyens. Voilà, à mon avis, le plus grand des dangers qui menacent la liberté. Unissez-vous à nous pour le prévenir, dévoilez, comme députés et comme écrivains, et cette faction et ce chef ! Vous, Brissot, vous êtes convenu avec moi, et vous ne pouvez le nier, que ce chef était le plus dangereux ennemi de notre liberté ; qu'il était le bourreau et l'assassin du peuple ; je vous ai entendu dire, en présence de témoins, que la journée du Champ-de-Mars avait fait rétrograder la révolution de vingt années. Cet homme est-il moins redoutable parce qu'il est à la tête d'une armée ? non.

» Hâtez-vous donc, vous et vos amis, d'éclairer la partie de la nation qu'il a abusée ; déployez le caractère d'un véritable représentant ; n'épargnez pas Narbonne plus que Delessart. Faites mouvoir horizontalement le glaive des lois pour frapper toutes les têtes des grands conspirateurs ; si vous désirez de nouvelles preuves de leurs crimes, venez plus souvent dans nos séances, je m'engage à vous les fournir. Défendez la liberté individuelle attaquée sans cesse par cette faction ; protégez les citoyens les plus éprouvés contre ses attentats journaliers ; ne les calomniez pas ; ne les persécutez pas vous-même ; le costume des prêtres a été supprimé ; effacez toutes ces distinctions impolitiques et funestes, par lesquelles votre général a voulu élever une barrière entre les gardes nationales et la généralité des citoyens ; faites réformer cet état-major, qui lui est ouvertement dévoué et auquel on impute tous les désordres, toutes les violences qui oppriment le patriotisme. Il est temps de montrer un caractère décidé de civisme et d'énergie véritable ; il est temps de prendre les mesures nécessaires pour rendre la guerre utile à la liberté ; déjà les troubles du midi et de divers départemens se réveillent. Déjà on nous écrit de Metz que depuis cette époque tout s'incline devant le général ; déjà le sang a coulé dans le département du Bas-Rhin. A Strasbourg, on vient d'emprisonner les meilleurs citoyens ; Diétrich, l'ami de La Fayette, est dénoncé comme l'auteur de ces vexations ; il faut que je vous le dise : vous êtes accusé de protéger ce Diétrich et sa faction, non par moi, mais par les amis de la Constitution, de Strasbourg. Effacez tous ces soupçons ; venez discuter avec nous les grands objets qui intéressent le salut de la patrie ; prenez toutes les mesures que la prudence exige pour éteindre la guerre civile et terminer heureusement la guerre étrangère ; c'est à la manière dont vous accueillerez cette propo-

sition, que les patriotes vous jugeront; mais si vous la rejetez, rappelez-vous que nulle considération, que nulle puissance ne peut empêcher les amis de la patrie de remplir leur devoir. »
(*Défenseur de la Constitution,* n. 1.)

(*Un grand nombre de voix :* « L'impression! L'impression! »
— Elle est arrêtée, ainsi que la distribution aux tribunes. (*Journal du club.* n. 185.)

A la *Séance du 29*, Pétion fit un discours dans le but d'opérer une réconciliation générale. Il s'appuya principalement sur les motifs tirés des circonstances difficiles où la France allait s'engager. Il parla longuement de concorde. Il termina en disant :
« Soyons indulgens pour les hommes et inflexibles pour les choses. J'espère que la malignité n'empoisonnera pas ma démarche; qu'on ne pensera pas que j'ai eu en vue telle ou telle personne : des deux côtés je vois mes amis. Je demande qu'on passe à l'ordre du jour. » L'impression de ce discours fut arrêtée, ainsi que la proposition du maire de Paris.

Il allait s'ensuivre au moins une trêve, sinon une paix durable entre les Girondins et les Montagnards, lorsque Brissot et Guadet firent imprimer leurs discours avec des préambules et des variantes où ils avaient étrangement augmenté le chapitre des injures contre Robespierre. Ces additions dénaturaient entièrement la polémique soutenue devant la société. De plus, les adversaires de Robespierre avaient profité du moment où l'influence de Pétion venait presque d'obtenir la paix, et de rendre le club difficile à l'égard d'une prolongation quelconque des débats antérieurs, pour insinuer de nouvelles inculpations auxquelles leur ennemi n'avait pas pu répondre, puisqu'elles étaient nouvelles, et auxquelles il ne pourrait pas répondre puisqu'on refuserait de l'entendre. En outre, Brissot avait inséré dans le *Patriote français* un article dont la calomnie sera matériellement constatée. A cause de cela, la séance du 30 avril fut plus orageuse encore que les précédentes; mais elle tourna à la confusion de Guadet et de Brissot.

Séance du 30 avril. Doppet, se fondant sur les scènes affligeantes auxquelles les dénonciations ont donné lieu, propose de former un comité qui recevrait les dénonciations, soit verbales, soit par écrit, et ne ferait part à la société que de celles qui seraient appuyées de preuves. »

M. Robespierre. « Je m'oppose à cette mesure. Il serait désormais impossible d'élever la voix en faveur de la liberté, s'il était permis à quelques individus de substituer l'intérêt particulier à l'intérêt public, et l'esprit d'intrigue à l'esprit général. (Applaudissemens.)

» Réfléchissez bien sur l'état où vous a placés l'influence qu'exerce sur vous une faction. Maintenant, vous dit-on, tout ce qui s'est passé doit être oublié ; et pour empêcher de pareilles dénonciations à l'avenir, il faut établir un comité revêtu d'une dictature suprême. Et moi je vous dis maintenant, par la situation que l'on vous a faite, et que l'on veut aggraver, ceux qui témoigneront ici leurs craintes sur les dangers de la liberté seront traités de factieux et de tribuns. (Plusieurs voix : A l'ordre du jour.)

M. Robespierre. « Il n'y a que des scélérats qui puissent le demander. »

M. Merlin « Si c'est être tribun que de dénoncer les ennemis de la liberté, je déclare que je veux être tribun ; car, moi aussi, j'aime le peuple. »

M. Robespierre. « Je déclare qu'à mon avis aussi, le zèle d'un bon citoyen doit avoir des bornes ; mais si cette société doit arrêter qu'il me sera défendu de répondre à tous les libellistes conjurés contre moi, je déclare aussi que je la quitte pour me renfermer dans la retraite. (Murmure général. Quelques voix de femmes dans les tribunes : « Nous vous suivrons ! »)

» Je déclare encore que je veux m'en tenir aux limites fixées par M. Pétion ; je demande seulement si la démarche de paix qu'il a faite ici, n'a pas été empoisonnée par des libelles dirigés contre lui, contre moi, contre cette société, contre le peuple.

On m'empêche d'établir les preuves de ce que j'avais avancé, et après avoir entendu les plus violentes dénonciations portées contre moi à cette tribune, on étouffe ma voix. Qui voudra désormais se charger de défendre la cause du peuple? C'est une chose déplorable que l'on soit parvenu à subjuguer la majorité de cette société pour la rendre l'instrument d'une cabale. Je déclare que j'approuve tout ce qui s'est passé, mais que je désapprouve qu'on tourne cette arme contre les amis de la liberté. Or, la démarche de M. Pétion a été aujourd'hui tournée contre nous et surtout contre moi. Je sais qu'il a horreur des trames ourdies pour me perdre; son cœur s'est répandu dans le mien. Il ne peut voir sans frémir les horribles calomnies qui m'assaillent de toutes parts. Eh bien! voici ce que dit un article inséré dans un journal (*le Patriote Français*) : « Nous l'invitons (M. Robespierre) surtout à détruire une impression qui devient chaque jour plus profonde; c'est d'apostropher, dans chacun de ses discours, le peuple; c'est ce que disent ses ennemis et même beaucoup de patriotes. » Oui, il faut se défendre de prononcer le nom du peuple sous peine de passer pour un factieux, pour un tribun. On me compare aux Gracques : on a raison de me comparer à eux; ce qu'il y aura de commun entre nous, peut-être, sera leur fin tragique. Mais continuons, car c'est ici qu'est tout le venin : « C'est que le libelle connu sous le nom de Marat, ce libelle qui ne prêche que cruauté, sang et carnage, c'est que ce libelle enfin désigne M. Robespierre pour tribun. » Oui, messieurs, ce libelle est dirigé contre moi. Ai-je jamais professé des principes pareils à ceux qui s'y remarquent? Dois-je être réputé coupable de l'extravagance d'un écrivain exalté? Mais s'il était faux que Marat eût prononcé mon nom, s'il était faux qu'il eût tenu le langage qu'on lui prête! eh bien! tous ces illustres patriotes savent certainement qu'il n'y a pas un mot de tout cela dans le numéro de Marat que l'on cite. »

Plusieurs voix : « C'est vrai. » (Applaudissemens.)

M. Robespierre. « De ce que tout cela est absurde pour ceux de la capitale qui ne sont pas égarés par l'intrigue, s'ensuit-il que dans les départemens, ces bruits ne fassent pas un grand tort à la chose publique.

» Le jour où M. Pétion est venu ici, un de mes adversaires a répandu, avec profusion, un discours en tête duquel se trouve un avant-propos où il me déchire. »

— M. le président (Lasource) veut parler. (Tumulte.)

M. Robespierre. « Vous m'interrompez, monsieur le président, avant de savoir ce que je veux dire.

M. le président. « Je n'ai point interrompu M. Robespierre, quand il n'a parlé que d'objets postérieurs au discours de M. Pétion; mais quand il a voulu remonter au discours de M. Brissot... (D'un côté on applaudit.) Au reste, messieurs... (A l'ordre du jour!) au reste, messieurs... à présent, messieurs... maintenant, messieurs, si la société veut que M. Robespierre porte ses regards sur le passé, je vais le mettre aux voix. (Tumulte.)

M. Merlin. « Est-ce que la paix jurée hier ne doit lier qu'une des parties? Sera-t-il permis à l'autre de semer impunément la calomnie? Eh bien! messieurs, au moment où cette paix se jurait, le *Patriote Français* me plaçait au nombre des Feuillans. » (Tumulte.)

M. le président. « Il m'est permis aussi quelquefois de dire ce que j'ai fait. Ce qui prouve que je travaille à ramener la paix, c'est que je n'ai pas fait part à la société qu'un de ses membres a été entraîné avec violence hors de l'assemblée. »

(On passe à l'ordre du jour. Il s'élève beaucoup de tumulte: quelques membres s'emportent contre le président.)

M. le président « Je demande s'il est permis de m'insulter. »

M. Legendre. « Monsieur le président, je suis forcé de demander la parole contre vous. Je demande la parole contre le despotisme du président. »

(*M.* Robespierre quitte la tribune, s'approche du bureau, parle au président avec des gestes violens. Il règne un long tumulte: tout le monde se lève.)

M. le président. « M. Robespierre déclare qu'il avait à parler sur certain fait. Au moment où cela se passait, plus de douze membres demandaient l'ordre du jour: alors le réglement veut qu'il soit mis aux voix; c'est ce que j'ai fait. Maintenant je vais savoir si M. Robespierre aura la parole. » — Il est arrêté que M. Robespierre a la parole.

M. Robespierre. « Je le répète, ce n'est point pour moi que je parle. Je le répète, j'adopte tout ce qui s'est fait. Ce dont je veux vous entretenir est postérieur à ce qui s'est passé hier : c'en est une violation, c'est une calomnie.

« Hier, au moment où M. Pétion parlait dans cette tribune, on répandait contre moi la plus infâme calomnie, un écrit qui doit circuler dans les départemens, un écrit revêtu des signatures d'hommes qui ont quelque réputation de patriotisme. »

Une voix. « Imprimez. »

M. Robespierre. « Je n'ai pas la liste civile, ni le couvert des ministres. »

N..... « Des tribunes des femmes on vient de nous appeler Coquins. » (tumulte.)

M. Tallien. « Je demande qu'aux termes du règlement, le membre qui a interrompu M. Robespierre soit nominativement rappelé à l'ordre. » — La société passe à l'ordre du jour.

M. Robespierre. « Voici quelques passages de l'avant-propos dont j'ai parlé : « Il est évident pour tout homme qui a suivi cette séance orageuse, que M. Robespierre a un parti, non pas dans la société, car je crois que la majorité y est saine, mais dans les tribunes que lui et ses aides-de-camp dirigeaient ouvertement. Il est évident que la faction dont M. Robespierre sert les projets, cherche à semer les troubles et les divisions dans la société, etc. » Ainsi, toutes les fois que celui qui a écrit ceci trouvera des improbateurs, le peuple sera un ramas de brigands, de factieux ! Il est certain que depuis trois ans je n'ai pas été exposé à des atrocités pareilles.

« Je me plains de ce que M. Brissot a imprimé son discours d'une manière très-différente de celui qu'il a prononcé dans cette tribune. Je me plains de ce qu'au discours de M. Guadet on a ajouté ces mots : « Je lui dénonce un homme qui, après s'être opposé à la guerre, etc. » Cela est faux : il ne l'a pas dit. D'ailleurs jamais je ne me suis opposé à la guerre, mais j'ai dit qu'il fallait la faire après nous être assurés de nos ennemis intérieurs. Plus loin, il est dit dans le discours de M. Guadet : « Je lui dénonce un homme qui cherche à affaiblir la confiance du peuple dans la majorité de ses représentans. » Jamais je n'ai insulté l'assemblée nationale. — Maintenant, messieurs, je n'ai voulu qu'exposer les faits ; je laisse à votre probité, à votre loyauté, à prononcer entre mes calomniateurs et moi. » (Applaudissemens redoublés.) — Lasource va à l'assemblée nationale. Dufourny prend le fauteuil.

M. Simon. « Il circule chez les marchands de nouveautés des écrits calomnieux contre M. Robespierre : ils pèchent, ces écrits, par le fonds, en ce qu'ils sont si denués de toute vérité; par la forme, en ce qu'ils paraissent après la paix jurée.

» Mais pourquoi les intrigans s'acharnent-ils contre M. Robespierre? parce qu'il est le seul homme qui s'élevât contre leur parti, s'il venait à se former. Oui, messieurs, il faut dans les révolutions de ces hommes qui, faisant abnégation d'eux-mêmes ne s'occupent que des moyens de démasquer les factieux; qui s'occupent dans la retraite de la régénération des mœurs et de l'esprit public. Le peuple doit les soutenir dans leur pénible carrière. Vous les avez trouvés ces hommes ; ce sont MM. Pétion et Robespierre ; car il n'y a pas d'individus qui aient figuré comme eux dans vos fastes révolutionnaires. Pouvez-vous vous dissimuler que ceux qui les poursuivent sont des intrigans? (Non, non!) »

M. le président. « Je propose d'arrêter que la société ne reconnaît dans l'avant-propos du discours de M. Brissot aucun des sentimens proposés par M. Robespierre. » (Bravo! bravo! tous les chapeaux se lèvent en signe d'approbation.)

M. Fréron. « M. Brissot a dit plusieurs fois dans cette tribune qu'il a pour M. La Fayette le plus profond mépris ; mais quand on le met au pied du mur, jamais il ne s'explique franchement. Il a eu soin de faire disparaître ce mot de son discours imprimé. » (*Journ. du club.*, n° CLXXXVII.)

— La proposition du président fut convertie en motion par un autre membre. Il s'ensuivit un arrêté de la société que ne donne point *le Journal du club*, dirigé alors et rédigé dans l'esprit girondin; il se contente de mentionner l'arrêté; nous en empruntons le texte à *la Tribune des Patriotes*, n° I, p. 48.)

» Sur la motion d'un membre, qui a représenté que les calomnies répandues contre M. Robespierre, dans deux discours distribués hier et aujourd'hui, sous le nom de MM. Brissot et Guadet, dans le sein de cette société, à l'assemblée nationale et dans le public, commentés par les journaux, exigeraient que la société démentît cette diffamation et rendît témoignage à la vérité, aux principes et à la conduite de M. Robespierre.

» La société a arrêté de déclarer qu'elle regarde la manière dont ces écrits rendent les faits qui se sont passés dans son sein, comme contraire à la vérité, et les inculpations dirigées contre M. Robespierre, comme démenties par la notoriété publique, autant que par sa conduite constante. La société a arrêté également, à l'unanimité, que cette déclaration serait imprimée et envoyée à toutes les sociétés affiliées. » LASOURCE, *président*, CHOUDIEU, DUCOS, PÉREZ, PÉPIN, *secrétaires*.

PRESSE. — Les articles de journaux les plus importans sont circonscrits aux querelles qu'on vient de lire. Nous transcrivons: 1° deux articles des *Révolutions de Paris*, le premier sur les débats scandaleux des Jacobins et inséré dans le n° CXLVI; le second adressé à Robespierre dans le n° CXLVII; 2° le n° DCXLVIII de Marat, où il s'explique sur Robespiere; 3° un article de la *Tribune des Patriotes*, n° II; 4° le prospectus du *Défenseur de la Constitution*, par Robespierre.

Scandale donné par la société des Jacobins. « En 1791, une scission s'est opérée dans le sein des amis de la Constitution; une scission les menace encore. Robespierre et Brissot sont les deux chefs de partis. Voici les faits. La grande question de la guerre a été, comme on le sait, discutée d'une manière profonde et tout-à-fait extraordinaire. L'opinion s'est bien évidemment partagée; aux opinions se sont mêlées des personnalités; les personnalités ont blessé l'amour-propre, et l'amour-propre blessé a fait quelques ennemis peut-être irréconciliables. La déclaration de guerre semblait pourtant présager un rapprochement qui semblait nécessaire à ceux qui sont indifférens à tout parti; mais non, c'est au moment où la guerre vient de se déclarer, au moment où l'état a le plus besoin d'union, qu'une main empoisonnée porte la division parmi les amis de la liberté. Collot d'Herbois a commencé par dénoncer Rœderer, Brissot et Condorcet; Chabot a dénoncé l'évêque Fauchet et toute la députation de la Gironde, Grangeneuve seul excepté; Robespierre a promis qu'il dévoilerait une intrigue, une combinaison, un système ourdi dans le sein du corps législatif, et qui ne tend à rien moins qu'à faire rétrograder la révolution : or, voilà que presque toutes les têtes se sont exaltées, et les amis de la Constitution ont donné le spectacle bizarre, presque indécent, d'une lutte orageuse, de laquelle nous allons voir si quelqu'un est sorti vainqueur ou vaincu.

» Collot d'Herbois reproche à Rœderer d'avoir dîné chez Jaucourt, membre affectionné du côté du roi; il lui reproche de s'être opposé à la fête des soldats de Château-Vieux; il lui reproche d'avoir autrefois quitté les Jacobins pour aller à 89; il lui reproche enfin de n'être plus patriote, d'avoir prêté l'oreille à la corruption. Le premier de ces reproches est vrai. Rœderer a été vu dînant chez l'un des membres les plus tarés de l'assemblée nationale; on a vu un ami de la Constitution assis à la table de M. Jaucourt! Mais Rœderer s'y était préparé; depuis long-temps on ne le voit plus qu'avec les Ramond, les Pastoret. S'il va à l'assemblée nationale, il est entouré, caressé par eux; Rœderer a répondu à ces caresses, et leur a donné des signes d'amitié en présence de tous les représentans de la nation : on ne recule plus quand on s'est avancé jusqu'à ce point : du reste, M. le procureur-général-syndic du département de Paris est convenu de ce fait; mais il avait, dit-il, pour dîner avec M. Jaucourt, des raisons *qu'il est inutile de rendre publiques*. La belle justification!

» M. Rœderer ne convient pas de la vérité du deuxième reproche. Il ne s'est pas, dit-il, opposé à la fête de Château-Vieux;

il l'a voulue, il avait promis de s'y rendre lui-même, et s'il ne s'y est pas rendu, c'est que ce jour-là le directoire du département a jugé à propos de tenir deux séances : du reste, ajoute-t-il, j'étais à ma fenêtre à une heure et demie, alors que le cortége est passé; j'y étais avec ma femme et mes enfans, et le public nous a vus applaudir avec un zèle non équivoque. On répond que les commissaires ordonnateurs de la fête, que M. Talien lui-même, ont déposé que M. Rœderer avait voulu empêcher la fête ; or, le témoignage de vingt personnes vaut peut-être bien celui de M. le procureur-général-syndic; et si M. le procureur-général avait promis d'assister au cortége, s'il n'a manqué d'y assister qu'à cause qu'il y avait ce jour-là deux séances au département, pourquoi était-il à sa fenêtre, et non au département? Et comment se peut-il qu'une séance à laquelle il n'assistait pas, l'ait empêché d'assister à une autre cérémonie?

» Quand au club 89, oui, Rœderer y a été; mais je n'y ai été, dit-il, que pour fuir le despotisme des Lameth ; et membre de 89, j'ai toujours opiné avec les Jacobins. Il est bon de savoir que M. l'abbé Syeyes, que MM. Chapelier, Duquesnoy, La Fayette, que Mirabeau lui-même, ont allégué cette excuse de leur retraite des Jacobins. M. le procureur-général-syndic est donc un patriote de la trempe de MM. Chapelier, Duquesnoy, La Fayette? Le bon Jacobin!

» Enfin, dit Collot d'Herbois, M. Rœderer n'est plus patriote, il est corrompu; M. Rœderer est corrompu... M. Antoine, de Metz, son collègue, prétend le connaître bien, et il assure que ce n'est pas là le mot. Au reste, M. Rœderer vient de s'avouer coupable ; il vient de traduire M. Collot d'Herbois devant les tribunaux pour répondre de sa dénonciation. Les tribunaux pourront bien accueillir sa demande, mais il n'y aura pas moins contre lui un arrêt de l'opinion publique, et cela vaut bien une sentence judiciaire.

» Avant d'arriver à MM. Brissot et Robespierre, éclaircissons aussi la question entre MM. Chabot et Fauchet. L'ex-capucin a reproché à l'évêque du Calvados d'avoir fait sur la responsabilité de Narbonne, un rapport tronqué, fallacieux, déshonorant : et cela est vrai; M. Fauchet ne se lavera jamais d'avoir prostitué son éloquence à l'éloge d'un intrigant. Mais M. Chabot l'accuse d'un autre fait; il l'accuse d'avoir conseillé à Narbonne le *protectorat* de la France, en cas que le roi des Français vînt à abjurer une seconde fois; et si cela est vrai, il doit y avoir lieu à mettre M. Fauchet en état d'accusation. M. Chabot parut tellement sûr de son fait, qu'à la séance de mercredi dernier, il interpella MM. Bazire, Lecointre et Merlin, d'attester cette vérité. M. Merlin monte à la tribune, et depose que M. Fauchet avait dit, au comité de surveillance, qu'il avait fait sonder M. Narbonne, pour savoir si, dans le cas du départ du roi, il resterait fidèle à la cause du peuple. L'évêque du Calvados a invoqué ce fait à sa décharge. La société est passée à l'ordre du jour.

» C'est ici que M. Brissot va figurer, parce que c'est immédiatement après cette discussion qu'il obtint la parole. On a remarqué trois choses principales dans son discours : savoir, une digression sur les dénonciations, un aperçu de la marche du ministère, et un éloge pompeux de M. Condorcet. M. Brissot a dit que la dénonciation était le *palladium* de la liberté, la sauvegarde du peuple; mais qu'on polluait souvent cette arme en s'en servant inconsidérément, et qu'une assemblée devait exiger que tout dénonciateur signât sa dénonciation, et rapportât les preuves des faits allégués. Ce principe est vrai; mais la conséquence est trop sèche et trop rigoureuse. Sans doute, il faut être avare de dénonciations; sans doute il faut réserver ce remède pour les grandes circonstances; sans doute une assemblée d'hommes libres doit toujours être en garde contre l'imagination, l'enthousiasme, la fougueuse vertu même du dénonciateur; mais pourtant il ne faut pas étouffer les dénonciations, et ce serait les étouffer, que de soumettre rigoureusement les citoyens à les signer.

» M. Brissot n'a vu, dans le zèle de M. Collot-d'Herbois que l'effervescence de l'ambition trompée; M. Collot-d'Herbois avait aspiré au ministère de l'intérieur; il venait plus récemment d'aspirer à une place de commissaire civil des colonies, et il est en effet bien singulier que ce ne soit qu'après avoir échoué dans ces deux prétentions, que l'ardeur de la dénonciation s'empare de M. Collot d'Herbois.

» Nous voudrions, mais nous ne pouvons nous dissimuler qu'en effet l'ambition et la jalousie jouent un grand rôle dans cette querelle. On accuse Brissot d'avoir fait le ministère actuel, d'avoir des conférences avec les ministres, et de mener avec eux et la députation de Bordeaux toute la machine du gouvernement. Brissot a répondu qu'il n'avait pas fait les ministres; mais il a dit qu'il ne se repentirait pas de les avoir faits, parce que leur nomination est avantageuse à la cause de la liberté. Voici son argument : Ou les grands emplois seront desservis par des Jacobins, ou ils le seront par des aristocrates; ils l'étaient par des aristocrates avant la révolution arrivée dans le ministère. Les Jacobins désiraient alors qu'il le fussent par des patriotes; ce sont des Jacobins qui occupent ces premiers emplois. Comment donc se fait-il que les Jacobins n'en soient pas satisfaits?

» Avant de dire notre jugement entre Robespierre et Brissot, peut-être est-il nécessaire que nous fassions ici notre profession de foi politique. Nous croyons que la guerre doit au moins suspendre les spéculations civiques de ceux qui, comme nous, voudraient atteindre à la liberté indéfinie, et nous regardons momentanément comme des agitateurs dangereux ceux qui voudraient *aujourd'hui* changer la forme d'un gouvernement que nous n'aimons pas. Avant de chercher le mieux, occupons-nous du soin exclusif de conserver ce que nous avons. Ces principes posés, ou les ministres actuels veulent la Constitution, ou ils ne la veulent pas. S'ils ne la veulent pas, dénonçons-les, faisons-les traduire à la haute cour nationale, mais rapportons des preuves de nos imputations. S'ils veulent la Constitution, malgré qu'il en coûte à un patriote d'agir de concert avec les agens du pouvoir exécutif, il faut cependant que les patriotes se serrent à eux dans les circonstances présentes, pour imprimer à la force publique un tel mouvement qu'il effraie tous nos ennemis. Qui mieux que nous doit sentir l'amertume de louer un ministre, un homme nommé par le roi? Mais si les nominations actuelles sont bonnes, si l'on ne peut rien reprocher de grave an ministère actuel, faut-il, pour le plaisir de déclamer contre lui, s'exposer à le faire remplacer par un ministère qui mettrait peut-être la France en combustion?

» D'après cette explication, notre avis est qu'on n'a rien de *positif* à reprocher à Jean Pierre Brissot dans cette circonstance, et que Collot-d'Herbois, que Robespierre ont fait une faute en le dénonçant, sans preuves, comme un chef de conspiration. Nous ne connaissons pas J. P. Brissot, nous connaissons peu Maximilien Robespierre, et quand il s'agit de liberté, nous n'aimons que la liberté. S'il était vrai que Brissot conspirât, qu'il fût d'intelligence avec La Fayette, qu'il voulût élever Narbonne au protectorat, sans doute ce serait un monstre qu'il faudrait étouffer; mais Collot d'Herbois, mais Robespierre n'ont rien prouvé contre lui.

» Ceux qui sont restés impassibles an milieu de l'orage qui a agité les Jacobins dans la séance de mercredi, ont remarqué de très-grandes maladresses dans le discours de Brissot. Il a dit que le patriotisme régnait partout, dans l'assemblée nationale, dans l'armée, dans les sociétés populaires, dans le conseil du roi.... Ce mot a excité, et il était fait pour exciter de violens murmures. Tout le monde sait que le roi a deux conseils, et il était impossible que, dans une grande assemblée, beaucoup de personnes ne confondissent pas le ministère avec le conseil secret, ce qui sont deux choses très-distinctes. L'éloge immodéré de M. Condorcet n'était pas moins maladroit. Sans doute Condorcet a des talens; mais le comparer aux plus grands hommes de l'antiquité, c'est un sot enthousiasme; et louer son patriotisme alors qu'il s'obstine à défendre Narbonne, c'est en quelque sorte arborer les couleurs de Narbonne, et cette livrée ne sera jamais que celle des intrigans ou des esclaves.

» La députation de Bordeaux, notamment M. Guadet, s'est fort mal disculpée du reproche d'avoir plaidé la cause de l'ex-ministre de la guerre. M. Guadet a été hué, et peut-être il devait l'être. Si M. Guadet est de bonne foi, il aurait dû plutôt avouer sa faute, que de chercher à la pallier : du reste, il y a eu de sa part un courage qui n'a pas été justement apprécié, quand il a attaqué Robespierre en face. Il a dit que Robespierre aspirait au *tribunat*, qu'il était plus ambitieux que tout autre, et que sa très-grande popularité pouvait faire beaucoup de mal à la chose publique. Robespierre a annoncé une réponse ; il l'a annoncée péremptoire.

Au résumé, nous croyons que tous les acteurs de cette scène ont des torts ; ceux de Collot d'Herbois sont de se croire immortalisé par son almanach, d'avoir pris de l'humeur parce qu'il a manqué le ministère, et ensuite le commissariat des colonies. Les torts de Rœderer sont.... Mais nous ne parlons ici que des patriotes. Les torts de Fauchet sont d'avoir fait un rapport imposteur, de s'être séparé du parti qu'on veut appeler *enragé*, et d'avoir laissé croire qu'il joue un peu dans ce moment le rôle d'intrigant. Les torts de Chabot sont d'avoir fait une dénonciation sans preuves, et surtout d'avoir appelé en témoignage des hommes qui ont déposé des choses contraires à ce qu'il avait avancé. Les torts de Brissot sont d'être trop mystérieux ; il ne prétend pas qu'on le dénonce ; mais il devrait dire ouvertement quel est son système ; il doit cette confidence au public. Nous ne croirons jamais que les torts de Robespierre proviennent de son cœur ; mais l'agitation dont il est cause en ce moment, rend ses torts si graves, qu'il faut tout le poids de sa réputation pour les balancer. Il est d'autres hommes qui sont restés neutres dans cette querelle, et c'est peut-être aussi un tort pour eux : la confiance dont ils jouissent, les persécutions qu'ils ont essuyées, sont des titres qui leur mettent en main la massue de la vérité ; et s'il est des traîtres, c'est à eux qu'il est réservé de les terrasser.

» Il est bien à désirer de voir mettre fin à cet orage. Si Robespierre est un ambitieux, qu'on le précipite du roc tarpéien. Si les autres sont des intrigans, qu'on les fasse rentrer dans la poussière ; mais que le peuple ne perde pas de vue que toute agitation en ce moment est dangereuse, qu'elle peut devenir funeste, et qu'avec des généraux suspects, accostés d'une conspiration éternelle séante au Tuileries, le vrai peuple, le souverain, celui qui a fait la révolution, qui a juré la Constitution, doit, quant à présent, se borner à la maintenir. Flatter la royauté et le roi, vouloir ressusciter l'ancienne idolâtrie, caresser bassement l'ancienne idole : voilà le plus grand crime que puisse commettre un Français. Le second serait de prétendre à sa destruction entière dans le temps que tous les autres faux dieux de l'Europe sont ligués pour la maintenir. Peuples! son socle est ébranlé ; laissez faire la main du temps, et bientôt la liberté seule aura un culte parmi vous. »

A Maximilien Robespierre. — « Robespierre, un homme que vous aimez, et que vous ne désavouerez pas sans doute, a dit :

« Le patriotisme.... sans concert.... s'agite péniblement et
» sans fruit, ou seconde quelquefois, par une impétuosité aveu-
» gle, les funestes projets des ennemis de notre liberté. » *Prospectus du* (nouveau) *défenseur de la Constitution*, p. 2 et 3.

» Robespierre, rappelez-vous que ce même homme, au sortir de la dernière séance de l'assemblée constituante, fut porté plutôt que reconduit en sa maison par le peuple.

» Rappelez-vous qu'au bas des images de ce même homme, le peuple écrivit en caractères informes, mais qui n'étaient pas mendiés : *L'incorruptible !*

» Rappelez-vous que d'une seule voix ce même homme fut appelé au ministère le plus redoutable de la justice.

» Et dites-nous comment il se fait que ce même homme, sur lequel il n'y avait qu'un sentiment, soit devenu un problème, même aux yeux d'un assez grand nombre de patriotes.

» La cour avait frissonné à votre nomination d'accusateur public, et le choix de celui qu'elle vient de désigner au club de la Sainte-Chapelle pour vous remplacer, peut vous donner de l'amour-propre, mais aussi doit exciter en vous des remords. Vous serez comptable envers la patrie de tout le mal qui se fera au poste que vous quittez, avant d'avoir justifié l'attente de vos concitoyens.

» Incorruptible Robespierre, l'irréprochable Phocion compta plus d'un ennemi, comme vous, et fit plus d'un ingrat ; mais il ne quitta le fardeau de la chose publique que pour boire la ciguë. Rends-nous Phocion tout entier, nous en avons besoin ; mais jusqu'à ce que tu en sois venu là, souffre qu'on te dise la vérité avec le même courage que tu l'as dite aux ennemis puissans de ton pays, avec la même âpreté que tu l'as dite à tes adversaires dans la tribune des Jacobins.

» Robespierre, vous vous êtes vu pendant trop long-temps la seule colonne de la liberté française. Inébranlable sur la base de la déclaration des droits de l'homme, on a cherché à vous abattre. Le peuple, dont vous vous êtes déclaré le défenseur imperturbable, vous a défendu à son tour contre toutes les atteintes. Votre nom était comme l'arche sainte ; on ne pouvait y toucher sans être frappé de mort. Il n'est pas étonnant ni suspect que vous invoquiez souvent le témoignage du peuple ; vous faites cause commune. On croit voir dans ce sentiment de reconnaissance, de vanité si l'on veut, l'intention de devenir un jour tribun : on a tort, vous devez vous connaître trop bien pour aspirer à ce titre qui n'a plus de sens ; quoique le talent de la parole puisse mener à tout dans un gouvernement démocratique, il ne suffit pas ; et vous ne pouvez vous dissimuler que vous n'avez point reçu de la nature en partage ces dons extérieurs qui donnent de l'éloquence aux paroles qui en sont le plus dénuées. Vous savez bien que vous n'avez pas non plus assez de cette supériorité de génie qui dispose des hommes à volonté ; et quoique vous paraissiez vous en flatter, n'espérez pas avoir les mêmes succès *dans la tribune de l'univers* (1) *que dans celle du sénat français* ou des Jacobins.

» Votre présence assidue dans les clubs profita beaucoup à ces établissemens dont ne peut plus se passer une nation qui s'est faite et qui veut rester libre. Vous avez soufflé au citoyen qui

(1) Prospectus du *Défenseur de la Constitution*, p. 3.

les hante cet esprit de défiance qui met en garde contre les entreprises plus ou moins suspectes des hommes en place. Vous rendîtes peut-être plus de service à la chose publique dans l'assemblée des amis de la Constitution, qu'au sein même de l'aréopage : mais les clubs ne vous ont point été aussi profitables ; la vapeur de l'encens qu'on y brûla pour vous, vous pénétra par tous les pores ; le dieu du patriotisme devint homme, et partagea les faiblesses de l'humanité.

» Quand on eut le secret du défaut de votre cuirasse, on ne désespéra plus de vous entamer. Le patriote intact ne fut point inaccessible aux piéges tendus autour de lui, sous l'appât de la louange employée à forte dose. Estimable jusque dans vos chutes, ce n'est pas avec le vil motif de l'intérêt qu'on put vous amener à des démarches inconsidérées ; il fallut mettre en œuvre des moyens plus relevés. Le sentiment de ce que vous valez, exalté par vos ennemis plus fins que vous, servit à vous conseiller des écarts d'imagination qui firent quelquefois tort à votre judiciaire, et le guide du troupeau divagua lui-même.

» A l'époque du 17 juillet 1791, votre gloire fut à son apogée ; et il faut bien vous en avertir, de ce moment la déclinaison de l'astre devint sensible. Que n'en êtes-vous resté à l'adresse à vos commettans, et à vos discours contre la guerre ! Que ne vous êtes-vous enveloppé de votre manteau, quand vous vîtes vos concitoyens, non pas ingrats, ils ne l'ont jamais été envers vous, mais entraînés par la force irrésistible des choses, rester sourds à vos conseils prophétiques ! C'était le moment de vous préparer à votre grande mission d'accusateur public ; mais vous persistez à vouloir être publiciste et législateur des nations. Vous avez cru, non pas indigne de vous (votre égoïsme serait du plus mauvais caractère), mais au-dessous de ce que vous êtes capable pour la patrie, de remplir le poste où le peuple vous avait établi sa sentinelle.

» Robespierre ! vous ne rendez pas justice au peuple ; il sait mieux vous apprécier que vous-même, et met plus de sagesse dans sa conduite envers vous que vous n'en mettez dans la vôtre envers lui. Votre véritable place était là où il vous avait nommé ; que ne vous y êtes-vous rendu à l'heure où commençait votre consigne ! Nous ne serions pas aujourd'hui les spectateurs navrés de combats que nos maîtres en patriotisme se livrent avec une dignité féroce, comme les gladiateurs à Rome, qui, en tombant, conservaient encore assez de vanité pour affecter de tomber avec grace.

» Robespierre! les patriotes n'aiment pas que vous vous donniez en spectacle. Le peuple voit avec peine que vous ne faites point assez de cas de l'estime qu'il vous porte. Quand il se presse en foule autour de la tribune où vous montez, ce n'est pas pour entendre des personnalités qui l'affligent, et n'amusent que ses ennemis et les vôtres ; ce n'est pas pour flatter votre orgueil qu'il vous a environné de sa considération : c'est pour mieux le servir, c'est pour plaider sa cause avec plus de confiance et de succès. Il vous a dit : Puisque tu as refusé d'être l'homme de la cour, sois celui du peuple ; nous te donnons en garde l'opinion publique ; ne mets jamais la tienne à la place : puisque tu ne t'es pas encore laissé entamer, sois le bouclier du peuple : tu as soutenu le parti de la guerre défensive, on ne te verra point agresseur.

» Robespierre, est-ce ainsi que vous répondez au vœu du peuple? Ce n'est pas tout de n'être point vénal ; il y a de l'amour-propre à se laisser marchander, et à ne se vendre jamais ; mais il est plus beau d'être fidèle aux bons principes par amour de l'ordre, par esprit de justice, et non pour la gloire qui peut en revenir. Quelque bon patriote que vous vous soyez montré jusqu'ici, croyez qu'il en est de plus patriotes encore ; ceux, par exemple, qui le sont autant que vous, et qui ne s'en vantent point.

» Eh quoi ! vous tenez dans les mains le fil d'une grande conjuration, il ne s'agit de rien moins que d'une guerre civile, et vous nous entretenez de vous, de petites provocations dont vous êtes l'objet! Vous n'appréhendez donc pas qu'on dise de vous : Parce qu'il est menacé, il voit la patrie en péril ; il se croit le seul *palladium* de la liberté? Les patriotes qui vous veulent le plus de bien, qui vous estiment, et qui vous aimeraient si votre orgueil n'opposait une barrière entre eux et vous, ne peuvent s'empêcher de dire: Quel dommage qu'il n'ait pas cette bonhomie antique, compagne ordinaire du génie et des vertus! Robespierre est parfois éloquent; il abonde en idées grandes et en beaux sentimens; il a d'heureux mouvemens. S'il pouvait s'oublier un peu davantage!... Qu'il est triste de l'entendre dénoncer depuis La Fayette jusqu'à la Chronique! Le défenseur de la liberté s'érige en inquisiteur de l'opinion, quand cette opinion s'exerce sur son compte. A l'en croire, il n'y a que lui, depuis le 14 juillet, qui ait marché constamment en ligne droite. Ne pas convenir avec lui que lui seul a fait tout ce qui s'est fait de bien dans tout le cours de la révolution, c'est ne pas être bon patriote. On a vu des citoyens s'identifier tellement avec la patrie qu'ils s'effaçaient pour la faire briller. Il est des momens où les ennemis de Maximilien se croiraient autorisés à dire qu'il se permet l'inverse.

» Robespierre, en juillet 1791, eût-on hasardé contre vous des calomnies de la force de celles qui ont circulé en avril 1792? N'a-t-on pas été jusqu'à dire (et, chose incroyable, des hommes dont on n'avait pas sujet de suspecter le témoignage en toute autre circonstance semblent le confirmer), n'a-t-on pas été jusqu'à dire que vous, Robespierre, vous êtes rendu à une conférence secrète qui s'est tenue naguère chez la Lamballe, en présence de Médicis-Antoinette, et que c'est à l'issue de ce conciliabule que vous donnâtes la démission de votre place d'accusateur public, afin de la laisser occuper peu après par l'ex-ministre de la justice? On ne dit pas les clauses du marché; mais on ajoute que c'est depuis cette époque qu'on s'est aperçu de quelque changement dans vos mœurs domestiques, et que vous conçûtes le projet d'un journal.

» Se donner la peine de répondre à des imputations aussi monstrueuses, serait vous faire l'injure la plus grave et la plus gratuite; et nous sommes loin d'avoir cette coupable pensée: nous vous avons toujours reconnu pour un *homme probe.* »

> Justum, et tenacem
> Propositi virum.
> HORAT.

» Vous avez fait vos preuves à cet égard. Jamais votre plume n'a trempé dans les eaux du Pactole de la liste civile; et quoique nous soyons en droit (1) à présent de vous demander compte de vos moyens de subsister, puisque vous n'aviez d'autre ressource que le salaire attaché à la place à laquelle vous renoncez, nous nous en reposons sur la fierté de votre ame, que nous ne confondons pas avec la hauteur qu'on vous reproche.

» La rigidité de vos principes, qui malheureusement a gagné votre caractère, est encore la même; nous aimons à vous rendre cette justice, et nous ne doutons point que Robespierre journaliste ne contribue à mener notre révolution au port; vous n'aurez jamais autant de lecteurs que nous vous en souhaitons; mais ce passage brusque du tribunal de l'accusateur public au cabinet d'étude d'un folliculaire à la semaine, nous étonne, nous inquiète. Dans un gros temps, l'équipage d'un navire ne verrait pas de bon œil le pilote abandonner le timon pour prendre la rame, ou pour se faire l'écrivain du vaisseau. Sans doute vous nous direz des vérités importantes; votre plume sera de fer contre les méchans, et personne ne vous enlèvera la parole; mais la passion de tout dire sans être contredit, mais l'envie de répondre sur-le-champ au premier agresseur, mais le plaisir de vous venger tout à votre aise de ceux qui ne pensent pas comme vous, n'ont-ils pas été quelques-uns des motifs qui vous ont porté à ce parti extrême? N'avez-vous pas consulté plutôt ce que vous avez cru vous devoir à vous-même, que ce que vous devez en effet à la patrie?

» Si pourtant vous croyez pouvoir, dans un journal, nous faire

---

« (1) Chez un ancien peuple libre, il y avait une loi qui autorisait à traduire pardevant les tribunaux le citoyen dont on ignorait le moyen de subsistance. »

une justice plus expéditive des conspirateurs et des traîtres que dans la place d'accusateur public soumise à la lenteur des formes, Robespierre, écrivez. Depuis un an vos progrès dans l'art oratoire sont sensibles; écrivez! mais de grace, rendez-vous aux conseils de l'amitié et au vœu de vos concitoyens; promettez à Pétion, votre compagnon d'armes et votre médiateur, promettez à vos frères, les amis de la Constitution; promettez à toute la cité, à tout l'empire, à tous ceux qui ont prononcé jusqu'à ce jour votre nom en le bénissant; faites à la patrie, aux circonstances, à vous-même, le sacrifice de toutes vos animosités, de tous vos amours-propres, de toutes vos vengeances. Gourmandez les vices, tonnez contre les mauvaises actions et les crimes, mais que ce soit plutôt en haine des choses que des personnes. Continuez d'être le patron du peuple, mais ne laissez pas dire que vous voulez vous en faire une clientèle nombreuse et adulatrice. Nous ne vous accuserons pas d'imiter César, se faisant présenter le diadème par Antoine. Ce n'est pas vous sans doute qui avez soufflé à Marat de vous désigner au public *dictateur suprême*. Non! votre bonne foi, votre loyauté repoussent cette charlatanerie. Mais prenez-y garde; on vous a surpris plus d'une fois vous abandonnant, avec une sorte de complaisance, au plaisir de parler de vous, ou d'en entendre parler; et quand cela vous arrive, gardez-vous d'oublier que la patrie est tout, que c'est à elle à concentrer tous les intérêts, qu'on ne doit s'occuper uniquement que d'elle; et c'est parce qu'elle pourrait souffrir de vos débats, c'est parce que vous avez un moment détourné sur vous seul toute l'attention, que nous vous consacrons cet article, beaucoup trop long si vous le lisez sans fruit.

» Nous avons mis peut-être beaucoup trop d'importance aux travers d'esprit, aux erreurs de l'amour-propre d'un individu. Robespierre, c'est à vous à réparer le temps que vous faites perdre à vos concitoyens; mais le *Journal des Révolutions de Paris* ne pouvait demeurer tout-à-fait étranger aux violentes secousses qui agitent la société des Jacobins à votre sujet. Peut-être trouvera-t-on une règle de conduite utile à suivre en ces circonstances, dans le caractère d'impartialité (1) que nous avons su conserver à votre égard, comme pour tout autre. Nous avons dans le temps désigné la roche tarpéienne pour les Mirabeau, les La Fayette et autres ambitieux qui firent tant de mal à leur patrie et tant de tort à la révolution; Robespierre, prépare-toi à l'ostracisme, si tu dédaignes les conseils que te donnent ici des hommes libres, qui n'ont jamais consulté le chapitre des considérations avant d'écrire. »

Raisons secrètes des divisions intestines qui agitent la société des Jacobins. (*L'Ami du peuple*, n. DXLVIII.) — « Les dissensions qui agitent la société des Jacobins et la scission dont elle est menacée, sont le sujet de toutes les conversations de la capitale.

» Voici le principe de cette désunion, peu fait pour honorer les meneurs jacobites et leurs lâches suppôts.

» Une cruelle expérience n'a que trop appris à la nation entière que ses députés aux états-généraux ont trafiqué avec le monarque de ses droits imprescriptibles, de ses intérêts les plus chers, et que sept ou huit seulement sont sortis purs des tentations, tant de fois offertes à leurs vertus pour trahir leur devoir. Rappelons ici des noms chers à tous les vrais patriotes, ceux de Buzot, de Grégoire, d'Antoine, de Pétion,

» A la tête desquels est celui de Robespierre. En quittant les augustes fonctions de membre du corps législatif, le soin de sa propre gloire l'appelait à servir la patrie dans la retraite, parti que lui eût fait prendre à coup sûr une profonde connaissance des hommes. Il n'écouta que le penchant de son cœur et il resta au milieu des Jacobins, dans ce tourbillon (2) d'intrigans, qu'il avait

« (1) L'article de notre dernier numéro touchant les Jacobins n'a pas plu, dit-on, à quelques membres de cette société, qui se plaignent de ce que nous ne ménageons pas assez les bons citoyens. Mais ignorent-ils donc que le *Journal des Révolutions*, tout entier aux principes, ne fait acception de personne ? De bons citoyens se sont absentés, ont fui pour se soustraire à l'inquisition civile des magistrats vendus au parti de la cour. Le *Journal des Révolutions* n'a jamais dit moins que ce qu'il fallait dire. »

« (2) J'excepte toujours de cette classe le public, c'est-à-dire les citoyens qui ne s'y sont affiliés que pour s'instruire, et non pour jouer un rôle. »

la bonhomie de regarder comme de vrais amis de la liberté.

» Les hommes médiocres ne s'accoutument point aux éloges d'autrui; les hommes suspects prennent toujours ombrage de la vertu austère ; le public lui-même aime à changer de héros. Ces sentimens sont trop naturels au cœur humain pour qu'il soit possible de les heurter impunément. C'est pour n'en avoir tenu aucun compte que Robespierre est en butte aujourd'hui à tous les traits de l'envie. La gloire dont il s'est couvert en défendant avec constance la cause du peuple, et la faveur populaire devenue le juste prix de ses vertus civiques, offusquèrent bientôt ceux de ses collègues qui avaient démérité de la patrie, de même que les nouveaux députés, prétendus patriotes, jaloux des applaudissemens qu'il recevait du public et qu'ils auraient voulu partager sans les avoir mérités.

» Ils commencèrent donc les uns et les autres à lui chercher des torts; mais le plus grave reproche qu'ils lui fassent, est de parler souvent de lui, des services qu'il a rendus à la chose publique, et de ceux qu'il voulait lui rendre encore; comme si un citoyen perpétuellement inculpé par les ennemis de la révolution, couverts du masque civique, n'était pas souvent réduit à la triste nécessité de se justifier. Et ce sont des députés du peuple, chargés d'acquitter sa dette envers tous ceux qui ont bien mérité de la patrie, qui s'attachent à de pareilles petitesses, pour traiter avec la plus noire ingratitude l'homme qui la servit si long-temps avec zèle, au péril même de ses jours.

« Du moins s'il n'était pas en butte aux lâches menées, aux coups des fripons et des traîtres! Mais, qui ignore combien Robespierre a eu à souffrir, et combien il a à souffrir encore des perfidies de la faction Guadet, Brissot, pour avoir osé combattre le projet de guerre, que le sieur Mottié fit proposer au public par ces faux patriotes?

« Le sieur Brissot, dans le discours qu'il débita le 25 du mois dernier aux Jacobins, oublie de se laver des inculpations les plus graves, telles que celle d'avoir été salarié comme espion par Le Noir, celle d'avoir été enchaîné au parti ministériel municipal, par la crainte que Bailly ne fît voir son nom inscrit sur les registres de la police, celle d'avoir servi la cause du despotisme dans son plan d'organisation de la municipalité, celle d'avoir caché les malversations des accapareurs royaux du comité des subsistances, sous cent contes à dormir debout, celle d'avoir été le vil apologiste des attentats de Mottié contre la liberté publique, celle d'avoir eu des relations criminelles avec lui chez le compère Lamarque et la commère Lanxade; mais s'il oublie de se laver de ces inculpations, c'est pour vanter son prétendu patriotisme, ériger son complice Condorcet en grand homme, se défendre sérieusement d'avoir fait les nouveaux ministres, et calomnier Robespierre, en l'accusant d'être chef de parti et de diriger les tribunes par ses aides-de-camp. Robespierre chef de parti! Il en aurait un sans doute, s'il eût voulu s'avilir au rôle d'intrigant comme son calomniateur; mais il n'a et n'eut jamais pour partisans que les citoyens amis de la liberté, qui se souviennent avec reconnaissance de tout ce qu'il a fait pour elle. Comment Brissot ne voit-il pas qu'en opposant la majorité de la société aux tribunes publiques, qui ne sont point vendues et qui ne peuvent l'être, surtout à un particulier presque seul de son bord aux Jacobins, ayant à peine six cents livres de rente, et n'ayant pas un sou de la liste civile, il fait retomber l'inculpation sur la société même qu'il donne de la sorte pour une cabale d'intrigans?

» Mais ce qui est digne de remarque, c'est qu'en plaçant Robespierre à la tête d'une faction, il l'accuse de chercher à semer le trouble et la division dans la société, à en écarter les hommes tels que lui, qui professent la plus haute indépendance d'opinions, qui ont combattu le plus énergiquement et la liste civile, et le triumvirat passé, et les Feuillans. Quel est le but de cette faction, se demande-t-il ensuite à lui-même? Ne sachant que répondre, il se contente d'insinuer que la liste civile a les mêmes opinions que le parti de Robespierre, qu'elle calomnie comme lui les ministres, cherche à discréditer, comme lui, l'assemblée nationale, et surtout s'acharne comme lui contre les mêmes patriotes. Insinuations sur lesquelles il invite les amis sincères de la liberté à réfléchir. Je l'ai dit cent fois et je le répète, à s'en tenir à des imputations vagues, rien ne ressemble plus à un véritable ami de la révolution, qu'un ennemi déclaré de la patrie : tous deux ont à faire de graves reproches aux ministres actuels, à l'assemblée nationale, et aux prétendus patriotes du jour. Mais c'est dans les détails seuls qu'on aperçoit par la différence des reproches, celles des principes et des motifs. Le roi reproche à l'assemblée, à ses ministres actuels, et aux prétendus patriotes du jour, de ne pas assez se prostituer à ses volontés ; mais Robespierre leur reproche de trahir les intérêts du peuple en se couvrant d'un masque hypocrite, et de compromettre le salut public en engageant la nation dans une guerre insensée.

» Que dirait le compère Brissot si, pour le dénigrer, Robespierre se bornait à lui reprocher qu'il tient à son égard le même langage que les Gauthier, les Royou, les Mallet-du-Pan, c'est-à-dire les plus vils folliculaires, les plus exécrables ennemis de la liberté, et s'il se contentait de prier les amis de la patrie de réfléchir sur ce rapprochement ? Mais, non, il ne s'enveloppera point dans ces insinuations vagues et perfides ; et quand il voudra faire de ce sycophante un portrait à faire horreur, les traits hideux ne manqueront point à sa plume.

» Tandis que Brissot calomnie et fait calomnier Robespierre par cent plumes vénales, le compère Guadet, digne acolyte des nouveaux tartuffes vendus à Mottié, se redresse sur ses ergots pour lui décocher quelques ruades. Qui croirait que ce petit intrigant a eu la sottise de mettre au nombre des griefs qu'il allègue contre Robespierre, « (1) celui d'être devenu, soit par am-
» bition, soit par malheur, l'idole du peuple, de chercher tous les
» jours à le devenir davantage ; d'avoir déserté son poste où la
» confiance et l'intérêt du peuple l'avaient appelé, et cependant de
» ne s'être pas imposé à lui-même la loi de l'ostracisme ? » Comme si un simple citoyen, sans fortune et sans parti, avait d'autres moyens de gagner le peuple dont il défend les droits et les intérêts, que ses

« (1) Toute la députation de Paris et toute la députation de la Gironde, excepté Grangeneuve. »

seules vertus civiques! Comme s'il pouvait servir la chose publique dans un tribunal où il ne se trouve pas deux hommes intègres! Comme s'il pouvait (1) rester à son poste, et s'imposer en même temps la loi de l'ostracisme! Comme si un individu, qui n'a pour toute puissance que sa faible voix, au milieu d'une société d'intrigans, d'hypocrites et de fourbes, toujours attentifs à le condamner au silence, et toujours prêts à le huer lorsqu'il entreprend de les démasquer, pouvait jamais devenir redoutable! Comme si un homme qui n'a d'autre empire sur un peuple ignorant, léger, inconstant et frivole, que celui de la raison, pouvait jamais mettre en danger la liberté publique par son crédit, et être appelé, pour l'assurer, à quitter sa patrie!

» Tant d'inepties ne décèlent que trop les motifs qui les ont suggérées. Qui ne voit que l'aspect d'un patriote intègre blesse la vue des fripons qui voudraient trafiquer impunément des intérêts de la patrie? Qui ne voit qu'un censeur incorruptible est un témoin importun qu'ils brûlent d'écarter? Qui ne voit qu'ils ne s'attachent à le dénigrer que pour le rendre suspect au peuple dont il a la confiance? Oui, la faction Guadet-Brissot est loin d'ajouter foi aux impostures que ses meneurs ne cessent de débiter contre Robespierre. Qui mieux qu'elle en connaît toute la fausseté? qu'il veuille simplement consentir à leur abandonner l'arène, ils sont prêts à désavouer leurs injures, et à faire son éloge; ils sont prêts à le préconiser.

» Admirez la perfidie : après avoir fait un crime à Robespierre de s'être opposé à la guerre et d'avoir prédit qu'elle entraînerait les plus grands malheurs, en assurant le triomphe de nos ennemis, Guadet l'accuse de chercher à réaliser ces malheurs, et en divisant les patriotes, et en semant au milieu d'eux les défiances et les soupçons. Mais quels sont, je vous prie, les patriotes qu'il chercherait à diviser? les intrigans des Jacobins. Et quels sont les patriotes contre lesquels il sèmerait la défiance et les soupçons?

« (1) Je suis loin d'approuver la démission de Robespierre : il devait garder sa place, ne fût-ce que pour empêcher qu'on y nommât un fripon contre-révolutionnaire, ce qui n'a pas manqué d'arriver. »

les députés de Paris et de la Gironde, nouveaux meneurs de l'assemblée ; ce sont bien là les fripons qu'il a démasqués, dira le lecteur instruit. Mais à qui persuaderont-ils que ce sont là des patriotes qu'il décrie ?

» Enfin, et c'est le comble de la démence, Guadet accuse Robespierre « de faire écrire dans le *Journal de l'Ami du Peuple*, » dont il dispose, que le moment est venu de donner un dictateur » à la France, au moment même où il cherche à affaiblir, par » les accusations les plus absurdes, la confiance du peuple dans » la majorité de ses représentans. » Ce dictateur, c'est sans doute Robespierre lui-même, comme un compère de Guadet vient bêtement d'accuser l'*Ami du Peuple* de l'avoir indiqué dans sa feuille.

» Cette inculpation me regarde personnellement. Or, je dois ici une réponse précise et catégorique aux citoyens trop peu éclairés pour en sentir l'absurdité. Je déclare donc que non-seulement Robespierre ne dispose point de ma plume, quoiqu'elle ait souvent servi à lui rendre justice ; mais je proteste que je n'ai jamais reçu aucune note de lui, que je n'ai jamais eu avec lui aucune relation directe ni indirecte, que je ne l'ai même jamais vu de mes jours, qu'une seule fois ; encore, cette fois-là, notre entretien servit-il à me faire naître des idées, et à manifester des sentimens diamétralement opposés à ceux que Guadet et sa clique me prêtent.

« Le premier mot que Robespierre m'adressa fut le reproche d'avoir en partie détruit moi-même la prodigieuse influence qu'avait ma feuille sur la révolution, en trempant ma plume dans le sang des ennemis de la liberté, en parlant de corde, de poignards, sans doute contre mon cœur, car il aimait à se persuader que ce n'était là que des paroles en l'air dictées par les circonstances. Apprenez, lui répondis-je à l'instant, que l'influence qu'a eue ma feuille sur la révolution ne tenait point, comme vous le croyez, à ces discussions serrées, où je développais méthodiquement les vices des funestes décrets préparés par les comités de l'assemblée constituante, mais à l'affreux scandale qu'elle répandait dans le public, lorsque je déchirais sans ménagement le voile qui couvrait les éternels complots tramés contre la liberté publique par les ennemis de la patrie, conjurés avec le monarque, le législateur et les principaux dépositaires de l'autorité ; mais à l'audace avec laquelle je foulais aux pieds tout préjugé détracteur ; mais à l'effusion de mon ame, aux élans de mon cœur, à mes réclamations violentes contre l'oppression, à mes sorties impétueuses contre les oppresseurs, à mes douloureux accens, à mes cris d'indignation, de fureur et de désespoir contre les scélérats qui abusaient de la confiance et de la puissance du peuple pour le tromper, le dépouiller, le charger de chaînes et le précipiter dans l'abîme : apprenez que jamais il ne sortit du sénat un décret attentatoire à la liberté, et que jamais fonctionnaire public ne se permit un attentat contre les faibles et les infortunés, sans que je ne m'empressasse de soulever le peuple contre ces indignes prévaricateurs. Les cris d'alarme et de fureur, que vous prenez pour des paroles en l'air, étaient la plus naïve expression dont mon cœur était agité ; apprenez que si j'avais pu compter sur le peuple de la capitale, après l'horrible décret contre la garnison de Nancy, j'aurais décimé les barbares députés qui l'avaient rendu. Apprenez qu'après l'instruction du Châtelet sur les événemens des 5 et 6 octobre, j'aurais fait périr dans un bûcher les juges iniques de cet infâme tribunal. Apprenez qu'après le massacre du Champ-de-Mars, si j'avais trouvé deux mille hommes animés des sentimens qui déchiraient mon sein, j'aurais été à leur tête poignarder le général au milieu de ses bataillons de brigands, brûler le despote dans son palais, et empaler nos atroces représentans sur leurs siéges, comme je le leur déclarai dans le temps. Robespierre m'écoutait avec effroi ; il pâlit, et garda quelque temps le silence. Cette entrevue me confirma dans l'opinion que j'avais toujours eue de lui, qu'il réunissait aux lumières d'un sage sénateur l'intégrité d'un véritable homme de bien et le zèle d'un vrai patriote, mais qu'il manquait également et des vues et de l'audace d'un homme d'état. »

Confession de François Robert. — « Un des notables rédacteurs du journal de Prudhomme, François Robert, vient de distribuer un écrit de huit pages, dans le genre des *Confessions* de saint Augustin. La *chronique de Paris* l'avait accusé de devoir 200,000 l. Après avoir rabattu de cette supputation bénévole du sieur Millin 176,000 l., il parle de son *déficit* avec une naïveté qui sent les bons temps de la république, ou plutôt les temps homériques, où chacun était tenu de dire ses moyens d'exister. Ensuite il fait cet aveu qui donne beaucoup à penser, est trop curieux pour ne pas trouver place dans les mémoires du temps, et doit en trouver une à la suite de mon numéro Ier, dont il est une excellente pièce justificative :

« Dans ces entrefaites, écoutons le patriote François Robert,
» des hommes que j'avais connus auparavant devinrent ministres ;
» je cédai à des instances réitérés, et j'écrivis, non pas à M. Du-
» mourier ministre, mais à Dumourier jacobin : j'eus une ré-
» ponse assez insignifiante. Mes amis crurent que je devais voir
» moi-même M. Dumourier, je le vis : et il me promit affirmati-
» vement que je serais employé dans la diplomatie. »

» François Robert avait bien vu le cardinal, mais on lui fit entendre que c'était le révérend père Joseph qu'il fallait voir. Il poursuit :

« C'est alors qu'on me fit demander un rendez-vous à J. P. Bris-
» sot que j'avais connu avant la législature. M. Brissot me dit qu'il
» avait demandé pour moi l'ambassade de Constantinople, de
» Pétersbourg ou de Varsovie et que, dans huit jours cela se-
» rait fait (1). Dix jours après je le revis à dîner chez Pétion ;
» et comme *cela n'était pas fait,* je lui en demandai des nouvel-

« (1) Ne serait-ce pas devers la date de ce rendez-vous que F. Robert inséra dans le n. CXLI de Prudhomme (le juste pèche sept fois par jour) ce premier morceau sur Robespierre? La promesse de l'ambassade de Constantinople, et si près du sérail, peut bien faire trébucher un cordelier. On croit voir le patriote Robert présenter à Brissot le n. CXLI des *Révolutions de Paris,* en lui disant : Tenez, voilà tout ce que j'ai pu dire en conscience contre Robespierre. Mais ce n'était point là le compte de J. P. Brissot. Comment n'avez-vous pas vu, Robert, qu'aux yeux des Brissotins vous ménagiez encore trop l'anti-pape Robespierre? Voilà pourquoi *cela ne s'est pas fait.* Voilà pourquoi Brissot ne vous a

» les. M. Brissot me dit que le ministre était extrêmement oc-
» cupé, *que cela se ferait*, mais que, comme je pouvais avoir des
» besoins, M. Dumourier lui avait dit de me demander si je vou-
» lais quelque à-compte sur les appointemens de l'ambassade.
 » M. Dumourier, ayant manifesté quelque inquiétude sur ce
» qu'on appelait l'exagération de mes principes, je donnai ma
» profession de foi publique par écrit : elle était patriotique, au-
» tant que possible. Depuis cette profession de foi, j'ai eu avec
» M. Dumourier une conférence particulière ; le ministre me
» parut animé du plus pur patriotisme. Mais il s'est trouvé qu'il
» n'y avait plus d'emploi à sa disposition, et l'on sent combien
» j'ai dû m'applaudir de n'avoir pas reçu les arrhes qu'on m'avait
» offertes sur une place qu'on ne m'a pas donnée. »

 » Cette confession donnerait lieu à un beau commentaire ; mais
il me resterait peu de chose à y apprendre sur notre père *Joseph*,
à ceux qui ont lu mon premier numéro et la brochure que je
publiai il y a deux mois, et qui eut grand succès *dans les deux
mondes*, intitulée : *J. P. Brissot démasqué par Camille Desmoulins*.
Quand on a lu ce pamphlet, on sait son *Brissot* par cœur, et on
voit quelles plaies profondes le Patriote Français, par sa *fausse
politique*, pour me servir du terme le plus doux, a faites à la
France et au patriotisme. Aujourd'hui je veux envisager la confession de François Robert sous une autre face.

 » En voyant *J. P. Brissot* proposer ainsi à table, à son voisin,
Varsovie, Pétersbourg ou Constantinople, pour y aller en ambassade, on sent quelle différence la révolution a mise entre les
rêves de fortune des auteurs du temps passé, et de ceux d'aujourd'hui. Alors le plus beau songe d'un poète, du poète admirable de la *Métromanie*, sa plus vaste ambition était d'accaparer
trois ou quatre médailles du poids de cent écus ou six cents livres :

<blockquote>
Que Paris paierait le loyer,
Rouen le maître en droit, Toulouse le barbier,
Marseille la lingère.
</blockquote>

offert qu'un à-compte. Oh ! que celui qui a fait le second morceau contre Robespierre, dans le n. CXLVII de Prudhomme, était bien plus fin ! C'est celui-là qui
attrapera l'ambassade. »

» Et voici un journaliste, *J. P. Brissot*, qui n'est pas un *Piron*, non-seulement rêvant, mais distribuant les ambassades, et disant comme *César* :

> Je donne à Marcellus la Grèce et la Lycie,
> A Décime le Pont, à Casca la Syrie.

» De tels exemples et l'écharpe de l'académicien *Bailly* auraient dû, ce semble, réconcilier les gens de lettres avec la révolution. Qu'ils se rappellent les murmures de tous les nobles, les cris des bureaux et la jalousie de tous les beaux esprits désespérant de faire une semblable fortune, lorsque la reine-mère, voulant faire un cadeau à *Christine*, reine de Suède, eut la pensée d'envoyer l'académicien Benserade ambassadeur à Stockolm. Les temps sont bien changés ; et néanmoins presque tous les écrivains qui ont le plus de mérite s'aigrissent de plus en plus contre le nouvel ordre de choses qui les a rapprochés des places que la nature, dans la distribution des talens, semble leur avoir assignées. Ils s'effraient des pas que le peuple fait vers la souveraineté, comme ils pourraient faire de l'approche des Goths et des Vandales. A les entendre, ils se liguent pour sauver les arts contre ce qu'ils appellent le faubourg Saint-Antoine, comme si les arts étaient menacés par une révolution dans une ville que la révolution semble avoir encore plus affamée de spectacles, dans une ville où dix-sept théâtres sont ouverts et pleins tous les jours. Le parti populaire est abandonné de tous les écrivains de quelque réputation. Les gens de lettres méprisent le peuple qui les a vengés des mépris de la cour. Presque tous écrivent contre la cause de la liberté et de l'égalité, et on ne peut comparer leur ingratitude qu'à celle de cette foule de boutiquiers que ces trois dernières ont enrichis, de ce grand nombre d'agioteurs, de commerçans, d'épauletiers, de raffineurs de sucre, dont la révolution a fait des millionnaires ou des personnages importans, et qui ont pour la révolution, pour le peuple et pour l'égalité, cent fois plus de haine que n'en avaient les patriciens de Rome pour les plébéiens. La plupart de ces bourgeois ne veulent pas la liberté s'il faut la partager avec le peuple, et leur conduite me fait admirer un vers de *Sertorius*, qui jusqu'ici avait été inintelligible pour moi, mais qui me montre aujourd'hui combien *Corneille* connaissait le cœur humain, quand il fait dire à *Viriate* :

La liberté n'est rien quand tout le monde est libre. »

Fréron dit dans une note de ce numéro, page 97 :

Tout le monde a remarqué que ceux qui ont montré le plus de zèle à servir la faction, en combattant Robespierre, ont été pourvus des premières places dans le ministère, dans les bureaux, dans la diplomatie. On cite les sieurs Réal, Chépi fils, Boisguion, Mendouze, Noël, Clavière, Lanthenas, Santonax, Polverel, etc., sans compter ceux que je ne connais pas ; à ce sujet, je rapporterai un trait assez curieux.

» Un jeune homme, membre de la société, se plaignait de ce qu'il ne pouvait obtenir une place ; la personne à laquelle il s'adressait, lui dit : *Que ne faites-vous un bon discours contre Robespierre ? et avant huit jours je vous réponds que vous serez placé.*

» On m'a dit que M. Méchin venait d'être pourvu de la place de secrétaire de M. Brissot. »

Prospectus du Défenseur de la Constitution, *par Maximilien Robespierre, député de l'assemblée constituante.* — « La raison et l'intérêt public avaient commencé la révolution : l'intrigue et l'ambition l'ont arrêtée ; les vices des tyrans et les vices des esclaves l'ont changée en un état douloureux de trouble et de crise.

» La majorité de la nation veut se reposer, sous les auspices de la Constitution nouvelle, dans le sein de la liberté et de la paix ; quelles causes l'ont privée jusques ici de ce double avantage ? l'ignorance et la division. La majorité veut le bien, mais elle ne connaît ni les moyens de parvenir à ce but, ni les obstacles qui l'en éloignent ; les hommes bien intentionnés mêmes se partagent sur les questions qui tiennent le plus étroitement aux bases de la félicité générale. Tous les ennemis de la Constitution empruntent le nom et le langage du patriotisme pour semer l'erreur, la discorde et les faux principes ; des écrivains prostituent leur plume vénale à cette odieuse entreprise. Ainsi l'opinion publique s'énerve et se désorganise; la volonté générale devient impuissante et nulle, et le patriotisme, sans système, sans concert et sans objet déterminé, s'agite péniblement et sans fruit, ou seconde quelquefois, par une impétuosité aveugle, les funestes projets des ennemis de notre liberté.

» Dans cette situation un seul moyen nous reste de sauver la chose publique, c'est d'éclairer le zèle des bons citoyens pour le diriger vers un but commun. Les rallier tous aux principes de la Constitution et de l'intérêt général, mettre au grand jour les véritables causes de nos maux et en indiquer les remèdes, développer aux yeux de la nation les motifs, l'ensemble, les conséquences des opérations politiques qui influent sur le sort de l'état et de la liberté; analyser la conduite publique des personnages qui jouent les principaux rôles sur le théâtre de la révolution; citer au tribunal de l'opinion et de la vérité ceux qui échappent facilement au tribunal des lois, et qui peuvent décider de la destinée de la France et de l'univers; voilà sans doute le plus grand service qu'un citoyen puisse rendre à la cause publique.

» Un ouvrage périodique qui remplirait cet objet m'a paru l'occupation la plus digne des amis de la patrie et de l'humanité : j'ai osé l'entreprendre. L'esprit qui le dirige est annoncé par son titre : *Le Défenseur de la Constitution.*

» Placé, dès l'origine de notre révolution, au centre des événemens politiques, j'ai vu de près la marche tortueuse de la tyrannie; j'ai vu que les plus dangereux de nos ennemis ne sont pas ceux qui se sont ouvertement déclarés; et je tâcherai que ces connaissances ne soient point inutiles au salut de mon pays.

» Je n'ai pas besoin de dire que l'amour seul de la justice et de la vérité dirigera ma plume. C'est à cette condition seulement que descendu de la tribune du sénat français, on peut monter encore à celle de l'univers, et parler non à une assemblée, qui peut être agitée par le choc des intérêts divers, mais au genre humain, dont l'intérêt est celui de la raison et du bonheur général. Peut-être que lorsqu'on a quitté le théâtre pour se ranger parmi les spectateurs, on juge mieux la scène et les acteurs ; il semble du moins qu'échappé au tourbillon des affaires, on respire dans une atmosphère plus paisible et plus pure, et que l'on porte sur les hommes et sur les choses un jugement plus certain, à peu près comme celui qui fuit le tumulte des cités, pour s'élever sur le sommet des montagnes, sent le calme de la nature pénétrer dans son ame, et ses idées s'agrandir avec l'horizon.

» J'ai vu des membres connus de la législature, réunissant deux fonctions presque également importantes, raconter et apprécier le lendemain dans leurs écrits les opérations auxquelles ils avaient concouru la veille dans l'assemblée nationale.

» Quoique ce dernier soin ait suffi pour m'occuper tout entier, au temps où il m'était confié, je n'en ai pas moins applaudi aux législateurs qui rendaient cet hommage éclatant à la nécessité et à la dignité du ministère des écrivains politiques et philosophes ; je crois même qu'ils auront un double titre à l'estime de leurs commettans s'ils remplissent l'une et l'autre tâche avec la même intégrité. Celui qui se déclare le censeur du vice, l'apôtre de la raison et de la vérité, ne doit être ni moins pur ni moins courageux que le législateur lui-même. Les erreurs de ce dernier laissent une grande ressource dans l'opinion et dans l'esprit public ; mais quand l'opinion est dégradée, quand l'esprit public est altéré, le dernier espoir de la liberté est anéanti : l'écrivain qui prostituant sa plume à la haine, au despotisme ou à la corruption, trahit la cause du patriotisme et de l'humanité, est plus vil que le magistrat prévaricateur, plus criminel que le représentant même qui vend les droits du peuple.

» Telle est ma profession de foi, tels seront l'esprit et l'objet de l'ouvrage que je consacre à la liberté de mon pays. »

AVRIL (1792).

Analyse des travaux de l'assemblée nationale étrangers à la déclaration de guerre.

1er *avril.* — Le ministre Rolland annonce que des achats considérables de grains ont été faits à l'étranger. — Archier, Perrin, Payan, Comtart et Pierre Bayle, administrateurs des Bouches-du-Rhône, rendent compte de leur conduite, et établissent leur justification. — Sur le rapport de Tardiveau, décret qui autorise le pouvoir exécutif à mettre en mouvement les gardes nationales de la Nièvre et de l'Yonne, pour apaiser les troubles.

2 *avril.* — Kersaint est admis député à la place de Monneron démissionnaire.

3 *avril.* — Le ministre Rolland annonce l'arrivée de six vaisseaux de grains dans nos ports. — Rapport de Cambon, d'où il résulte que les biens nationaux à vendre font face aux assignats, et que ceux réservés couvrent la dette exigible.

4 *avril.* — Rapport de Saladin sur les différens chefs d'accusation contre Duport, ministre de la justice, et les réponses de celui-ci. Il observe que le ministre n'a pu écarter l'accusation d'avoir attribué aux tribunaux le choix des juges-criminels, délégués par la loi aux départemens; accordé des provisions de notaire, depuis la sanction de la loi qui défend la création d'offices, sans un décret du corps législatif; donné des lettres de répit et de grace, au mépris des lois et du Code pénal ; sursis à l'exécution des jugemens criminels; inexécuté la loi d'amnistie et avili les autorités constituées : il conclut au décret d'accusation.

6 *avril.* — Discussion sur le projet présenté par Gaudin, portant suppression des congrégations séculières, ecclésiastiques ou laïques. Lecoz s'élève contre cette innovation; il réclame surtout en faveur des doctrines utiles à l'instruction des pauvres. Lagrévol demande qu'avant tout on pourvoie au service des hôpitaux. Albitte vote pour la suppression de toute espèce de pénitens et pénitentes. Torné attaque ces corporations : « Chaque esprit de corps en s'éteignant, dit-il, allume l'esprit public, et

l'anéantissement de chaque société particulière est une conquête pour la société générale. Traitons favorablement les personnes, mais nulle grace aux costumes. » Il présente un projet de décret dans ce sens. (Applaudissemens multipliés.) La priorité est accordée au projet de Torné, et la suppression des corporations prononcée. Becquet s'oppose fortement à la suppression du costume religieux ; il trouve cette disposition impolitique, inconstitutionnelle et dangereuse. (Murmures.) D'après les avis de Merlin, Lagrévol, Dubayet, l'abbé Mulot et Vincent, la prohibition du costume ecclésiastique est prononcée presqu'à l'unanimité. (Applaudissemens.) Fauchet met sa calote dans sa poche; Gaivernon, évêque de Limoges, fait hommage de sa croix d'or : « J'en porterai une d'ébène, dit-il, quand je serai en fonction. » (Applaudissemens réitérés.) Torné indique, par des signes, son regret de ne pas avoir la sienne, pour en faire autant.

7 avril au soir. — Granet annonce que le pavillon de la liberté flotte sur les remparts de la ville d'Arles. — Rapports sur les nouveaux griefs reprochés à Narbonne, relativement aux marchés de fusils faits en Angleterre, et projet tendant à rendre à l'ex-ministre la faculté de sortir de Paris. Lecointre demande qu'on examine son compte et le rapport du comité. Il soutient que, par ces marchés, l'ex-ministre a fait perdre plus de 8 millions à la nation. Véron remarque que si Narbonne eût commandé les fusils en France, et qu'ils n'eussent pas été prêts, on aurait proposé le décret d'accusation contre lui, pour ne les avoir pas commandés en Angleterre. Lagrévol, Rouyer, Ducos, Lasource et Lacroix parlent contre l'avis du comité. Jaucourt et Daverhoult l'appuient. Après de longs débats, l'assemblée charge les comités réunis de lui présenter un nouveau rapport, et renvoie au comité de l'ordinaire des finances une proposition de Lagrévol, concernant le mode des marchés à passer par les ministres.

15 avril. — Une lettre du ministre de l'intérieur annonce que 56 prisonniers, détenus à Avignon, dont 25 étaient décrétés de prise de corps, à raison des crimes commis les 16 et 17 octobre, ont été enlevés par environ 80 personnes, revêtues de l'uniforme de gardes nationales, sans aucune résistance de la part de la garde ; que le tribunal provisoire, établi à Avignon, s'est dispersé, et que plusieurs autres personnes, détenues pour vol, ont été relâchées. Gentil dit que Jourdan et ses complices ont été portés en triomphe à Arles ; il demande que le ministre rende compte des mesures qu'il a dû prendre. (Ordre du jour.)—Événemens désastreux dans le département du Gard ; démolition du château de Plombet par 1500 séditieux; proclamation de la loi martiale : vingt châteaux et plusieurs maisons du district de Sommières sont ravagés et incendiés.

16 *avril*. — Le directoire du département du Gard annonce que les révoltés désolent ce département et incendient les châteaux; il attribue ces désordres à des émissaires venus de Marseille, à l'impulsion donnée aux sociétés populaires, et à l'évasion des prisonniers d'Avignon. Gentil rappelle que les ministres ont annoncé avoir envoyé des forces dans le Midi, et il demande compte de leur emploi. Pieyre insiste pour que l'assemblée, sur laquelle tous les yeux sont fixés, s'occupe d'éclairer l'opinion publique. Merlet propose d'autoriser, par une loi générale, tous les départemens à requérir mutuellement leurs forces. Vaublanc déclare que les maux qui menacent la patrie proviennent de ce que l'assemblée et le roi ne sont pas seuls à gouverner l'empire ; il s'élève contre les sociétés qui ne s'occupent que des moyens d'influencer l'assemblée nationale. « Je vais, poursuit-il, ajouter une dernière vérité, et je la dirai sans ménagement. Lorsqu'on vous a proposé ici de rendre un décret d'amnistie en faveur des brigands qui avaient souillé les rues d'Avignon (violens murmures), sans doute vous ignoriez que, dans une société célèbre, on ne cessait de s'occuper, depuis plusieurs jours, des moyens de l'obtenir. Et croyez-vous, en effet, que ce décret eût été accueilli comme il l'a été, s'il n'avait été préparé par les discussions de cette société?.... » (Les rumeurs éclatent avec plus de force.) Après quelques débats, l'adresse du directoire du département du Gard est renvoyée au comité des douze.

17 avril. — Goupilleau dénonce les prêtres de la Vendée comme auteurs des désordres actuels. Il sera fait un rapport général à cet égard. — Cambon présente l'état général de la dette et des ressources de la nation. A la séance du 19, il lut le résumé de son travail sur les finances. En voici le tableau :

État comparatif des besoins et des ressources de la nation française, présenté à l'Assemblée nationale, par M. Cambon, au nom des comités de l'ordinaire et de l'extraordinaire des finances.

DETTES EN RENTES PERPÉTUELLES ET VIAGÈRES.

Chap.		Liv.	Liv.
1	Arrérages connus de la dette perpétuelle constituée.....	65,424,546	65,424,546
2	*Idem* estimés par aperçu de ladite dette............	17,420,403	17,420,403
3	*Idem* connus des rentes, tontines et viagères.......	101,388,086	101,388,086
4	*Idem* estimés par aperçu des rentes viagères........	867,106	867,106
5	*Idem* des rentes viagères pour pensions ecclésiastiques.	66,000,000	66,000,000
6	*Idem* connus des rentes viagères accordées sous le titre de secours ou traitemens...................	3,475,000	3,475,000
7	Secours viagers...........................	6,816,000	6,816,000
8	Pensions en secours, fonds, permanences............	12,000,000	
	Nota. Les comités ont pensé que cet article devait être considéré comme dépense ordinaire ; ils ne le portent dans la dette que pour mémoire.		
9	Secours particuliers pour l'année 1792 seulement.......	3,000,000	
	Nota. Les comités ont pensé que cet article ne devait être considéré que comme une dépense particulière de 1792 ; ils ne le portent dans la dette que pour mémoire.		
	TOTAL.....	276,591,141	261,591,141

Vos comités ne se sont point occupés à rechercher le montant du capital de ces rentes, puisque la nation ne s'est point imposé l'obligation de le rembourser.
Il n'est pas même nécessaire de leur affecter une hypothèque spéciale, puisque leur gage a toujours reposé sur la rentrée des contributions.
La constitution, en en garantissant la propriété, a imposé l'obligation au législateur de faire les fonds pour les paiemens annuels de ces rentes.
Tous les Français qui ont juré le maintien de la constitution sont responsables de ce paiement : leur garantie vaut bien la parole d'un ministre.
On pourrait parvenir à éteindre le capital des rentes perpétuelles en affectant à leur paiement les extinctions annuelles des rentes viagères.

ASSIGNATS.

		Livres.
10	Coupons d'assignats, billets de la caisse d'escompte, servant de promesses d'assignats et intérêts desdits billets qui étaient en circulation au premier avril courant, déduction faite de ceux qui étaient rentrés provenant des paiemens des biens nationaux........................	1,564,178,281
	Excédant du produit des biens nationaux vendus ou dont la vente est ordonnée sur le montant des assignats qui étaient en circulation........	198,895,068
	TOTAL.....	1,763,073,349

Nota. Cet excédant est porté au chapitre des ressources du tableau suivant.

AVRIL (1792).

DETTES EXIGIBLES LIQUIDÉES ET A LIQUIDER ET A TERME, ensemble les besoins extraordinaires pour 1792.	DETTES échéantes en 1793 et suivantes.	DETTES échéantes en 1792.	OBJETS qu'il faut payer en assignats ou en domaines nationaux.
Chap.			
11 Reconnaissances provisoires ou définitives susceptibles d'être données en paiemens des biens nationaux............	....	....	9,531,760
12 Dettes exigibles à présentation...........	....	....	14,225,691
13 Liquidations décrétées, et dont les rôles ne sont pas expédiés..................	....	110,883,706	
14 Dettes liquidées, payables à époques déterminées.......................	....	55,584,163	
15 Idem..................	63,343,828	....	
16 Dettes qui restent à liquider...........	....	745,887,172	
17 Dettes exigibles dont la liquidation est présumée	....	12,675,144	
18 Idem dont la liquidation n'est pas encore ordonnée........................	38,600,000	....	
19 Dettes à terme.......................	....	29,821,349	
20 Idem..............................	386,296,740	....	
Nota. Si on remboursait cette somme en 1793, il y aurait une économie de 26,000,000 liv., sans y comprendre les intérêts.			
21 Dettes à terme qui peuvent être converties en rentes viagères..................	....	5,000,000	
22 Idem..............................	32,000,000	....	
23 Débets arriérés.....................	....	....	20,757,925
24 Prêts faits au trésor public............	....	3,026,000	
25 Indemnités aux princes possessionnés d'Alsace et au pape, ou secours pour les colonies.............................	....	....	40,000,000
26 Seizième des bénéfices dus aux municipalités............................	....	60,609,934	
27 Frais de vente des biens nationaux et contributions foncières.................	....	....	13,000,000
28 Supplément des sous additionnels en 1791, dus aux départemens................	....	....	9,000,000
29 Fonds extraordin. pour le service de 1792.	....	....	300,000,000
Récapitulation générale......	520,240,568	1,023,487,473	406,495,374

Objets qu'il faut payer en assignats ou domaines nationaux	406,495,374	
Dettes échéantes en 1792.............	1,023,487,473	
Dettes échéantes en 1793 et suivantes....	520,240,568	
Excédant de...............	1,950,023,415	
	418,439,729	qui pourraient augmenter par les 26 millions d'économie sur la dette à terme.
TOTAL..........	2,368,463,144	

DES RESSOURCES.

Chap.
1. Domaines nationaux qui étaient vendus au premier octobre dernier, auquel est joint le produit des fruits et revenus au premier avril courant 1,496,034,295
   Reçu à compte................. 488,639,402 | 1,007,394,893
2. Intérêts qui étaient dus à la nation sur le produit des biens nationaux vendus........................... | 30,000,000
3. Biens nationaux dont la vente est ordonnée, et qui étaient invendus au premier novembre 1791................. | 725,678,456

TOTAL............................. | 1,763,073,349

Nota. On estime que les biens vendus depuis le premier novembre 1791 se montent à........ 360,000,000

De sorte que ceux qui restent à vendre, et qui sont connus, se montent à............ 365,678,456

Ce qui fait........ 725,678,456

	A affecter au paiement de la dette en 1792 et 1793.	A affecter aux besoins en assignats.
Excédant des biens nationaux dont la vente est ordonnée, compris dans le chapitre ci-devant.................	....	198,895,067
4 Biens nationaux dont la vente est ordonnée, qui ont été omis dans les états d'estimation.................	....	90,000,000
5 Produit des argenteries des églises supprimées...........	....	5,027,335
6 Produit de la fonte des cloches.................	....	8,000,000
7 Parties des biens dont la vente est ajournée, que les comités ont estimés devoir être vendus.................	....	100,000,000
8 Droits incorporels dont le rachat est permis.............	208,568,374	
9 Bénéfice à espérer sur la revente des domaines engagés...	100,000,000	
10 Domaines nationaux dont la valeur est estimée par aperçu.	1,400,000,000	
Nota. Cet article comprend les bois et forêts, salins et salines.		
11 Sommes dues par les États-Unis d'Amérique............	....	26,643,160
12 Avances faites par la trésorerie nationale aux départemens....................... 33,329,208		
13 Arriéré des contributions décrétées......... 332,113,771		
14 *Idem* des impositions indirectes........... 47,900,000		
383,342,979		
A déduire pour non valeur et fonds nécessaires, pour faire face aux arriérés annuels... 213,013,771		
Reste........ 170,329,208	170,329,208	
A reporter............	1,878,897,582	428,565,562

	A affecter au paiement de la dette en 1792 et 1793.	A affecter aux besoins en assignats.
Report......	1,878,897,582	428,565,562
15 Arriéré de comptabilité............................	31,000,000	
16 Créances du trésor public sur divers	30,000,000	
17 Produit de sels et tabacs restant à vendre. Mémoire.		
Cet article est porté pour dix millions dans l'état des recettes ordinaires de 1792.		
18 Contributions patriotiques. Mémoire.		
Cet article est porté pour soixante millions dans l'état des recettes ordinaires de 1792.		
	1,939,897,582	428,565,562

Récapitulation générale.

Ressources à affecter aux besoins des assignats............................. 428,565,562
Idem à affecter au paiement de la dette en 1792 et en 1793.................. 1,939,897,582

TOTAL......... 2,368,463,144

Nota. Les intérêts de la dette à rembourser font partie de la dépense de 1792.

Nota. Il est possible que quelques objets à rembourser en 1792 l'exigent en assignats, comme aussi les besoins en assignats peuvent n'être pas réclamés.

Les besoins pour l'établissement des collèges et des secours publics se monteront, d'après les renseignemens pris par vos comités, à une dépense annuelle d'environ 60 à 70 millions.
Si l'assemblée voulait ordonner la vente des domaines ajournés sur lesquels les comités ont cru ne devoir point statuer, il faudrait faire le fonds nécessaire à cette dépense, et décréter des indemnités aux titulaires actuels de l'ordre de Malte.

7 Parties des biens nationaux dont la vente est ajournée et qui sont jouis par l'ordre de Malte. Les collèges, et autres établissemens d'instructions et de secours qui, d'après l'avis de vos comités, ne doivent point être vendus jusqu'à ce que l'assemblée ait fixé définitivement l'organisation des collèges et des hôpitaux 400,000,000

---

21 *avril.* — Sur la demande de Narbonne, appuyée par Guadet, décret qui lui permet de rejoindre l'armée, sauf sa responsabilité. — 21 *au soir.* — Anacharsis Clootz, orateur du genre humain, fait l'offrande de douze mille francs, et présente en même temps son dernier ouvrage, dont le titre seul, dit-il, fait frisson-

ner les aristocrates : *La République Universelle.* Mention honorable, impression et distribution du discours. — Nous recueillons ce fait à cause de la célébrité de ce personnage. Quant au nombre des dons patriotiques, nous prévenons nos lecteurs qu'il ne se passe guère de séances où il n'en soit mentionné plusieurs, depuis surtout la déclaration de guerre.

22 *avril.* — Sur la proposition de Chaubry, et malgré l'opposition de Bazire, l'assemblée décrète, par acclamation, que le tiers de l'indemnité de chacun de ses membres est consacré à la patrie, pendant les mois de mai, juin et juillet (1). — Sur le rapport de Lafond-Ladebat, décret qui met à la disposition du ministre de la guerre une somme de vingt-cinq millions. — Gonchon, au nom d'une députation du faubourg Antoine, demande une loi sur les fêtes civiques. Impression.

23 *avril.* — Rapport du ministre Roland sur les troubles de l'intérieur. Il donne lecture de quarante-deux arrêtés de divers départemens, contre les prêtres insermentés. Merlin accuse l'ex-ministre de l'intérieur d'avoir ordonné que les églises fussent ouvertes aux prêtres réfractaires; il demande que tous les prêtres perturbateurs soient chargés sur des vaisseaux et envoyés en Amérique. Vergniaud désire que le comité des douze fasse un rapport dans lequel il développera le principe de la déportation. Cette proposition, appuyée par Mailhe, est adoptée.

26 *avril.* — Le ministre des affaires étrangères fait part de l'arrestation, par ordre du roi de Sardaigne, de Sémonville, envoyé pour résider auprès de lui. — Sur la proposition de Vergniaud, et après une vive discussion, l'assemblée accorde six millions demandés par le roi, pour les dépenses extraordinaires et secrètes du département des affaires étrangères.

28 *avril.* — Gaudin soumet les articles non décrétés pour la suppression des congrégations séculières. Torné pense qu'on ne doit pas toucher aux confréries, ni à tout ce qui tient à la pratique religieuse, et demande qu'on raie les rassemblemens de pénitens de la nomenclature proposée. Tardiveau lui oppose les

---

(1) Ce décret fut rapporté le lendemain. (*Note des auteurs.*)

vues lumineuses qu'il a présentées sur la suppression des costumes religieux, et les principes d'après lesquels il veut conserver des dominos et des mascarades publiques; il conclut à la question préalable sur le projet de Torné, qui est écarté d'après l'observation de Couthon. Cambon parle en faveur des pénitens; Merlet, contre. Ducos rappelle que ce sont des pénitens blancs de Toulouse qui ont conduit Calas à l'échafaud. Décret de suppression générale des corporations ecclésiastiques des deux sexes, même celles vouées au service des hôpitaux, ainsi que des pénitens et pélerins.

30 *avril.* — Pétion, maire de Paris, présente des bases de réintégration des Gardes-Françaises et des hommes du 14 juillet en un corps; il demande de placer au rang de la dette nationale, l'arriéré de la commune; un secours de 1,900,000 livres pour acquitter les rentes, et la fixation d'un terme de rigueur pour présenter les titres de créance. Malgré l'opposition de Tarbé et Marant, sur la demande de Vergniaud, le renvoi au comité est adopté.

Extérieur. « La nouvelle de l'assassinat de Gustave III, roi de Suède, fut apportée à la cour des Tuileries par un courrier extraordinaire, le 3 avril. Le 16 mars, il avait été frappé à la hanche d'un coup de pistolet au milieu d'un bal masqué. Le 19, au départ du courrier, Gustave donnait quelque espérance. — Sa mort fut confirmée officiellement le 18 avril; afin de ne pas revenir sur cette affaire, nous dirons que son meurtrier Jean-Jacob Ankaarstrom, fut condamné a avoir la tête tranchée et le poing coupé. Il fut exposé trois jours sur un échafaud, et déchiré à coups de verge; le quatrième jour 24 avril, la sentence de mort fut exécutée. Après la décollation et la mutilation, le corps du supplicié fut écartelé, et ses membres plantés sur des pieux. — Les feuilles royalistes attribuèrent l'assassinat de Gustave aux Jacobins, comme elles leur avaient attribué l'empoisonnement de Léopold.

» Ankaarstrom était capitaine et de famille noble. Il avait plusieurs complices, tous appartenant à la classe aristocratique. Les motifs qui inspirèrent les conjurés étaient une haine personnelle contre Gustave, provenant de ses hauteurs habituelles, et du despotisme qu'il avait montré, dans la dernière diète, à l'égard de la noblesse. »

MAI 1792.

La guerre s'ouvrit le 28 avril. Avant de donner les premiers bulletins de la longue lutte qui commençait entre la France et l'Europe, nous transcrivons, des *Mémoires d'un homme d'état*, une notice sur les deux hommes qui dirigèrent d'abord, de part et d'autre, les hostilités, Dumourier et le duc de Brunswick.

L'auteur des mémoires cités s'explique ainsi sur Dumourier :

« Le ministère français de la fin de mars 1792 marque dans l'histoire par cela seul qu'il eut pour chef le célèbre Dumourier, militaire diplomate plein de capacité, de feu, d'impudence, d'audace et d'ambition. Fils d'un commissaire des guerres, Dumourier, sous le règne précédent, s'était fait remarquer de bonne heure sur les champs de bataille en Allemagne, et dans quelques missions diplomatiques; car ses penchans le portaient tout autant vers la politique que vers la guerre. Il avait nourri cette première passion à l'école de la diplomatie immorale du publiciste Favier, cheville ouvrière de la correspondance secrète du comte de Broglie, sous Louis XV. Favier était un homme de génie dans son genre, un penseur profond, très-instruit, mais cynique et sans principes, fertile en expédiens, en projets vastes, en combinaisons machiavéliques. Par ses saillies, par son cynisme à la fois docte et effronté, il exaltait et tournait à son gré la tête des jeunes adeptes qu'il initiait dans les mystères de la politique. C'était à ses leçons mêmes, ou par la connaissance de ses écrits, qu'on avait vu se former, dans la carrière diplomatique, les divers personnages qui ont successivement figuré comme explorateurs ou négociateurs sur l'avant-scène ou sur la scène même de la révolution.

» Dumourier, au milieu d'une crise sociale, nageait pour ainsi dire dans son élément. Il avait adopté avec ardeur et bonne foi les principes des constitutionnels; mais il était toujours prêt néanmoins à servir le roi d'abord, comme Mirabeau, à l'ombre des libertés publiques, ou bien à se réunir à tel parti de la révolution qui offrirait à son ambition pétulante plus de chances et d'attraits : ses liaisons avec le député Gensonné, l'un des chefs de la faction de Brissot ou de la Gironde, ne furent pas stériles. C'était lui d'ailleurs qui, dans des mémoires rédigés de sa main et dans des conférences politiques, avait poussé ce parti à la guerre, en lui donnant pour règle d'exiger la dissolution du concert des puissances. Dumourier n'était pas non plus sans appui auprès de Louis XVI : l'intendant de la liste civile, de Laporte, son ancien condisciple, lui fraya aussi la route du ministère. Lumières acquises, expérience pratique, connaissance parfaite des hommes et des rouages qui constituent les divers gouvernemens, coup d'œil exercé, soit comme homme politique, soit comme homme de guerre, rien ne manquait à Dumourier que la prudence, qui mûrit et achève son ouvrage.

» Nommé ministre des affaires étrangères le 16 mars, il met à son acceptation une condition, *sine quâ non*; il veut un secours de six millions pour les dépenses secrètes de son département, et annonce au roi que si on le lui refuse, il ne prendra pas le portefeuille. Fort du parti qui l'a poussé au ministère, il obtient l'assurance qu'il aura les six millions à sa disposition, dont il ne sera tenu de rendre aucun compte. Il s'installe plein de confiance, organise ses bureaux, et s'entoure de ses créatures. » (T. 1, pages 265-268.)

Le même ouvrage nous peint le duc de Brunswick de la manière suivante :

« Charles-Guillaume-Ferdinand de Brunswick-Wolfenbuttel, naquit à Brunswick, le 9 octobre 1735, du duc Charles et de la

duchesse Philippe-Charlotte de Prusse, sœur de Frédéric II (1).
Il n'avait que sept ans lorsque son père confia sa première éducation au ministre protestant Jérusalem (2), aumônier de la cour, et qui, par ses sermons, s'était acquis une assez grande réputation dans cette partie de l'Allemagne; du reste sa foi en matière théologique était éclairée par une vaste érudition. Parmi quelques ouvrages estimés sortis de sa plume, on citait entre autres des *Lettres sur la religion de Moïse*. On le regarde aussi comme le fondateur de l'établissement, justement célèbre, connu à Brunswick sous le nom de *Collegium Carolinum*. Gouverneur du jeune prince, le conseiller de Walmoden présidait à son éducation. Ses progrès furent rapides dans les sciences, et plus encore dans les langues modernes et dans l'art de la guerre. Malheureusement il fut élevé dans une cour dissolue où les maîtresses régnaient : il en prit de bonne heure les goûts frivoles. Aussi le vit-on se jeter dans les voluptés avec toute la fougue d'une jeunesse sans frein. La guerre de sept ans lui ouvrant une carrière plus sérieuse, sous les auspices du prince Ferdinand, son oncle, il ne tarda pas à s'y distinguer par des actions d'éclat, qui bientôt le présentèrent à l'Europe comme l'élève du grand Frédéric, dont il devint même l'ami. La paix le rendit aux occupations paisibles, et surtout aux plaisirs : les maîtresses se succédaient. Le 16 janvier 1764, il épousa la princesse Auguste, sœur de Georges III, roi d'Angleterre; elle lui apporta une dot considérable; mais elle ne put fixer un prince volage chez qui l'amour des femmes s'alliait aux méditations les plus graves. Il entreprit en 1768 (ayant à peine trente-trois ans), un voyage en France et en Italie. Le duc resta deux mois entiers à Paris, sous le nom de comte de Blanckenbourg; là il vit tout ce qu'il y avait de curieux, et étonna par l'étendue de ses connaissances. Il alla ensuite visiter les monumens de Rome avec

« (1) Il était l'aîné de douze enfans, et frère du duc Léopold, devenu si célèbre en s'immolant pour sauver deux malheureux dans une inondation de l'Oder. »

« (2) Ce savant fut le père du jeune docteur dont le suicide, à Wetzlar, par l'effet d'une passion amoureuse, donna lieu au célèbre roman de Goëthe intitulé *Werther*. »

Winkelmann, et se montra passionné pour les arts et surtout pour la musique. Partout précédé par sa réputation, il put s'enivrer des louanges données à ses talens et à ses exploits militaires. Il revint d'Italie avec une maîtresse nouvelle, qui fut élevée plus tard au rang de comtesse Branconi.

» En 1770 et 1771, le duc accompagna Frédéric II dans ses voyages en Silésie et en Westphalie pour visiter les établissemens civils et militaires. En 1778, dans la guerre de la succession de Bavière, il se maintint pendant l'hiver contre tous les efforts des Autrichiens dans le poste difficile de Troppau, auquel Frédéric attachait une grande importance. Quand Frédéric, à la suite de cette guerre, forma le projet d'une confédération des princes germaniques, le duc de Brunswick y prit une part active par son influence soit à Londres, soit à Hanovre, où il se rendit. Jusqu'en 1780, le duc n'avait été que prince héréditaire. A son avènement à la souveraineté, il trouva les finances de ses états dans le plus grand désordre : les prodigalités de son père les avaient endettés de plus de vingt-cinq millions de francs. De graves abus régnaient dans l'administration, et les subsides de l'Angleterre suffisaient à peine pour payer les intérêts de la dette publique. Le duc signala son avènement par de grandes réformes, et en commençant l'économie par sa propre maison. Ce zèle réformateur, qui gagna toute sa cour, ne fut pas toujours bien entendu. Le duc prit enfin des mesures plus efficaces, en encourageant l'agriculture, l'industrie et le commerce, en embellissant sa résidence et en perfectionnant l'éducation publique. Hardenberg, par des vues utiles et par des principes éclairés d'administration, seconda le duc dans l'exécution de ses projets d'amélioration, et concourut à la prospérité de ses états. Le duc présidait aux séances de son conseil intime, et s'instruisait de tout par lui-même. Il régnait depuis six ou sept ans, quand Mirabeau, chargé d'une mission secrète à la cour de Prusse, vint le voir, et l'étudier pour ainsi dire dans sa capitale avant de se rendre à Berlin. Voici le portrait qu'il fit alors du duc et de sa cour : « Sa figure annonce profon-
» deur et finesse. Il parle avec précision et élégance ; il est prodi-

» gieusement laborieux, instruit, perspicace. Ses correspon-
» dances sont immenses, ce qu'il ne peut devoir qu'à sa considé-
» ration personnelle, car il n'est pas assez riche pour payer tant
» de correspondans, et peu de cabinets sont aussi instruits que
» lui..... Religieusement soumis à son métier de souverain, il a
» senti que l'économie était sa première ressource. Sa maîtresse,
» mademoiselle de Hartfeld (1), est la femme la plus raisonnable
» de sa cour, et ce choix est tellement convenable, que le duc,
» ayant montré dernièrement quelque velléité pour une autre
» femme, la duchesse son épouse s'est liguée avec mademoiselle
» de Hartfeld pour l'écarter. Véritable Alcibiade, il aime les
» graces et les voluptés; mais elles ne prennent jamais sur son
» travail et sur ses devoirs même de convenance. Est-il à son rôle
» de général prussien? personne n'est aussi matinal, aussi actif,
» aussi minutieusement exact que lui. Ce prince n'a que cinquante
» ans. Son imagination brillante et sa verve ambitieuse se pren-
» nent facilement de premier mouvement, quoique les symptômes
» extérieurs en soient tranquilles; mais la longue réfrénation de
» lui-même qu'il s'est éternellement imposée, et dont il a la plus
» persévérante habitude, le ramène aux hésitations de l'expé-
» rience et à la circonspection, peut-être excessive, que sa grande

« (1) Le duc de Lauzun, dans ses *Mémoires*, parle de mademoiselle de Hartfeld, qu'il avait connue à Berlin avant l'époque où elle devint la maîtresse du duc
de Brunswick. Voici ce qu'il en dit :

« Je m'occupai avec application de l'administration militaire et de l'administra-
» tion intérieure de la Prusse. J'envoyai plusieurs mémoires à M. le maréchal du
» Muy et à M. de Vergennes, en l'absence de M. de Pons, ministre du roi à Berlin.
» Mademoiselle de Hartfeld, dame d'honneur de la reine de Prusse, qui avait eu
» précédemment une grande passion pour M. le comte de Guines, sachant que
» j'avais épousé sa nièce, se crut obligée aux plus grandes honnêtetés pour moi.
» La confiance s'établit bientôt; elle me confia tous les détails de son attachement
» pour M. de Guines... Dans cet intervalle, mademoiselle de Hartfeld, que je
» voyais souvent, se prit d'un goût très-vif pour moi; il s'en fallut bien que je
» le partageasse. Je ne lui cachai pas même que j'en aimais une autre. Un tel
» aveu ne diminua pas son attachement; j'en fus reconnaissant et touché : je crus
» lui devoir la plus grande amitié, je la consolai, je la plaignis, mais je ne devins
» pas son amant... Mademoiselle de Hartfeld est la seule femme pour qui j'ai
» eu de mauvais procédés, qu'elle ne méritait assurément pas ; aussi me les suis-je
» souvent et sévèrement reprochés. »

» méfiance des hommes et son faible pour sa réputation ne ces-
» sent de lui commander. » Mirabeau représentait le duc comme dominé par la crainte de voir entamer sa réputation, même par le plus méprisable zoïle, et en même temps comme le plus habile prince de l'Allemagne. Il était d'ailleurs persuadé que tout l'appellerait à la suprême influence dans les affaires de la Prusse après la mort du grand roi (1), et que seul il déciderait de la paix ou de la guerre, tant il était prévenu en sa faveur; enfin, selon Mirabeau, il possédait au plus haut degré l'amour et même la jalousie de la gloire. »

— L'entrée en campagne ne fut pas heureuse pour la France. Les espérances des royalistes et les craintes des Jacobins furent également justifiées par notre premier mouvement d'attaque, changé aussitôt en fuite désordonnée sur les deux points principaux où il avait commencé.

Il y avait deux plans : l'un, concerté au conseil avec Rochambeau et La Fayette, était conçu dans le but d'une guerre défensive; l'autre, inspiré par les Girondins et improvisé à la hâte par Dumourier, procédait tout entier du système offensif.

Celui-ci prévalut. Rochambeau disposait sur la frontière l'exécution du plan de défense, lorsque Dumourier, s'attribuant la direction de l'armée, envoya au maréchal des ordres pressans, tout-à-fait contraires aux instructions primitives; d'après lesquelles il avait opéré jusqu'à ce moment. Il résultait de ce changement que Rochambeau n'était plus qu'un simple général de division, car le ministre lui adressait cachetée sa correspondance avec les chefs de corps, et se bornait à lui prescrire de leur confier tel ou tel nombre de troupes pour un service immédiat, pour un acte déterminé, se réservant le secret, la prévoyance et la conduite de la guerre.

« (1) Frédéric vivait encore. Après sa mort, Frédéric-Guillaume II, qui ne voulait pas qu'on pût croire qu'il se laissait diriger, éloigna les hommes supérieurs. Il n'eut pour le duc de Brunswick que des égards de politesse, et le nomma grand-maréchal, mais sans aucune autorité. Le duc se tint éloigné de Berlin jusqu'aux troubles de Hollande. »

Rochambeau s'en exprime ainsi dans le bulletin de la première journée.

Journal de l'armée du maréchal Rochambeau. — Valenciennes, le 29 avril, à onze heures et demie du soir.

« J'ai reçu les ordres du roi, en date du 15 avril, pour rassembler, du 1ᵉʳ au 10 mai, trois camps, l'un de dix-huit mille hommes, à Valenciennes; l'autre de quatre ou cinq mille hommes, à Maubeuge; et le troisième de trois ou quatre mille hommes, à Dunkerque.

» La guerre a été déclarée le 20; les ministres ont retardé mon départ jusqu'au 21, et je suis arrivé, le 22, à Valenciennes, porteur de ces ordres, à l'exécution desquels je n'ai pas perdu une minute. En arrivant, n'ayant pas encore reçu la proclamation officielle ni l'ordre pour les hostilités, j'ai écrit à Mons, pour convenir avec le commandant des troupes du roi de Hongrie, de laisser le cordon respectif dans l'état actuel, pour éviter de fouler le peuple des deux nations dans les communautés d'un territoire aussi mêlé, et de ne commettre d'hostilités que lorsque, de part ou d'autre, il conviendrait de commencer les opérations militaires, et de faire ce qu'on appelle une franche guerre; cette proposition a été acceptée.

» Le surlendemain de mon arrivée, j'ai reçu un courrier avec une instruction du conseil, prise unanimement, et les ordres du roi, contenus dans les dépêches de MM. Degrave et Dumourier. Cette instruction m'ordonne « de remettre sous le commandement de M. de Biron un corps de troupes, sous le nom d'avant-garde ou de première ligne, composé de dix bataillons et de dix escadrons, pour se présenter, avant le 30, devant Mons; un pareil corps de dix escadrons doit se présenter, aux ordres d'un maréchal-de-camp, devant Tournay, à la même époque; et un détachement de douze cents hommes doit partir de même du camp ou du cantonnement de Dunkerque pour se présenter à Furnes. » On m'ordonne de rassembler, le plus tôt possible, à Valenciennes, le reste des troupes que je pourrai tirer des garnisons, et de me tenir prêt à marcher avec cette seconde ligne pour aller à l'appui de M. de Biron, du succès duquel, par les intelligences que le conseil a dans le pays, on est presque assuré.

» Arrivé seul, huit jours avant le commissaire-général faisant les fonctions d'intendant, sans aucun chef d'administration pour toutes les parties de subsistances, j'ai passé jour et nuit à presser l'exécution des ordres du roi, à vaincre tous les obstacles, et à faire ce que l'on appelle l'impossible. Les officiers-généraux, mon état-major, le peu de commissaires des guerres qui se trouvaient ici, et les corps administratifs de Valenciennes, m'ont secondé avec beaucoup de zèle.

» Le corps de M. de Biron a cantonné, le 27, aux environs de Valenciennes; celui de Lille s'y est rassemblé le même jour, et j'espère que celui de Dunkerque, d'après les ordres envoyés à M. Delbecq, en a fait autant.

» Le 28, M. de Biron s'est emparé de Quiévrain; il en est parti, le 29 au matin, pour se présenter devant *Mons*; *les ordres et instructions des ministres lui ayant été adressés directement.*

» M. Berthier, témoin oculaire et porteur, sans doute, de ces dépêches, m'a dit verbalement « qu'il comptait se retirer cette nuit derrière Quiévrain, ayant trouvé une force imposante de l'ennemi sur la hauteur en deçà de Mons. »

» M. d'Aumont, qui a également reçu une instruction et des *ordres directs* des ministres, rendra compte sans doute de ce qui est arrivé au détachement commandé par M. Théobald Dillon. Tout ce que je sais, par les nouvelles que j'ai reçues de Lille, c'est qu'il a été fort maltraité, sans en avoir des détails bien circonstanciés; je n'ai encore aucune nouvelle du détachement de M. de Carl, maréchal-de-camp, partant du camp de Dunkerque sur Furnes; j'espère qu'il aura trouvé moins d'opposition.

» Les gardes nationales et troupes de ligne ont marqué le plus grand zèle et la plus grande ardeur dans cette marche, quelque fatigante qu'elle ait été, et quoiqu'elles aient manqué de beaucoup d'objets par la précipitation d'un pareil mouvement, devancé de plus de quinze jours, et par le défaut de préparatifs qu'on aurait pu faire si le temps l'avait permis, et qui avaient été ordonnés à mon arrivée.

» *P. S.* L'on apprend dans le moment que M. de Biron prend le parti de rester dans la position qu'il a prise vis-à-vis de l'ennemi, à deux lieues au-delà de Quiévrain.

» Pour copie conforme au journal de M. le maréchal. *Signé*, C. Berthier, *adjudant-général de jour* de l'armée du Nord. »

Voici ce qui était arrivé aux troupes parties de Lille, sous le commandement de Théobald Dillon. — Nous empruntons les pièces suivantes au *Moniteur;* elles furent communiquées par le ministre de la guerre à la séance du 1ᵉʳ mai.

Le ministre de la guerre. « Un détachement de la garnison de Lille en est sorti, le 28 au soir, pour se porter vers Tournay. Ce détachement a rencontré les ennemis environ à trois lieues hors de la ville; et voici la triste issue du combat, tel que le compte en est rendu dans la lettre de M. Chaumont, adjudant-général, à M. Rochambeau. »

Copie de la lettre de M. Chaumont, adjudant-général, datée de Lille, le 29 avril 1792, à 11 heures du matin.

« Les troupes de M. Dillon chassées dans Lille, dans la déroute la plus horrible, la moitié des hommes et des chevaux morts et blessés sur la route de fatigue et de coups. M. d'Aumont monte à cheval pour rassembler ce qui reste des seconds bataillons et la garde nationale, pour empêcher que l'ennemi ne poursuive jusque sur la place d'armes; on crie à la trahison; je suis victime de ces indignes calomnies. »

Pour copie, le maréchal ROCHAMBEAU.

Le ministre continue : « Le rapport verbal d'un officier envoyé à M. Rochambeau évalue la perte de 260 à 500 hommes, tués ou blessés. Tel est le fâcheux événement que les ennemis de la Constitution ne manqueront pas d'exagérer. Cependant il est du nombre de ceux auxquels nous devons nous attendre, car la guerre n'est qu'une suite de revers et de succès; et c'est dans les momens de revers où le courage doit le plus se développer : mais il est des malheurs qu'on peut prévoir, dont le danger est éminent, et dont les conséquences seraient de désorganiser la force, si l'assemblée, par les mesures les plus fermes, ne se hâtait d'y remédier.

« Il paraît que M. Théobald Dillon, maréchal-de-camp, qui s'était jusqu'à ce moment montré aussi zélé pour le service qu'attaché au maintien de la Constitution, a trouvé la mort près de la ville qui devait protéger sa retraite, et qu'il a péri de la main des hommes pour lesquels et avec lesquels il venait de combattre. (L'assemblée frémit d'indignation.) Ce cruel événement m'est connu par la note de l'adjudant-général que j'avais envoyé auprès de M. le maréchal Rochambeau, et par la lettre de M. d'Aumont à ce général, dont voici les copies. »

Paris, le 30 avril 1792.

« J'adresse au ministre de la guerre la copie d'une lettre que M. le maréchal de Rochambeau a reçue de M. d'Aumont, aujourd'hui à une heure du matin, au moment de mon départ, et ses dépêches fermées.

» Cette lettre a été apportée par un officier du régiment des chasseurs de Languedoc, qui a eu les plus grandes peines à sortir de Lille, et qui a ajouté verbalement que M. Théobald Dillon, maréchal-de-camp, avait été massacré dans une grange où l'insurrection, manifestée pendant la déroute des troupes, l'avait forcé de se sauver ; que M. Chaumont, son aide-de-camp, frère de l'adjudant-général ; que M. Berthois, officier du génie, un curé et quelques chasseurs tyroliens, faits prisonniers, avaient été pendus à Lille (l'indignation de l'assemblée est manifestée par un mouvement plus violent que le premier) ; qu'au moment de son départ, l'insurrection était encore très-forte.

» Les plus grands éloges sont donnés aux chasseurs ci-devant Languedoc, tant pendant l'affaire que pendant l'insurrection. »

L'adjudant-général de l'armée.

Copie de la lettre de M. d'Aumont à M. le maréchal de Rochambeau, reçue à Valenciennes, le 30 avril, à une heure du matin.

« Monsieur le maréchal, M. Chaumont vous a déjà rendu compte de l'événement malheureux de ce matin; tout est ici dans la fermentation la plus cruelle; je fais tous mes efforts pour rétablir le calme; puissé-je être assez heureux pour y réussir! M. Berthois est mort. Nous n'avons pas encore l'aperçu net de la perte réelle, tant en hommes qu'en chevaux. Les bataillons et escadrons sont si fatigués, qu'il est impossible qu'ils partent demain ni après, peut-être, pour vous rejoindre. Envoyez-moi, monsieur le maréchal, des ordres qui puissent fixer ma conduite. Si mes succès et mes lumières égalaient mon patriotisme, je pourrais peut-être être utile; mais malheureusement le zèle ne suffit pas dans un pareil moment. Je suis avec respect, etc.

» J'apprends que Dillon est mort.

» Pour copie conforme à la lettre qui m'a été communiquée par M. le maréchal Rochambeau. *Signé*, Alix Berthier. »

— Les opérations du général La Fayette sont consignées dans la lettre qu'il écrivit au ministre de la guerre. — Nous la transcrivons.

Lettre de M. La Fafayette au ministre de la guerre. — Givet, le 2 mai l'an 4e de la liberté.

« Depuis mon départ de Metz, monsieur, vous avez reçu mes demandes; je vous dois un compte général de mes mouvemens. Les nouvelles instructions du conseil m'arrivèrent par l'aide-de-camp de M. Dumourier le 24 au soir; ce changement de lieu et d'époque nécessita des efforts d'autant plus difficiles, que nous manquions de beaucoup de moyens, et qu'il fallait transporter à 56 lieues ce que nous avions: le 25 fut employé à tenir prêtes 58 pièces de canon qui, graces à l'activité de M. Rissau, le furent dans vingt-quatre heures. Pendant ce temps, on réunit les chevaux indispensables pour lesquels le zèle des corps administratifs, de la municipalité et des citoyens de la ville et des environs, suppléèrent à nos besoins; nous nous procurâmes également des souliers et autres objets nécessaires.

» Le 26 je fis partir, sous les ordres de M. Narbonne, maréchal-de-camp, l'artillerie, avec trois compagnies et demie du régiment d'Auxonne, deux compagnies et demie des volontaires de la Moselle ; le 9⁰ bataillon d'infanterie légère, les 2ᵉ compagnies de grenadiers du 17ᵉ et 71ᵉ régiment, auxquelles se joignirent à Damvilliers celle du 99ᵉ et celle du 2ᵉ bataillon des Ardennes ; le 3ᵉ régiment de chasseurs à cheval partit aussi par une plus longue route ; le 2ᵉ régiment de hussards, à Mouzon ; le 2ᵉ de dragons à Verdun, et le 12ᵉ à Stenay ; le 55ᵉ d'infanterie à Montmédy ; successivement toutes les troupes les moins éloignées de Givet reçurent ordre de s'y rendre avec célérité. Vous m'aviez mandé, monsieur, d'être le 30 à Givet ; et la crainte de manquer à ce rendez-vous, sur lequel M. le maréchal de Rochambeau avait calculé ses mouvemens, m'y fit porter par des marches forcées. Il paraîtra extraordinaire que le convoi d'artillerie, et les troupes aux ordres de M. Narbonne, aient fait une route de cinquante-six lieues, souvent mauvaise, sur laquelle on n'avait pas eu le temps de prévoir leur passsage, et par une chaleur excessive, dans le court espace de cinq jours.

» Il fallait la réunion de tous les moyens personnels de cet officier-général, du zèle de ses coopérateurs, et de l'ardeur des troupes, pour avoir pu arriver le 30. Le reste des troupes a été également exact au rendez-vous, et leurs fatigues ainsi que leurs privations n'ont paru affliger que moi. Il en est de même de notre situation au camp de Rancennes, où nous manquons de beaucoup d'objets nécessaires, et où personne ne se plaint. Le 29 au matin, nos patrouilles ont poussé celle des ennemis ; le 30, M. Lallemand, colonel, avec le 11ᵉ régiment de chasseurs à cheval, s'est porté à Bouvines à moitié chemin de Namur, où deux ou trois hussards autrichiens ont été tués, et quatre pris. Le premier mai, M. Gouvion, maréchal-de-camp, a pris poste à Bouvines, avec un avant-garde de 3,000 hommes.

» La veille au soir, j'avais appris que M. le maréchal Rochambeau, que M. Dillon et M. Biron se repliaient. J'ai reçu depuis une lettre de M. Biron, m'annonçant sa rentrée à Valenciennes, et celle où vous m'apprenez les atrocités commises à Lille. L'infâme conduite qu'on a tenue envers les prisonniers de guerre, exige une vengeance exemplaire ; ce n'est pas l'ennemi qui la demande, c'est l'armée française. L'indignation que nous avons tous éprouvée m'autorise à dire que de braves soldats répugneraient trop à combattre, si le sort de leurs ennemis vaincus devait être livré à de lâches cannibales. D'après les nouvelles de l'armée du Nord, j'ai attendu au camp de Rancennes les objets d'indispensable nécessité, dont nous manquons encore, soit pour faire mouvoir les troupes, soit pour leur conservation ; mon avant-garde est toujours à Bouvines.

» M. Delaunoy, que j'ai l'avantage d'avoir à la tête de mon état-major, la partie de cet état-major qui a rejoint l'armée, et M. Péliat, commissaire principal, m'ont rendu les plus grands services dans le travail précipité que les instructions arrivées le 24 ont nécessité non-seulement pour le corps que je commande en personne, mais pour la totalité de mon armée. Les citoyens se sont partout empressés à seconder l'ardeur des troupes. »

Les journaux feuillans s'emparèrent des griefs que Rochambeau avait articulés contre le ministère dans la dépêche plus haut citée ; ils les firent sortir du protocole officiel pour les développer et les justifier en des articles pleins d'aigreur et de colère. On publia que le conseil girondin avait donné directement des ordres à des officiers-généraux, sans en instruire le maréchal, et que les malheurs de Lille et de Mons n'étaient imputables qu'à ceux qui étaient venus substituer, avec une précipitation imprudente, leurs idées de la veille à un projet long-temps préparé, et auquel se rapportaient toutes les mesures et toutes les dispositions militaires prises jusqu'au 24 avril. A l'occasion de ces reproches, Dumourier exposa, à la séance du 4 mai, le plan nouveau qui les provoquait, et fit connaître les instructions secrètes dont se plaignaient les Feuillans. Voici ses paroles :

« Le maréchal Lukner a eu ordre de s'emparer par sa droite des dangereux défilés de Porentrui, qui ouvraient une entrée facile dans plusieurs de nos départemens dégagés de places fortes, et par sa gauche de former, sur la Sarre, un camp de huit mille hommes, commandé par M. Kellerman, pour tenir en échec Luxembourg, tourner sur cette ville importante les inquiétudes des Autrichiens, et les empêcher de se dégarnir dans cette partie pour aller renforcer les Pays-Bas. M. La Fayette a eu ordre d'assembler à Longwy un corps de six mille hommes de la partie de son armée qui avoisine Metz, et de se porter sur Arlon, pour menacer aussi Luxembourg, et couper la communication entre Namur et cette ville.

» M. La Fayette a eu ordre de rassembler au plutôt le reste de son armée, et de se porter sur Givet, d'où il partirait le 1er ou le 2 mai au plus tard pour attaquer Namur, et s'il l'emportait, comme cela était probable, en supposant qu'il y eût une insurrection dans le pays, de prendre une position avantageuse sur la Meuse. M. Rochambeau avait ordre de confier à M. Biron une avant-garde de dix mille hommes pour se porter rapidement sur Mons, et en cas de succès, marcher avec la même rapidité sur Bruxelles, où il devait se trouver, par le calcul des marches, à l'époque de l'attaque de Namur, ces deux villes se trouvant sur la même ligne. La consternation qu'aurait produite sa marche aurait assuré le succès de Namur, et aurait mis M. La Fayette dans le cas de ne plus trouver d'obstacles dans ses opérations ultérieures. M. Rochambeau a reçu copie des ordres de M. Biron et de ceux de M. d'Aumont, commandant à Lille. Ceux-ci ont été envoyés directement. Ceux de M. Delbecq, commandant à Dunkerque, ont passé par M. le maréchal Rochambeau. On a pris cette précaution pour accélérer l'expédition, et pour qu'il n'y eût pas de temps perdu.

» Les ordres donnés à M. d'Aumont ont été de rassembler neuf ou dix escadrons de cavalerie ou de dragons et de les faire marcher en avant sur le territoire autrichien, le même jour que M. Biron occuperait le camp de Quiévrain. L'objet de la marche de cette troupe était d'attirer l'attention de l'ennemi, et de lui faire croire que c'était un des points de débouché de l'armée française, afin que la nombreuse garnison de Tournay ne marchât point au secours de Mons. On avait exprès décidé que ce détachement serait entièrement composé de cavalerie, et ne se compromettrait pas. Sa retraite devait être plus légère, en cas que la garnison de Tournay marchât contre lui, lorsqu'il serait débarrassé de l'infanterie et de l'artillerie qui pourraient embarrasser sa retraite.

» M. Delbecq avait ordre de porter un corps de douze cents hommes sur Furnes, pour inspirer la même terreur au gouvernement de Bruxelles et la même perplexité aux généraux autrichiens. Son mouvement avait en outre un autre objet; c'était de sonder les dispositions de l'ennemi dans plusieurs provinces à la fois, et d'étendre partout celles de l'insurrection qui étaient apparentes, d'après divers détails dont on ne doutait pas.

» Tout ce plan, ainsi concerté, a été exécuté avec la plus grande exactitude par les différens généraux. M. Rochambeau lui-même, quoique entièrement opposé à ce plan, en a arrangé tous les détails avec un zèle très-louable; et c'est un mérite de plus pour ce général. Je ne vous retracerai point les détails des revers qui ont accompagné l'exécution de ce plan dans la seule armée du Nord. Ils sont affligeans, mais ils ne peuvent point décourager quatre millions d'hommes libres armés pour la défense de leur patrie. »

Dumourier annonça ensuite que le maréchal Rochambeau venait de demander au roi un congé illimité par raison de santé; que ce congé lui avait été accordé, et qu'il serait remplacé par le maréchal Luckner. — Dumourier ne dissimula pas la satisfaction qu'il éprouvait de ce changement, pour le succès du système aggressif. « Bientôt, dit-il, on jugera de tous les avantages que doivent nous donner l'activité et les talens supérieurs du maréchal Luckner. Son avis est pour la guerre offensive. Voici ce qu'il écrivait le 24 avril.

« Je ne doute pas, monsieur, que M. Degrave ne concoure, ainsi que vous, à la justice de mes demandes, à la nécessité d'y satisfaire, et de quitter ce rôle défensif aussi ruineux que peu assorti au caractère du Français et aux vrais intérêts nationaux. » —Telle est l'autorité qui a déterminé les plans du conseil du roi. »

Quant au prétexte dont il colorait le congé donné à Rochambeau, personne n'y ajouta foi, surtout lorsque, dans la même séance, Dumourier lisant les dépêches du maréchal arriva à cette phrase de sa dernière lettre au Roi : « J'ai perdu, sire, par ce complot infernal, la confiance de l'armée : votre majesté sait si j'ai mérité de la perdre; tous les généraux qui sont ici sont dans le même cas. »

Lorsque la nouvelle de nos deux échecs tomba entre les partis de la capitale, elle les trouva prêts à juger et à conclure. Chacun avait prévu ce qui arrivait; chacun s'en autorisait pour affirmer l'avenir. Les royalistes étaient maintenant sûrs de vaincre; les Feuillans accusaient les Girondins d'avoir préféré une guerre révolutionnaire à une guerre constitutionnelle; ils accusaient les Jacobins d'avoir si bien réussi dans leurs prédications de méfiance, d'indiscipline, d'insubordination, qu'il était désormais impossible de rien faire des soldats; les Girondins accusaient Rochambeau. Partisan de la guerre défensive, toujours dominé par l'esprit de l'ancien ministère, le maréchal, disaient-ils, avait compromis par son mauvais vouloir le début d'une guerre d'attaque. Les enfans perdus du girondinisme, Carra, par exemple, l'accusaient ouvertement de trahir. — Les Jacobins ne parlèrent pas de trahison avec autant de bruit que semblait les y exciter l'accomplissement de leurs continuels présages. Ils s'occupèrent fort peu des personnes, ne prononcèrent ni sur Dillon, ni sur Biron, ni sur Rochambeau, mais ils insistèrent plus que jamais sur les choses. Ils reprochèrent au ministère d'avoir agi, non-seulement avant d'avoir réparé les négligences contre-révolutionnaires des hommes dont il avait pris la place, mais encore d'avoir montré, en ce qui dépendait de lui-même, une coupable légèreté. Ils disaient que la lettre écrite par la municipalité de Valenciennes suffisait pour expliquer le désordre actuel de l'armée. Voici cette lettre: elle fut lue à l'assemblée nationale, à la séance du 1er mai.

« Nous ne pouvons vous rendre la position critique et alarmante où se trouve notre ville. L'armée a dû subitement se replier sous nos murs, et prendre logement et nourriture chez nos concitoyens; se trouvant tellement harassée de fatigue, qu'il lui fut impossible de se rendre au camp d'observation, à une lieue de la ville du côté de l'intérieur : notre courage, notre dévouement à la chose publique nous a soutenus dans ce moment de crise. Il est des faits que nous ne pouvons vous dissimuler ; c'est que les vivres et les munitions ne se trouvaient pas à leur destination ; c'est que des bataillons des gardes nationaux soldés, destinés à attaquer, se trouvaient sans fusils, au moins la plus grande partie sans être en état. Il devient de la plus grande importance que notre armée soit promptement refortifiée ; qu'il soit donné, dans la partie des vivres et subsistances militaires, les ordres les plus précis pour que le service s'en fasse avec la plus grande exactitude. Valenciennes étant la première ville frontière, il importe qu'elle soit soutenue et environnée d'une force imposante. Nous n'osons entrer dans le détail de tous les faits qu'on nous rapporte : les dires, les mécontentemens de l'armée, tant des troupes de ligne que des gardes nationaux volontaires, privés de nourriture pendant deux ou trois jours, et les défiances qui en sont résultées, les murmures que nous entendons de toute part, exigeraient une grande étendue, et nous ne pouvons apprécier la vérité de tout cela. Nous vous conjurons, messieurs, de vouloir bien envisager si ce ne serait pas le moment de décréter et exécuter l'envoi des commissaires civils de l'assemblée nationale, pour se concerter plus particulièrement avec les chefs de l'armée, et pour s'assurer des troupes.

» Vous voudrez bien, messieurs, excuser le désordre de notre lettre et la précipitation avec laquelle nous vous l'adressons, de concert avec les membres composant le directoire du district, qui sont encore ici assemblés avec nous, et qui ont également résisté aux fatigues et aux assauts de cette journée. »

Les officiers municipaux et les membres du directoire du district de Valenciennes.

Les Jacobins reprochaient principalement aux Girondins de n'être révolutionnaires qu'en apparence ; de confier une armée patriote à des chefs qui ne l'étaient pas ; de s'obstiner à poursuivre un but émané de la souveraineté du peuple avec des généraux et des lieutenans-généraux, tous ex-nobles, tous feuillans, tous élèves de l'ancienne cour, et tenant à la contre-révolution par leurs antipathies si souvent manifestées envers la liberté et l'égalité. Ils disaient que pour diriger révolutionnairement la guerre il fallait organiser révolutionnairement l'armée, et ils en indiquaient les moyens, ainsi qu'on le verra dans notre compte-rendu de leurs séances, séance du 1er mai.

C'était de ce point de vue qu'ils criaient à la trahison. Les Girondins se réunissaient aux Feuillans pour repousser ces accusations. Lorsqu'à la séance du 2 mai, Mommoro, Vincent et quelques autres Cordeliers se présentèrent à la barre de la législative pour dénoncer les généraux, voici l'accueil qui leur fut fait.

[*L'orateur de la députation.* « Nous prions l'assemblée de vouloir bien entendre des observations d'où dépendent peut-être, dans les circonstances actuelles, le salut de la patrie et la conservation de la liberté. Trois cents de nos frères ont péri; ils ont eu le sort des Spartiates aux Thermopyles. La voix publique, toujours plus sûre que la voix ministérielle, nous fait croire qu'ils ont été victimes d'une trahison... » (*Cent voix s'élèvent* : Chassez ces coquins, chassez.)

» Les cris se prolongent; la très-grande majorité de l'assemblée est indignée.

» Les individus admis à la barre sortent.

» MM. Albitte, Lecointre, Thuriot et quelques autres membres, placés à leurs côtés, sollicitent la parole.

» L'assemblée passe à l'ordre du jour.] » *Moniteur* du 3 mai.

Le lendemain Beugnot dénonça Marat. Il lut à la tribune une phrase de l'*Ami du Peuple*, ainsi conçue :

« Il y a plus de six mois que j'avais prédit que nos généraux, tous bons valets de la cour, trahiraient la nation; qu'ils livreraient les frontières. Mon espoir est que l'armée ouvrira les yeux, et qu'elle sentira que la première chose qu'elle ait à faire, c'est de massacrer ses généraux. »

Il avait aussi parlé de Carra, mais les Girondins écartèrent ce nom qui ne fut prononcé que cette fois seulement durant la séance. Lasource proposa le décret d'accusation contre Marat et contre Royou ; Guadet l'appuya, et il fut porté à une immense majorité.

Cependant Carra était autrement précis que l'*Ami du Peuple*; mais il ne discutait que les actions d'un seul homme, de celui-là même auquel les Girondins imputaient les désastres de Lille et de Mons. Voici l'acte d'accusation de Rochambeau dressé par Carra dans le n° CXXVI des *Annales patriotiques*.

Observations et rapprochemens très-importans sur les premières opérations de la guerre vers Mons et Tournai.

» Le 24 avril dernier, le maréchal Rochambeau, bien connu pour s'être constamment opposé à la guerre contre l'Autriche, et pour avoir témoigné son mécontentement de la nomination du ministère patriote actuel, envoie un aide-de-camp à Mons pour y déclarer la guerre. Cette déclaration, suivant l'usage de tous les pays et de tous les temps, devait se faire par une simple proclamation au-delà des frontières; mais M. Rochambeau, *sous prétexte* qu'il ne fallait pas mettre aux prises les patrouilles dispersées des deux côtés le long de l'extrême frontière, et pour épargner le sang, disait-il, ajoute à la proclamation une lettre cachetée pour le général Beaulieu qui commande à Mons. Pourquoi cette lettre ? Quelles précautions et quels avis renfermait-elle pour le commandant autrichien ? c'est ce que l'expérience des faits paraît nous montrer assez clairement; car le 29 du même mois, lorsque M. Biron s'est avancé du côté de Mons, avec dix mille hommes, les remparts de cette ville se trouvaient garnis d'une nombreuse artillerie, et de près de sept mille hommes de troupes de ligne rangés sur ses remparts; tandis que les hauteurs, à une ou deux lieues de cette même ville, étaient occupées par dix à douze autres mille hommes arrivés depuis l'avertissement du 21 avril. Le général Beaulieu avait donc su *d'avance* l'arrivée de Biron et le nombre des troupes de l'avant-garde française ? Il avait donc eu tout le temps de se mettre dans le meilleur état de défense, et vraisemblablement de prévenir et d'enchaîner les mouvemens d'insurrection (*c'était là principalement ce qu'on voulait empêcher*) prêts à éclater parmi les patriotes Montois, et qui auraient eu lieu, à coup sûr, sans l'avertissement direct du maréchal français, avertissement par lettre, voilé du beau nom de franchise et de *loyauté*. O citoyens! que de réflexions sur cet avertissement !!! Et que pouvait faire alors l'intrépide et vraiment loyal Biron avec dix mille hommes seulement, *qui n'ont point été suivis du corps d'armée (promis par le maréchal Rochambeau*), contre dix-huit ou dix-neuf mille Autrichiens bien avertis et bien retranchés ? N'est-ce pas là une dérision atroce que d'exposer ainsi nos premières armes, et pour ainsi dire le sort de la campagne, sans avoir fait au moins instruire M. Biron, par des védettes ou des espions, des précautions du général Beaulieu et du nombre de ses troupes ? Si ce n'était qu'un *coup de main* qu'on voulait faire sur Mons, il ne fallait pas avoir *prévenu* le général Beaulieu ; et si c'était une attaque sérieuse, calculée sur les précautions prises nécessairement par ce général ennemi, il fallait y envoyer, non pas dix mille, mais quarante mille hommes ; ou du moins le maréchal Rochambeau devait sortir avec un corps d'armée, cinq ou six heures après le départ de l'avant-garde ; ce qu'il n'a pas fait, puisqu'il n'est sorti de Valenciennes que lorsque les débris de notre avant-garde y arrivaient. C'est donc ici le nœud de l'affaire, et ce qu'il faut bien remarquer pour caractériser la conduite du maréchal Rochambeau depuis sa lettre du 24 avril, envoyée au général Beaulieu, jusqu'au moment de la rentrée de M. Biron à Valenciennes.

» Mais ce n'était pas assez de s'être ainsi joué de la confiance et du courage de nos troupes sur le chemin de Mons, il fallait encore faire triompher le comité autrichien sur le chemin de Lille à Tournai. Trois mille cinq cents hommes seulement sont commandés pour marcher sur Tournai, *sous prétexte* d'une fausse attaque, et il se trouve que huit à dix mille Autrichiens, avertis sans doute aussi d'avance, puisqu'ils étaient en embuscade dans un bois,

au lieu d'être surpris et attaqués comme cela devait être, si le secret avait été gardé, surprennent au contraire, attaquent, massacrent nos frères, forcent le reste du détachement, qui ne pouvait voir dans cette surprise autre chose *qu'une trahison*, à s'enfuir en désordre vers Lille. Ainsi les deux affaires ont, sous le même rapport, la même marche, c'est-à-dire que les troupes françaises, qui comptaient être en nombre supérieur et surprendre l'ennemi, sont surprises elles-mêmes par un ennemi deux ou trois fois plus fort en nombre, en artillerie et en retranchemens. Et l'on appelle cela un accident tout naturel! un malheur occasioné par l'insubordination des soldats! une chance de la guerre! Hommes crédules et stupides, qui prenez si facilement le change, et qui ne savez point faire le tour des objets et des événemens pour les considérer sous toutes leurs faces, avez-vous les yeux ouverts maintenant? ou faut-il que vous soyez trahis dix ou douze fois pour vous donner le coup d'œil net et le jugement de l'expérience? Lisez et comptez : n'est-ce pas quatorze mille cinq cents hommes seulement qu'on a exposés contre vingt-huit à trente mille Autrichiens retranchés jusqu'aux dents, et bien *avertis d'avance* de la marche et des opérations méditées des Français, tandis que les commandans de nos détachemens vers Mons et Tournai ne paraissent avoir été nullement prévenus des opérations de l'ennemi! Et, pour excuser ces événemens, le maréchal Rochambeau se hâte d'écrire au roi, et dit dans sa lettre (chose incroyable, mais très-exactement vraie) « *qu'on aurait
» dû attendre au moins quinze jours de plus avant de commencer la
» guerre, pour que les armées autrichiennes fussent assez nombreu-
» ses et en mesure respective avec les nôtres.* » Quelle bonté d'ame pour les armées autrichiennes ! et c'est là le général à qui le *pouvoir exécutif* a confié le destin de notre sainte Constitution, la gloire du premier peuple de l'univers et le sort de vingt-cinq millions d'hommes! Non! non! non! la Constitution et la liberté ne périront point, la France entière a ouvert enfin les yeux ; elle va se lever, et les ennemis secrets ou publics de la patrie périront seuls sous le glaive de la loi. »

— L'effet produit à l'extérieur par le début de notre attaque est ainsi raconté dans les *Mémoires d'un homme d'État :*

« On se fera aisément une idée de la sensation que firent ces honteux échecs de Mons et de Tournay, dans les principales cours de l'Europe, parmi les antagonistes et les adversaires de la révolution. On était tenté de ne plus considérer les troupes de France que comme un ramas de milices indisciplinables. Selon de spécieux calculs, c'était par l'anarchie et par l'indiscipline que ce royaume allait périr, déchiré par les factions. La supériorité des armées prussienne et autrichienne, qu'on prenait depuis si long-temps pour modèles, n'en paraissait que plus constatée et mieux établie. On jugera de l'égarement des opinions qui prévalaient alors, par celles que manifestèrent, à la revue de Magdebourg, les personnages qui, jouissant de toute la confiance de Frédéric-Guillaume, exerçaient la plus grande influence dans les affaires de la Prusse. C'était vers la fin de mai, et à Magdebourg même, où se rassemblait, sous les yeux du roi, le corps principal de l'armée prussienne qui allait se mettre en marche. « N'achetez » pas trop de chevaux, dit Bischoffswerder à plusieurs officiers » de marque ; la comédie ne durera pas long-temps. Les fumées » de la liberté se dissipent déjà à Paris. L'armée des avocats sera » bientôt anéantie en Belgique, et nous serons de retour dans » nos foyers vers l'automne. » Le duc de Brunswick, que ces événemens entraînèrent hors de sa circonspection accoutumée, oubliant sa manière de voir exprimée récemment à Bischoffswerder, tint à peu près le même langage. Après la revue, rassemblant les principaux officiers et parlant avec eux de la campagne qu'on allait ouvrir, il leur dit : « Messieurs, pas tant d'embarras, pas » trop de dépense, tout ceci ne sera qu'une promenade mili- » taire ! »

Ici l'auteur des Mémoires expose le plan de campagne de la coalition. Nous allons le laisser parler, afin que nos lecteurs puissent comparer le projet des ennemis de la France à celui plus haut mentionné du ministère girondin :

« On n'était cependant pas encore fixé sur le plan de campagne, celui qu'avait donné le duc de Brunswick n'étant regardé que comme une ébauche. Ce fut à cette même revue de Magdebourg qu'on en arrêta finalement les bases. Le roi avait mandé le général marquis de Bouillé pour le 27 mai, désirant qu'il vînt en personne lui communiquer ses vues, et lui donner des informations locales sur le plan d'opérations futures des armées combinées. M. de Bouillé arriva en toute hâte de Mayence à Magdebourg, et là eut avec le duc de Brunswick plusieurs conférences en présence du roi. Il indiqua la Champagne comme la partie la plus faible de la frontière, et proposa, comme étant la plus facile, l'attaque par Longwy, Sedan et Verdun; il donna même l'assurance que ces trois places étaient en très-mauvais état, et pourtant les seules qui couvrissent cette partie du royaume, d'où l'on pouvait marcher rapidement à Paris, par Rhétel et Reims, en traversant des plaines fertiles qui ne présentent aucun obstacle. Dans les guerres civiles et étrangères que la France avait eu à soutenir au milieu du dix-septième siècle, on avait toujours vu les étrangers marcher sur Paris par les routes de Sedan, de Stenay et de Rhétel. Là ils n'avaient trouvé d'autres obstacles que la valeur et le talent du grand Condé, qui deux fois les arrêta par deux grandes victoires dans les plaines de Rocroy et de Lens. On fut d'accord à Magdebourg qu'il n'y avait plus en France de héros sur ce modèle, ni d'armée en état de renouveler de tels prodiges.

» Dans ces conférences militaires, le duc de Brunswick décela sa prédilection pour une guerre systématique et lente; mais il y mit de la réserve à cause du roi qui désirait brusquer l'invasion : tel était aussi l'avis du marquis de Bouillé, général expérimenté et très au fait de la situation intérieure de la France. Il observa que si l'on échouait dans le dessein de parvenir jusqu'à Paris, foyer de la révolution, il serait très-facile, en s'emparant de Mézières et de Montmédi, places qui ne pouvaient opposer une grande résistance, de prendre des quartiers d'hiver entre la Meuse et la Chiers, le front couvert par cette première rivière, la gauche par la Chiers, ainsi que par Montmédi et Longwy. Dans ce plan

Luxembourg servait de point d'appui et de place d'armes : ainsi l'irruption, tentée à propos et avec prudence, offrait d'autant moins de chances de revers qu'elle s'appuyait naturellement sur un autre système, qui pouvait devenir au besoin méthodique et défensif. Cet officier général indiqua aussi la Haute-Alsace comme une des parties les plus faibles de la frontière de l'Est. Le duc de Brunswick avoua que l'une et l'autre, c'est-à-dire les frontières d'Alsace et des Ardennes, étaient les plus susceptibles d'être attaquées avec avantage ; et, d'après le vœu du roi, il décida que la plus grande partie des forces combinées, sous ses ordres, serait portée sur la frontière de Champagne pour agir offensivement de ce côté, et qu'on ne laisserait en Flandre et sur le Haut-Rhin que des corps d'observation.

» On en vint à discuter le mode de coopération des émigrés. C'était une grande question : le cabinet de Vienne avait apporté constamment des obstacles à ce que les émigrés pussent s'armer dans aucune partie du territoire soumis à sa domination ; leur organisation militaire n'avait d'abord existé réellement que sur le papier. Non-seulement l'empereur Léopold, mais aussi l'électeur de Cologne, autre frère de la reine de France, n'avaient jamais consenti à leur accorder aucun cantonnement dans leurs états. Cette résistance unanime des deux cabinets de Vienne et de Cologne, c'est-à-dire de deux souverains, l'un allié du roi de France, tous les deux ses beaux-frères et frères de la reine, indiquait assez que Louis XVI improuvait les opérations et la politique des princes, ses frères, à Coblentz. Le cabinet des émigrés, effrayé de cette persévérante opposition, qui menaçait de les frapper de nullité, avait eu recours au cabinet de Berlin, et y avait trouvé un appui dans les dispositions personnelles du roi de Prusse. A la mort de Léopold, les princes français, ayant conçu l'espérance d'un changement prochain de politique en leur faveur, représentèrent à Frédéric-Guillaume, par leurs émissaires et dans leurs dépêches, qu'il n'y aurait pas de contre-révolution possible s les émigrés ne jouaient pas le premier rôle dans les opérations de la campagne qui leur paraissait imminente ; qu'il n'y avait d'ailleurs qu'un seul moyen d'en assurer le succès, c'était d'enlever au cabinet de Vienne l'adoption des plans, le mouvement des armées et la direction de la guerre. Cette adroite et opportune insinuation eut son effet. Les embarras de tout genre qui assaillirent le jeune roi de Hongrie à son avénement, le grand intérêt qu'il avait à être promptement élu empereur, son extrême désir de se rendre le roi de Prusse favorable, et de mettre à profit pour la cause commune l'ancienne réputation de valeur de l'armée prussienne, déterminèrent le jeune roi à se départir en faveur de Frédéric-Guillaume du droit que s'était réservé Léopold de diriger la défense de la monarchie autrichienne dans une guerre qui allait être exclusivement déclarée à son chef et à ses propres états. Cette concession empressée valut au roi de Hongrie la certitude d'être élu empereur, et couronné dans les premiers jours de juillet à Francfort. Une entrevue à Mayence, entre les deux souverains, fut convenue pour cette époque. Le roi de Prusse devait être précédé par son armée qui allait prendre ses quartiers à Coblentz, pour de là marcher de suite sur la France.

» D'après cette première impulsion, si favorable aux vues des princes émigrés, leur parti avait d'abord prévalu à Vienne dans les conférences qui eurent lieu vers la fin de mars entre l'envoyé extraordinaire Bischoffswerder, le prince de Hohenlohe et le prince de Colloredo, à l'effet de poser les bases d'un plan d'opérations combinées contre la France. On proposait d'en abandonner la direction politique aux princes frères de Louis XVI. Mais le baron de Spielmann avait fait changer, depuis cette partie du plan concerté avec le ministère prussien, en soutenant que les opérations des émigrés devaient dépendre du mouvement des armées combinées, et qu'il fallait les subordonner et les soumettre entièrement au plan général. Ces nouvelles et contrariantes dispositions avaient encore été suggérées au cabinet autrichien par le baron de Breteuil : remplissant toujours les fonctions de ministre de Louis XVI au dehors, il avait inspiré de la défiance même au roi et à la reine sur les intentions des princes, et s'était fait autoriser à demander, au nom de Louis XVI, avec qui il correspondait secrètement de Bruxelles, qu'on évitât surtout, à l'ouverture de la campagne, que la noblesse française, réunie en corps d'armée sous les ordres des princes, n'acquît de l'influence sur les opérations. Il alléguait que, pour rétablir l'autorité royale et la tranquillité dans le royaume, il fallait mettre le roi en état de traiter lui-même avec le parti qui, dans l'intérieur, désirait encore le gouvernement monarchique, et éviter par conséquent de mettre ce parti en contact avec les émigrés en armes, dont la seule présence soulèverait la nation. Ces motifs graves avaient prévalu même dans l'esprit du roi de Prusse, qui néanmoins montrait un intérêt très-vif pour les princes français, auxquels il venait d'envoyer une somme d'argent considérable pour leur entrée en campagne (1).

» Ainsi en principe, les deux cours alliées se trouvaient d'accord que les émigrés ne seraient pas réunis à l'armée qui pénétrerait en France, et qu'on se bornerait à les rassembler sur la rive droite du Rhin; là ils devaient former un corps de vingt mille hommes en y comprenant quelques régimens que les princes avaient levés ou levaient encore en Allemagne. Le marquis de Bouillé proposa au roi et au duc de Brunswick de les diviser en trois corps, dont un de dix mille hommes, sous les princes frères de Louis, serait attaché à la grande armée; et les deux autres de cinq mille hommes chacun, seraient employés sous le prince de Condé et sous le duc de Bourbon, avec les deux corps d'observation en Flandre et sur le Rhin. Le duc de Brunswick observa que ce serait donner aux émigrés une destination active, en opposition au principe arrêté entre les deux cours. Le marquis de Bouillé écarta cette objection, en expliquant qu'il avait seulement en vue de placer les corps émigrés en seconde ligne comme auxiliaires, afin d'attirer des différentes parties de la frontière les déserteurs français, et même des corps entiers, sur lesquels on pouvait compter, tels que certains régimens de cavalerie qu'on savait être restés fidèles au roi, et quelques régimens d'infanterie étrangère. Le roi de Prusse s'étant rangé de cet avis, on fit

(1) « On croit que cette somme montait à deux millions. »

de l'opinion du marquis de Bouillé l'une des dispositions du plan général de campagne. »

Nous passons maintenant à l'histoire du mois. Elle se composera du compte-rendu des séances de l'assemblée législative, d'une analyse des débats du club des Jacobins et des articles de journaux les plus intéressans.

ASSEMBLÉE LÉGISLATIVE.

Liste des présidens depuis le 29 avril jusqu'au 21 septembre.

Du 29 avril au 15 mai, M. Lacuée ; du 15 au 27 mai, M. Muraire ; du 27 mai au 18 juin, M. Français (de Nantes) ; du 24 juin au 8 juillet, M. Girardin ; du 8 au 23 juillet, M. Aubert-Dubayet ; du 23 juillet au 6 août, Lafond-Ladébat ; du 19 août au 2 septembre, M. Merley ; du 2 au 16 septembre, M. Hérault de Séchelles ; du 16 au 21 septembre, M. Cambon.

La marche de la législative, pendant le mois de mai, est largement et clairement tracée. Les Girondins louvoient entre les Feuillans et la Montagne ; ils avancent par des compromis alternatifs, calculant avec beaucoup de justesse sous quel angle la ligne ministérielle rencontrera de part et d'autre la majorité.

Ainsi, ils votent d'abord avec les Feuillans contre Marat, et ils lui associent Royou. Ils repoussent, avec les Feuillans, les pétitionnaires cordeliers qui viennent parler de trahison, et à l'aide de ce même côté de l'assemblée, ils lancent un projet de cour martiale qui aboutira bientôt à un décret, et ordonnent la poursuite des meurtriers de Dillon, dont l'un, le nommé Vasseur, sera condamné à mort. Immédiatement après, ils se tournent vers la Montagne, demandant un décret sévère contre les prêtres insermentés, et, avec elle, ils conduisent le débat à une loi de déportation.

Pendant que les Girondins mettent à profit les passions des Feuillans pour faire de la terreur contre les soldats, et les passions des Jacobins pour faire de la terreur contre les prêtres, ils exécutent la même manœuvre à l'égard des incidences parlementaires. On les voit tour à tour exciter les Feuillans en votant par acclamation la pompe décernée à Simonneau, comme une vengeance de celle du 15 avril; exciter la Montagne, en accordant une indemnité aux veuves des hommes tués à la Chapelle, le 24 janvier 1791, par les chasseurs soldés des barrières, connus dans la polémique de cette époque sous le nom de mouchards de La Fayette. Lorsque Carra dénonce le comité autrichien, lorsque Merlin, Bazire et Chabot, sont frappés à cette occasion d'un mandat d'amener par le juge de paix Larivière; ils s'emparent à grand bruit d'une querelle que leurs journaux avaient préparée, et s'efforcent d'acharner Feuillans et Montagnards contre le comité autrichien échaffaudé par Brissot sur de volumineuses probabilités. Le peuple croyait à l'existence de ce comité; mais les Girondins y croyaient-ils? Nous nous bornerons à une seule réflexion : Ils accusaient Robespierre d'en être.

Ce fut malgré les Feuillans que le juge de paix Larivière partit pour la haute cour nationale; mais aussi, ce fut contre le vœu de la Montagne que Lecointre, membre du comité de surveillance, alla passer trois jours en prison pour avoir fait arrêter neuf Cent-Suisses à Béfort.

Enfin, maîtres de toutes les questions au moyen de la tactique que nous venons de décrire, les Girondins fermèrent le mois par une séance permanente qui dura du 28 au 31 mai, et qui confondit un instant dans la même alarme et dans la même irritation les deux fractions révolutionnaires. Depuis long-temps la garde constitutionnelle du roi était suspecte aux patriotes. Les griefs sont renfermés dans le rapport qui en précéda la dissolution. Plusieurs circonstances favorisèrent cette mesure, et servirent à en augmenter la popularité. Douze suisses venaient d'arborer la cocarde blanche à Neuilly, et d'y blesser dans une rixe plusieurs citoyens; Laporte, intendant de la liste civile, avait fait brûler, dans la cour de la manufacture de Sèvres, deux voitures chargées de papier. Il se trouva que c'était les mémoires de madame Lamotte ; mais on avait dit que ces papiers appartenaient au comité autrichien, et la rumeur s'en était accréditée. Aussitôt on instruisit l'affaire de la garde constitutionnelle du roi. Pendant la permanence de l'assemblée nationale, il y eut à Paris une véritable alerte, dont se ressentit le club des Jacobins lui-même. On s'attendait de moment en moment à entendre le tocsin et la générale; on disait que la garde constitutionnelle s'armait, que les chevaux étaient sellés et bridés, etc. Il n'y eut cependant qu'une légère émeute aux Tuileries. L'assemblée s'exagérait si peu le danger qu'un membre ayant proposé le 28, de déclarer par une proclamation, qu'attendu le péril de la république, les citoyens devaient prendre leurs armes et se tenir sur leurs gardes, il fut unanimement passé à l'ordre du jour. Elle chargea Pétion, par un décret, de rendre compte jour par jour de l'état de la capitale, et prononça, après un débat que nous transcrirons en entier, le licenciement de la garde du roi, et l'acte d'accusation de son chef Brissac (de Cossé).

— Dès le commencement d'avril, le vocabulaire des partis avait été surchargé de dénominations nouvelles. Les Girondins se désignaient eux-mêmes sous le nom de *Patriotes*; ils nommaient les Feuillans, *Modérés*, et les Montagnards, *Enragés*. Brissot, *Patriote Français* du 18 mai, définit ainsi ces trois expressions :

« *Patriote*. — Ami du peuple, ami de la Constitution.

» *Modéré*. — Faux ami de la Constitution, ennemi du peuple.

» *Enragé*. — Faux ami du peuple, ennemi de la Constitution. »

Dans la polémique, les Girondins appelaient *Comité Autrichien*, les chefs des Modérés, et *Tribuns ou Factieux*, les chefs des Enragés. Les Feuillans et les Montagnards n'avaient qu'un ennemi et qu'un nom de guerre pour l'attaquer ; les premiers combattaient les *Anarchistes*, les seconds, les *Intrigans*.

Avant d'entrer dans l'exposé des actes parlementaires dont nous avons rapidement esquissé les généralités, nous n'avons plus qu'à mentionner la démission du ministre de la guerre, Degrave ; il se retirait par raison de santé. Brissot, *Patriote Français* du

9 mai, fait les réflexions suivantes sur le démissionnaire et sur celui qui le remplaçait :

« M. Degrave, ministre de la guerre, a donné sa démission ; il emporte avec lui, ce qui est rare dans un ministre, l'estime des patriotes. Il est remplacé par M. Servan, colonel du 104e régiment, frère du célèbre avocat-général de ce nom ; c'est un fervent ami de la révolution. »

SÉANCES DE L'ASSEMBLÉE.

Le 3 au soir, à la séance qui suivit celle où Marat avait été décrété d'accusation, le ministre de la justice fit savoir, par une lettre, qu'il avait dénoncé au commissaire du roi, près le tribunal criminel de Paris, le numéro DGXLV de l'*Ami du Peuple*. Voici le numéro dénoncé :

Preuves de trahison du ministre de la guerre.—Machinations des officiers contre-révolutionnaires mis à la tête des bataillons nationaux, envoyés sur les frontières.— « Flattez la vanité des Français, mettez en jeu leur amour-propre et soyez sûrs qu'il n'est point de sottises, d'extravagances, de démarches inconsidérées et désastreuses que vous ne leur fassiez faire à l'envi. Jugez-en par ces faits. Le cabinet des Tuileries ne voit pas de meilleur moyen de hâter la contre-révolution que de se cacher sous le manteau d'une faction de faux patriotes ; la guerre est enfin décrétée, et aussitôt l'aveugle multitude d'applaudir de toutes parts au funeste décret. Le cabinet des Tuileries forme le projet non-seulement de soutirer des mains du peuple le peu de numéraire qu'il tient en réserve, mais de faire payer aux seuls amis de la liberté la plus grande partie des frais de la guerre : quelques fripons mis en jeu avec l'émissaire prussien Anacharsis Cloots, renouvellent l'exemple des dons patriotiques que leur criminel emploi aurait dû proscrire sans retour : aussitôt la troupe moutonnière des amis de la patrie accourt, moins impatiente de consommer son dernier sacrifice, que jalouse de recueillir les premiers applaudissemens des pères conscrits qui veulent la dépouiller. Ce n'est pas mon dessein de relever ici ce que ces dons patriotiques ont d'absurde et de dangereux. Les Français ne se corrigent de rien; toujours ils furent les dupes et les victimes des jongleurs qui les cajolent, et ils le seront toujours. Qu'un voile obscur couvre donc à jamais les nouvelles offrandes des sots qui ont quelque chose à perdre, comme il couvre déjà les anciennes que commanda Necker de honteuse mémoire. Mais pour la honte éternelle de nos législateurs, transmettons à la postérité les honteuses spoliations qui doivent les couvrir d'opprobre. Parmi les offrandes qu'a reçues l'assemblée dans la séance du 27, les citoyens judicieux et honnêtes ont dû la voir avec indignation accepter trois pièces de quinze sous de trois pauvres femmes qui n'avaient que ce mince salaire de leur travail pour substanter leurs malheureuses familles.

» Voilà un trait révoltant qui seul suffirait pour caractériser ces législateurs corrompus, comme il caractérise ces mères dénaturées. En voici un qui peint nos législateurs sans pudeur, comme il annonce des faiseurs imbéciles.

» Les enfans des écoles de charité de la paroisse de Saint-Merry, admis à la barre, un enfant de sept ans présente un sac de gros sous, et se met à débiter la sotte harangue de leur magister.

» Nous regrettons bien, dit l'écolier, de ne pas donner davantage, mais nous nous priverons de toute récréation pour faire encore quelques dons à la patrie. Nous sommes bien fâchés que la faiblesse de notre âge ne nous permette pas de voler à l'ennemi, mais il n'y gagnera rien, et nos cœurs formés à la liberté et nourris dans l'amour de la Constitution, en auront plus d'énergie dans la suite, COMME LE SALPÊTRE QUI, PLUS IL EST COMPRIMÉ, PLUS IL ACQUIERT DE FORCE; ainsi, plus long-temps nous serons retenus, plus l'explosion de la foudre sera terrible. »

» Au milieu des applaudissemens, plusieurs membres se plaignent de la sévérité du décret qui empêche le président d'être interprète d'une aussi douce émotion que celle dont l'assemblée est pénétrée; on demande qu'il soit autorisé à manifester au maître de ces enfans patriotes, la satisfaction de l'assemblée de la manière dont il les élève, et des principes qu'il leur inculque.

» Comme ce décret n'a été fait que pour humilier les patriotes qui s'aviseront de dénoncer les ennemis de la patrie et d'inculper les infidèles représentans de la nation, aussitôt il est révoqué pour un moment, et le président témoigne au pédagogue et à ses disciples la satisfaction du sénat, et les invite à l'honneur de la séance.

Anecdote du sieur Duport, l'ex-ministre. — « Le jour de la fête populaire destinée à célébrer la délivrance des soldats de Château-Vieux, Duport montait la garde, comme simple soldat, à la porte d'Antoinette; le commandant du bataillon de l'Oratoire, qui était de service, invita tous les officiers à dîner, et avec eux l'ex-ministre. Rendus fort tard chez le traiteur qui devait les régaler, la conversation tomba sur la cérémonie qui avait mis tout Paris en l'air; on parlait de la tranquillité du peuple. « Il est fâcheux, dit
» Duport, que quelques sans-culottes ne se soient pas pris aux
» cheveux; tout était prêt pour remettre cette canaille dans l'or-
» dre, elle n'en aurait pas été quitte à si bon marché que dans
» l'affaire du Champ-de-Mars.» Après quoi il fit un roman sur les causes de sa retraite. Il déclama contre les Marseillais, dont l'insurrection avait forcé le gouvernement à temporiser. Il parla d'une certaine intrigue de Narbonne et de Mottié, qui avait engagé le cabinet à changer de batteries. Il se moqua de l'assemblée devant laquelle il avait été dénoncé vingt fois, sans qu'elle eût osé prendre un parti, et plus encore des patriotes qui l'avaient absous eux-mêmes. Il regrettait de n'avoir pas partagé le sort de Delessart, ne fût-ce que pour donner un grand exemple à ses successeurs; car il aurait employé le temps de sa détention à Orléans, à publier, contre l'assemblée actuelle, un ouvrage sanglant, qui l'aurait couvert d'opprobre. Il a terminé ses sorties par assurer que ce qui était différé n'était pas perdu. Ces faits ont été certifiés par plusieurs officiers qui en avaient été témoins.

» L'un d'eux s'était avisé de trouver mauvais le dénigrement de l'assemblée, par le sieur Duport, et sans raison assurément; non que l'ex-ministre ne soit un bas valet de la cour, et en cette qualité, un détestable citoyen. Mais l'ex-ministre connaît à fond l'infidèle assemblée et il lui rendait justice. Au demeurant, il ne faut pas ajouter foi au regret qu'il a témoigné que quelques spectateurs n'en soient pas venus aux mains pour autoriser les ennemis de la liberté à massacrer le peuple; car si tout était arrangé pour l'égorger, rien ne leur était plus facile que d'aposter quelques brigands pour assaillir un patriote, et provoquer le massacre.

» Venons à un sujet de réflexions plus sérieuses.

» C'est la destinée inévitable du parti populaire, depuis les premiers jours de la révolution, que toutes ses entreprises pour faire triompher la liberté ne tournent pas moins contre lui que les complots des ennemis de la patrie, tant est grande son imprévoyance et sa fatale sécurité; lorsqu'il célébrait avec enthousiasme la délivrance des soldats de Château-Vieux, en fêtant la déesse de la liberté; lorsque les patriotes faisaient éclater leur jubilation en préconisant cette fête comme un triomphe éclatant, et que de stupides écrivains (1) donnaient ces fêtes comme une école admirable de civisme, et qu'ils n'en voulaient plus que trois pour assurer le salut public; assurément, ils ne se doutaient pas que cette fête si désirée, si prônée, tournerait bientôt contre eux. Rien de plus vrai, toutefois; la cour et ses créatures, la faction des faux patriotes de l'assemblée et le club des Feuillans, l'état-major parisien et tous les satellites mouchards vendus à Mottié, écumant de rage de n'avoir pu empêcher la fête de Château-Vieux, se sont agités pour prendre leur revanche en célébrant une fête magnifique en l'honneur du royaliste Désilles, une autre fête en l'honneur des bourreaux conduits par Bouillé contre les patriotes de Nancy, et une autre fête en l'honneur de Simoneau, accapareur ministériel et agent royal de famine.

» On assure que l'armée parisienne doit y assister en armes, accompagnée de tout ce que Paris contient d'ennemis de la révo-

« (1) Entre autres le profond Audoin. »

lution, des calotins et des robins gangrénés, des agioteurs et des sangsues publiques, des courtisans, des valets armés du roi, de toutes les catins de la cour et de la ville abandonnées par les preux de l'armée de Coblentz, par les membres du défunt clergé et des défunts parlemens.

» Comme la haute police et le soin de pourvoir à la sûreté et à la tranquillité publique est confiée au maire de la capitale, il ne faut pas douter que M. Pétion aura soin de consigner ces jours-là toute la troupe soldée avec l'état-major, et de défendre aux volontaires de l'armée parisienne de paraître en armes. Ces fêtes ne devant être données que pour en imposer à la nation en faisant passer pour patriotes Simoneau, Désilles, les assassins de Château-Vieux, Bouillé et son parent Mottié. L'Ami du Peuple conjure tout ce que l'armée parisienne renferme de bons citoyens et d'amis de la patrie, de ne pas aider par leur présence les chenapans et les mouchards de bataillons, dévoués au perfide Mottié, à égarer l'opinion publique. L'Ami du peuple conjure pareillement le public de ne point honorer de sa présence des fêtes données pour l'humilier, pour le ravaler et peut-être pour le massacrer. Combien il serait beau qu'il eût assez de courage pour dédaigner d'assister à des parades où sa présence est déplacée. Mais l'Ami du peuple ne présume pas assez avantageusement du civisme de ses concitoyens pour se flatter de voir le sentiment de la bienséance et l'amour de la patrie triompher d'une vaine curiosité. Il craint trop de les voir s'abandonner à leur goût pour les spectacles, courir dès le point du jour retenir leur places au Champ-de-Mars, ou grossir le cortége impur des ennemis de la liberté, où l'on verra probablement figurer en corps les représentans infidèles de la nation, le département, le tribunal de cassation, la partie gangrénée de la municipalité, les juges de paix, les commissaires de sections, avec les coupe-jarrets et les mouchards de la police.

» Qui sait même si ces fêtes ont simplement pour but d'égarer l'opinion publique? Qui sait si elles ne serviront pas à voiler quelques affreux complots? Qui sait si elles ne sont pas destinées à détourner l'attention du peuple de l'abîme creusé sous ses pas ? »

—Le rapport de Français de Nantes, sur les prêtres insermentés, eut lieu à la séance du 5 mai; Dumas, au nom du comité militaire, fit, dans la même séance, un rapport sur l'organisation des cours martiales. — Le décret sur les prêtres fut porté le 27 ; celui sur les tribunaux militaires, le 12. — Voici ces pièces.

Rapport de Français de Nantes sur les prêtres insermentés.
(Séance du 5 mai.)

« Le projet de loi que le comité vient soumettre à votre discussion renferme des dispositions, sur les prêtres dissidens, qui sont tellement importantes que le salut public dépend peut-être de la détermination que vous allez prendre.

» Il faut se dépouiller ici de toute passion, considérer avec froideur ces objets prétendus religieux, qui ne peuvent enflammer que des imaginations malades ; mesurer par la pensée le mal dans toute son étendue, mais le resserrer dans ses justes bornes; examiner ce que la liberté peut tolérer et ce qu'elle doit défendre; peser ce que la justice exige et ce que l'humanité ordonne, mais surtout écouter ce que le salut de la patrie commande; il faut voir si la rigueur est ici tellement nécessaire que sans elle le salut public fût compromis : toute rigueur que la chose publique ne commande pas est une barbarie dans un état arbitraire; elle est une infamie chez un peuple libre. Cherchons donc à jeter une grande lumière sur les intérêts, les principes et l'influence des ministres dissidens, afin que si nous sommes forcés d'employer la sévérité, il ne soit pas une ame juste qui ne l'approuve, pas une ame sensible qui ne la pardonne, et qui ne reconnaisse que, placés entre une poignée de séditieux et la patrie, nous n'avons pas dû hésiter un instant. Sauver la patrie, voilà notre vœu à tous ! Et si quelquefois nos esprits ont paru divisés, on a du moins vu toujours nos cœurs réunis dans ce sentiment.

» Le despotisme, dans tous les pays, s'est appuyé sur deux choses : sur une armée et sur une église. Lors de la révolution française les chefs de l'armée ont fui ; les soldats se sont souvenus qu'ils étaient citoyens, et le despotisme a manqué par cette base.

» L'église, toujours ambitieuse et adroite, toujours forte des grands intérêts dont elle sait couvrir le sien, toujours puissante par ce qu'elle promet et par ce dont elle menace, toujours active dans les souterrains mystérieux que sa politique a su lui ménager, a tenu plus ferme, et elle a continué de se conduire d'après ce système raisonné qu'on lui voit suivre depuis quinze siècles, et dont les combinaisons ont toujours été d'attirer à elle le pouvoir et les richesses dans les temps d'ignorance, sous le nom d'*Église triomphante*, et de se rattacher dans les temps de lumière les esprits faux et prévenus, sous le nom d'*Église persécutée*. Ses pontifes ont fui ; mais un grand nombre de ses ministres, au lieu de se rappeler qu'ils appartenaient à la patrie, ont feint de se souvenir qu'ils appartenaient à Dieu, nom sous lequel on a commis toutes sortes de crimes sur la terre.

» La Constitution nous a délégué deux pouvoirs, celui de conserver ce qu'elle a créé, celui d'empêcher que ce qu'elle a détruit ne renaisse, ou ne désorganise ce qu'elle a créé.

» La première question est donc celle-ci : Est-il vrai que l'ancien clergé cherche à renaître sous la forme de corporation, ou à désorganiser les institutions nouvelles ?

» La seconde : Les moyens ordinaires de suppression suffisent-ils pour empêcher les suites de ces efforts et de cette résistance ?

» La troisième : Quel pouvoir pouvons-nous déployer pour dissoudre, dans ses derniers élémens, cette corporation que la révolution semble avoir plutôt assoupie que détruite ?

» Je vais me livrer à l'examen rapide de ces questions, en ne perdant point de vue que la première économie est celle du temps, et que ce qu'il faut ici, ce ne sont pas des mots, mais des choses.

» Sur la première question il suffit de lire les bulles du pape, les mandemens, les pastorales, les protestations, les écrits de l'ancien clergé ; il suffit d'entendre ses prédications, d'examiner sa conduite et celle de ses sectaires pour s'assurer que ses membres, épars dans tout le royaume, forment un tout homogène qui se conduit sur le même intérêt et sur le même plan; et pour se convaincre enfin que cette vieille corporation est encore debout, ayant un pied appuyé sur le Vatican et l'autre, qui se dérobe à la vue, semble appuyé sur les marches d'un grand trône.

» Quant à la seconde question, il est connu de tout le monde qu'un grand nombre de dissidens, depuis trente mois, ont écrit, prêché et confessé pour la cause de la contre-révolution, fanatisé et armé les villages, et que pas un seul n'a été puni.

» Il serait possible que la Constitution pérît de l'une de ces trois manières, ou par le dérangement des finances, ou par l'anarchie, ou par une grande coalition des ennemis du dedans avec les ennemis extérieurs. Quant aux finances, les recouvremens se font avec lenteur dans les campagnes; mais comment pourront-ils s'y faire tant que vous aurez quinze ou vingt mille prêtres qui diront à des hommes simples que former de nouveaux rôles *c'est offenser Dieu*, et que payer l'impôt *c'est se damner*? Tous nos ennemis (et nous en avons de plus d'un genre) veulent l'anarchie; et si, aux combinaisons de tant de causes simultanées, vous laissez encore se réunir une force puissante par elle-même, et par toutes celles dont elle dispose et qui se meuvent dans sa sphère d'activité, vous courez le risque d'une désorganisation totale. Je suppose que les quinze ou vingt mille dissidens aient dans leur faction une vingt-cinquième partie de la population, c'est-à-dire un million d'êtres, y compris les femmes, les enfans et les imbéciles par nature, et les imbéciles par art; voilà une cause toujours agissante d'anarchie; voilà un moyen de contre-révolution que vous laissez s'inoculer dans l'État, et qui provoquera des attaques, entretiendra l'espérance des ennemis du dedans et du dehors, fomentera une agitation intestine et continuelle, et qui finira, comme toutes les grandes fatigues, par le sommeil ou le marasme : de sorte qu'il s'agit peut-être, ou de dissoudre ce noyau, ou de laisser se dissoudre un jour la Constitution; et j'ose dire que si les actes des directoires envers les dissidens sont illégaux, ils sont du moins dictés par des vues pures, et rien ne prouve plus l'impuissance des moyens ordinaires que la nécessité où ils se sont trouvés de recourir à ces mesures qu'ils ont prises dans des temps de troubles, comme dans les incendies on est souvent forcé de violer la liberté individuelle pour sauver toute une ville. Et si les gardes nationales sont obligées de se porter aux frontières, que deviendra alors l'intérieur, abandonné par les patriotes et livré au fanatisme? Et quel est celui d'entre vous qui peut ne trembler pas lorsqu'il réfléchit que vous avez auprès de vos armées et le long des frontières des hommes qui peuvent en ouvrir les portes aux ennemis, en accroître le nombre de tous les simples dont ils ont la confiance, et qu'ils ont des bannières toutes prêtes pour les soldats de l'Église, et des absolutions pour tous les conspirateurs!

» Les maux étant grands, les périls graves, il faut ici une grande mesure, et je présenterai comme idée générale que dans les temps de grandes agitations les demi-mesures ont toujours le double danger d'irriter et d'enhardir les mécontens : les passions hardies et véhémentes, qu'on a vainement cherché à ramener par des moyens doux, ne peuvent plus se guérir que par des remèdes qui agissent avec une puissance supérieure à la leur. Ennemi des moyens extrêmes, ami de l'humanité, j'ai lutté contre toutes les mesures extraordinaires jusqu'à ce que j'aie été bien convaincu que le défaut de sévérité dans ces instans périlleux serait une indulgence tout en faveur d'une minorité rebelle contre une majorité fidèle : alors il n'a plus été question que de chercher cette mesure.

» Vous connaissez tous l'histoire du schisme de Sicile ; vous savez le nombre prodigieux de bulles, toutes plus fulminantes les unes que les autres, que la cour de Rome lança au commencement de ce siècle sur cette île, déjà assez malheureuse par le volcan que la nature lui a donné, sans que le saint père cherchât encore à y en allumer un autre ; vous savez enfin tout ce fracas d'explosions pontificales qui grondèrent durant cinq années au sujet d'un panier de légumes : le roi de Sicile ou ses fermiers s'avisèrent de croire que l'évêque du pays devait à l'État sur ses denrées les mêmes taxes que les autres citoyens. Ce fut en vain qu'on offrit à l'Église les restitutions les plus complètes, les excuses les plus humbles : on avait soumis à des taxes civiles des légumes sacrés; on avait porté une main sacrilége sur l'encensoir : rien ne put fléchir la sainte colère de l'évêque de Lipari. Il alla conter sa peine à l'évêque de Rome, emmenant avec lui une partie de sa milice, et laissant l'autre partie qui soulevait tous les citoyens, et qui courait, comme autrefois les filles de Cérès, dans les campagnes de Sicile, armée de flambeaux. Cet incendie s'accroissait tous les jours par des excommunications nouvelles, par les mandemens et les protestations de l'évêque, lorsque le vice-roi de Sicile, d'après les ordres de l'empereur, à qui cette île venait d'échoir, fit enlever les prêtres dissidens, et les fit embarquer sur un vaisseau qui les laissa sur les terres du pape. Alors la paix se rétablit en Sicile; toutes les bulles s'évanouirent comme de vains météores, et l'on ne s'aperçut pas que l'Etna vomît plus de feux et de laves sur la Sicile excommuniée que sur la Sicile orthodoxe. Je suppose que l'empereur se fût abandonné aux conseils des dissidens, ou qu'il n'eût pris qu'une demi-mesure ; il est évident que dans le premier cas il se constituait vassal et serf du pape en reconnaissant dans ses états une puissance supérieure à celle du peuple et à la sienne, et que dans le second il allumait la guerre civile entre les sujets fidèles aux lois du pays et ceux fidèles aux ordres du pape.

» Grande leçon pour les princes de ne jamais s'abandonner aux conseils des ultramontains ! Voyez ce qu'ils firent du faible et pusillanime Charles IX ! Toujours ces conseils italiens, dont on empoisonne l'oreille des princes, aboutirent à faire assassiner les peuples par les rois ou les rois par les peuples.

» Je suis loin cependant de vous conseiller de prendre, du premier abord et contre tous les dissidens une mesure aussi violente que celle qu'on a vue sans surprise adoptée par le despotisme, parce que son essence à lui c'est le crime, mais qu'on ne pardonnerait pas à la liberté qui ne peut marcher sans la justice. Il n'est pas impossible que dans cette masse de dissidens qui nous agite il y en ait de paisibles ; il faut ici comme partout distinguer les innocens des coupables, car l'innocence punie est une calamité pour la patrie, une tache pour la liberté. Ne pourrait-on pas trouver un moyen extraordinaire de faire juger cette espèce de peuple extraordinaire, cette nation étrangère qui ne reconnaît pas les lois du pays et qui vit au milieu d'une autre nation ? Ne pouvez-vous pas soumettre les ministres dissidens à une police dont vous investirez les corps administratifs ? Les municipalités ont aussi des fonctions administratives, et cependant elles exercent des fonctions judiciaires : rien ne s'oppose à ce que la loi investisse les directoires de cette fonction sur les ministres non sermentés, et le salut public le commande. Déjà le corps constituant a soumis à la police correctionnelle et à une détention plus longue ceux qui ne jouissent pas des droits de citoyen actif ; déjà vous avez décrété, dans la loi des passeports, que les non domiciliés pouvaient être mis en état de détention lorsque personne ne voudrait les cautionner : ici il s'agit d'hommes qui ne jouissent pas des droits de citoyen, non parce qu'ils ne le peuvent, mais parce qu'ils ne le veulent ; d'hommes qui non-seulement ne jouissent pas d'un domicile légal dans une ville, mais qui n'en jouissent même pas dans l'État, puisqu'ils n'ont pas voulu en jurer les lois.

» Vous avez donc incontestablement le droit de créer une nouvelle police et de nouveaux •juges pour une espèce d'hommes aussi nouvelle dans un État, non-seulement parce qu'elle a refusé le serment, mais parce qu'elle est intolérante par principe, et que nul État libre ne doit tolérer une religion intolérante, mais parce qu'elle reconnaît hors de l'État un souverain dans lequel les conformistes ne voient qu'un simple chef, un affilié, qui peut bien rompre avec eux, si tel est son intérêt ou sa fantaisie, sans que ceux-ci cherchent jamais à rompre avec les vrais principes du christianisme, auxquels lui, chef et pontife, est subordonné comme eux, quoiqu'il ne se pique pas d'y rester aussi fidèle.

» Il s'agirait donc de faire précéder la peine d'exil ou de déportation de trois mesures préliminaires qui protégeraient les dissidens paisibles, et concentreraient l'action de la peine sur les perturbateurs, et ces mesures, vous les trouverez dans le projet de décret.

» Nous ne devons pas seulement peser ici les considérations politiques; mais nous devons nous occuper aussi de rendre au peuple la paix domestique, ce bonheur que la nature a placé pour tous les hommes au sein de leur famille, et dont ils poursuivent vainement l'image fausse et fugitive dans ce tourbillon appelé monde, sur ce théâtre d'agitation et d'intrigue où l'esprit, au lieu de bonheur, n'aperçoit que des ombres qui passent un instant sur l'amour-propre, mais qui laissent l'âme sans émotion et le cœur sans jouissance. Cette paix et ce bonheur se sont exilés des villages depuis le jour où le fanatisme y est entré. J'ai vu dans les campagnes les liens les plus sacrés rompus, les flambeaux d'hyménée ne jeter plus qu'une lueur pâle et sombre, ou changés en torches des furies; le squelette hideux de la superstition s'asseoir jusque dans la couche nuptiale, et se placer entre la nature et les époux; le fils repoussé du sein de sa mère parce qu'il s'était consacré au service d'une autre mère non moins tendre, la patrie; les jeunes gens hésitant entre leur cœur et la superstition, ne sachant plus sur quel autel faire bénir une union désirée, ni quel est le Dieu qui les appelle ou le Dieu qui les repousse; l'agriculteur ne sillonner plus qu'avec effroi le champ abreuvé de ses sueurs, et n'y voir, au lieu de la Providence qui le couvre de moissons, que des démons qui le dévorent; l'état civil des personnes, cette première propriété de l'homme civilisé, laissé à l'abandon; les morts laissés sans sépulture, et le fanatisme descendre jusque dans les tombeaux pour en arracher les tristes dépouilles de l'homme, que l'homme ne voit qu'avec horreur; enfin j'ai vu le cours de la nature pour ainsi dire suspendu, une sorte de bouleversement opéré dans les facultés humaines, depuis que le fanatisme a étendu sur les campagnes ses crêpes ensanglantés! O Rome, es-tu contente? Te faut-il encore de plus grands maux et de plus grandes discordes? N'as-tu pas bu déjà le sang des Montalbanais et des citoyens du Morbihan? Quelle page de l'histoire n'est pas souillée des maux que tu nous as faits!

Quelle partie de l'empire puis-je parcourir où je ne trouve les traces de tes crimes passés, ou les agitations de tes manœuvres présentes ! Es-tu donc comme Saturne à qui il faut *tous les jours* des holocaustes nouveaux ? Reprends, reprends ta funeste milice, instrument de tous nos maux, et qui s'est soustraite à nous pour rester toute à toi ? »

» Partez, artisans de discorde ! Le sol de la liberté est fatigué de vous porter ; laissez-nous jouir en paix chez nous des douceurs de la société et des sentimens de la nature. Partez ! Eh quoi, s'est-il donc éteint tout à coup, ce beau zèle qui vous emporta tant de fois aux deux extrémités du monde pour y propager vos doctrines turbulentes ? Ne vous vit-on pas autrefois sur les rives du Jéniscea et des Amazones, depuis ces froides contrées où le Groënlandais vivait heureux avant de vous connaître, jusqu'à cette zône brûlante où, avides d'or et de sang, vous portâtes au paisible Péruvien les vices de l'Europe et les poisons de l'Italie ?

» Il est aisé de suivre les traces de votre passage sur ce globe; elles sont toutes marquées en longs ruisseaux de sang ! Pourquoi donc aujourd'hui nous donner la triste préférence de ces discordes dont vous embrasâtes autrefois tout le monde? Partez ! l'armée noire vous attend; elle présente à votre zèle apostolique une vaste carrière : vous y trouverez tous les vices à convertir ou tous les crimes à absoudre ; vous y verrez l'intempérance d'un***, l'impudicité d'une***, la débauche d'un***, la férocité d'un***; tout ce que la France renfermait de parricides, d'incestueux, de banqueroutiers, d'empoisonneurs et d'assassins, elle les a tous vomis dans ce cloaque; il peut se vanter aujourd'hui de renfermer tous les vices épars dans tout le monde. Partez ! Nos gardes nationales protégeront votre sortie sur les frontières; elles vous garantiront des agitations que vous faites naître; nous vous nourrirons même s'il le faut chez l'étranger, trop heureux de nous débarrasser de vous, à quelque prix que ce puisse être ! Partez ! Ou bien un penchant plus analogue à vos sentimens vous appelle-t-il en Italie? Voulez-vous aller respirer l'air du mont Aventin ?

Le vaisseau de la patrie est prêt : déjà j'entends sur le rivage les cris impatiens des matelots ; le vent de la liberté enflera les voiles, et les ondes, dociles à nos vœux, favorables à notre espoir, vous porteront doucement sur les rives du Tibre, auprès de votre cher souverain! Vous irez comme Télémaque chercher votre père sur les mers ; mais vous n'aurez pas à craindre les écueils de Sicile ni les séductions d'une Eucharis. Le pontife vous protége ; et n'avez-vous pas pour vous vos vertus ? Partez ! Écoutez la voix de quatre millions de gardes nationales qui vous disent : faites cesser nos inquiétudes et nos alarmes ; rendez-nous les cœurs de nos mères, de nos épouses, de nos filles, que vos sinistres inspirations ont enlevés à nos cœurs ! Partez ! Mais dans quelque partie du monde que vous portiez vos pas, soit que vous passiez les monts ou traversiez un fleuve, mettez toujours entre vous et nous, s'il est possible, la plus haute des montagnes ou le plus large des fleuves.

» Oh ! quelle fête pour la liberté que le jour de votre départ ! Quel triomphe pour les patriotes ! Quel soulagement pour la patrie, lorsqu'elle aura vomi de ses entrailles le poison qui les dévore ! Je vois la paix reprendre son empire, les liens de la nature se resserrer plus touchans que jamais, la tranquillité de retour dans les hameaux, et les cris de douleur des villageois se changer en chants d'allégresse!

» Dis-moi, pontife de Rome, quels sentimens t'agiteront lorsque tu reverras tes dignes et fidèles coopérateurs ? Je vois tes doigts sacrés préparer aussitôt ces foudres pontificales, qui n'auront même pas le triste succès d'une vaine et stérile explosion ? Tu agis sur les ames ignorantes et faibles, mais la liberté remue les ames courageuses et fortes ; elle compte aussi dans ses fastes ses martyrs et ses apôtres, et si jamais chez nous elle était en danger nous trouverions des milliers de Barnevelt !

» Qu'on apporte ici le réchaud de Scévola, et, les mains tendues sur le brasier, nous prouverons qu'il n'est sorte de tourmens ni de supplices qui puisse faire froncer le sourcil de celui que l'amour de la patrie élève au-dessus de l'humanité! »

M. Français donna lecture des articles du projet qui concernait les prêtres non sermentés. La discussion s'ouvrit après quelques jours, et se prolongea jusqu'au 26. Trente projets furent présentés : celui du comité obtint d'abord la priorité; bientôt il parut insuffisant; elle lui fut retirée, et l'Assemblée l'accorda au projet de M. Benoiston. Cet orateur, s'étayant de l'aveu même d'un prêtre, éloigna en peu de mots la mesure proposée du serment civique avant la déportation : « Je ne conçois pas, dit-il, comment on a pu vous proposer ce serment comme un moyen efficace, lorsque tant de raisons concourent pour vous en dénoncer l'inefficacité. Le sieur Lalaurenzi, ci-devant évêque de Nantes, disait, à l'occasion d'un pareil serment, *chez les hommes qui ont deux consciences, l'une pour le civil, l'autre pour le spirituel; l'une n'astreint jamais l'autre; elles peuvent au contraire se dégager réciproquement.* Je ne pousserai pas plus loin mes réflexions. Nous devons adopter la déportation ou la guerre civile, point de milieu. » Le projet de M. Benoiston, vivement combattu, mais plus fortement appuyé, fut décrété en ces termes :

Décret concernant les prêtres non sermentés. (*Du 27 mai* 1792.)

« L'Assemblée nationale, après avoir entendu le rapport de son comité des douze, considérant que les troubles excités dans le royaume par les ecclésiastiques non sermentés exigent qu'elle s'occupe sans délai des moyens de les réprimer, décrète qu'il y a urgence.

» L'Assemblée nationale, considérant que les efforts auxquels se livrent constamment les ecclésiastiques non sermentés pour renverser la Constitution, ne permettent pas de supposer à ces ecclésiastiques la volonté de s'unir au pacte social, et que ce serait compromettre le salut public que de regarder plus longtemps comme membres de la société des hommes qui cherchent évidemment à la dissoudre; considérant que les lois pénales sont sans force contre ces hommes qui, agissant sur les consciences pour les égarer, dérobent presque toujours leurs manœuvres criminelles aux regards de ceux qui pourraient les faire réprimer et punir ; après avoir décrété l'urgence, décrète ce qui suit :

» Art. Ier. La déportation des ecclésiastiques insermentés aura lieu comme mesure de sûreté publique et de police générale, dans les cas et suivant les formes énoncées ci-après :

» II. Seront considérés comme ecclésiastiques insermentés tous ceux qui, assujétis au serment prescrit par la loi du 26 décembre 1790, ne l'auraient pas prêté; ceux aussi qui, n'étant pas soumis à cette loi, n'ont pas prêté le serment civique postérieurement au 3 septembre dernier, jour où la Constitution française fut déclarée achevée; ceux enfin qui auront rétracté l'un ou l'autre serment.

» III. Lorsque vingt citoyens actifs d'un même canton se réuniront pour demander la déportation d'un ecclésiastique non sermenté, le directoire de département sera tenu de prononcer la déportation, si l'avis du directoire du district est conforme à la pétition.

» IV. Lorsque l'avis du directoire de district ne sera pas conforme à la pétition, le directoire de département sera tenu de faire vérifier par des commissaires si la présence de l'ecclésiastique ou des ecclésiastiques dénoncés nuit à la tranquillité publique; et, sur l'avis de ces commissaires, s'il est conforme à la pétition, le directoire du département sera également tenu de prononcer la déportation.

» V. Dans le cas où un ecclésiastique non sermenté aurait par des actes extérieurs excité des troubles, les faits pourront être dénoncés au directoire du département par un ou plusieurs citoyens actifs, et après la vérification des faits la déportation sera pareillement prononcée.

» VI. La demande ou pétition dont il est parlé dans les précédens articles, devant être signée de ceux qui la formeront, sera remise par eux au directoire du district; ils en affirmeront la vérité devant le même directoire, qui leur fera délivrer par son secrétaire, sur papier libre et sans frais, un certificat du dépôt de cette pétition.

» VII. Le directoire du district vérifiera, sur les tableaux qui doivent être déposés dans son secrétariat, *ou par tout autre moyen*, si les signataires de la pétition sont véritablement citoyens actifs; d'après cette vérification, il donnera son avis et le fera passer à l'administration du département dans les trois jours qui suivront celui de la date du dépôt.

» VIII. Dans le cas où les citoyens actifs qui auront à former la pétition prescrite ne sauraient écrire, elle sera reçue en présence du procureur-syndic par le secrétaire du district, qui, après l'avoir rédigée, en donnera lecture aux pétitionnaires, et relatera leur déclaration de ne savoir signer.

» IX. Lorsque les préalables prescrits par les articles précédens auront été remplis, tant de la part des pétitionnaires que de la part du directoire de district, le directoire de département sera tenu de statuer dans trois jours si l'avis du directoire de district est conforme à la pétition.

» X. Lorsque l'avis du directoire de district ne sera pas conforme à la pétition, le directoire de département aura quinze jours pour faire procéder aux vérifications prescrites en pareil cas, et pour statuer définitivement.

» XI. L'avis du directoire de district ou celui des commissaires-vérificateurs étant conforme à la pétition, il sera enjoint par l'arrêté du directoire de département aux ecclésiastiques sujets à la déportation de sortir et se retirer, dans vingt-quatre heures, hors des limites du district de leur résidence, dans trois jours hors des limites du département, et dans le mois hors du royaume. Ces différens délais courront du jour où la sommation leur en sera faite à la requête du procureur-général-syndic du département, suites et diligences du procureur-syndic du district.

» XII. Copie de l'arrêté du département sera notifiée à chacun des ecclésiastiques sujets à la déportation, ou à leur dernier domicile connu, avec sommation d'y obéir et de s'y conformer; cette notification se fera sur papier libre, sans autres frais que les vacations de l'huissier, modérés aux deux tiers des vacations ordinaires, et sera soumise à l'enregistrement gratuit.

» XIII. Sitôt après cette notification l'ecclésiastique sera tenu de déclarer devant la municipalité du lieu de sa résidence, ou devant le directoire du district, le pays étranger dans lequel il entend se retirer; et il lui sera délivré sur-le-champ par la municipalité ou le directoire du district, un passeport qui contiendra son signalement, sa déclaration, la route qu'il doit tenir et le délai dans lequel il doit être sorti du royaume.

» XIV. Dans le cas où l'ecclésiastique n'obéirait pas à la sommation à lui faite, le procureur-syndic du district sera tenu de requérir la gendarmerie nationale pour le faire transférer de brigade en brigade au-delà des frontières les plus voisines du lieu de son départ, et les frais de cette translation, dont il sera dressé procès-verbal, seront retenus sur sa pension ou ses revenus.

» XV. Lorsque l'ecclésiastique contre lequel la déportation sera prononcée n'aura ni pension ni revenu, il recevra trois livres par journée de dix lieues jusqu'aux frontières, pour le faire subsister pendant la route; ces frais seront supportés par le trésor public, et avancés par la caisse du district dans lequel résidait cet ecclésiastique.

» XVI. Ceux des ecclésiastiques, contre lesquels la déportation aura été prononcée, qui resteraient dans le royaume après avoir déclaré leur retraite, ou qui rentreraient après leur sortie, seront condamnés à la peine de détention pendant dix ans.

» XVII. Les directoires de département seront tenus d'envoyer chaque mois au pouvoir exécutif, qui en rendra compte à l'Assemblée nationale, l'état nominatif des ecclésiastiques dont il aura prononcé la déportation.

» XVIII. L'Assemblée nationale n'entend, par les précédentes dispositions, soustraire aux peines établies par le Code pénal les ecclésiastiques non sermentés qui les auraient encourues ou pourraient les encourir par la suite.

» XIX. Le présent décret sera porté dans le jour à la sanction. »

Rapport de Dumas sur les tribunaux militaires. (Séance du 5 mai.)

[*M. Dumas.* « Parmi les mesures qui vous ont été successivement soumises pour perfectionner l'organisation des armées et le service militaire en campagne, une organisation des tribunaux militaires à l'armée, et une manière plus prompte de procéder vous ont été demandées, comme le seul moyen d'assurer l'obéissance et la discipline sans laquelle la force armée, loin d'être une institution salutaire, devient le fléau du corps social, et peut en entraîner la destruction. Cette partie des travaux de votre Comité militaire se trouvait naturellement liée à la question de responsabilité des généraux d'armée, que le ministre de la guerre, d'après la demande expresse des généraux, vous avait présentée, et que de sinistres augures de méfiance rendaient utile à examiner ; et peut-être serait-il nécessaire aujourd'hui d'éclairer l'opinion publique sur la différente nature de fonctions, et sur la responsabilité des divers agens du pouvoir exécutif pendant la guerre ; du ministre qui doit résoudre le plan général et le système de guerre ; du général qui doit résoudre et diriger le détail de toutes les opérations dont lui seul peut juger les avantages et l'opportunité.

« Ce n'est donc pas de la circonstance d'un grand désordre que naît la loi que vous proposeront vos Comités réunis ; ils ont jugé qu'elle était d'autant plus instante, que les événemens justifiaient votre prévoyance. Vos Comités ont donc approfondi les motifs qu'il importe à notre situation militaire et politique de développer. La fortune une fois a trahi nos espérances ; mais avions-nous besoin de premiers et de rapides succès pour nous encourager à soutenir la cause de notre liberté ?

« Non, c'est à l'école du malheur que s'affermit le courage des hommes libres. Nous retrouverons ces avantages de l'impétuosité française. Les plus braves troupes valent mieux après avoir été ainsi éprouvées. Les soldats timides, ne supportant pas le poids de la honte, s'aguerrissent, et l'expérience d'un premier revers vieillit et forme les bons capitaines.

» Écoutez l'immortelle leçon de celui qui sait deviner le secret de la force des gouvernemens, leçon trop applicable aux circonstances où nous nous trouvons, mais qu'il est beau et consolant pour des Français de recevoir de Montesquieu.

» Toutes les fois, dit-il, que les Romains se crurent en danger, ou qu'ils voulurent réparer quelque perte, ce fut une pratique constante chez eux de raffermir la discipline militaire. Ont-ils à faire la guerre aux Latins, peuple aussi aguerri qu'eux-mêmes? Manlius songe à augmenter la force du commandement, et fait mourir son fils qui avait vaincu sans son ordre. Sont-ils battus à Numance? Scipion Emilien les prive d'abord de tout ce qui les avait amollis. Les légions romaines ont-elles passé sous le joug en Numidie? Métellus répare cette honte aussitôt qu'il leur a fait reprendre leurs institutions anciennes. Marius, pour battre les Cimbres et les Teutons, commence par détourner les fleuves; et Sylla fait si bien travailler les soldats de son armée, effrayés de la guerre contre Mithridate, qu'ils la lui demandent comme la fin de leurs peines. Leurs troupes étant toujours les mieux disciplinées, il était difficile que, dans le combat le plus malheureux, ils ne se ralliassent quelque part, ou que le désordre ne se mît quelque part chez les ennemis. » Ces exemples seront suivis, si, nous montrant inaccessibles à la mauvaise fortune, nous prenons de la force dans l'inépuisable source des lois. Si nous ne réprimons les factions et leur avilissante influence sur nos fidèles soldats, il faut changer celle-là. Si le roi, se montrant le fidèle gardien de la Constitution, prouve en faisant exécuter les lois que ce n'est point un vain titre que celui de chef suprême de l'armée, le salut de la France, le sort de la guerre, le sort de la France est ici; que chacun fasse son devoir, car nous sommes aussi devant les ennemis de la patrie. (On applaudit.)

» Loin de nous la pensée que jamais les autorités constituées puissent fléchir sous le poids des circonstances : qu'elles se réunissent et se fortifient par une mutuelle confiance, et la bonne cause triomphera. Si vous n'établissez dans les armées une forme de jugement militaire, qui prévienne le danger des délais dans la punition des délits, la force morale du général est détruite, et vainement les lois lui auront-elles confié le pouvoir de faire des réglemens, et d'attacher des peines aux délits qu'il aura prévus qui les fera exécuter, ou il n'y aura plus de subordination? dès lors le succès des opérations, le sort journalier des armes, seraient la mesure de l'obéissance des troupes. Songez que le génie du général de l'armée est une propriété nationale; c'est un instrument auquel il faut laisser tout son ressort; et dans ce métier difficile, où toutes les connaissances humaines, et toutes les vertus réunies seraient souvent encore au-dessous des circonstances, celui-là sert le mieux son pays qui commet le moins de faute, et profite le plus habilement de celles de son adversaire; mais dans cette multiplicité de combinaisons que le moindre événement peut changer, sous prétexte d'une surveillance inutile, injurieuse et destructive, les soupçons erraient sans cesse dans nos camps. Quel général pourrait appliquer toutes ses facultés, et donner tous ses soins aux vastes conceptions de l'art des combats?

» Le caractère de la défiance est de se fortifier par ses propres ravages; elle vole avec rapidité, et parcourant les frontières, les armées, elle se grossit des bruits les plus vagues, des rumeurs les plus incertaines : un soupçon lancé par un ennemi secret, devient une probabilité au second rang; au troisième, c'est une certitude. Après avoir accablé un général, après avoir détruit son successeur, la défiance cherche encore quelle est la victime qu'elle doit immoler. Je vous le demande; où s'arrêtera-t-elle? Est-ce la vertu, la probité, de longs et éclatans services qui pourront la faire reculer? Eh ! n'a-t-elle pas à côté d'elle la calomnie pour noircir la vertu, pour supposer des crimes? La calomnie à laquelle des écrivains pervers ont su donner, depuis quelque temps, une marche régulière et systématique ; voyez dans ce moment un général blanchi dans la carrière des armes, plus de cinquante ans de valeur et de fidélité, de nombreux exploits guerriers, l'armée sauvée par lui et rendue victorieuse à Clostercamp, l'Amérique rendue indépendante et libre par ses talens et ses succès ; eh bien ! le maréchal Rochambeau lui-même n'est pas soustrait par sa vie entière aux attaques de la calomnie et aux désastreux effets de la défiance. (On applaudit.) Le génie de Turenne n'eût point soutenu de telles épreuves; et l'opération la mieux conçue et la mieux conduite peut toujours être interprétée par d'artificieuses suppositions si facilement accueillies par l'ignorance, d'une manière contraire à son but. Éloignons ces fléaux de nos armées; étouffons le sentiment épouvantable qui tend toujours à charger la tête du général de tout le poids des revers; car, comme le dit Tacite : « Telle est la pire condition de la guerre, que chacun s'attribue à lui seul les choses prospères, et que les adverses sont imputées à un seul. »

» Cette austère discipline qui assure les succès, n'est chez nos voisins qu'une obéissance servile ; mais elle doit parmi nous prendre sa source dans les sentimens les plus généreux, et produire les plus mâles vertus. Si tous les peuples libres poussèrent cette austérité à un point qui nous paraît rude jusqu'à la férocité, combien, à plus forte raison, dans l'agitation de la plus entière révolution morale qui soit arrivée parmi les hommes, devons-nous nous prémunir contre les dangers de l'indiscipline? Oui, c'est à ce qui nous reste encore de l'esprit servile qui tourne si facilement à la licence, qu'il faut attribuer l'indiscipline qui a désolé notre armée. — Il faut mûrir les fruits de cette régénération. Il faut dévorer l'avenir ; et, pour nous empêcher de détruire notre ouvrage de nos propres mains; il faut atteindre à cette discipline qui, sans doute, est une contradiction avec l'indépendance primitive; comme les plus belles et les meilleures fortifications sont prisées et admirées, encore que leur dessein et leurs formes choquent et contrarient les formes de la nature. Or, cette discipline ne peut être produite que par deux puissans ressorts, la liberté et le despotisme; mais il y a cette essentielle différence, que la discipline du despotisme tend à le détruire; que plus le ressort en est comprimé, plus il est près de rompre et d'entraîner son agent; tandis qu'au contraire la discipline des peuples libres se fortifie à mesure que les principes du gouvernement s'épurent et s'affermissent.

» Rassurons-nous donc; il est impossible que dans le cours d'une guerre entreprise pour la liberté, dans l'exaltation des plus honorables sentimens, que l'armée connaisse les motifs qui nous déterminent à prononcer fortement la volonté nationale; elle recevra, je ne dis pas avec soumission, mais avec reconnaissance, les lois les plus sévères. Félicitons-nous de la bonne conduite qu'ont tenue les braves gardes nationales de Paris, le régiment ci-devant d'Estérasy, le 6ᵉ régiment des chasseurs, et le 49ᵉ, ci-devant Vintimille. (On applaudit.) Ils ont appris à leurs compagnons d'armes, que l'obéissance et la confiance dans les généraux sont en même-temps la sauvegarde de la vie et de l'honneur. Le soldat français n'avait ci-devant qu'une ombre de gloire dans le succès des batailles. Il a défendu la liberté et ses continuelles jouissances; il a un intérêt personnel à ce que la force de l'armée se conserve dans toute son intégrité; la soumission aux lois de discipline est la véritable preuve de son patriotisme; le soldat citoyen repoussera avec horreur tous ces germes de méfiance, de mécontentement, de discorde, que les ennemis de la Constitution ont semés dans notre armée. Ce sont ces valeureux défenseurs de la liberté qui demandent à leurs généraux une discipline sévère, parce qu'ils savent qu'elle seule peut promettre des succès, parce qu'ils sont sûrs que ces lois frapperont d'abord sur les ennemis secrets, toujours les premiers à troubler l'ordre dans l'armée. Montrons donc enfin à l'Europe attentive à nos efforts, que l'amour de la liberté est un lien plus fort entre les hommes, un gage plus sûr de la fidélité et de l'obéissance des troupes, que l'habitude servile dont les armées modernes ont déshonoré le nom de discipline.

» Vos comités réunis ont d'abord examiné la proposition faite par le ministre de la guerre, d'établir un jury permanente; et reconnaissant l'impossibilité d'accorder deux idées, deux institutions contradictoires, ils se sont uniquement attachés à l'intention exprimée dans le mémoire des généraux et dans la demande du ministre ; ils ont considéré qu'il n'était pas de circonstance si impérieuse qui pût faire dévier des principes. Vous trouverez donc, dans les mesures que vos Comités vous proposent, l'empreinte du respect pour la sainte institution des jurés, les amis de la liberté trembleraient d'y porter atteinte ; mais peut-être, en réfléchissant aux circonstances où nous sommes, en remarquant la différence nécessaire qui existe entre l'armée et le reste du corps social, peut-être penserez-vous (et telle est mon opinion particulière) qu'il faut dans l'armée, pour sa propre sûreté, pour celle de la nation entière, une forme de jugement qui, à la guerre, présentât moins de difficultés et affermît la subordination par la promptitude de la punition des délits. Satisfaits de n'avoir à vous proposer que des modifications qui n'atteignent pas l'intégrité de la loi, vos Comités ont trouvé, dans l'art. XIII du titre IV de la force publique, un appui, une justification suffisante des changemens qu'ils vous proposent. Cet article, qui prévient d'avance les objections que l'on pourrait faire contre les changemens, et prouve que la Constitution vous a donné le droit de les faire, est conçu en ces termes :

» L'armée de terre et de mer, et la troupe destinée à la sûreté intérieure, sont soumises à des lois particulières, soit pour le maintien de la discipline, soit pour la forme des jugemens, et la nature des peines en matière de délits militaires. » Je ne développerai pas d'avance les motifs particuliers de chaque article de la loi qui nous est proposée ; j'ai pensé que vous préféreriez d'en entendre d'abord une première lecture, et qu'il y aurait moins de confusion dans les idées, en suivant à une seconde lecture l'ordre des articles, expliquant les changemens, et discutant les objections à mesure qu'elles seront présentées. (Les applaudissemens recommencent.)

» L'assemblée nationale, après avoir décrété l'urgence, décrète ce qui suit... » — M. Dumas présente un projet dont l'assemblée ordonne l'impression. Ce projet, légèrement modifié par la discussion, fut adopté dans les termes suivans :

Décret sur les tribunaux militaires. — (*Séance du* 12 *mai.*)

TITRE PREMIER. — *Des tribunaux militaires à l'armée.*

ART. Ier. « Tous les délits militaires ou communs, commis à l'armée par les individus qui la composent, sans distinction de grade, de métier ou de profession, seront jugés par des cours martiales ou par la police correctionnelle militaire, suivant la gravité du délit, conformément aux dispositions suivantes.

II. » Tout prévenu d'un délit militaire ou d'un délit commun, dont la peine, s'il est trouvé coupable par le juré, doit être la privation de la vie ou de son état, sera traduit devant la cour martiale.

III. » Tout prévenu d'un délit ou d'une faute excédant celles de pure discipline, dont la connaissance est réservée par les lois militaires au conseil de discipline, et dont la punition ne devra être ni la privation de la vie, ni celle de son état, sera traduit devant le tribunal de police correctionnelle militaire.

IV. » A l'armée, les cours martiales et les tribunaux de police correctionnelle militaire, appliqueront aux délits militaires les peines énoncées dans le code pénal militaire, ainsi que dans les réglemens que les généraux et commandans en chef sont autorisés à faire par l'article II de la loi du 19 octobre; elles appliqueront aux délits civils les peines énoncées dans les lois pénales ordinaires. La disposition de l'article du titre 1er de la loi du 19 octobre 1791, sera observée dans tous les cas. En conséquence, *il n'y aura pas de recours au tribunal de cassation.* »

TITRE II. — *Des cours martiales.*

Art. 1er. « Conformément à ce qui est prescrit par l'article VII de la loi du 29 octobre 1790, il sera établi, dans chaque armée, le nombre de cours martiales que le général d'armée aura jugé nécessaire.

II. » La juridiction de chacune des cours martiales établies dans la même armée s'étendra, dans le royaume et hors du royaume, sur tous les militaires attachés à cette armée, et sur toutes les personnes attachées à son service ou qui la suivent.

III. » Le siége habituel de chacune de ces cours sera déterminé par le général, en sorte que de chacun des points qu'occupera l'armée, on puisse promptement recourir à l'une d'elles. Cependant il sera libre au grand juge d'ordonner le transport de la cour martiale hors du lieu où elle siége habituellement, toutes les fois que cette mesure pourra contribuer à la sûreté des prisonniers, à la prompte expédition des affaires, ou pour toute autre considération importante.

» Les cours martiales à l'armée pourront tenir leurs séances partout, et même en plein air.

IV. » Les prévenus de délits qui devront être jugés par les cours martiales seront traduits devant la plus prochaine, sur la plainte du commissaire-auditeur qui en aura le plus tôt été averti, soit par une dénonciation expresse, ou par la clameur publique, ou de toute autre manière.

V. » La formation du tableau des jurés, établie par la loi du 29 octobre 1790, ne sera pas obligatoire à l'armée.

» Le service des deux jurés sera rempli alternativement par tous les individus qui composent ou suivent les armées, sans qu'aucune raison puisse les en dispenser, de quelque arme, de quelque grade, profession qu'ils soient, soit qu'ils servent en corps ou par détachemens, ou même hors de ligne.

» On sera appelé, pour le service des jurés, par le commandant militaire de la division. Lorsqu'il n'y aura qu'un seul régiment dans le lieu où les deux jurés devront être convoqués, le régiment fournira les jurés nécessaires, en prenant les plus anciens officiers, sous-officiers et soldats, qui seront soumis à cet égard à un tour de service, et en suivant l'ordre des colonnes.

» Lorsqu'il y aura deux régimens dans le lieu de la convocation, il sera nommé des jurés sur la totalité des deux régimens. Lorsqu'il y en aura trois, il en sera de même, jusques et compris le nombre de quatre régimens, nombre auquel on s'arrêtera, quel que soit celui des troupes comprises dans la même division;

mais quand les quatre premiers régimens auront satisfait à cette obligation, on recommencera à nommer des jurés dans les régimens qui suivront.

» Les officiers des états-majors des armées, les officiers et sous-officiers pris dans les détachemens envoyés aux armées, quelle que soit leur arme, seront, dans toute circonstance, nommés par l'officier qui se trouvera commandé; en les prenant, chacun à leur tour, dans la colonne de leur grade.

» Nul ne sera appelé pour les jurés, s'il n'a les qualités requises par l'article XIX de la loi du 29 octobre 1790.

VI. » Lorsque les prévenus seront militaires, quel que soit leur nombre et leur grade, le jury d'accusation sera formé par des militaires, à raison d'un par chacune des sept premières colonnes, et de deux du grade du prévenu. Lorsque les prévenus seront des personnes attachées au service de l'armée, ou étant à sa suite, quel que soit leur nombre, le juré d'accusation sera composé de neuf personnes, à raison d'une par chacune des sept colonnes militaires, et de deux, prises à tour de rôle parmi les personnes de la même condition que l'accusé; il en sera de même lorsque, dans le nombre des prévenus, il y aura des militaires, des personnes non militaires; dans tous les cas, la majorité absolue entre les jurés d'accusation fixera leur détermination, ainsi qu'il est prescrit par l'article XLI de la loi du 29 octobre 1790.

VII. » Lorsque les accusés seront militaires, quel que soit leur nombre et leur grade, le juré du jugement sera formé d'après l'article XXIII de la loi du 29 octobre. Lorsque les accusés seront des personnes attachées au service de l'armée, ou étant à sa suite, quel que soit leur nombre, il sera présenté, pour le juré du jugement, vingt-huit militaires, à raison de quatre par chaque colonne, et huit personnes prises à tour de rôle, parmi celles attachées au service de l'armée, ou étant à sa suite; ce qui donne le nombre de trente-six, qui, au moyen des récusations, se réduit à neuf, dont deux de la condition de l'accusé attaché à l'armée. Il en sera de même lorsque, dans le nombre des accusés, quel qu'il soit, il y aura des militaires et des personnes non militaires. Dans tous les cas, les récusations seront proposées sur chacune des sept colonnes, pour les réduire successivement au quart, conformément à ce qui est prescrit par l'article XXIV de la loi du 29 octobre 1790; et s'il y a plusieurs accusés, les récusations seront proposées alternativement par chacun d'eux, à commencer par le plus jeune, ainsi qu'il est prescrit par la deuxième partie de l'article XXVI de la loi d'octobre 1790.

TITRE III. — *Des juges de paix et de la police correctionnelle militaire.*

Art. Ier. « Les commissaires-auditeurs qui, dans les cours martiales, resteront toujours chargés de la poursuite de tous les délits militaires, rempliront encore dans les camps et armées, les fonctions de juge de paix, envers les gens de guerre et autres attachés à leur service, ou qui sont à leur suite.

II. » Ils jugeront toutes les contestations qui pourront naître, d'après les principes de la police correctionnelle civile. Ils jugeront aussi tous les délits qui n'emporteront pas la peine de la privation de la vie et de l'état des personnes. Ils seront en conséquence assistés, dans leurs jugemens, par deux commissaires ordinaires des guerres, et à leur défaut, par les deux capitaines qui, sur l'état de service, se trouveront être rentrés les derniers au camp.

III. » Les généraux d'armée, dans les réglemens que la loi les autorise à proclamer, pendant la durée de la guerre, y classeront tous les objets qui doivent être soumis à la police correctionnelle, et jugés par les commissaires-auditeurs.

IV. » Le pouvoir exécutif fera publier une instruction détaillée, tant sur le service des cours martiales que sur le tribunal de police correctionnelle militaire dans les armées. Ce réglement, uniquement relatif au service en campagne, devra être conforme aux bases établies par le présent décret et aux lois antérieures, tant sur la compétence des tribunaux militaires, que dans le

Code pénal, pour tout ce qui ne se trouve pas expressément abrogé. »

Le 11, sur le rapport de Dumas, l'assemblée avait rendu le décret suivant contre les auteurs des désordres devant Mons et Tournay, et contre leurs provocateurs :

Art. Ier. « Le pouvoir exécutif donnera des ordres pour qu'il soit assemblé, dans tel lieu que le général de l'armée du Nord désignera, une cour martiale, devant laquelle seront traduits les officiers, sous-officiers et dragons des 5e et 6e régimens, prévenus d'avoir abandonné le poste qui leur avait été confié dans l'ordre de bataille du corps de troupes commandé par le lieutenant-général Biron.

II. » Immédiatement après la publication du présent décret, le général de l'armée fera sommer les 5e et 6e régimens de dragons de déclarer et de faire connaître les officiers et sous-officiers ou dragons qui, soit en prononçant le cri de trahison, soit en excitant leurs compagnons à la défection, se seraient les premiers rendus coupables d'avoir quitté le poste de bataille.

III. » Dans le cas où les deux régimens de dragons, ne déclarant pas les coupables dans le délai prescrit par le général, se trouveraient par-là chargés collectivement du crime de l'abandon du poste devant l'ennemi, le pouvoir exécutif donnera les ordres nécessaires pour que ces deux régimens soient cassés, sans préjudice toutefois de l'information et poursuite qui pourront résulter des comptes déjà rendus et des dénonciations qui sont ou qui pourraient être faites contre les prévenus, comme aussi de l'examen et justification légale et authentique de la conduite des officiers, sous-officiers et dragons qui auront fait leur devoir.

IV. » Si, en conséquence des articles ci-dessus, il y a lieu à casser les 5e et 6e régimens de dragons, les guidons des deux régimens seront déchirés et brûlés à la tête du camp, et les numéros qui marquent leur rang dans l'armée, resteront à jamais vacans.

V. » Le ministre de la justice rendra compte, de huitaine en huitaine, des poursuites qui ont dû être faites par les accusateurs publics, en vertu de l'article III du titre III du Code pénal, contre ceux qui, par leurs discours, imprimés ou affichés, auraient pu porter les soldats de l'armée du Nord aux désordres et à l'insubordination dont ils se sont rendus coupables. »

Affaire de la Chapelle. — A la séance du 11, Élie Lacoste rendit compte des violences exercées à la Chapelle-Saint-Denis, près Paris, le 24 janvier 1791, par des chasseurs soldés, qui, sous prétexte de faire une perquisition de tabac de contrebande, avaient maltraité chez lui, Vinclair, en répondant que leurs ordres étaient dans le fourreau de leurs sabres, et par d'autres chasseurs du même corps qui, ayant fait feu sur le maire, tuèrent à ses côtés Julien et Auvry, sous les armes. — Décret qui accorde une pension de 200 livres à chaque veuve, et la somme de 1200 livres aux enfans.

Fête décernée à Simoneau. — A la séance du 12, sur le rapport de Quatremère, l'assemblée décréta :

Art. Ier. « Une cérémonie nationale, consacrée au respect dû à la loi, honorera la mémoire de Jacques-Henri Simoneau, maire d'Étampes, mort le 3 mars 1792, victime de son dévouement à la patrie.

II. » Les dépenses de cette cérémonie seront acquittées par le trésor public.

III. » Le pouvoir exécutif donnera les ordres les plus prompts pour l'ordonnance de cette cérémonie, qui aura lieu le 1er juin. L'assemblée nationale y assistera par une députation de 72 de ses membres.

IV. » Le cortége sera composé des magistrats nommés par le peuple, des différens fonctionnaires publics et de la garde nationale.

V. » L'écharpe du maire d'Étampes sera suspendue aux voûtes du Panthéon français. » — Lasource fit ajouter, par amendement, que la fête ne couterait que 6,000 livres.

Le peuple ne participa en rien à la pompe officielle que les Feuillans célébrèrent fastueusement. Le *Moniteur* ne renferme aucun détail sur cette cérémonie. Sans nous occuper ici de récits et de descriptions, nous nous contenterons de mentionner les circonstances révolutionnaires. — Brissot et les Girondins appuyèrent cette fête: pour eux, comme pour les Feuillans, Simoneau était un martyr de la loi. Robespierre la condamnait. Le n° IV du *Défenseur de la Constitution* renferme là-dessus un article que nous allons transcrire. Il le fit suivre d'une pétition adressée le 2 mai à l'assemblée législative, où les faits relatifs au meurtre de Simoneau sont présentés et prouvés contrairement à ce qui avait été raconté dans le premier moment. Comme nous avons recueilli les versions les plus accréditées à l'époque même de l'émeute, nous recommandons à nos lecteurs cette pièce nouvelle, sur laquelle le *Moniteur* garde un silence absolu.

Voici l'article de Robespierre, et la pétition :

« Les fêtes nationales et les honneurs publics portent l'empreinte du gouvernement qui les ordonne. Dans les états despotiques, les honneurs publics sont réservés à ceux qui ont mérité la faveur du prince, et par conséquent le mépris et la haine du peuple, les fêtes sont destinées à célébrer les événemens agréables à la cour; il faut que le peuple se réjouisse de la naissance ou du mariage de ses tyrans; on lui jette généreusement du pain et de la viande, comme à de vils animaux; et, si des milliers d'hommes sont étouffés dans la foule, ou écrasés sous les roues des chars brillans où l'orgueil et le vice s'asseyent avec l'opulence, ces fêtes n'en sont que plus dignes de leur objet et de leurs héros. Dans les états aristocratiques, il est aussi dans l'ordre que toutes les cérémonies publiques soient destinées à cimenter la puissance, à relever la dignité des familles patriciennes, en abaissant le peuple.

» Dans les états libres où le peuple est le souverain, leur unique objet doit être de l'honorer, de former les ames des citoyens à la vertu, c'est-à-dire à l'amour de la patrie et de la liberté.

»² Cependant, pour raisonner avec quelque justesse sur cet objet, il est une observation à faire avant tout : c'est qu'il n'est guère possible que les honneurs publics soient décernés avec justice que par le peuple lui-même; ils ne doivent être que l'hommage libre de l'amour et de l'estime publique ; or, ces sentimens ne peuvent être représentés. Si l'on conçoit que, dans un vaste empire, le pouvoir de faire des lois, au nom du peuple, doit être confié à des représentans, on ne conçoit pas sans doute que personne puisse estimer ou blâmer, aimer ou haïr, se réjouir ou s'affliger pour le peuple. Les honneurs publics, ainsi que les fêtes nationales, sont le luxe de la liberté : rien n'oblige le peuple à déléguer le soin de les décerner ; rien n'empêche d'abandonner aux citoyens le soin d'exprimer à leur gré leur reconnaissance et leur joie. Il y a plus ; entre les mains des magistrats, cette institution ne peut que dégénérer. Il est dans la nature des choses, que toute corporation, comme tout individu, ait un esprit particulier, par cela seul qu'elle a une existence particulière.

» Les hommes sont enclins à regarder le pouvoir qui leur est confié comme une distinction personnelle, comme une propriété honorifique qui les élève au-dessus du peuple. L'orgueil et l'amour de la domination seront toujours la maladie la plus dangereuse de tous les corps politiques qui ne sont pas la nation elle-même ; ainsi l'a voulu la nature, et le chef-d'œuvre des lois est de guérir cette maladie. De là cette distance infinie que nous apercevons souvent entre l'opinion publique et celle des fonctionnaires que le peuple même a choisis. S'il est une occasion où cette différence doit naturellement se manifester, c'est la dispensation des honneurs publics, parce que c'est là surtout que l'esprit de corps et l'esprit de parti peuvent particulièrement se développer. S'il est des temps où ces abus peuvent être à craindre, ce sont sans doute les temps de révolution, où tous les préjugés, tous les intérêts et toutes les passions sont à la fois en mouvement.

» L'assemblée constituante des Français a reconnu au moins une partie de ces vérités, en décrétant formellement que les honneurs destinés aux grands hommes ne pourraient être décernés que deux ans au moins après leur mort. Peut-être aurait elle dû reconnaître encore que ce jugement solennel ne pouvait appartenir au corps législatif ni à aucune autorité déléguée ; que la postérité ou la nation seule est juge compétent et souverain de ceux qui l'ont bien ou mal servie ; que l'opinion publique ne peut être représentée par celle d'un certain nombre d'individus que leurs fonctions même séparent de la foule des citoyens. Le peuple est infaillible dans cette matière, et tout autre que lui est sujet à de grandes erreurs. L'exemple même de l'assemblée constituante pouvait lui présenter à cet égard des leçons aussi frappantes que multipliées. Jamais, par exemple, le peuple de la Moselle n'eût décerné des couronnes civiques à Bouillé ; il n'eût point retiré aux administrateurs de ce même département les témoignages indiscrets de satisfaction, qui étaient le prix de l'audace criminelle avec laquelle ils avaient trompé les représentans de la nation, pour précipiter un décret homicide contre les défenseurs de la liberté ; car à coup sûr il ne les leur aurait jamais prostitués.

» Peut-être l'idée que je viens de développer paraîtra-t-elle un paradoxe : la question est de savoir si elle est juste, et sans doute un peuple dont toutes les idées, en matière de gouvernement n'étaient que des préjugés reçus sur la foi du despotisme, doit se familiariser avec les vérités nouvelles. Au reste, quelle que soit l'autorité qui dispense les témoignages de la reconnaissance nationale, si elle les distribue avec partialité, elle déprave les mœurs et l'opinion ; si elle les prodigue, elle use ce ressort utile de l'esprit public.

» Si je voulais examiner l'usage qu'en a fait l'assemblée constituante elle-même, je dirais peut-être qu'elle les a trop prodigués, et qu'elle a donné à ses successeurs plus d'un exemple ridicule ou dangereux. Et sans parler de ces complimens éternels, de ces remerciemens infinis prostitués par ses présidens à des hommes nuls et quelquefois à des actions anti-civiques ; sans parler de ces mentions honorables, plus dignes des académies auxquelles elle emprunta cette formule, que convenables à la raison et à la gravité du corps législatif, j'oserais porter mes regards sur les premiers personnages auxquels elle ouvrit les portes du temple consacré aux grands hommes. Je ne craindrai pas au moins de dire tout haut que les vertus utiles au bonheur des hommes doivent seules prétendre à ces honneurs presque divins; qu'au moins le législateur qui pense que les talens seuls peuvent les remplacer, donne au peuple qu'il doit instituer la plus funeste leçon d'immoralité et de corruption; qu'il renverse de ses propres mains la base sacrée sur laquelle repose l'édifice de la liberté; qu'il avilit en même temps et les signes les plus honorables de l'estime publique, et la patrie, et lui même. Pour moi, je pense, que celui que Caton eût chassé du sénat, malgré ses talens littéraires et quelques écrits utiles, pour son caractère immoral, et pour une multitude d'ouvrages funestes aux bonnes mœurs; je pense que l'homme à qui, malgré son éloquence tant vantée, le peuple reproche une foule de décrets attentatoires à sa liberté, ne devait pas reposer dans le capitole, à côté des statues de nos dieux. O toi, ami sublime et vrai de l'humanité, toi, que persécutèrent l'envie, l'intrigue et le despotisme, immortel Jean-Jacques, c'est à toi que cet hommage était dû : ta cendre modeste ne repose pas dans ce superbe monument, et je rends grace à l'amitié qui voulut la conserver dans l'asile paisible de l'innocence et de la nature. C'est là que nous irons quelquefois répandre des fleurs sur ta tombe sacrée, et que la mémoire d'un homme vertueux nous consolera des crimes de la tyrannie.

» Un premier abus en appelle mille autres. Déjà un législateur (1) a réclamé les honneurs du Panthéon pour deux rois de France. Juste ciel! une nation libre honorer des despotes! Avez-vous peur qu'il n'en reste pas assez sur la terre? Voulez-vous encore évoquer les ombres de ceux qui ne sont plus? Si Henri IV et Louis XII avaient régné au commencement de votre révolution, en aurait-il moins fallu secouer leur joug?

» Eh! que nous importent quelques vertus exagérées ou inventées par des sujets qui écrivaient l'histoire sous les yeux de leurs maîtres? Ceux qui ont retenu un pouvoir usurpé sur l'humanité, et transmis à leurs descendans, comme un héritage éternel, le droit de l'opprimer, peuvent-ils être nos héros?

(1) M. Pastoret.

» Déjà un membre du corps législatif (1), qui, pour être un écrivain élégant, n'en était pas moins un homme médiocre et un législateur nul, qui, malgré une feuille périodique où il rendait justice aux prêtres fanatiques, ne s'était pas moins déclaré le champion du ministérialisme et le défenseur de la cour, a été célébré comme un grand homme, au sein de l'assemblée nationale, et quelques-uns de ses collègues (2) ont entrepris son oraison funèbre dans les journaux qu'ils publient chaque jour. Il ne leur reste plus qu'à demander qu'il soit introduit au Panthéon, avec les coryphées de la dynastie.

» Quelle décadence de l'esprit public! Quel fatal oubli des principes! Quel perfide système, inventé sans doute par l'intérêt personnel, de dénaturer toutes les idées du peuple, en mettant sur la même ligne le génie et la médiocrité, l'intrigue et la vertu, le faux civisme et le généreux amour de la patrie!

» Pour sentir combien le peuple est bon, combien il est grand, lorsqu'il est abandonné à lui-même, pour sentir à quel point sont simples et sublimes les fêtes dont il fait lui-même les apprêts, combien l'appareil de la force dont on affecte de l'environner est une injure gratuite et coupable, il suffit d'avoir une ame, et d'avoir vu le triomphe de la liberté et du patriotisme dans la fête des soldats de Château-Vieux et des gardes-françaises.

» Quelle était différente de celle qui vient d'être célébrée en l'honneur du maire Simoneau! L'assemblée nationale, une partie du public même, avaient été bien cruellement trompées sur les circonstances de cette affaire trop fameuse, comme sur tous les faits que l'intrigue et l'esprit de parti s'attachent à dénaturer. Ainsi Bouillé, et tant d'autres mauvais citoyens furent long-temps vantés comme des modèles de civisme, ainsi le peuple fut toujours calomnié avec impudence ou accusé avec fureur.

« A entendre ce concert étourdissant des écrivains aristocrates ou ignorans, qui ne croirait que le maire d'Étampes était un héros; que les citoyens de cette ville et de la contrée où elle est si-

(1) M. Céruiti.
(2) MM. Condorcet et Brissot.

tuée sont des brigands et des monstres ? Ce double prodige n'est qu'une chimère enfantée par le délire aristocratique. Déjà cette affectation même avec laquelle on ne cessait d'occuper l'univers entier de cette affaire, décelait l'imposture et l'intrigue aux yeux des citoyens éclairés; toutes les circonstances la dévoilent maintenant à tous ceux pour qui la calomnie et l'oppression ne sont pas un besoin. Rendons un hommage sincère et pur à la vérité, en dépit de toutes les préventions fanatiques, en dépit de toutes les manœuvres criminelles.

« Je suis loin de justifier aucune infraction à la loi; mais le plus grand ennemi des lois, c'est le vil calomniateur qui ose s'en faire un prétexte pour accabler la faiblesse et écraser la liberté; je connais un crime beaucoup plus grand que celui dont on accuse le peuple d'Étampes, c'est la lâcheté avec laquelle on a dénaturé toutes les circonstances de cette affaire, pour rendre le peuple odieux et répandre la consternation dans une contrée entière. Eh bien! je le déclare, Simoneau n'était point un héros, c'était un citoyen regardé généralement dans son pays comme un avide spéculateur sur les subsistances publiques, ardent à déployer contre ses concitoyens une puissance terrible, que l'humanité, que la justice, et même la loi défendent d'exercer légèrement; il fut coupable avant d'être victime; et les maux de sa patrie et la violence que l'on reproche à ses compatriotes furent en grande partie son ouvrage; et ces faits sont aujourd'hui le prétexe de la plus atroce comme de la plus arbitraire proscription.... Hommes justes, écoutez seulement la voix des patriotes de cette contrée? Lisez, entre autres, une pétition présentée le 2 mai à l'assemblée nationale par des citoyens estimables de quarante communes voisines d'Étampes, qui n'ont d'autre intérêt dans cette affaire que celui de la vérité et de la justice, au nombre desquels est un curé vénérable dont vous serez forcés de respecter le courage et la vertu; lisez, reconnaissez le langage de la raison, de la probité, et prononcez.

« Mais les événemens arrivés à Étampes n'eussent-ils pas été dénaturés, il faut convenir que le sujet de la fête dont nous parlons n'en aurait pas été plus heureusement choisi. Le but des fêtes publiques n'est pas de flétrir le peuple, en perpétuant le souvenir de ses erreurs, de fournir des alimens aux perfides déclamations des ennemis de la liberté. Elles ne ressemblent pas à ces drames tragiques dont l'intérêt porte sur de grands attentats. La loi est là pour punir les délits; quand elle est satisfaite, il faut les laisser s'ensevelir dans l'oubli. Un maire, déployant l'étendart de la mort contre les citoyens qui l'ont choisi, dans un de ces mouvemens dont l'inquiétude du peuple pour sa subsistance est la cause, est un citoyen estimable tout au plus peut-être, mais, quelque douleur que puisse inspirer une infraction à la loi, il sera toujours difficile d'en faire un héros intéressant. Même parmi les actions louables que l'on peut présenter à l'admiration publique, il en est qui le sont davantage; il faut choisir celles qui portent un caractère plus noble et plus touchant aux yeux d'une nation magnanime et de l'humanité entière.

« Passant, va dire à Sparte que nous sommes morts ici pour ses saintes lois. » Cette inscription était sublime aux Thermopyles, mais appliquée au maire d'Étampes, peut-elle produire le même effet? Léonidas est mort en combattant contre l'armée innombrable de Xercès, sous les coups des ennemis de la Grèce; et Simoneau est tombé en ordonnant de faire feu sur ses concitoyens désarmés, assemblés pour arrêter des exportations de blé qui les alarmaient; la différence est trop grande sans doute pour que nous puissions mettre ces deux hommes sur la même ligne. La distance est aussi immense entr'eux qu'entre les lois de Lycurge et la loi martiale.

« Combien de réflexions indépendantes de l'objet de cette cérémonie, les détails et l'ordonnance de la fête ne pourraient-ils pas fournir.

« Les juges, les administrateurs, les maires, les municipaux, les autorités constituées y figuraient presque seuls : ce n'était donc point une fête nationale; c'était la fête des fonctionnaires publics. Le peuple n'était pour rien dans tout cela. Comme cette procession de corps municipaux, de corps administratifs et de corps judiciaires, retrace l'image de l'ancien régime! Des baïonnettes, des glaives, des uniformes, quels ornemens pour les fêtes d'une nation libre! Que dirons-nous de ces devises menaçantes qui présentaient partout la loi en colère? où les mots de liberté, de propriété, paraissent une fois seulement, pour qu'on ne puisse pas dire qu'ils avaient été formellement proscrits, mais seulement après le nom de la loi, comme si la loi était quelque chose sans la liberté, sans la propriété, pour qui elle est établie? Que dirons-nous de ce glaive qui, pour la cause du maire d'Étampes, semblait menacer un grand peuple qui, dans toutes les crises de la révolution, déploya une modération égale à sa force et à son courage! Comme ce charlatanisme paraissait digne de pitié aux véritables amis des lois, lorsqu'ils réfléchissaient que jusqu'à ce moment, ce glaive, terrible seulement pour les faibles, avait toujours épargné la tête des grands coupables! Aussi le silence imperturbable, la profonde indifférence du public annonçaient-ils qu'il se regardait comme absolument étranger à cette fête. Il est vrai que ceux qu'on appelle des aristocrates, qui, dans toute autre circonstance, auraient trouvé le nom de Simoneau bien *roturier* pour recevoir une telle illustration, paraissaient applaudir à son apothéose, qu'ils regardaient comme une représaille de la fête de la liberté et des soldats de Château-Vieux. »

Pétition de quarante citoyens des communes de Mauchamp, Saint-Sulpice de Favière, Breuillet, Saint-Yon, Chauffour et Breux, voisines d'Étampes, à l'assemblée nationale.

« Législateurs,

» Vous voyez en nous des habitans de différentes communes qui avoisinent Étampes, et qui n'ont eu aucune part à la malheureuse affaire arrivée dans cette ville.

» Nous sommes assez heureux pour nous trouver innocens : nous nous en félicitons ; mais il ne nous conviendrait pas de nous en prévaloir. Hélas! la cause pour laquelle nos voisins s'étaient épris d'un zèle inconsidéré et répréhensible est aussi la nôtre ;

et, si nous abhorrons le crime qui en a été la suite, leur malheur d'y avoir donné lieu, contre leur gré, nous porte vivement à les plaindre. Une alarme générale sur les subsistances s'était répandue dans toute la contrée; on parlait d'immenses enlèvemens de blé pour l'étranger : cette rumeur, qui allait en croissant, et sur laquelle on a toujours dédaigné de calmer nos esprits, nous aigrissait d'autant plus que nous croyions y voir le double complot de nous affamer et de faire passer nos subsistances à nos ennemis. C'était peut-être une terreur perfidement insinuée; mais au milieu de tant de sujets de méfiance, que pouvions-nous nous figurer autre chose de ce zèle inquiétant à vider nos greniers? De quel œil pouvions-nous envisager ces rapides enlèvemens de blé, dont on ne constatait publiquement ni le besoin ni la destination, et qui en faisaient hausser le prix à chaque marché d'une manière consternante? Déjà il se vendait trente-deux, trente-trois livres à Étampes, et on voyait le moment où il allait venir à quarante. C'est dans ces circonstances, c'est excité par de tels motifs (1) que s'est fait le mouvement dont la fin a été si déplorable. Législateurs, nous gémissons amèrement avec vous sur le sort du magistrat qui y a péri victime; *mais combien ne nous paraîtrait-il pas plus digne d'éloges si, au lieu de s'en être tenu à une âpre et repoussante inflexibilité, il eût pris davantage conseil d'une salutaire et courageuse prudence!* Il eût conservé la vie et il eût épargné un crime au peuple. Cette dernière considération aurait bien

« (1) On a débité que cette émeute avait été excitée par une troupe de brigands dans le dessein de piller et de ravager. Je suis proche voisin du lieu où elle a pris naissance, et, d'après tous les renseignemens particuliers qui me sont parvenus, et qui portent en moi une pleine conviction, je puis certifier qu'elle n'a eu d'autre cause que l'alarme populaire sur les subsistances, et qu'on ne s'y proposait que de faire diminuer le prix du blé, démarche qui n'était envisagée que comme un moyen de mettre des bornes à la cupidité des vendeurs, et non pour leur faire aucune véritable injustice. Peut-être doit-on attribuer tous ces soulèvemens, dont l'explosion s'est manifestée en tant d'endroits, et qui avaient si bien l'air combinés avec les secrètes manœuvres de nos ennemis; mais celui-ci n'est qu'une suite d'un mouvement donné; c'est le renchérissement du blé, c'est la faim ou la crainte de la faim qui en ont été les seuls instigateurs. Du reste, je ne prétends pas justifier cette conduite, mais je la présente pour ce que je crois qu'elle est. Je signe cette note pour tout l'ouvrage; il doit avoir un garant, et c'est moi qui le suis. Pierre DOLIVIER, curé de Mauchamp et électeur. »

dû au moins le toucher pour sa gloire (1). Au lieu de s'appliquer à ramener un peuple égaré ; au lieu de chercher à calmer ses alarmes sur les subsistances, il ne fit que l'aigrir, en repoussant durement toute espèce de représentation ; et, ce qui mérite surtout d'être pesé, en donnant précipitamment et à plusieurs reprises, comme on nous l'assure (2), le signal de l'exécution de la loi martiale. Avant de recourir à cette loi meurtrière, avant même d'oser l'envisager, combien un magistrat ne doit-il pas frémir ! combien ne doit-il pas avoir épuisé toute autre ressource, et combien ne doit-il pas voir la chose publique en péril ! *La loi martiale, dans les mains d'un homme qui n'en sait pas redouter l'usage, est un poignard dans les mains d'un assassin.*

» A Dieu ne plaise que nous ayons dessein d'affaiblir l'indignation que méritent les meurtriers du maire d'Étampes ; mais quels

« (1) L'inflexibilité du maire doit-elle seule en faire un héros ? Eh ! quel autre genre de mérite a-t-il déployé dans cette circonstance ?... La gloire ne se décerne pas, elle se mérite, et elle est surtout due au magistrat qui sauve son pays ; non à celui qui ne fait que le compromettre. J'allais dire ma pensée, et convenir que le maire d'Étampes est en effet un héros pour les marchands de blé, puisqu'il est mort victime de leurs inhumaines et égoïstes spéculations. Mais je m'arrête... Les lâches ! ils l'ont abandonné dans le péril, et en poursuivent aujourd'hui l'apothéose. C'est surtout cette partie de la garde nationale d'Étampes qui mérite le blâme de n'avoir pas soutenu son magistrat ; aussi leur honte devrait-elle être inscrite sur la pyramide qu'ils ont sollicitée. (*Note du curé de Mauchamp.*) »

(2) Il ne saurait s'élever aucun doute sur ce fait, que l'on a grand soin de taire. Non-seulement il est attesté par la voix publique, mais je le tiens de la propre bouche de l'un des cinq gardes nationaux qui s'étaient mis sous les armes pour soutenir le maire. Il ne put s'empêcher de convenir, dans une société où je me trouvai, qu'il était vrai que le maire avait ordonné de faire feu ; mais, ajouta-t-il, son intention n'était pas d'être pris au mot. Voilà donc un ordre bien formel ; cependant ce n'est point à cette première fois, qui eut lieu à l'entrée de la ville, que le peuple se porta à la violence ; ce ne fut que dans le marché, et après que le maire y eut réitéré le même ordre. Il faut observer que ces deux ordres furent donnés sans avoir été précédés par aucune proclamation, aucune formalité en règle exigées par la loi ; et, de plus, il faut observer que le maire n'était soutenu que par un petit nombre de troupes, qui même ne partageait pas son courroux contre le peuple. Ainsi, de quelque manière qu'on l'envisage, sa conduite mérite au moins le reproche d'une blâmable témérité ; et dans cette témérité ne pourrait-il pas y être entré quelque motif particulier ? M. Simoneau, riche au moins de dix-huit à vingt mille livres de rente, à la tête d'un commerce immense en tannerie, qu'il exerçait avec tout l'avantage que donne l'aisance, n'aurait-il pas été aussi intéressé dans celui des grains ? J'entends plusieurs personnes prétendre en être certaines ; moi, je n'affirme rien. (*Note du curé de Mauchamp.*)»

sentimens le maire eût-il lui-même inspiré, si ces ordres eussent été exécutés aussi brusquement qu'il les donna, et s'il eût fait périr deux ou trois cents citoyens qui ne demandaient qu'à aviser aux moyens de maintenir le blé à un prix qui fût en mesure avec leurs facultés ? Voilà ce qu'il faudrait examiner dans le jugement qu'on en porte. Jusques à quand une impression seule déterminera-t-elle nos décisions!

» Le maire avait la loi pour lui, dira-t-on, et le peuple agissait contre. La loi défend expressément de mettre aucun obstacle à la liberté du commerce des grains (1). C'était donc un attentat punissable de vouloir l'enfreindre. Nous n'avons garde, messieurs, de faire, sur l'étendue de cette loi, aucune observation qui pourrait faire suspecter la droiture de nos intentions et la pureté de notre civisme. Nous sentons aujourd'hui plus que jamais combien, au nom sacré de la loi, tout doit entrer dans un religieux respect; cependant il est une considération qui a quelque droit de vous frapper, c'est que, souffrir que la denrée alimentaire, celle de première nécessité, s'élève à un prix auquel le pauvre ouvrier, le journalier ne puissent atteindre, c'est dire qu'il n'y en a pas pour lui; c'est dire qu'il n'y a que l'homme riche, utile ou non, qui ait le droit de ne pas jeûner. Qu'ils sont heureux ces mortels qui naissent avec un si beau privilége! Cependant, à ne consulter que le droit naturel, il semble bien qu'après ceux qui, semblables à la Providence divine, dont la sagesse règle l'ordre de cet univers, président par leurs lumières à l'ordre social, et cherchent à en établir les lois sur leurs vraies bases; après ceux qui exercent les importantes fonctions de les faire observer dans leur exacte justice; il semble bien, disons-nous, qu'après ceux-là le bienfait de la société devrait principalement rejaillir sur l'homme qui lui rend les services les plus pénibles et les plus assidus; et que la main qui devrait avoir la meilleure part aux dons de la nature, est celle qui s'emploie le plus à la féconder. Néanmoins le contraire arrive, et la multitude, déshéritée en nais

« (1) Cette loi n'aurait-elle pas plutôt pour objet la liberté du transport des grains, que la liberté indéfinie du prix ? »

sant, se trouve condamnée à porter le poids du jour et de la chaleur, et à se voir sans cesse à la veille de manquer d'un pain qui est le fruit de ses labeurs. Ce tort n'est assurément point un tort de la nature, mais bien de la politique, qui a consacré une grande erreur, sur laquelle posent toutes nos lois sociales, d'où résultent nécessairement et leur complication et leurs fréquentes contradictions; erreur qu'on est loin de sentir et sur laquelle même il n'est peut-être pas bon encore de mieux s'expliquer, tant elle a vicié toutes nos idées de primitive justice; mais erreur d'après laquelle on a beau raisonner, il nous reste toujours un sentiment profond que nous, hommes de peine, devons au moins pouvoir manger du pain, à moins que la nature, parfois ingrate et fâcheuse, ne répande sur nos moissons le fléau de la stérilité; et alors ce doit être un malheur commun supporté par tous, et non pas uniquement par la classe laborieuse. Lors donc que d'avides spéculateurs, qui n'ont d'autre savoir-faire que de profiter à propos des malheurs publics, saisissent les momens de calamité pour élever la denrée la plus nécessaire à un prix qui nous force ou de souffrir la faim, ou de nous dépouiller de toutes nos ressources présentes et à venir (1), nos murmures, nos mouvemens mêmes, pour mettre des bornes à l'homicide cupidité qui nous dévore, sont-ils donc irrémissiblement criminels? O vous les élus du peuple pour en régler la destinée, entrez dans nos peines, représentez-vous nos femmes, nos enfans macérés par la faim, et nous poignant l'ame de leurs gémissemens et de leurs sanglots; représentez-vous nos vieillards réduits à quitter leurs tristes chaumières pour aller indignement mendier un pain qui fut si long-temps le fruit de leurs sueurs et de leurs fatigues; enfin représentez-vous nous-mêmes doublement déchirés par les besoins pressans de tout ce qui nous est cher, et par les nôtres propres, sans autres

---

(1) Plus le blé renchérit, plus le salaire des travaux diminue, et cela parce que d'un côté les travaux deviennent plus rares, et que d'un autre côté le nombre de ceux que le besoin presse de louer leurs bras augmente; d'où il résulte que le malheureux ouvrier, ne trouvant plus de proportion dans ses salaires et dans sa consommation, est obligé de vendre tout ce qu'il a et de contracter des dettes pour pouvoir subsister avec sa famille. »

moyens pour y subvenir que nos bras insuffisans, et sachez nous plaindre; sachez nous pardonner, si l'excès de nos angoisses nous porte quelquefois à des mouvemens convulsifs que notre cœur, revenu à lui-même, désavoue et condamne.

» Équitables législateurs; en nous intéressant pour nos voisins, en vous sollicitant pour eux, nous ne demandons pas de grâce qui doive coûter à votre justice; nous ne vous demandons que d'adoucir la rigueur des recherches pour des torts que l'imprudence, l'égarement, et tant d'autres motifs peuvent rendre pardonnables. Au nom de l'humanité, si sujette à commettre des fautes, lors surtout qu'elle est abandonnée à elle-même et que le génie des lois ne la guide pas encore, laissez-vous toucher en leur faveur, et faites cesser leur consternation. *Hélas! non-seulement on a répandu la terreur et l'effroi parmi eux, en leur enlevant des citoyens sur de simples paroles irréfléchies, ou sur des démarches dont ils n'avaient pas prévu les conséquences, mais il semble qu'on soit en droit d'user impunément contre eux d'atrocités.* Nous ne vous parlerons pas des malheurs involontaires auxquels a donné lieu, dans les communes inculpées, une descente nocturne de troupes; ici une femme morte subitement de frayeur; là une jeune fille qui s'est jetée par la fenêtre, et qui en a péri misérablement; mais nous vous déférons un assassinat d'autant plus criant, qu'il a été méchamment commis sur un excellent homme, pauvre il est vrai, mais généralement aimé et estimé; et qui, de l'aveu unanime de ses concitoyens, n'avait aucun tort personnel dans cette affaire (1). Cet infortuné dormait paisiblement, lorsque sa mère, toute éperdue, vint lui crier de se sauver bien vite, parce qu'on enlevait indistinctement tous les hommes du

---

« (1) Cet infortuné était tisserand, et s'appelait Jean-Pierre Petit. Je ne rapporte ce qui lui est arrivé que d'après le récit qu'il en a fait lui-même avant de mourir. Loin de venger ce meurtre gratuitement commis, on ne daigne pas même y faire attention; toutes les lois se taisent pour lui, tandis qu'on les fait parler inexorablement pour le maire. La veuve et la mère de Jean-Pierre Petit, réduites à la misère, sont abandonnées à leur douleur, et la veuve Simoneau, riche de 20,000 livres de rente, a la gloire d'avoir refusé une pension: après cela qu'on dise que nous sommes égaux en droits. »

pays. A cet avis alarmant il saute de son lit, sans prendre même aucun vêtement, franchit quelques murs qu'il trouve sur son passage, et va se cacher, comme il le peut, derrière un tas de paille qu'il rencontre. C'est là qu'un des soldats l'ayant aperçu, et le prenant sans doute pour un de ceux qu'on était venu chercher, et qui avait échappé par la fuite, arrive sur lui, et dans le moment qu'il se lève pour demander qu'on ne le tue pas, lui lâche à bout portant un coup de feu qui le renverse mourant. Après cette action, un sentiment de pitié aurait bien dû au moins succéder à la fureur dans l'ame du meurtrier; mais le barbare prenait encore plaisir à le soulever par les cheveux et à le fouler aux pieds. Le malheureux respirait; il sentait toutes ses douleurs et entendait toute la cruauté des propos sans pouvoir rien dire. Laissé dans cet état, il n'a survécu huit jours que pour offrir le déchirant spectacle d'un sort cruel et immérité, et pour laisser dans le cœur de son infortunée mère et de sa veuve inconsolable de plus désolans souvenirs. Depuis ce jour, nos voisins effrayés n'osent plus habiter leurs foyers; à peine y paraissent-ils le jour pour prendre leur nécessaire; et le soir, au lieu d'y venir jouir de quelques repos, ils vont chercher un asile, comme ils peuvent, au milieu des bois et des rochers. Hommes sensibles et vertueux, c'est trop de malheurs l'un sur l'autre; faites-les cesser, et relevez par la douce consolation des cœurs abattus par l'épouvante et flétris par l'horreur de leur situation. Rendez à la patrie des citoyens zélés, et à la terre des bras utiles; aussi-bien il n'est pas bon de les réduire au désespoir et de leur rendre la patrie odieuse. Ne craignez pas qu'une trop grande indulgence les enhardisse.

» La commisération de votre part, nous osons vous en répondre, ne leur inspirera qu'un ardent désir de s'en montrer dignes, en même temps qu'elle sera pour nous un vif motif d'encouragement. Notre cœur, fiez-vous-y, non plus que le leur, n'est pas fait pour le crime : il ne demande qu'à en être garanti. Et pour cela, messieurs, hâtez-vous de nous rallier autour d'un génie puissant et impartial qui nous éclaire tous sur nos devoirs, et qui nous porte tous à de généreux sentimens de vertu.

» O législateurs! non, vous ne rejetterez pas notre pétition ; nous vous promettons obéissance entière à la loi ; mais serait-ce trop de vous prier d'inviter au moins ceux qui tiennent notre vie dans leurs mains, de ne pas nous la faire acheter trop cher, de ne pas chercher à trop s'enrichir de nos dépouilles, et de ne pas vouloir trop s'engraisser de notre sang? »

Post scriptum du curé de Mauchamp. « — Ayant été obligé de me rendre à ma paroisse, le samedi 23 avril, pour y remplir, le dimanche, mes fonctions de curé, je ne fus pas peu étonné en arrivant de voir mes bons paroissiens s'empresser autour de moi, les uns me prenant la main, les autres me sautant au cou, et tous me témoignant combien ma présence les rassurait et les tirait d'une vive inquiétude. On avait répandu dans le canton, que j'avais été tué à Paris à cause de la pétition, et déjà on semait différens bruits propres à jeter la terreur parmi ceux qui avaient eu le courage d'y donner leur adhésion. Il est aisé de voir d'où cela partait ; tout ce qui est marchand de blé s'indigne de notre démarche ; peu leur importe que leurs voisins soient dans la consternation et le désespoir ; peu leur importe qu'ils périssent tous misérablement ; ce qui les intéresse uniquement, c'est que le blé n'éprouve aucun obstacle.

» Dans mon voyage, j'ai encore appris un nouveau malheur qui vient d'arriver dans une des communes inculpées. On annonce à un père de famille qu'il est décrété : à cette nouvelle, il entre chez lui, embrasse tendrement et avec un silence morne sa femme et ses enfans, et va se jeter dans la rivière, où il a été trouvé noyé le lendemain.

» Je comprime ici mes sentimens, et j'impose silence à mon cœur. Gens humains, philosophes amis du peuple, c'est à vous que je recommande notre pétition ; en la faisant, j'ai rempli mon devoir. Mais qui suis-je pour lui assurer du succès? qui suis-je pour lutter contre l'opinion publique abusée par les manœuvres de l'intérêt particulier? C'est l'amour de la justice et de l'humanité ; c'est mon zèle pour ma patrie, aujourd'hui si menacée, qui me l'ont inspirée? que de droits n'a-t-elle donc pas sur vous?

COMITÉ AUTRICHIEN.

Carra était le journaliste qui poursuivait avec le plus d'acharnement le comité autrichien. Chacune de ses feuilles renferme quelque article où il dévoile les intrigues de ces ennemis mystérieux. Montmorin et Bertrand de Molleville, accusés directement par Carra, dans les *Annales patriotiques* du 15 mai, le dénoncèrent le lendemain, comme calomniateur, au juge de paix Larivière. Voici l'article, objet de cette dénonciation :

Sur le complot d'une Saint-Barthélemi de patriotes.

« Ce complot, médité depuis si long-temps, et qui a toujours échoué, soit par la faiblesse des conjurés, soit par la surveillance et les précautions des bons citoyens, prend aujourd'hui une consistance vraiment effrayante dans ses combinaisons et dans l'ame stupide et atroce des directeurs du comité autrichien, des principaux chefs de la garde du roi, du plus grand nombre des membres de l'état-major parisien, et des commandans de la gendarmerie nationale. Il en faut finir, disent-ils, et cela avant un mois au plus tard. La veille ou l'avant-veille du jour ou de la nuit convenu pour le massacre, les conjurés auront soin de laisser leurs camarades reconnus pour patriotes, *sans aucune provision de poudre et de balles*, tandis qu'ils en seront pleinement fournis eux-mêmes ; on fera consigner, sous différens prétextes, les régimens de ligne dans lesquels il y a encore plusieurs centaines d'anciens Gardes-Françaises ; on tâchera de disposer contre le peuple les Gardes-Suisses. A l'imitation du tyran de Sardaigne, on aura des matières combustibles toutes prêtes, de toutes parts, pour mettre le feu partout. Enfin, le génie infernal d'une Médicis, qui dirige cet horrible complot, veut qu'il n'y manque rien et que le succès soit complet. Pendant cette nouvelle Saint-Barthélemi, un grand personnage prendra la fuite. Tel est le résultat des avis que nous recevons depuis deux ou trois jours de différentes personnes et de différens endroits.

» Patriotes, si nous ne connaissions pas toute la rage, toute l'atroce immoralité de nos ennemis, nous aurions peine à concevoir l'opiniâtreté d'un pareil complot; mais, hélas! l'expérience du passé et le coup d'œil des événemens présens, ne nous permettent pas d'en douter. Oui, la faction autrichienne veut se baigner, à Paris, dans le sang des vrais amis de la Constitution, des vrais défenseurs des droits du peuple, tandis qu'elle enchaînera sur nos frontières le courage de nos braves soldats, et qu'elle livrera nos places aux satellites des tyrans. Comment pourrait-il en être autrement? Vous gardez parmi vous, je l'ai déjà dit, de trop grands amis du tyran à qui vous avez déclaré la guerre; vous faites la guerre aux rois ou tyrans de l'Europe, et c'est le même roi sous lequel on voulait mettre à feu et à sang la ville de Paris, au 14 juillet 1789, que vous avez chargé de disposer de vos armées et de conduire cette guerre contre ses co-tyrans. On me dira que c'est la Constitution qui le veut; mais la Constitution ne peut pas vouloir que nous nous laissions trahir et égorger comme des moutons au gré de nos ennemis. Vous faites la guerre aux ci-devant nobles, comtes, marquis, barons, etc., et ce sont des ci-devant nobles, dont quelques-uns à la vérité, mais très-peu, ont montré un vrai civisme, qui sont à la tête de vos troupes. Où en serions-nous donc si nous n'avions pas des ministres patriotes qui soutiennent nos espérances, et qui semblent avoir été placés là fort à propos par la Providence pour suppléer au défaut d'énergie et de lumières dont manquent la plupart des membres de l'assemblée nationale? Que deviendrions-nous sans les nombreuses sociétés d'amis de la Constitution, qui éclairent journellement le peuple sur ses droits et ses devoirs, et qui surveillent sans cesse les fourbes et les traîtres? Que ferions-nous enfin sans quelques journalistes patriotes, qui ont la sagacité de dévoiler tous les complots et le courage de publier toutes les vérités qui peuvent être utiles au salut public? Eh bien! si la faction autrichienne parvenait à renverser les ministres actuels, à détruire les sociétés patriotiques, à faire égorger vos journalistes patriotes, la contre-révolution tout entière ne serait-elle pas faite? Peuples des quatre-vingt-trois départemens, demandez donc à grands cris qu'on chasse de cette terre de liberté les chefs de la faction autrichienne.

» Le fourbe gazetier universel demande, avec sa niaiserie ordinaire, où est le comité autrichien qu'il appelle un rêve. Mais ce comité n'est pas toujours au château; il est tantôt chez Montmorin, tantôt chez Bertrand, tantôt chez d'autres membres de ce même comité; et c'est tantôt d'un lieu, tantôt d'un autre que les courriers secrets portent la correspondance de ce comité. Que la police fasse épier les *conciliabules qui se tiennent tantôt à Auteuil, dans certaine maison* où va certaine dame, et tantôt dans quelques autres maisons de campagne des environs, et l'on saura parfaitement à quoi s'en tenir sur ces conciliabules. Le comité de surveillance est averti que des courriers, même de la poste, vendus à la faction autrichienne, sont chargés de paquets qu'ils prennent ailleurs qu'à la poste, et d'autres paquets en retour qu'ils reportent également ailleurs; et le gazetier universel fait le nigaud sur l'existence de ce comité! et il vient nous citer la lettre d'un courtisan en faveur de Marie-Antoinette! et il vient imprimer la lettre du maréchal Rochambeau au général Beaulieu! comme si nous étions des imbéciles incapables de comprendre la grossièreté de pareilles ruses et l'insignifiance de pareilles publications!

» Citoyens! il y a long-temps que ce lâche gazetier vous en impose et vous trahit; la preuve convaincante en est que sa feuille est accueillie par le gouvernement de Bruxelles, et qu'il y insère, comme dans son n° 134, *extrait du supplément de la Gazette des Pays-Bas*, toutes les insolences et les bravades qui pourraient le plus humilier la nation française, si l'honneur et la gloire de cette nation pouvaient dépendre de la méchanceté d'un pareil gredin.

» Revenons au complot d'une Saint-Barthélemi. Patriotes! je vous en ai donné l'éveil; surveillez plus que jamais, et ayez toujours dans la mémoire les indices qui vous annonceront cet infernal projet; savoir: qu'on laissera une partie de la garde nationale *sans provision de poudre ni de balles*; qu'on fera consigner sous différens prétextes, les régimens de ligne ; qu'on disposera les Gardes-Suisses contre nous, ainsi que la gendarmerie à cheval, et qu'on préparera partout des combustibles : vous voilà avertis. CARRA. »

Carra, interrogé par le juge de paix, répondit qu'il tenait les détails, dont il avait fait usage, de MM. Merlin, Bazire et Chabot, députés à la législative, et membres du comité de surveillance. — Nous plaçons de suite les séances de l'assemblée relatives à cet objet.

Séance du 18 mai. — Le juge de paix Larivière demande la remise des pièces existantes au comité de surveillance du corps législatif, nécessaires pour l'instruction commencée sur la plainte en diffamation rendue par Bertrand et Montmorin, contre Carra, rédacteur des *Annales patriotiques*, qui les a accusés d'être membres d'un *comité autrichien*, d'après les déclarations de Chabot, Bazire et Merlin. Un membre convertit en motion la pétition. Saladin réclame l'ordre du jour, un juge de paix n'ayant pas droit de demander ces pièces. Fauchet fait sentir le danger de la remise de déclarations confidentielles de la part d'individus au service du roi. Goujon et Thuriot invoquent l'ordre du jour ; Calvet et Quatremère, la lecture des pièces ; Guadet, le renvoi de l'affaire au zèle du comité. Bazire observe que le comité a promis le secret aux personnes qui ont donné les renseignemens et qui approchent de très-près le roi, la reine et les principaux fonctionnaires. Dumolard veut qu'on laisse agir les tribunaux, et demande l'ordre du jour ; il est adopté.

Séance du 19 au soir. — Romme dénonce un mandat d'amener décerné par le juge de paix Larivière, contre Bazire, Chabot et Merlin, et demande l'examen de la conduite de cet officier public. Merlin déclare qu'à cinq heures du matin, trois gendarmes sont venus pour le conduire chez le juge de paix de la section de Henri IV; que, par respect pour la Constitution, qui défend de faire aucune poursuite contre les membres de la représentation nationale, il a déclaré qu'il ne répondrait rien ; et protesté contre la procédure. Chabot annonce qu'il a tenu la même conduite.(Applaudissemens.) On lit une lettre de Larivière, qui demande à être admis à la barre. Gensonné élève la question de savoir s'il sera entendu. Mazuyer déclare qu'il se porte son accusateur. Bigot est d'avis qu'il soit mandé. Guyton-Morveau veut qu'il soit interrogé. Vaublanc pense que l'assemblée est incompétente. Emmery fait décréter qu'il sera mandé séance tenante. Charlier veut qu'il attende ensuite les ordres de l'assemblée. Vergniaud veut qu'il s'explique sur cette infraction aux lois, et sur un outrage qui prouverait seul l'existence d'un comité autrichien. Le juge de paix comparaît à la barre et dit qu'il venait de lui-même déclarer que sa mission était finie, et que c'était à l'assemblée à statuer s'il y avait lieu à accusation ; qu'ayant reçu une plainte contre Carra, relativement à l'existence d'un comité autrichien, et à un plan d'enlèvement du roi, annoncé pour le 20, dans son journal, il avait entendu les témoins, madame de Lamballe et Regnaud-d'Angely ; que Carra interrogé a cité pour preuves les déclarations des trois députés, et qu'il les a cru dans le cas de lui fournir la preuve du plan de cette infernale conspiration. Renvoi au comité de législation.

Séance du 20 mai. — Discussion relative au juge de paix Étienne Larivière. Lacroix, Bréard, Guyton réclament le rapport séance tenante.

Guadet, rapporteur du comité de législation, critique ainsi la conduite du juge de paix : Il n'avait pas le droit de décerner le mandat d'amener ; il ne s'agissait pas d'un flagrant délit, ni d'une prévention de délit, seul cas où l'inviolabilité cesse : les trois députés n'étaient pas même accusés dans la plainte ; il ne pouvait décerner un mandat d'amener pour une affaire dans laquelle ils n'avaient agi que comme représentans du peuple. « Si vous ne prenez, dit-il, les mesures les plus fermes pour mettre, hors le cas de crimes, notre inviolabilité hors de toute attaque, l'existence du corps législatif tout entière est compromise. Dans le moment de crise où nous sommes, et lorsqu'une faction puissante annonce, avec une intention aussi scandaleuse, le projet d'avilir le corps législatif, et de l'amener, par la force des choses, à une médiation ; dans cet état de crise, il suffirait à un juge de paix, instrument de ses vengeances, du plus léger prétexte pour amener devant lui la représentation nationale. » Il conclut au décret d'accusation contre lui. Hérault Séchelles appelle la sévérité, même sur les porteurs des trois mandats d'amener. Le ministre de la justice, Duranthon, fait part d'une lettre du roi, qui annonce qu'il a donné ordre à l'accusateur public de poursuivre les calomnies sur l'existence d'un prétendu comité autrichien. Hébert demande le rapport du comité de surveillance pour éclaircir ce mystère ; et, s'il y a inconvénient, qu'il soit fait en comité général. (Murmures.) Des membres se portent au bureau pour signer cette demande. Robbecourt, pour le maintien des principes, vote le renvoi au pouvoir exécutif. Lasource développe les motifs du décret d'accusation. Quatremère invoque le renvoi au tribunal de cassation. Le décret d'accusation est porté contre Henri Larivière (Vifs applaudissemens). Gensonné et Brissot s'engagent à prouver l'existence du comité autrichien.

Gensonné et Brissot remplirent leur engagement à la séance du 23 mai. Le premier s'attacha aux généralités ; il exposa plutôt une tendance et un système que des griefs et des faits. Brissot avait compulsé la correspondance ministérielle, et il y avait puisé les matériaux de ses inculpations. L'assemblée ordonna l'impression des deux discours et celle des pièces citées. —Voici le discours de Brissot :

Opinion de Brissot sur l'existence du comité autrichien. (Séance du 23 mai.)

« J'ai dénoncé l'existence du comité autrichien, je vais prouver qu'il a existé, qu'il existe encore ; je vais appeler la vengeance des lois sur un coupable, la lumière sur ses complices. Il importe de fixer d'abord le caractère de ce comité autrichien ; ensuite je vous lirai les pièces qui constatent son existence.

» Qu'entend-on par comité autrichien ? C'est une faction d'ennemis de la liberté qui, tantôt gouvernant au nom du roi qu'ils trompaient, tantôt dirigeant son ministère, ont constamment trahi le peuple et sacrifié les intérêts de la nation à ceux d'une famille. L'asservissement de ce comité à la maison d'Autriche est son signe principal, et sous ce rapport il n'est qu'une branche du parti qui domine la France. Les intrigues de ce parti datent du funeste traité de 1756, traité que nous devons à la perfidie du ministre Kaunitz. Esclaves de ce système autrichien, les Montmorin et Delessart n'ont été tour à tour que des mannequins dont les fils étaient à Vienne; c'est M. Merci qui dirigeait le cabinet de France, lorsque le peuple a renversé la Bastille; c'est lui qui le dirige encore à présent. Voilà ce qu'on a appelé le comité autrichien; c'est, en d'autres termes, le conseil clandestin qui jusqu'ici a favorisé tous les projets des ennemis extérieurs de la Constitution. Voulez-vous connaître les traits caractéristiques de ce comité? les voici :

» 1° Dévouement absolu à ce qu'on appelle la prérogative royale; 2° dévouement absolu aux intérêts de la maison d'Autriche; 3° point d'alliances avec la Prusse et l'Angleterre, quelque faciles et quelque avantageuses qu'elles fussent; 4° indulgence envers les émigrés rebelles, sans adhérer cependant à toutes leurs vues; 5° opposition à la guerre contre la maison d'Autriche, après l'avoir provoquée; 6° enfin, projet d'établir les deux chambres. Si je prouve que tous ces traits s'appliquent au ministère dont le règne vient d'être détruit; si je prouve qu'il a constamment trahi les intérêts de la révolution, qu'il a tout sacrifié à la famille royale; si je prouve que, menacés d'une ligue formidable, il nous en a caché l'existence; qu'il a laissé désorganisées votre armée et votre marine; si je prouve que le projet des ennemis de la révolution étant de nous diviser, il a contribué plus puissamment que personne à fomenter ces divisions, j'aurai prouvé, je crois, que l'on a eu raison d'accuser cet ancien ministère d'avoir formé, avec quelques députés de l'Assemblée constituante, un comité que l'on peut appeler autrichien, puisqu'il servait si bien la maison d'Autriche.

» Des conspirations de ce genre ne s'écrivent pas; et quoiqu'on ne puisse douter de leur existence, il est quelquefois difficile d'en trouver les traces matérielles. Par exemple, personne n'ignore que lord Biout n'ait dirigé derrière la toile le cabinet de Saint-James ; et cependant quel est l'Anglais qui ne rirait pas si on lui demandait des preuves légales ? N'en était-il pas de même de la coalition du ministère avec le lord Filfox ? Cependant je ne m'étendrai pas dans des généralités. Je vais dénoncer les ministres, leurs correspondances en main. C'est par M. Montmorin que je commencerai, et je ne dirai rien qui ne soit appuyé sur des pièces authentiques. Je les ai puisées dans les archives des affaires étrangères, où, malgré l'intelligence avec laquelle on a soustrait les pièces les plus importantes, malgré le peu de temps que j'ai eu pour visiter cinq à six cartons, dans la mission que m'en avait donnée le comité diplomatique, concurrement avec MM. Lasource et Lemontey, j'ai fait néanmoins des découvertes suffisantes pour suppléer aux pièces qui manquent, et pour suivre les traces que l'on avait cru soustraire à nos recherches. J'en userai même généreusement avec M. Montmorin. Je n'examinerai aucun des faits antérieurs à l'époque du 1er juin. Par exemple, je ne parlerai pas de la déclaration du 28 avril, dans laquelle il avait exagéré les principes démocratiques pour vous tromper sur les communications secrètes qu'il faisait aux cours étrangères ; je ne vous parlerai pas des protestations contre deux lettres du *Moniteur*, qui décelaient les projets sinistres qui se tramaient alors, et qui ont éclaté depuis ; ni du passeport qu'il donna, le 20 juin, à la reine, sous le nom de madame de Koff. Je vais examiner la conduite de M. Montmorin dans trois époques différentes, depuis le 21 juin jusqu'à l'ouverture de votre session, ensuite jusqu'au 10 mars, et enfin depuis le 10 mars jusqu'à ce jour.

» Ce fut à l'époque du retour du roi de Varennes que le ministère trouva le secret de s'assurer des membres qui avaient jusqu'alors défendu énergiquement la cause du peuple ; ce fut alors que, fier de ce renfort, il déploya les plus savantes manœuvres, et qu'il eut la plus grande part dans les travaux de l'Assemblée constituante. Je pourrais ici citer le témoignage de la notoriété publique. Il serait difficile en effet, lorsque tant de cris se sont fait entendre contre ces conciliabules, de croire que les dénonciations multipliées faites contre lui aient été sans réalité; mais, sans m'arrêter à des probabilités, je ne citerai que M. Montmorin lui-même. Voici une note écrite de sa main; elle se trouve insérée dans une lettre adressée à M. Noailles, ambassadeur de France à la cour de Vienne, en date du 5 août 1791 :

« Les meilleurs esprits de l'assemblée nationale, ceux qui jusqu'à présent y ont eu le plus d'influence, se sont réunis, et se concertent avec les véritables serviteurs du roi, pour soutenir la monarchie, et rendre à sa majesté le pouvoir et l'autorité nécessaires pour gouverner. Il ne s'écoulera certainement pas quinze jours avant que l'état affligeant où se trouve le roi et la famille royale ait cessé. »

« Et plus bas on lit: « Depuis que ces députés se sont réunis à nous, nous avons senti la nécessité de les ménager, pour les maintenir dans le parti qu'ils viennent de prendre.... Des mesures sévères ont été prises avec eux pour réprimer les factieux que nous avons à combattre. »

« Qui ne voit, qui ne reconnaît les *excellens esprits* dont parle M. Montmorin? Qui ne nomme ces intrigans dont la conduite et le langage changèrent à cette même époque, et qui, après avoir défendu le peuple, se coalisèrent ensuite avec le ministère, contre lequel ils n'avaient cessé de déclamer? Analysez cette lettre, et, à chaque mot, vous y reconnaîtrez la corruption de ce comité autrichien. Pourquoi s'est-il réuni avec les députés qui exerçaient le plus d'influence sur l'assemblée? parce que si la vérité n'attend la réunion des esprits que de la force des raisons, la corruption ne l'attend que de l'influence des personnes. Ces députés, dit-il ensuite, se sont réunis *aux serviteurs du roi*. Tout est précieux dans cette phrase. Ne voyez-vous pas dans cette réunion de serviteurs du roi la source des décrets qui ont été rendus alors? Ne voyez-vous pas la tactique des ajournemens, des motions d'ordre, du tumulte même, moyens employés tour à tour pour écraser ces factieux dont on se méfiait. Ce mot de serviteur du roi n'est-il pas le plus éloquent abrégé des principes de M. Montmorin et de son attachement, non pas à la royauté constitutionnelle, mais au royalisme antique ? Le visir qui s'agenouille devant le sultan, et l'esclave qui embrasse la poussière devant le visir, ont-ils un langage plus abject ? Comme il contraste avec ces paroles d'un ministre patriote : « La révolution a régénéré l'empire français ; vingt-cinq millions d'hommes sont rendus à la liberté ! »

« Opposez à ces paroles celles qu'on trouve répandues dans plusieurs des lettres de M. Montmorin.... « Le peuple a des fureurs.... Cet état est violent.... Le roi reprendra son autorité avec le temps....» En un mot, vous verrez que jamais il ne parle que du roi ; que dans toute sa correspondance il ne voit que l'intérêt du roi. Dans une circulaire officielle, il dit : « La Constitution marchera ; il ne faut plus *espérer* de la détruire. Ces espérances qu'avait conçues jusqu'alors M. Montmorin, ne s'accordaient-elles pas très-bien avec son expression *de véritable serviteur du roi.*» Ces expressions ne feraient-elles pas croire que la bassesse a aussi ses nuances. Est-ce en se disant le vrai serviteur du roi, que le ministre des affaires étrangères soutenait auprès des différentes cours la dignité de la nation ? C'était aussi comme *serviteur du roi* que le ministre de la marine se concertait avec les assemblées coloniales, pour mettre les colonies dans la dépendance du roi seul ; c'est comme *serviteur du roi* que le ministre de la justice délivrait des lettres de graces, lorsque la Constitution le lui défendait ; en un mot, qu'il violait toutes les lois pour augmenter l'autorité royale au préjudice de la souveraineté de la nation. Quel est le véritable sens de ces mots ? le voici. La monarchie, selon eux, est une propriété du roi ; car on ne rend à un homme que ce qui lui appartient. Mais quoi ! la nation et ses représentans n'étaient-ils donc que des usurpateurs, puisqu'ils voulaient le forcer à rendre l'autorité qu'ils avaient limitée... ! Mais c'est la dernière phrase de la note qui est un trait de lumière.

« Il ne s'écoulera pas quinze jours, dit le ministre, avant que l'état affligeant où se trouvent le roi et la famille royale ait cessé. »

« Qui lui avait donc donné cette certitude? Pouvait-il disposer à son gré de la majorité de l'assemblée constituante? Y aurait-il compté, s'il n'avait su l'influencer par la corruption? Il est donc prouvé: 1° qu'à l'époque de la révision il existait une coalition ou un comité secret; 2° que ce comité était formé entre les membres influenciels de l'assemblée constituante et *les serviteurs du roi*; 3° que son projet était d'augmenter l'autorité royale; 4° qu'il croyait disposer de la majorité des membres de l'assemblée constituante; 5° que M. Montmorin en était membre.

» Maintenant il faut prouver qu'il était dévoué à la maison d'Autriche. Voici une lettre de M. Montmorin à M. Noailles, en date du 30 avril : « Les meilleurs esprits de l'assemblée, et j'ose même dire, sans craindre de me hasarder, la grande majorité de l'assemblée, apprécient les avantages de cette alliance, et l'on travaillera à en resserrer les liens aussitôt après le rétablissement du roi dans son autorité. Je suis persuadé qu'on ne voudra pas s'écarter des principes suivis jusqu'à présent, et qu'on s'en tiendra à l'alliance avec l'Autriche. *Cet objet me tient infiniment à cœur.* Ne voyez-vous pas dans l'expression *les meilleurs esprits*, ces membres influenciels qui formaient la coalition du comité autrichien? » Ce n'est pas, dit-il plus bas, avec légèreté que je vous parle de la majorité de l'assemblée nationale; j'y compte, et j'en suis certain. »

« Comment un homme aussi prudent, aussi circonspect que M. Montmorin, pouvait-il avancer qu'il était sûr de la décision de l'assemblée nationale, à moins qu'il n'eût des moyens sûrs de l'influencer? Il faut même observer que la grande majorité de l'assemblée constituante ignorait encore alors les avantages ou les inconvéniens de ce traité, puisqu'elle ne l'avait pas encore discuté. Il espérait sans doute que, fatiguée par trois années de travaux et tourmentée par la crainte, elle se laisserait aller aux suggestions de ces hommes à *excellens esprits*, qui préparaient, dans des conciliabules secrets, toutes ses déterminations.

» Fidèle aux principes de ce comité, M. Montmorin a trahi la France, en sacrifiant ses intérêts à la maison d'Autriche, en lui faisant croire que le vœu de la France était de maintenir le traité de 1756. Ce traité, qui était fatal sous l'ancien régime, puisqu'il faisait couler gratuitement notre or et notre sang, nous convenait-il plus sous un régime libre? Certes, une alliance dans la maison d'Autriche avec un parent qu'elle croyait dépouiller, qui lui payait des subsides, et qui avait à sa disposition deux cent-cinquante mille hommes de troupes, pouvait être avantageuse à cette maison; mais elle est très-suspecte à la nation : cependant M. Montmorin a cru qu'elle pourrait servir son ambition; aussi écrivait-il à M. Noailles : « La saine partie de l'assemblée nationale est toute en faveur de la maison d'Autriche; elle désire que les liens qui l'unissent à la cour de France soient resserrés. »

» Ainsi, il nous mettait au pied de la maison d'Autriche, alors même que tout le peuple français était indigné contre elle. Il nous dissimulait les traités secrets et les préparatifs hostiles de cette cour. Cependant il savait que, par sa circulaire de Padoue, en date du 26 juillet, l'empereur soulevait toutes les puissances de l'Europe contre nous; que, par son traité de Pilnitz, de la même date, il s'était lié avec la Prusse; or, un tel traité était l'outrage le plus sanglant qui pût être fait à la nation française, et la violation la plus manifeste des traités. Au lieu de faire éclater son indignation, il continue de se prosterner aux pieds de la maison d'Autriche; et il écrit à l'ambassadeur, le 30 août, que, loin de vouloir rompre le traité de 1756, la nation désirait qu'il fût resserré de plus en plus. Nous le voulions! ministre abject. Non, les Français ne veulent pas resserrer des liens qui les attachaient avec des tyrans. Ils veulent traiter avec les Allemands, leurs frères; mais jamais leur or et leur sang ne couleront pour les hommes qui les dominent. Pourquoi Montmorin voulait-il *conserver invariablement* l'alliance avec la maison d'Autriche? Il s'explique un peu plus bas, en disant : qu'il importe au roi de conserver l'*appui* de la maison d'Autriche.

» Ce n'est pas tout. Et ce dernier point est prouvé par la correspondance de M. Noailles avec le ministre : ce dernier n'a cessé d'annoncer à M. Montmorin les traités secrets conclus par Léopold, les armemens, les mouvemens de troupes ordonnés par lui, et d'insister sur l'augmentation des garnisons du Brabant, et surtout sur la versatilité de l'empereur ; versatilité telle, disait-il, d'après un homme qui s'y connaissait bien, que si on le laissait suivre son intention, il armerait à la fois dix mille hommes pour les démocrates, et dix mille hommes pour les aristocrates. Enfin il prédisait, d'après une parole de M. Cobenzel, qu'on ne manquerait pas d'avoir la guerre au printemps. Il lui avait notifié les mêmes intentions de la part de la Russie et de la Suède, qui avaient demandé la permission de faire hiverner les troupes dans les Pays-Bas. Non-seulement il a enseveli ces nouvelles dans les plus profondes ténèbres, mais il a même rassuré la nation dans les communications qu'il faisait alors à l'assemblée nationale. Il nous représentait l'empereur comme un allié fidèle. J'avoue, disait-il, que l'on annonce des armemens, mais je me défends d'y ajouter foi. Quel a été l'effet de cette illusion volontaire ? Il n'a provoqué aucun armement, il n'a négocié aucune alliance, pas même la neutralité de l'Angleterre.

» Ses correspondances de Berlin lui annonçaient qu'un traité avec cette cour serait facile, et lui-même en convenait : « Je ne vous dissimulerai pas, écrivait-il dans le même temps à M. Noailles, qu'on trouverait à Berlin plus de disposition et de facilité qu'on n'en attendait d'abord. » Cependant, qu'a-t-il fait pour procurer à la France les avantages de cette alliance ? Instruit des préparatifs hostiles que faisaient les cours et les puissances étrangères, il aurait dû se concerter avec le ministre de la guerre et celui de la marine ; au contraire, c'est précisément alors que l'armée fut désorganisée, et que la marine dépérit.

» Ainsi, point de communication à l'assemblée, ni des traités nouveaux, ni de la rupture de la maison d'Autriche, ni des armemens de cette puissance ; il y a donc double trahison, et elle est d'autant plus grave qu'elle a été suivie d'un plein effet, et que c'est elle qui nous condamne à la funeste inactivité à laquelle nous sommes réduits. Il a gardé le silence sur les mouvemens des émigrés rebelles, sur les *noms et les* moyens de leurs chefs. Cependant M. Noailles lui dénonçait et les rendez-vous de Polignac et l'ambassade d'Esterhazy, et les mouvemens de M. Breteuil auprès de la cour de Vienne, et les millions que l'Allemagne, la Russie et la Prusse donnaient aux princes, et les lettres affreuses qu'ils envoyaient en France. Tous ces renseignemens, M. Montmorin les cachait soigneusement ; et Delessart les a enveloppés du même mystère : il en a même nié l'existence. Cette dissimulation en la séparant de toutes les autres circonstances, n'est-elle pas elle seule une trahison? Voici, entre autres, une note de l'envoyé de Suède à la cour de Vienne, communiquée au ministre de France par M. Noailles.

« Le soussigné a l'honneur de déclarer à son éminence le prince de Kaunitz, en conséquence des ordres qui lui ont été donnés par sa cour, que le roi de Suède partage tous les sentimens de sa majesté impériale pour le rétablissement de la monarchie française ; que, comme elle, elle envisageait la situation du roi de France comme une captivité. Enfin, que ma cour est prête à prendre, de concert avec sa majesté impériale, les mesures que pourront exiger les circonstances. »

» Il avait envoyé à M. Montmorin une autre note, par laquelle les princes sommaient les puissances liées par le concert, de remplir leurs engagemens et de délivrer le roi. Le ministre a constamment tenu un profond silence sur tous ces faits.

» Il prenait donc part aux projets des émigrés, il les protégeait : c'est ce dont je trouve encore la preuve dans une lettre de l'envoyé de France à Genève. Elle est datée du 9 août 1790.

» Lorsque j'eus l'honneur de prendre congé de vous, l'année dernière, vous me permîtes de servir le comte d'Artois quand l'ocasion s'en présenterait. Depuis cette époque, le roi, par une note écrite de sa main, m'a autorisé à prendre service chez lui : c'est ce que j'ai fait, et je vous prie de me faire connaître vos intentions pour l'avenir. D'après votre silence, je n'ai pu me dispenser d'obéir à M. le comte d'Artois, et de faire, pour me rendre auprès de lui, une absence dont il rendra compte au roi. Si cette démarche, quoique contraire aux intentions que vous m'aviez précédemment manifestées, ne vous paraissait pas convenable, je vous prierai de ne l'attribuer qu'à mon désir de faire ce qui peut vous être agréable. Soyez persuadé de mon entier dévouement. *Signé* GÉDÉON DE PUDIÈRES DE CASTELLON. »

» Qui de nous ne frémit pas à cette lecture! Ainsi donc, un ministre ordonnait à un envoyé de France de se prêter aux projets des plus cruels ennemis de la nation; ainsi il connaissait ces projets. D'où il faut naturellement conclure qu'il en était nécessairement complice. Qui oserait soutenir qu'il n'est pas ici coupable d'une trahison manifeste ?

» On dira peut-être qu'il se trouve compris dans l'amnistie du 14 septembre; non, il ne faut pas confondre les prévarications ministérielles avec les délits que de simples citoyens auraient commis dans l'effervescence d'une révolution. Les premières sont trop dangereuses pour qu'on doive jamais les comprendre dans une amnistie. Ces pièces suffiront sans doute pour confondre le ministre coupable qui osait naguère parler de son patriotisme et vanter son honneur. Qu'on juge par ces pièces celles qui ont échappé de nos mains; qu'on en juge par son obstination à maintenir, auprès des cours étrangères, des agens voués à l'aristocratie, les Bombelles, les Dussault, les Dosmont, les Béranger, les Montesson, les Castellanne, les Marigny, etc. En vain mille voix s'élevaient contre eux; il répondait froidement que ce n'était pas le moment d'envoyer, dans les cours étrangères, des hommes connus par leur attachement à la révolution ; et cependant la Russie souffrait alors le démocrate Genet. Mais tandis que celui-ci faisait tous ses efforts pour rétablir, aux yeux de la cour de Pétersbourg, la dignité de la nation française, les ministres semblaient l'avoir entièrement oubliée; et il existait, il y a peu de jours, soixante de ses lettres sans réponse, lui qui n'avait cessé de donner des preuves de patriotisme, qui, non content d'avoir envoyé 1,200 livres pour les frais de la guerre, d'avoir depuis vendu sa montre, son épée, pour faire un nouveau don de 800 livres, joint à une médaille d'or, écrivait en dernier lieu à M. Montmorin : « Vous m'avez annoncé que l'on doit me donner une gratification de 800 livres; l'état ayant besoin dans ce moment de la plus austère économie, je vous prie de me dispenser de la recevoir. » (On applaudit.)

» Une pareille lettre était sans doute un crime aux yeux du ministre Montmorin, puisqu'il avait complétement oublié ce chargé d'affaires. Quel a été l'effet de cette obstination à ne choisir les agens de la diplomatie que parmi les partisans de l'ancien régime? Il en est résulté qu'on a regardé la révolution comme un songe, et qu'on devait la regarder ainsi, puisqu'on voyait le peuple qui triomphait, n'avoir pas la force de faire préférer, dans la distribution de ces places, les amis de la révolution. De là, les mauvais traitemens qu'ont éprouvés les Français dans les états voisins; de là la coalition de plusieurs cours, de là l'idée fausse qu'elles ont conçue de nos moyens, et qui nous a privés de plusieurs alliances importantes.

» Est-il nécessaire d'ajouter à cette liste de crimes dont M. Montmorin, et surtout le comité dont il fait partie, se sont rendus coupables, les moyens qu'ils ont employés pour égarer l'opinion publique dans l'intérieur : les placards, les journaux, les libelles, dont la profusion attestait la source? Et c'est dans ce même temps que ce ministre criait contre les libelles, lui qu'il serait si facile de convaincre d'avoir une foule de libellistes à ses gages, et qu'il demandait une loi sur la liberté de la presse ! Si jamais un ministre a nui à la nation, c'est lui; son crime est certain, et il est plus coupable que M. Delessart. Il n'est aucun des griefs énoncés contre ce dernier, qui ne lui soit applicable.

» Quels sont les autres serviteurs du roi? Il ne les nomme pas, mais leurs œuvres les désignent assez. Je ne citerai point M. Delessart qui était entièrement dévoué et à M. Montmorin et au système de la maison d'Autriche, car déjà vous avez prononcé contre lui un décret d'accusation. Vous allez le prononcer contre M. Duport qui n'est pas l'agent le moins actif de cette faction. La longue liste des atteintes qu'il a portées à la Constitution, prouve qu'il voulait la sacrifier au pouvoir exécutif. Et en effet, la profession de foi du comité autrichien est précisément d'employer tous les moyens de relever l'autorité royale, parce qu'on espère un jour la mettre au niveau de celle du roi d'Angleterre, la renforcer du système des deux chambres, parce que dans ce système un roi peut disposer de l'or et du sang des citoyens, et que c'est là le but des intrigues de la maison d'Autriche, c'est-à-dire, un moyen de donner une nouvelle force au traité de 1756. Vous devez aussi prononcer incessamment contre M. Bertrand, ses mensonges, la désorganisation de la marine, qui est son ouvrage, sa complaisance pour les officiers de Coblentz, qui annonce sa complicité avec les émigrés, ses adieux au ministère, qui semblent annoncer de très-grandes espérances à la contre-révolution, enfin, ce qui n'est pas assez connu, son projet de donner au roi la suprématie des colonies, concerté avec les assemblées coloniales, et auquel se lient les troubles de Saint-Domingue.

» Je n'anticiperai point sur ce qui vous sera dit à cet égard d'après le rapport des commissaires nouvellement arrivés. Il sera facile de prouver que les secours dont vous avez ordonné l'envoi ont été si mal combinés, qu'arrivant successivement, ils n'ont pu servir à seconder en rien les efforts des commissaires civils, et que les colons ont eu le temps de corrompre tous les soldats à mesure qu'ils arrivaient. Voici le second grief, bien plus fort. Vous vous rappelez l'invitation que vous fîtes au roi de ne point faire tourner le fer des soldats contre les mulâtres. Non-seulement il n'eut aucun égard à cette invitation, mais il la couvrit du plus profond silence. Il ne la communiqua point aux assemblées coloniales, et les troubles s'accrurent, et la division se fomenta de plus en plus ; enfin, le parti des blancs surtout se souilla de flots de sang qu'il fit couler pour assouvir ses vengeances. Tels sont les maux de tout genre que l'on doit attribuer à la coalition désignée sous le nom de comité autrichien.

» Je vous l'ai dit, le but de ce comité est et sera toujours d'élever ce que l'on appelle la prérogative royale aux dépens de celle des représentans du peuple ; de soutenir la maison d'Autriche, parce qu'elle devait soutenir à son tour l'autorité du roi et les prétentions des émigrés. De là les *veto* qui protégèrent les conspirateurs, et dont on se vantait. Lisez les proclamations par lesquelles on a prétendu en expliquer les motifs. Voyez avec quel art on y cherche à discréditer l'assemblée nationale et à relever les prérogatives royales. Voyez encore ce ministre dans ses rapports à l'assemblée, accumulant mille difficultés, se plaignant de son inactivité en même temps qu'il entravait ses opérations ; combinant un message pour couper, intervertir une délibération ; intervenant dans les discussions ; donnant lieu à des séances orageuses pour en prendre occasion de faire des leçons à l'assemblée nationale. Voyez-le dans les journaux qu'il dirigeait : ils n'ont cessé de prêcher le mépris de l'assemblée nationale. Ne faudrait-il pas être aveugle pour ne pas voir le système de ce comité autrichien ? Ce système était et est encore celui des intrigues pour influencer le roi, et des calomnies pour égarer l'opinion publique.

» C'est celui que M. Montmorin disait être meilleur que les moyens violens ; et il s'écartait en cela des vues des princes. Des calomnies et des semences de division valent mieux, suivant lui, que des armées. Il est encore, ce comité, dans la nomination précipitée du gouverneur du fils du roi ; il se manifeste tous les jours, par les placards, par les mille et un supplémens de journaux ; il est dans cette procédure du juge Larivière, qui avait pour but de commencer la contre-révolution par un juge-de-paix ; enfin, il se montre dans la dénonciation ridicule de ses chefs, contre les écrivains qui ont eu le courage de dévoiler ses intrigues. Qui n'a pas reconnu son influence dans la lenteur, dans le défaut total, dans l'hypocrisie des préparatifs de guerre confiés à des bureaux appartenant à ce comité ? Qui ne l'a pas reconnue dans la communication de nos plans de campagne à nos ennemis, même avant qu'ils fussent connus de nos généraux, dans les mécontentemens simulés, dans les démissions combinées des officiers ? Ces démissions, évidemment encouragées par une faction puissante, ne sont-elles pas un crime, quand elles ont pour but de réduire la France à un état d'impuissance qui la force de consentir à une médiation?

» Ouvrez un registre d'information, et bientôt vous aurez porté la lumière sur toutes les manœuvres de ce comité. Chaque pièce vous dévoilera celles que l'on imagine chaque jour pour parvenir au but principal, celui des deux chambres. Toutes ces pièces, qui sont, soit au comité de surveillance, soit au comité diplomatique, ou celles qui m'ont été directement confiées, sont des dépositions faites par-devant des juges-de-paix, des municipalités, etc.; des renseignemens fournis par des corps administratifs, des notes toutes signées, etc. Elles vous feront connaître enfin cette chaîne d'intrigues dont le premier anneau est tenu à Vienne par Breteuil, l'autre ici, à Paris, par le comité autrichien. Vous verrez qu'il propage sa doctrine dans les états-majors, les tribunaux; qu'il existe, ce comité, dans les conciliabules et les rassemblemens de gens suspects, qui se font à Paris; ouvrez ce registre, et vous y verrez le projet, tant de fois conçu et tant de fois abandonné, d'enlever le roi.

» Ouvrez ce registre, et vous apprendrez quel était l'objet de ce complot, qui devait soumettre l'assemblée nationale à la police d'un juge-de-paix; ouvrez ce registre, et vous verrez ceux qui prêchent au jeune prince royal le mépris de la Constitution, qui ressuscitent aux yeux du roi les signes de la noblesse; ouvrez ce registre, et vous verrez les manœuvres qu'on a employées dans la garde du roi pour se l'asservir; enfin, ouvrez ce registre, et vous y trouverez des pièces que la prudence ne me permet pas de dévoiler, etc.

» M. Brissot, se résumant, propose un décret d'accusation contre M. Montmorin; qu'il soit rendu compte incessamment, 1° de la conduite de M. Duport, ex-ministre de la justice; 2° de celle de M. Bertrand, ex-ministre de la marine; et d'enjoindre à ce dernier de remettre les pièces de sa correspondance relative aux Colonies. »

Emprisonnement de Lecointre. (Séance du 21 mai.) — Lecointre dénonce la déclaration qui lui a été faite, au comité de surveillance, par des Cent-Suisses, qui lui ont annoncé que dix-huit de leurs camarades s'étaient munis de passeports, sous prétexte de se retirer en Suisse, où ils n'avaient pas de propriétés ; que leur départ était une fuite concertée, pour aller se joindre à l'armée des émigrés, pour lesquels M. de Brissac leur avait donné une lettre, et qu'ils disaient hautement qu'ils reviendraient, l'épée à la main, reprendre leur poste et replacer le roi sur le trône. Il ajoute que, d'après sa lettre, la municipalité de Béfort en a arrêté neuf. Merlet accuse Lecointre d'acte arbitraire et de violation du droit des gens ; il demande l'examen de sa conduite, l'appel à la barre de la municipalité de Béfort, et une indemnité pour les victimes de la détention arbitraire. Lassource réclame la liberté des détenus. Girardin insiste pour le décret d'accusation contre Lecointre. Fauchet déclare que si les individus étaient suspects, Lecointre, en avertissant, a fait son devoir. Lacroix veut qu'il soit envoyé trois jours à l'Abbaye, pour avoir mis son nom à la place de celui du comité. Cet avis est adopté. — Le ministre de la justice annonce que les presses de l'*Ami du Peuple* ont été saisies, et que celles de l'*Ami du Roi* n'ont pu l'être ; les auteurs sont en fuite.

SÉANCE PERMANENTE DES 28, 29, 30 ET 31 MAI. — LICENCIEMENT DE LA GARDE CONSTITUTIONNELLE DU ROI.

[*M. Merlin.* La municipalité de Saint-Cloud, vient d'envoyer au comité de surveillance une adresse qui intéresse éminemment la sûreté publique. Je prie instamment l'assemblée d'en entendre la lecture.

Extrait de l'adresse des officiers municipaux de Saint-Cloud, en date du 28 mai.

« Les soussignés prennent la liberté de rendre compte à l'assemblée du fait suivant. Avant-hier, dans la matinée, M. Laporte, administrateur de la liste civile, s'est rendu à la manufacture de porcelaine de Sèvres, appartenant au roi. Les ouvriers, contre l'ordinaire, n'ont pu savoir ce qu'il venait faire. L'après-midi, deux voitures chargées de cinquante-deux ballots carrés, bien liés, et renfermant du papier, ont été déchargées à la manufacture, et les ballots portés dans l'emplacement du four à peinture, qui avait cessé de cuire la veille. Il fut rallumé le lendemain, mais non pour cuire de la peinture; les ballots y furent jetés à l'aide de deux ouvriers, en présence de M. Régnier, directeur, et d'un abbé dont on ignore le nom, mais qui dirigeait ce brûlement. Le feu a duré cinq heures. Ce fait a été dénoncé par trois ouvriers, qui n'ont pas osé signer la déposition, par la crainte de perdre leur état. Les officiers municipaux de Saint-Cloud, se sont aussitôt rendus à Sèvres pour en instruire la municipalité. Ils ont vu une très-forte fumée sortir du four, etc. »

M. Merlin. Je demande que l'assemblée charge le ministre de la justice de faire informer sur ce fait; et si l'on n'en donne pas d'explication satisfaisante, je serai autorisé à croire que les papiers qu'on a brûlés, sont les archives du comité autrichien.

M. Isnard. Je demande que M. Laporte soit mandé à la barre, pour y être interrogé, séance tenante, sur les faits contenus dans le procès-verbal dont il a été fait lecture.

M. Guadet. J'appuie la proposition de M. Isnard. Il est de l'intérêt du roi, comme de la sûreté publique, que vous éclaircissiez ce mystère.

La proposition de M. Isnard est adoptée à l'unanimité.

M. Laporte est introduit à la barre. — M. le président lui notifie la cause de son appel, et lui fait donner lecture de l'adresse de la municipalité de Saint-Cloud.

M. le président. Allâtes-vous, avant-hier matin, à la municipalité de Sèvres?

M. Laporte. Oui, monsieur. — Y fîtes-vous porter cinquante-deux ballots carrés contenant des papiers? — Ils y ont été portés le même soir, mais j'observe qu'il n'y en avait que trente. — Avez-vous ordonné qu'ils fussent jetés dans le four à peinture? — Oui, monsieur; j'avais donné ordre qu'ils y fussent jetés, et ils l'ont été en effet, d'après le compte qu'on m'en a rendu, il y a quatre heures; ils contenaient quelques imprimés d'une édition entière faite à Londres, et que j'ai retirée ici de chez le libraire. — Quel ouvrage était-ce? — Ce n'était aucun ouvrage qui pût intéresser la liberté; c'étaient les Mémoires d'une femme qui a été trop célèbre; chaque exemplaire devait être signé d'elle; mais elle est morte à présent: cette femme est madame de la Mothe. Je n'ai point vu cet ouvrage, que j'avais chargé deux personnes d'acheter et de faire transporter; et le libraire même est allé à la manufacture. — Quel est le nom de ce libraire? — C'est M. Gueffier, demeurant sur le quai des Augustins. — Quel est l'abbé qui était allé avec vous à Sèvres? — J'y suis allé seul.

M. le président. « Vous pouvez vous retirer. »

M. Merlin. « Je demande que M. Régnier, directeur de la manufacture, soit mandé, afin qu'il soit interrogé sur-le-champ et sans prendre communication avec personne. (Il s'élève quelques murmures dans une partie de l'assemblée). »

N.... « J'insiste pour que la motion de M. Merlin soit mise aux voix. »

M. Girardin. « Je demande la parole. »

M. Merlin. « Il ne s'agit pas d'invoquer ici toujours les principes, quand il s'agit du salut de la chose publique. Je demande que M. Girardin réserve à un autre moment une discussion qui ne peut que donner le temps aux personnes compromises de se concerter avec les machinateurs. »

M. Girardin. « Il est aussi dans mes principes d'éclaircir tout mystère; il est aussi dans les principes des gens honnêtes de dévoiler les calomnies; enfin, il est dans mes principes de croire que la calomnie surtout ne doit pas rester impunie. Je demande donc que l'on appelle à la barre, non-seulement M. Régnier, directeur de la manufacture, mais M. Gueffier, libraire. Rien n'est plus contraire à la liberté que les soupçons dont on cherche à environner tous les hommes. Je demande, de plus, que demain M. Chabot nous fasse la lecture des pièces qu'il nous a annoncées, parce que si l'assemblée est sur un volcan, il n'y a pas un instant à perdre; et, dans quinze jours, il pourrait n'être plus temps de sauver la chose publique.

M. Mazurier. « Je propose de mander aussi les ouvriers qui ont aidé à brûler les ballots.

« L'assemblée adopte la proposition de M. Mazurier.

« Elle décrète ensuite, sur la proposition de deux autres membres, que MM. Gueffier, libraire, demeurant quai des Augustins, et Régnier, directeur de la manufacture de Sèvres, seront mandés pour rendre compte, le premier, séance tenante, le second, à la séance du soir.

M. Chabot. « Il existe un complot pour opérer la dissolution de l'assemblée nationale : vous en voyez au moins un commencement de preuve dans la distribution des cocardes blanches aux Suisses; dans les cris: *Au diable la nation!* qu'on répète sous le portique des Tuileries, dans la distribution des libelles tendant à avilir l'assemblée nationale; j'ai entre les mains 182 pièces probantes de ce complot. Je demande à en donner connaissance à l'assemblée, au moment où les deux comités lui feront un rapport sur cet objet. (On applaudit.)

M. Becquet. « Ce serait manquer à la confiance de la nation française, que de la laisser plus long-temps dans la pénible incertitude où elle se trouve; si M. Chabot a des preuves, il ne doit pas tarder à les faire connaître; et je demande qu'il le fasse dans la séance la plus prochaine qu'il plaira à l'assemblée de déterminer.

M. Bazire. « Pour satisfaire à la juste impatience de M. Becquet, je demande à être entendu demain pour prouver qu'il est indispensable de dissoudre la garde du roi, afin de l'organiser constitutionnellement; pour prouver qu'il y a dans cette garde des prêtres réfractaires, des hommes revenus de Coblentz, et des domestiques qui leur sont attachés; qu'il y a une grande quantité d'Arlésiens, depuis que la ville d'Arles a été déclarée en état de contre-révolution; que parmi ceux qui la composent, il n'y en a pas un cinquième d'éligibles constitutionnellement. Je dénoncerai l'esprit contre-révolutionnaire qu'on cherche à lui inspirer; les orgies des officiers et de quelques cavaliers; les santés de MM. de Condé, d'Artois, et Lambesc, qu'on a mêlées à celles du roi et de la reine. Je vous dirai qu'un cavalier, qui se trouvait à cet orgie, a pensé être étranglé pour avoir proposé la santé du *prince royal*; je prouverai enfin qu'il existait un projet d'enlever le roi le jour de la fête de Château-Vieux. (La salle retentit d'applaudissemens.)

M. Isnard. « J'ajoute à ce que vient de dire M. Bazire, qu'un sieur Delâtre, que vous avez voulu mettre en état d'accusation, parce qu'il avait été chargé d'aller à Coblentz porter une lettre à M. de Calonne, est maintenant de la garde du roi.

M. Lacroix. « Vous ne pouvez vous dissimuler le danger de la chose publique. Je demande que M. Bazire soit entendu ce soir, et que l'assemblée prenne un parti sans désemparer. (On applaudit.)

M. Bazire. « Il est impossible que d'ici à ce soir je réunisse toutes les pièces, et que je les mette en ordre. Je prie donc l'assemblée de vouloir bien différer à m'entendre jusqu'à demain; mais comme les propositions que je viens d'énoncer pourraient mettre de la fermentation dans la capitale, je propose de décréter que la garde de Paris sera doublée.

« L'assemblée décrète que la garde sera doublée, et que le maire viendra tous les matins rendre compte de l'état de la capitale.

M. Carnot le jeune. « Comme l'assemblée est forcée de s'occuper d'autre chose que d'arrêter les conspirateurs, et que ses travaux législatifs ne doivent pas souffrir d'interruption, je demande qu'elle se déclare permanente, dans la forme adoptée par l'assemblée constituante, à l'époque du départ du roi. (La salle retentit d'applaudissemens.)

« La proposition de M. Carnot le jeune est adoptée à la presque unanimité.

M. . . . . « A Rome, dans les temps orageux, les consuls faisaient une proclamation en ces termes : « Citoyens, la république est en péril; prenez les armes et tenez-vous sur vos gardes. » Je propose à l'assemblée de rendre une pareille proclamation.

» L'assemblée passe unanimement à l'ordre du jour sur cette proposition.

M. Merlin. » Il existe dans la garde du roi de bons citoyens qui ont dénoncé les faits dont on vient de vous donner connaissance. Je demande qu'ils en puissent sortir, et que l'assemblée pourvoie à leur existence provisoire.

» La proposition de M. Merlin n'est pas appuyée.

» L'heure étant fort avancée, et M. Gueffier n'étant pas encore rendu à la barre, M. le président lève la séance. — Il est cinq heures.

6 HEURES DU SOIR.

On introduit à la barre M. Gueffier, libraire, qu'interrogé sur les balles d'imprimés brûlés à la manufacture de Sèvres, répond qu'il en a vendu à M. Delaporte trente balles qui venaient de Londres, adressées, par M. Robinson, à des négocians de Rouen, qui l'ont chargé, lui M. Gueffier, de les vendre par commission. Interrogé sur le titre de ces imprimés, répond que ce sont les *Mémoires de madame Lamotte.*

M. Régnier, directeur de la manufacture, est ensuite introduit à la barre.

M. le président. Avez-vous reçu quelque envoi de Paris?

M. Régnier. Trois voitures chargées de ballots. — Savez-vous ce que contenaient ces ballots? — Je l'ignore, et je n'ai rien su, parce que je ne me suis pas permis d'y regarder.

» On fait lecture d'une lettre de M. Montmorin, à M. le président. Elle est ainsi conçue: « J'apprends en ce moment qu'on a dit à l'assemblée que je m'étais embarqué à Boulogne-sur-mer avec madame Lamballe. Je démens cette assertion. Je n'ai jamais eu et n'aurai jamais le dessein de sortir de France. Il y a deux mois que je n'ai quitté Paris; je ne le quitterai point qu'on n'ait éclairci la dénonciation faite contre moi. Je viens de livrer à l'impression des observations que j'aurai l'honneur de remettre dans peu à l'assemblée.

» On demande, et l'assemblée décrète que le membre qui a dit avoir une lettre de la municipalité de Boulogne-sur-mer, soit tenu de la remettre sur le bureau.

M. le président annonce que les trois ouvriers de la manufacture de Sèvres sont présens.

On introduit le premier à la barre.

M. le président. Votre nom? — Claude-Charles Gérard. — Vous trouvâtes-vous samedi à la manufacture de Sèvres? — Oui, Monsieur. — Fûtes-vous employé comme à votre ordinaire? — Je fis faire des feux comme lorsqu'on commence les fournées. — Achevâtes-vous la fournée? — Non, Monsieur, — Que fîtes-vous? — Nous procédâmes à la brûlure de trente balles de papier. — Quels étaient ces papiers? — Je n'en sais rien. Tout ce que je puis dire, c'est que c'était du papier imprimé du format de brochures. — L'opération fut elle longue? — Depuis cinq heures et demie jusqu'à onze heures et demie. — Y avait-il d'autres personnes que vous? — Il y avait le directeur, M. Régnier; trois personnes que je ne connais pas, et deux ouvriers sous moi. — N'y avait-il que les trente balles? — Pas davantage. — N'avez-vous pas vu le titre de ces papiers? — Je ne l'ai point vu et n'ai point ambitionné de le voir. — Vous ne vîtes pas de manuscrits? — Non, Monsieur. — Le four avait-il déjà servi à de pareilles opérations? — Non, pas à ma connaissance.

M. le président. Vous pouvez vous retirer.

Le second est introduit. Il se nomme Louis Longué.

M. le président. Votre profession? — Journalier, — Vous travaillez à la manufacture de Sèvres? — Oui, Monsieur. — Y étiez-vous samedi dernier? — Oui, Monsieur, — Le four a-t-il servi ce jour là à autre chose qu'aux peintures? — Oui, Monsieur, on a brûlé du papier. — Quel papier? — Je ne sais pas lire, je ne l'ai pu voir. — En brûla-t-on beaucoup? — Je n'en saurais dire le nombre.

On introduit M. Garnier, le troisième de ces ouvriers.

M. le président. Que faites-vous? — Je travaille à la manufacture de Sèvres. — Avez-vous connaissance de ce qui s'y fit samedi dernier? — Oui, Monsieur; on y a brûlé du papier, j'y ai été employé, je l'ai fait, parce que je suis obligé d'obéir au chef. — Savez-vous ce que c'était que ce papier ? — Je ne sais pas lire. — Cela dura-t-il long-temps? Trois ou quatre heures. — Connaissez-vous les personnes qui étaient avec vous? — Non, Monsieur. — Aviez-vous vu arriver les papiers à la manufacture? — Non, Monsieur.

M. le président. L'Assemblée délibérera sur ce que vous venez de lui dire. Vous pouvez vous retirer.

Sur le rapport de M. Isnard, au nom du comité de surveillance, concernant la dénonciation et la recherche faite par M. Maillard, d'une fabrication de faux assignats à l'hôtel de la Force, l'Assemblée décrète qu'il sera accordé à M. Maillard 1,200 l., à M. Biet, 1,200 liv. et à chacun des deux préposés de police qui les ont accompagnés, 300 liv.

M. Chabot. J'étais à travailler au comité de surveillance, lorsqu'on m'a dit que M. Montmorin venait d'écrire qu'il n'était pas parti pour Londres. Ce qu'il y a de certain, c'est que je n'ai rien avancé que d'après un extrait de la lettre des municipaux de Boulogne-sur-mer, écrite à la municipalité de Paris, et adressée par M. Pétion au comité de surveillance. Voici cet extrait :

» *Du 21 Mai.* Nous vous apprenons que tous les jours il s'embarque, pour l'Angleterre, des Français munis de passeports. M. Montmorin, ex-ministre, madame la princesse Lambesc, (je me suis trompé en disant madame Lamballe) et M. Caraman, se sont embarqués le 8 de ce mois pour Londres.

» Signé, *les officiers municipaux de Boulogne-sur-mer.* »

M. Boulanger. M. Chabot aurait dû s'apercevoir dans le premier moment, que cette lettre est fausse, puisque depuis le 8, M. Montmorin a fait une plainte contre lui chez le juge de paix Larivière.

» On introduit successivement à la barre une députation de la section du Théâtre-Français, et de deux autres sections de Paris qui demande que l'assemblée les autorise à se constituer en état de surveillance permanente.

L'assemblée renvoie la pétition au comité de législation, et leur accorde les honneurs de la séance. — La séance est levée à cinq heures du matin.

29 MAI, NEUF HEURES DU MATIN.

On annonce que le maire de Paris demande à être introduit à la barre.

M. Pétion. Vous avez décrété que le maire de Paris vous rendrait compte chaque jour de l'état de cette grande cité; je m'empresse de satisfaire à cet acte émané de votre sollicitude et de votre sagesse. Paris, depuis quelque temps, devient un objet d'inquiétudes pour la France entière; c'est le rendez-vous des gens sans aveu, des mécontens, des ennemis de la chose publique. Des lettres, des avis sans nombre, attestent cette vérité. Connaissant l'influence de cette ville sur le reste du royaume, et par son immensité, et par sa position, et par les dépôts précieux qu'elle renferme, il semble qu'on se soit fait un système d'y dépraver l'opinion, d'y corrompre l'esprit public, pour en répandre ensuite les poisons sur tout l'empire. Cet attentat moral, dont les suites funestes seraient incalculables, si toutefois un succès en ce genre était possible, n'est pas le seul qu'ils aient projeté. La fermentation prend chaque jour un nouveau degré de malignité. Des faits de tous genres déposent sur ce point. Vous avez vu qu'une crise violente se préparait, et vous n'avez pas cru pouvoir fermer plus long-temps les yeux sur les dangers de la patrie; vous avez parlé, et à l'instant le peuple s'est levé; vous avez ordonné que la garde serait doublée, des patrouilles nombreuses ont veillé à la sûreté publique, la garde nationale a montré le zèle le plus actif. (On applaudit.) On est sûr de la trouver toujours dans le chemin de l'honneur et de la loi. (On applaudit.) On est sûr, dans toutes les occasions importantes, de lui voir déployer une grande énergie. La masse des citoyens de Paris est excellente; elle aime la liberté et la Constitution, elle les défendra jusqu'à la mort, et les hommes du 14 juillet existent encore. (Les applaudissemens continuent.) Qu'ils sont imprudens, les lâches qui conspirent contre notre repos ! ils aperçoivent quelques divisions entre des hommes qui veulent arriver au même but, mais qui ne prennent pas toujours la même route ; et ils croient aussitôt que le moment est arrivé de réaliser leurs chimères odieuses ! Ils excitent des orages. Les insensés ! ils ne voient pas que si ces orages venaient à fondre, c'est sur eux qu'ils éclateraient.

Je pense qu'en désirant être instruits de l'état de Paris, vous n'avez pas voulu que je vous entretinsse de détails minutieux. Votre intention a été sans doute de connaître la disposition générale des esprits et les faits qui peuvent avoir quelque caractère d'importance. J'ai néanmoins pris des dispositions particulières pour être instruit avec plus d'exactitude que jamais de tout ce qui se passe. La nuit a été calme, et rien n'annonce un jour orageux. Il ne faudrait pas cependant qu'une fausse sécurité fût l'effet de cette tranquillité du moment ; ce serait celle de la stupeur ; elle ressemble au silence qui succède aux coups de foudre. Il n'en faut pas moins veiller, et intimider sans cesse les méchans ; il faut les tenir courbés sous le joug de la loi. (On applaudit.) au moindre relâchement, ils relèveraient leur front audacieux. Montrez-vous constamment élevés à la hauteur de vos fonctions ; déployez ce caractère auguste dont la nation vous a investis. Alors soyez sûrs, non pas seulement de la tranquillité de Paris, mais de celle de la France entière. (On applaudit.)

L'assemblée ordonne l'impression du discours de M. Pétion.

M. *Jaucourt.* Je demande que l'assemblée charge le maire de Paris de témoigner à la garde nationale la satisfaction qu'elle a éprouvée du zèle de la garde nationale.

Cette proposition est adoptée.

Des citoyens de la section de Paris, dite des Gobelins, se présentent à l'assemblée, et lui jurent de se sacrifier pour la défendre. — Ils défilent dans la salle, tambour battant, au nombre de quinze ou seize cents hommes armés de piques, et précédés des grenadiers du bataillon de cette section. Le cortége est orné par plusieurs piques surmontées du bonnet emblème de la liberté.— Ces citoyens se rangent ensuite autour du lieu des séances de l'assemblée.

M. le président. La parole est à M. Bazire, qui l'a demandée pour une dénonciation contre la garde du roi.

M. Bazire. Je vais présenter des faits qui sont parvenus à ma connaissance, dans toute leur simplicité. Je ne me permettrai pas de développemens oratoires à ce sujet. C'est lorsque j'accuse que mon imagination se dessèche, que ma voix s'éteint, et que l'aridité de mon style fait assez connaître combien il est douloureux pour moi de remplir un si pénible devoir.

A l'époque de la formation de la garde soldée du roi, la voix publique accusait déjà les courtisans de se servir de ce moyen pour armer et rallier autour d'eux une foule de mécontens, dans l'intention de former aux Tuileries un noyau de contre-révolutionnaires. Si l'on en excepte les jeunes citoyens envoyés des départemens, ou présentés par les divers bataillons de Paris, le choix des sujets n'avait rien que d'alarmant, et faisait naître de sinistres présages. Vous crûtes qu'il était de votre devoir de vous assurer de l'éligibilité de chacun des membres de ce corps armé, aux termes de la Constitution, qui veut que toute personne admise dans la garde du roi ait servi pendant un an, soit dans l'armée de ligne, soit dans la garde nationale, et qu'elle ait prêté le serment civique antérieurement à sa nomination. Vous décrétâtes, en conséquence, que leur installation n'aurait lieu qu'après la vérification de leurs titres par les officiers municipaux de la commune de cette ville. Cette disposition rigoureusement conforme à la loi, et à laquelle on ne s'attendait pas, déconcerta pour quelque temps le plan de composition que l'on avait conçu, et il est à remarquer que la garde, que l'on disait à peu près complète, ne put pas se présenter tout entière à la cérémonie de l'installation. Il n'y en a qu'une très-petite portion d'assermentée, et l'on ignore encore à quel titre le surplus se permet d'en faire aujourd'hui le service.

Ce n'était pas assez pour ceux qui présidaient à la formation de ce corps, de soustraire ainsi la majorité de ses membres aux conditions d'éligibilité qui leur sont imposées par l'acte constitutionnel, et dont votre loi venait de leur rappeler formellement l'exécution. Il fallait corrompre tous les patriotes adressés par les départemens, ou les décourager et s'en défaire. L'on épuise, en conséquence, tous les moyens d'ébranler les esprits faibles, d'abattre les hommes timides; bientôt on se félicite d'en avoir perverti un grand nombre; et quant à ceux que l'on trouve fermement attachés aux principes, on se hâte de les congédier, sans daigner seulement en déguiser les motifs. Quelques-uns même, indignés des propos aussi extravagans que criminels que l'on tient autour d'eux, fatigués des persécutions qu'on leur fait éprouver, n'attendent pas qu'on les renvoie; ils s'éloignent volontairement de ce séjour habité par les plus odieux conspirateurs. De retour dans le pays qui les a vus naître, au milieu de leurs concitoyens qui les ont choisis, jaloux de conserver l'estime de leurs compatriotes, et ne pouvant faire valoir les cartouches insignifiantes, et quelquefois même diffamantes, que l'on s'est permis de leur donner, ces jeunes citoyens se présentent au directoire de leurs départemens, pour y faire connaître les motifs de leur retraite. Plusieurs d'entre eux s'empressent d'écrire aux membres de l'assemblée nationale élus dans leurs contrées, pour rendre leur justification plus complète. Tous veulent partir pour les frontières, et demandent à être placés au poste le plus périlleux, pour manifester leur courage et leur dévouement à la chose publique.

C'est d'après les procès-verbaux rédigés sur leurs déclarations, c'est dans les lettres que je tiens de plusieurs de mes collègues, que l'on peut voir la vertu civique aux prises avec l'aristocratie la plus effrénée, et que la candeur des enfans de la patrie sert de flambeau au milieu des épaisses ténèbres dont veulent inutilement s'envelopper nos modernes Catilina. Et comment a-t-on remplacé ces hommes estimables? par d'anciens gardes-du-corps, par des jeunes gens sortant du séminaire, ou qui n'ont quitté l'habit ecclésiastique que pour endosser l'uniforme, par des chiffonistes de la ville d'Arles, par des individus nouvellement arrivés de Coblentz, par un ancien caporal des Cent-Suisses qui avait été chassé de son corps d'après le vœu unanime de tous ses camarades, pour cause de lâcheté, de bassesse et de vol, et qui vient d'être non-seulement pourvu d'une place de lieutenant dans la garde du roi, mais encore décoré de la croix du mérite militaire, et enfin par un grand nombre de ces hommes connus pour tapageurs, qui provoquent perpétuellement les citoyens, et tour à tour assassinent ou sont assassinés. Me dira-t-on bien, par exemple, ce que peut signifier cette bizarre composition de la garde du roi, où l'on remarque actuellement des jeunes gens qui se qualifient encore de comtes ou de nobles, à côté de quelques hommes qui se trouvaient, il n'y a qu'un instant, aux gages de certains émigrés? Est-ce pour sceller, par cette fraternelle association, le principe de l'égalité qu'ils méconnaissent? ou n'est-il pas évident, au contraire, qu'ils se regardent là comme dans un attroupement prêt à frapper ceux qu'ils voudront indiquer, et que c'est la fureur de l'esprit de parti qui leur commande momentanément le sacrifice de leur amour-propre?

Si je voulais arguer ici de la conviction intime que nous avons nécessairement tous du mauvais esprit de la garde du roi, je n'aurais qu'à demander à chaque membre de l'assemblée s'il n'entend pas les cris qui s'élèvent contre ce foyer de rébellion, et s'il ne voit pas que le salut public exige impérieusement que le corps législatif adopte sans délai une grande mesure de police générale, le licenciement de la garde actuelle du roi. Mais l'impassible équité de l'assemblée nationale veut d'autres garans de ses décisions, et je vais déduire des faits articulés d'une manière précise dans les diverses déclarations que j'ai entre les mains, déclarations souscrites par des personnes fort éloignées, dans des situations très-différentes, et qui néanmoins s'accordent toutes sur les objets principaux de ma dénonciation.

Je commence d'abord par observer à l'assemblée que son comité militaire, alarmé des plaintes continuelles qui lui étaient adressées par des hommes dignes de confiance, sur ce qui se passait dans la garde du roi, a cru devoir, il y a quelques jours, charger M. Lacuée, l'un de ses membres, de se transporter auprès du ministre de la guerre, pour l'inviter à présenter au roi des observations à cet égard, et qu'il ne paraît pas que cette mesure ait produit l'effet que l'on devait en attendre. Je déclare que les chefs de la garde du roi n'ont point complétement exécuté la loi qui les obligeait à faire vérifier les titres de chacun des citoyens qui composent cette garde, avant de les admettre à en exercer les fonctions; et j'en atteste les officiers municipaux de la commune de Paris. Je déclare qu'ils se sont permis d'incorporer dans la garde un très-grand nombre de citoyens qui n'avaient pas les conditions requises par l'acte constitutionnel, et notamment d'anciens gardes-du-corps, des hommes qui ont quitté l'habit ecclésiastique pour endosser l'uniforme, et parmi lesquels se trouvent les nommés *Pierre Remis*, de la compagnie de Salede, et *Lacaze*; des ci-devant nobles nouvellement arrivés des pays étrangers; d'autres ci-devant nobles qui n'ont jamais servi ni dans la troupe de ligne, ni dans la garde nationale, tels que les deux fils du ci-devant comte de Béranger, dont l'aîné n'est âgé que de quinze ans, et qui sortent l'un et l'autre du collège; beaucoup d'Arlésiens, membres de la société connue sous le nom de la Chiffonne, au mépris du décret qui déclare la ville d'Arles en état manifeste de rébellion, et parmi lesquels on distingue les nommés *Lezan cadet*, *Benot* et *Gilbert*. Ces faits se trouvent tous consignés dans les déclarations que je vais déposer sur le bureau.

Je déclare que l'on a mis et que l'on met chaque jour tout en œuvre pour pervertir le petit nombre de patriotes qui se trouvaient et se trouvent encore dans la garde du roi; que les écrits aristocratiques leur ont été distribués avec profusion, et notamment un ouvrage intitulé : « Bouquet au roi très-chrétien Louis XVI, fait pour le jour de sa fête le 25 août 1791, lorsqu'il était prisonnier avec sa famille aux Tuileries, et réservé en étrenne douloureuse pour le premier janvier 1792; » écrit qui contient la censure la plus amère et la plus astucieuse de nos lois nouvelles; écrit que chacun des citoyens de la garde du roi a trouvé sur son lit sans savoir comment il y avait été placé, et au sujet duquel deux d'entre eux ont été maltraités et renvoyés pour l'avoir déchiré, en manifestant le mépris qu'ils en faisaient. Je dépose un exemplaire de ce libelle exécrable qui m'a été remis par M. *Tirot*, ci-devant garde du roi, lequel a déclaré les faits que je viens d'exposer, faits qui se trouvent également consignés dans la déclaration de *Claude Cabour* et de *Matthieu Tamisier*, aux citoyens composant le huitième bataillon de la première légion de Paris, qui ont fait imprimer l'extrait des délibérations de leur conseil de discipline à ce sujet, dont je dépose pareillement un exemplaire. Je déclare que ces insinuations perfides et ces écrits envenimés, prodigués aux gardes du roi, avaient pour objet de leur inspirer ce que leurs chefs appellent l'esprit du corps, et que cet esprit de corps n'est autre chose qu'un dévouement absolu à la personne du roi, aux intérêts duquel on se prépare à sacrifier la liberté publique.

De là les défenses souvent réitérées de communiquer avec la garde nationale, défenses que l'on ne craignait pas de motiver sur ce que des liaisons de cette nature empêchent nécessairement de prendre l'esprit du corps, et sur ce que les gardes nationales portent l'uniforme des révoltés; de là ces propos si souvent répétés que c'est le roi qui paie et non pas la nation, et que toute protestation de dévouement à la patrie dans la bouche d'un garde du roi annonce les plus mauvaises dispositions de sa part. C'est encore pour cela que la tête de leurs sabres représentant un coq avec une couronne royale, M. Brissac a cru devoir les prévenir que c'était l'emblème des premiers Gaulois, et que cet emblème leur indiquait un roi qu'ils devaient aider à reconquérir ses états. Tel est l'esprit que l'on inspire aux gardes du roi, et c'est ainsi que plusieurs d'entre eux ont été mis en prison ou renvoyés, soit pour avoir conversé avec des gardes nationales, soit pour avoir manifesté des sentimens patriotiques. Ces faits se trouvent consignés dans la déclaration du sieur Tirot, et fondus dans les déclarations souscrites par ses camarades, et que je vais également déposer sur le bureau. Je déclare que cet esprit de corps et ces principes anti-constitutionnels ont fait des progrès si prodigieux dans la garde du roi, que le peu de bons citoyens qu'un courage véritablement héroïque, et qu'un zèle au-dessus de tous les éloges y retient encore pour éclairer les démarches des malveillans, sont obligés de prendre le masque de l'aristocratie, afin de s'y maintenir en sûreté; que l'on y parle ouvertement et sans ménagement de la nation, de l'assemblée nationale et de toutes les autorités constituées, dans des termes si outrageans et si bas, que je croirais manquer à toutes les bienséances si je les rapportais ici; mais qui se trouvent consignés dans les pièces dont je suis dépositaire.

Ce que je ne puis passer sous silence, ce sont les démonstrations scandaleuses de joie avec lesquelles on applaudit sans pudeur aux pertes que nous avons essuyées sur les frontières. Le nommé Nercis, qui remplit actuellement les fonctions de sergent dans la garde du roi, et qui était autrefois garde-du-corps, disait hautement à plusieurs de ses camarades, que les trois cents patriotes qui ont péri dans l'affaire de Mons étaient autant de gueux, et qu'il y en avait bien d'autres à détruire. « La première fois que je montai la garde, dit l'un de nos vertueux déclarans, l'on vint crier au milieu de nous; Valenciennes est pris par les Allemands, sous quinze jours ils seront à Paris. *Bravo ! bravo !* répétèrent plusieurs forcenés; nous irons au-devant d'eux à vingt lieues d'ici avec un drapeau blanc; et mille propos plus extravagans les uns que les autres suivirent cette proposition. » Ce que je ne dois pas passer sous silence, ce sont les détails monstrueux de ces orgies où l'on fait les imprécations les plus atroces contre les patriotes; c'est surtout ce qui se passa le jour de la fête de la liberté : «Il s'est tenu, disent sept gardes du roi dans leurs déclarations au comité de la section de Popincourt, dont le procès-verbal est entre mes mains; il s'est tenu une orgie entre les officiers de cavalerie de service au château, et leurs cavaliers casernés à l'hôtel de Brienne, où après beaucoup de propos injurieux à la nation, les officiers portèrent des santés à MM. Condé, d'Artois, Bouillé, Lambesc, et enfin à tous les émigrés. M. Cabrol, cavalier envoyé par le département de l'Aveyron, dit qu'il portait la santé du prince royal.

Au même instant, ce malheureux jeune homme, pour s'être servi d'une expression consacrée par la Constitution, plutôt que d'employer le terme de dauphin, que la garde du roi ne veut point abandonner, fut assailli, et allait être étranglé, si plusieurs de ses camarades ne l'eussent retiré des mains de ces forcenés. »

Ce fait se trouve encore consigné dans une déclaration remise par M. Cabrol lui-même à M. Musset, notre collègue, dont j'invoque ici le témoignage ; mais ajoutent les sept déposans de la section de Popincourt, « le nommé Sombreuil, officier de cavalerie, s'écrie : « Nous devrions être actuellement à plus de trente lieues avec le roi : sans de maudits relais qui nous ont manqué, le grand coup serait porté : au surplus, c'est partie remise ; j'ai là mon sabre, et j'aurai bientôt occasion de le plonger dans le ventre de tous ces misérables sans-culottes. » Ce fait se trouve encore consigné dans plusieurs autres déclarations, et notamment dans une lettre écrite à M. Bellegarde, notre collègue, par un jeune homme qui sort de la garde du roi, et que je vais déposer avec les autres pièces que j'ai à ma disposition. Si l'on voulait rapprocher ce propos de M. Sombreuil de tous les renseignemens qui ont été fournis, tant à la municipalité de Paris qu'au comité de surveillance, sur ce qui se préparait pour le jour de la fête de la liberté, l'on en sentirait vivement la profondeur, et l'on apercevrait toute l'étendue de ce serment si souvent exigé des gardes du roi, *d'accompagner Louis XVI partout où il lui plairait d'aller*; serment formellement contraire à la loi que vous avez rendue sur l'organisation de cette garde, dont se plaignent la plupart des déclarans, et qui a été particulièrement dénoncé par M. Rigal, dont le patriotisme ne pouvait sympathiser avec l'esprit du corps.

Je m'arrête à ces traits caractéristiques de la garde actuelle du roi ; il n'est peut-être pas un de vous qui ne se dise que j'en ai omis de très-importans, et qu'il en aurait beaucoup à y ajouter ; mais il me répugnerait de vous entretenir plus long-temps de ces détails véritablement honteux pour la quatrième année de notre régénération. Je ne me propose point de vous dévoiler ici toute la turpitude de ces hommes que la Constitution avait placés à un poste honorable, qu'elle avait armés pour la défense de la liberté, pour veiller à la conservation du roi constitutionnel, et qui n'ont pas rougi de se métamorphoser en méprisables satellites d'un despotisme abattu que des factieux cherchent vainement à rétablir. (On applaudit.) Parmi les faits nombreux que je pourrais vous présenter encore, je ne vous en citerai qu'un seul qui a été dénoncé à votre comité de surveillance par le département du Lot, et qui peut jeter quelque jour sur les intentions perfides des chefs de ce corps avili; c'est la proposition faite par M. Descours, lieutenant-colonel de la garde à cheval, à M. Murat, au moment où ce citoyen donnait sa démission, de joindre les émigrés, en lui disant, pour le séduire, qu'il envoyait quarante louis au fils de M. Cholard, directeur des postes de la ville de Cahors, jeune homme qui venait de se rendre à Coblentz.

Je vous ai prouvé que les chefs de la garde du roi ne se sont point conformés à votre loi sur l'installation de ses membres; qu'ils ont violé la Constitution en y incorporant un grand nombre de citoyens inéligibles; qu'ils se sont efforcés de lui imprimer un esprit de corps qui tend au renversement du régime actuel; que cet esprit de corps y est presque universellement adopté; qu'il s'y manifeste d'une manière alarmante, et que tout annonce de sa part une explosion prompte, funeste à la tranquillité publique. Il est temps que vous préveniez de si grands maux; il est temps que vous garantissiez le roi d'une entreprise d'un corps institué pour veiller à sa sûreté, et qui paraît déterminé à favoriser les projets de ceux qui méditent un enlèvement de sa personne. Il est temps que vous délivriez Paris de ce fléau qui ne cesse d'y produire des moyens inquiétans; de ce corps qui fait naître à chaque instant des rixes particulières dont le dénoûment se trouve presque toujours ensanglanté, qui chaque jour deviennent plus générales, et qui se changeraient infailliblement en une guerre civile, si l'on ne s'empressait d'y mettre ordre. Certes les gardes-du-corps, dont les saillies aristocratiques, dans un moment d'ivresse, ont forcé le réveil du peuple, et provoqué la fameuse journée du 6 octobre, avaient bien moins abusé de la patience des bons citoyens. Je vous propose en conséquence le projet de décret suivant :

L'assemblée nationale, sur le compte qui lui a été rendu de la situation actuelle de la garde soldée du roi :

Considérant qu'elle n'a point été organisée conformément à l'article 12 de la section Ire du chapitre II du titre III de l'acte constitutionnel, et à la loi du........, et qu'il est notoire qu'elle n'est pas dans l'esprit et dans les principes de la Constitution, décrète que la garde soldée, tant à pied qu'à cheval, de la maison du roi, demeure licenciée ;

Charge son comité militaire de lui présenter incessamment le mode de sa prompte réorganisation conformément aux lois ;

Décrète en outre que les gardes suisses en feront provisoirement le service, conjointement avec la garde nationale.

M. Jean Debrie. Je demande qu'avant que la discussion soit ouverte, il nous soit donné lecture des pièces annoncées par M. Bazire.

L'assemblée décide que les pièces seront lues.

Des soldats invalides sont admis à la barre.

L'orateur. Il a été ordonné hier à tous les commandans des postes de l'hôtel des Invalides de céder les postes pendant la nuit à toutes les troupes qui se présenteraient, soit de la garde du roi, soit de la garde nationale. Surpris de cet ordre, nous avons consulté les décrets, et nous avons trouvé que la garde du roi ne faisait pas partie des forces de l'empire, et qu'en conséquence elle ne pouvait pas se trouver aux mains avec la garde nationale, sans être ennemie de la nation. C'est à l'assemblée à prendre un parti qui maintienne la loi, et soutienne notre patriotisme. Jusqu'à notre dernier mot, nous répéterons : vivent la nation, la loi et le roi! vivre libre ou mourir! (On applaudit.)

M. Lasource. Je demande que l'assemblée témoigne à ces vieux militaires la satisfaction de leur conduite.

M. le président. L'assemblée est satisfaite de votre zèle à veiller au maintien de la liberté publique ; elle vous accorde les honneurs de la séance.

M. Daverhoult. Je demande que M. le président invite ces messieurs à donner le nom de l'officier qui a donné l'ordre.

L'assemblée adopte la proposition de M. Daverhoult.

M. le président. Comment se nomment les officiers qui ont donné l'ordre?

Un invalide. Ce sont MM. Mougin et d'Argilliers.

L'assemblée mande à la barre MM. Mougin et d'Argilliers.

On fait lecture des pièces annoncées par M. Bazire. — Elles se trouvent conformes à son rapport.

M. Bazire. Je reçois à l'instant la dénonciation d'un nouveau fait. M. Merleval, ancien officier du régiment de la Sarre, après avoir fait imprimer son serment, l'a rétracté, et a même fait imprimer sa rétractation. Il est maintenant capitaine dans la garde du roi.

M. Couthon. Le moment est venu où l'assemblée doit déployer un grand caractère; il existe une grande conspiration, dont le centre est, nous le savons tous, au château des Tuileries. (Une partie de l'assemblée et les tribunes applaudissent.)

M. Navier. Je demande que l'assemblée ne soit interrompue par aucuns applaudissemens ni murmures.

M. le président. Au nom de l'assemblée, je rappelle aux tribunes que tous applaudissemens et murmures leur sont interdits.

M. Couthon. J'ajoute quelques faits à ceux qu'a présentés M. Bazire.

Un jeune citoyen du département du Cantal s'est présenté pour entrer dans la garde du roi, avec un certificat de civisme signé du département et de la société des amis de la Constitution; on lui a dit qu'on n'avait pas besoin de factieux de son espèce. On aime beaucoup mieux des valets de ci-devant nobles. Je sais qu'on y a admis notamment le valet de chambre de M. Clermont-Tonnerre. Un jeune homme, qui est encore dans cette garde, annonce qu'il y a environ huit jours, dans un comité de gardes du roi il était question de la dissolution de l'assemblée nationale; qu'un maréchal-des-logis dit : « Si l'on veut m'en confier l'exécution, je me charge, avant qu'il soit un mois, de faire sauter la salle. » Le jeune homme déclarera le fait à l'assemblée s'il est nécessaire. Je demande donc que l'assemblée, prenant une mesure de sûreté générale pour purger la capitale de cette troupe de brigands qui conspirent contre la liberté, prononce sans désemparer le licenciement de la garde du roi. (Une partie de l'assemblée et les tribunes applaudissent.)

M. Fournot. Je demande, monsieur le président, que vous mainteniez la défense que vous avez faite aux tribunes, d'applaudir. (Les tribunes applaudissent des pieds et des mains.)

M. le président. Tant que l'assemblée n'aura point rapporté son décret, je maintiendrai la défense que j'ai faite aux tribunes.

M. Couthon. J'ai proposé le licenciement comme mesure de police générale, exclusivement confiée au corps législatif, pour que son décret ne soit pas arrêté par le fatal *veto*.

M. Dumas. Je demande qu'on rappelle à l'ordre M. Couthon. Nous sommes faits pour faire respecter les autorités constituées et non pas des factieux.

M. Couthon. Je dis, monsieur le président, qu'il ne faut pas que notre décret soit arrêté par le fatal *veto*; je prie l'assemblée d'examiner si, d'après ce qui vient de se passer, il est prudent de faire faire le service par des Suisses, comme le propose M. Bazire.

M. Bazire. Je retire cette partie de mon projet de décret.

M. Mazurier. Les gardes du roi ne sont que des machines qui ont agi passivement dans les mains d'un chef; c'est ce chef qu'il faut atteindre, parce qu'il a violé les lois. Je propose donc de mettre en accusation M. Brissac, et tous ceux qui lui ressemblent.

M. Lagrevol. M. Brissac a non-seulement trahi la confiance de la nation, mais encore celle du roi, qui, comme il l'avoue lui-même, lui avait singulièrement recommandé d'entretenir la bonne intelligence entre la garde du roi et la garde nationale.

M. d'Argilliers, premier aide-major de l'Hôtel-des-Invalides, de service cette semaine, et M. Mougin, capitaine en second, sont admis à la barre.

Il résulte de leurs dépositions, qu'ils ont reçu, hier soir, de M. Sombreuil, gouverneur de l'hôtel, l'ordre de se replier, dans le cas où un corps armé, soit de la garde du roi ou de la garde nationale, viendrait se présenter.

L'assemblée décrète que M. Sombreuil, gouverneur de l'hôtel des Invalides, sera mandé.

Il est cinq heures. — La séance est levée jusqu'à sept.

SEPT HEURES DU SOIR.

Le gouverneur de l'hôtel des Invalides est introduit à la barre.

M. le président. L'assemblée vous a mandé pour lui rendre compte des faits qui vous sont personnels, consignés dans une dénonciation qui lui a été faite. Vous allez répondre aux questions que je vais vous faire. — Quel est votre nom? — Sombreuil. — Votre emploi? — Lieutenant-général, commandant les Invalides. — Étiez-vous la nuit dernière à l'hôtel des Invalides? — Oui, monsieur. — Quelle est la consigne que vous y avez donnée? — On avait volé la veille, dans la sacristie, les vases sacrés; on avait jeté les hosties sur l'autel. On m'informa en même temps qu'il y avait des troubles dans Paris. Je crus devoir prendre des précautions extraordinaires. Je dis aux officiers de garde qu'il fallait surveiller les gardes plus qu'à l'ordinaire, afin qu'ils veillassent et qu'il ne se commît aucun désordre; qu'au reste, s'il y avait des événemens, la maison devait être un asile pour tous, parce qu'on ne pouvait opposer de résistance à personne; que toute la nation devait être indifférente à nos yeux, gendarmerie, garde nationale, garde du roi, etc., que nous devions tout recevoir; voilà la consigne que j'ai donnée. Hier encore j'ai cru devoir donner plus de surveillance, de crainte qu'on ne volât encore l'hôtel, et qu'on ne profitât du changement dans l'administration pour exciter des troubles. — La consigne habituelle est-elle de laisser introduire une force armée? — La consigne habituelle est de fermer la grille; la force armée ne doit pas y entrer. Mais comme nous n'avons pas de moyens de résistance, nous ne pouvons nous empêcher d'ouvrir nos portes à une force armée qui se présenterait. — Avez-vous reçu l'ordre de changer de consigne? — Je n'en ai pas reçu l'ordre. Mais sur le bruit qui se répandait qu'il pourrait y avoir du désordre dans la soirée, et d'après le malheur que j'avais éprouvé le matin, j'ai cru, comme je viens de le dire, devoir donner une consigne extraordinaire.— L'avez-vous donnée par écrit? — Je l'ai donnée verbalement, pour que le bon ordre régnât dans la maison. — A qui avez-vous donné cette consigne? — Lorsque j'entrai à l'hôtel, on me dit qu'il pourrait y avoir du désordre. Je fis venir l'officier-major de la maison, et c'est à lui que je donnai ordre de recommander à tous les gardes la plus grande surveillance. Je dois ajouter que j'ai ordonné que dans chaque chambrée on prît douze hommes pour faire patrouille dans les corridors. A l'égard de l'entrée d'une troupe armée, je vous répète que, ne pouvant opposer aucune résistance au corps armé qui se serait présenté, nous ne devons être qu'un lieu de refuge et de bienfaisance pour tous ceux qui se présentent; notre maison est le palais de la nation. — Comment se fait-il que vous ayez changé la consigne sans ordres supérieurs ? — Je suis fait pour surveiller le bon ordre. Si ma consigne avait été exécutée tous les jours, le vol de ma sacristie ne serait pas arrivé.

M. Rouyer. M. le président, je n'y peux plus tenir, je demande la parole. Il est permis de relever la dignité de la nation et de réclamer ses droits ; M. Sombreuil répète depuis une heure: *Ma sacristie, mes vases sacrés;* or, M. Sombreuil doit savoir que la sacristie et les vases sacrés des Invalides appartiennent à la nation, et qu'au reste, ces vases sacrés, eussent-ils été volés, cela ne l'autorisait pas à faire entrer dans l'hôtel tous les corps armés qui se seraient présentés.

M. le président. Par qui a été constaté le vol qui a été fait dans la sacristie des Invalides ? — Aussitôt qu'il m'en fut fait rapport, je fis assembler le conseil d'administration ; on dressa procès-verbal du vol, qui fut envoyé au juge de paix de la section et à M. Pétion, maire de Paris, pour faire rechercher les auteurs de ce crime, et nous allons tâcher, de notre côté, de prendre tous les renseignemens possibles. Je puis dire que depuis quelque temps il se commet beaucoup de friponneries dans l'intérieur de la maison, attendu que la discipline n'a plus le même nerf qu'autrefois; voilà ce qui m'a fait prendre des précautions extraordinaires hier au soir.

M. le président. Vous pouvez vous retirer.

M. Merlin. Je ne crois pas qu'on veuille insulter à l'assemblée; je ne sais pourquoi on a souffert que M. Sombreuil vînt nous dire qu'il avait donné ordre de recevoir la garde du roi, parce qu'on avait volé la sacristie. (Il s'élève quelques murmures.)

L'assemblée passe à l'ordre du jour.

M. Lacroix. J'ai demandé, ce matin, le licenciement de la garde du roi : cette question a été appuyée et combattue ; on a prétendu qu'il ne fallait pas examiner si le corps législatif a le droit de licencier, attendu qu'il existe une autre mesure équivalente, c'est celle qu'a proposée M. Lasource, qui consiste à décréter que la garde du roi ayant été formée contre les lois, elle est nulle et censée ne pas exister. Je crois que ce moyen n'est qu'un subterfuge indigne de l'assemblée nationale; c'est dans les grandes circonstances qu'il faut user de grands moyens. La proposition de M. Lasource ne peut être adoptée, parce que les motifs qu'il en a donnés ne sont pas conformes à la raison. Dire que, parce que quelques individus n'ont pas rempli les conditions prescrites, la garde du roi n'existe pas, c'est dire, selon moi, une absurdité; car le défaut d'éligibilité d'un citoyen, n'est pas solidaire sur les autres. Je propose donc, non pas d'anéantir la garde du roi sous le prétexte qu'elle est censée ne pas exister, mais de la licencier pour la recréer sur-le-champ, et je soutiens que l'assemblée a le droit de prononcer le licenciement. La Constitution est la base sur laquelle nous devons appuyer toutes nos décisions ; elle distribue les différens pouvoirs aux autorités constituées ; mais c'est la Constitution positive et non la Constitution négative que nous devons suivre. (Il s'élève quelques murmures, et des rires dans une partie de l'assemblée.)

Or, je demande à tous les membres de l'assemblée, même

à ceux qui rient, quel est l'article de la constitution qui défend au corps législatif de licencier la garde du roi, quand sa conduite nous en fait une loi impérieuse? Non-seulement elle ne le défend pas, mais elle lui en donne le droit; car le corps législatif ayant la police suprême de l'empire, doit nécessairement pouvoir dissoudre tous les corps militaires qui menacent la liberté publique. Voudrait-on arguer de l'article qui dit que le corps législatif ne peut disposer des armées que sur la proposition du roi; je réponds sur cet article, que la garde du roi ne fait pas partie de l'armée, que c'est un corps particulier qui existe en vertu d'une loi, mais qui doit être dissous dès qu'il trouble l'ordre public. Je demande donc que l'assemblée décrète le licenciement de la garde du roi, et qu'elle mette en état d'accusation les officiers supérieurs. (On applaudit.)

M. Ramond. Je suis convaincu que la question telle qu'elle est posée n'est point essentiellement nécessaire à la décision que l'assemblée doit prendre dans l'affaire qui l'occupe. Je répondrai cependant aux moyens qu'a employés M. Lacroix pour dire que le licenciement de la garde du roi est dans le nombre des droits que le corps législatif peut exercer, attendu que cette opinion, déjà énoncée à cette tribune, me paraît accréditée dans une partie de l'assemblée. Mais avant de discuter cette question, j'examinerai dans le rapport lui-même les moyens qu'il indique pour détruire l'esprit contre-révolutionnaire qui anime les officiers de la garde du roi et une partie de ses membres. Vous avez vu qu'un nombre d'individus plus ou moins grand, a été admis furtivement et illégalement dans cette garde; vous avez vu qu'un grand nombre des individus qui la composent manquent des conditions d'éligibilité prescrites par la constitution; que les chefs ont cherché à lui insinuer l'esprit contre-révolutionnaire. On a déposé sur le bureau des pièces et des déclarations qui ne laissent aucun doute sur ces faits. Qu'y a-t-il à faire? C'est de poursuivre les auteurs de ce délit national, de rejeter de la garde du roi ceux dont l'entrée est nécessairement nulle, et de vous faire faire un rapport circonstancié sur la nature des délits qu'il faut poursuivre. Il est de justice commune que toutes les fois qu'il existe dans un corps des coupables à punir et qu'on les connaît, on ne peut pas punir les corps entiers. Cette mesure simple est entrée dans votre jurisprudence lorsque, voulant punir deux corps qui avaient lâché pied dans l'affaire de Mons, vous voulûtes, avant de le licencier, épuiser tous les moyens de découvrir les coupables; et le succès qu'a eu cette mesure, ajoute au principe une vérité de sentiment bien consolante.

» J'ajoute que ce que propose le comité ne s'accorde pas avec un autre principe de justice non moins utile à suivre dans toutes les circonstances. Car il en résulterait que les coupables, quelque place qu'ils occupent dans la garde du roi, ne seraient punis que des mêmes peines. Or, vous ne pouvez placer sur la même ligne et le moine défroqué et le noble de Coblentz qui ont été admis dans cette garde, et les auteurs principaux de ce grand délit national.

» Je passe à la démonstration que la mesure du licenciement est contraire à la constitution. En matière de constitution et de pacte social, il est certain que tout droit doit être positif. Il n'en est pas de même des droits individuels: tout ce que la loi ne défend pas à un individu, il peut le faire en vertu du droit naturel. Il n'en est pas de même de la conduite que peuvent tenir le pouvoir législatif et le pouvoir exécutif; les autorités publiques, appelées pouvoirs, ne sont autre chose que des personnes politiques, qui n'ont aucun droit dans l'état naturel; où le droit positif leur manque, là elles n'ont aucun droit; tout ce que la Constitution ne leur donne pas, ne leur commande pas, ne leur est donné ni commandé. Pour peu que vous preniez cette observation en considération, il en résultera la conviction que si tous les pouvoirs pouvaient s'arroger le droit de faire tout ce que la Constitution ne leur a pas défendu, bientôt le pouvoir exécutif, les corps administratifs, la haute cour nationale, enfin toutes les autorités constituées se rendraient indépendantes; vous tomberiez dans des contestations interminables, et l'on ne peut prévoir jusqu'où ce choc et ce déchirement de pouvoirs nous conduiraient.

Cette belle division des pouvoirs, tracée par l'assemblée constituante et dont nous devons réaliser la théorie, s'évanouirait pour jamais, et cette lutte qui s'établirait entre eux, qui prolongerait tout ce que des prétentions de cette nature ont d'incitant et de déterminant, opérerait bientôt la dissolution de l'empire.

Le premier des devoirs des différens pouvoirs constitués est de se respecter mutuellement; chacun doit voir la limitation de son autorité dans les termes de la Constitution, et non pas dans son silence. Vous devez donc agir ici avec la plus grande circonspection, et n'exercer que les droits qui vous sont expressément délégués.

Vous a-t-on proposé cette autre question bien importante, de savoir si le décret par lequel vous ordonneriez le licenciement de la garde du roi serait sujet à la sanction? Si la sanction est nécessaire, jugez vous-mêmes si vous devez en attendre beaucoup de succès; si elle n'est pas nécessaire, pourquoi est-ce que je ne trouve pas dans la Constitution, de quelque manière que je l'interprète, cette exception au pouvoir royal. Je crois donc que les principes et l'intérêt public exigent que l'assemblée prenne une autre mesure qui ne dépende pas d'elle. On vous a déjà proposé cette mesure plus que suffisante pour dissoudre toute agrégation qui menacerait la sûreté publique. L'assemblée doit d'abord prévenir le roi de ce qu'il y a de vicieux dans la composition de sa garde, et la conduite de ses chefs. Secondement, décréter que dans le délai de trois jours il lui soit justifié des conditions d'éligibilité des différentes personnes qui la composent, pour les chefs être ensuite poursuivis, et mis en état d'accusation, dans le cas de violation des devoirs que la Constitution leur prescrit; car je crois que les delits, dont les pièces probantes ont été mises sous vos yeux, ne peuvent être poursuivis qu'après l'examen fait par l'un de vos comités, de la question de savoir si ce sont délits nationaux ou des délits privés. Dans le premier cas, vous rendrez le décret d'accusation; dans le second, vous renverrez au pouvoir exécutif, pour qu'il les fasse poursuivre par l'accusateur public. (Il s'élève des murmures.) Telle est, si je ne me trompe, la marche régulière que vous prescrit la Constitution, et la seule qui ne confonde pas l'innocent et le coupable.

M. Guadet. Que la garde du roi soit illégalement organisée, c'est une vérité.....

M. Froudières. Avant que M. Guadet continue, je le prie de parler en logicien, et non pas en déclamateur. (Il s'élève de violens murmures. — Un grand nombre de membres demandent qu'il soit rappelé à l'ordre; d'autres, qu'il soit envoyé à l'Abbaye. — M. Guadet quitte la tribune.)

M. Lasource. J'invite M. Guadet à n'être pas dupe de cette astuce par laquelle on cherche à l'écarter de la tribune, comme on est déjà parvenu à le faire; et je l'invite à couvrir du mépris le plus profond les propos indécens de ces messieurs du côté droit.

M. Debry. Je demande que le membre qui s'est permis de troubler l'assemblée, en insultant nominativement l'orateur qui était à la tribune, et en le traitant de déclamateur, soit conduit à l'Abbaye. (On applaudit. — Les cris *à l'Abbaye* se reproduisent avec plus de force. — Quelques membres demandent que M. Froudières soit entendu.)

Il monte à la tribune. Quelques membres observent que M. Froudières parle en riant, et qu'il insulte de nouveau à l'assemblée.

M. le président. On vous prie, monsieur, de vous en tenir à la justification pour laquelle on vous accorde la parole.

M. Froudières. Dans une question extrêmement importante, quand il s'agit du droit sacré de se défendre... (*Plusieurs voix*: Au fait, donc.) Monsieur le président, je vous prie d'envoyer à l'Abbaye tous ceux qui m'interrompront.

M. Lacombe-Saint-Michel. Il est impossible que monsieur puisse justifier autrement le propos qu'il a tenu qu'en aggravant sa faute; et, à moins qu'il soit déterminé à la rétracter, je demande qu'il soit envoyé à l'Abbaye.

M. Froudières. J'ai bien eu la patience, messieurs, de vous entendre pendant six mois, ayez au moins la patience de m'entendre pendant six minutes.

M. Ducos. Mirabeau étant à la tribune, M. Foucault-Lardimaure lui dit qu'il était un bavard. Mirabeau couvrit ce propos du plus profond mépris, et l'assemblée passa à l'ordre du jour.

M. Froudières. Mais, monsieur le parleur, vous n'avez pas la parole.

M. Girardin. J'appuie la proposition de M. Ducos, et je demande qu'on passe à l'ordre du jour.

L'assemblée décide qu'elle ne passera pas à l'ordre du jour.

Un grand nombre de membres insiste pour que M. Froudières soit condamné à trois jours de prison à l'Abbaye. L'assemblée décide qu'il sera entendu.

M. Froudières. Si en me rappelant à l'ordre on pouvait le rétablir dans les 83 départemens, je voterais avec vous pour être censuré. (Les murmures de l'assemblée et des tribunes recommencent. — M. Froudières veut continuer. — Des cris à *l'Abbaye* l'interrompent encore. — Un second décret lui donne la parole.)

M. Froudières. Dois-je être rappelé à l'ordre, ne dois-je pas y être rappelé? Quels sont les délits qu'on m'impute? Telles sont les questions que j'ai à examiner. M. Guadet était à la tribune. Je lui ai dit : parlez en logicien et non pas en déclamateur. Est-ce là un délit pour lequel je puisse être rappelé à l'ordre. Quel meilleur conseil pouvais-je donner à un membre qui montait à la tribune, que de lui dire ne perdez pas le temps en déclamations; ménagez le temps de l'assemblée, présentez-lui beaucoup de lumières en peu de paroles?

M. Reboul. Ce n'est pas cela que vous ayez dit.

M. Froudières. Monsieur, l'assemblée m'a accordé la parole, votre devoir est de vous taire. C'est ainsi que nous vous parlerons désormais, je vous en donne ma parole. C'est un beau talent que celui de l'art oratoire, c'est un beau talent que celui de tromper le peuple. (Le tumulte recommence.) Il est de votre devoir d'entendre des vérités sévères, et du nôtre de vous les dire avec franchise. J'ai dit à M. Guadet : Depuis six mois je vous ai entendu, vous et vos pareils, déclamer à la tribune; j'ai vu les agitateurs du peuple... (On interrompt avec plus de violence, et l'assemblée presque entière se soulève, en criant : *A l'Abbaye.*) Oh ! vous m'entendrez plus d'une fois, je vous en réponds.

M. Paganel. Vous n'êtes qu'un perturbateur ; vous ne méritez pas que nous ayons la patience de vous entendre.

M. Reboul. Je demande à faire une motion d'ordre.

M. Froudières. Il n'y a pas de motion d'ordre à faire ; votre devoir, je vous le répète, est de vous taire, et vous n'en avez pas d'autre......... Oh ! ne croyez pas m'interdire ; vous ne me connaissez pas encore. (*Un grand nombre de voix :* Monsieur le président, ôtez donc la parole à monsieur.) Vos murmures indécens pourront bien m'enrhumer ; mais ils ne m'empêcheront pas de dire la vérité.

L'assemblée ôte la parole à M. Froudières, et ferme la discussion. (Les tribunes applaudissent.)

M. Léopold. Je vous prie, monsieur le président, de réprimer les mouvemens des tribunes. Il est bien étonnant que l'on rappelle un membre à l'ordre pour avoir donné son opinion, et que l'on n'y rappelle pas les étrangers qui insultent journellement l'assemblée.

M. le président. Je rappelle les citoyens qui sont dans les tribunes au respect qu'ils doivent aux représentans du peuple......... Messieurs, on a demandé contre M. Froudières, 1° le rappel à l'ordre simple ; 2° le rappel à l'ordre avec censure ; enfin, l'envoi à l'Abbaye pour trois jours. Je vais mettre successivement ces propositions aux voix, en commençant par la plus douce.

L'assemblée rejette, à une très-grande majorité, les deux premières propositions, et décrète que M. Froudières se rendra pour trois jours dans les prisons de l'Abbaye.

M. Guadet. Que la garde du roi soit illégalement organisée, que les chefs qui la commandent aient cherché à lui inspirer un esprit de révolte à la loi ; que cette troupe soit, du moins en majorité, disposée à favoriser une contre-révolution, ce sont des faits sur lesquels tout le monde est d'accord ; mais ne pouvant contester l'avantage qu'il y aurait en ce moment à licencier la garde du roi, on vous en conteste le pouvoir ; M. Lacroix vous a dit qu'aucun article de la Constitution ne vous empêchait de prononcer ce licenciement ; M. Ramond y a vu le renversement de tous les principes ; les corps administratifs, vous a-t-il dit, pourraient induire de votre démarche, qu'ils peuvent faire tout ce que la Constitution ne leur défend pas ; que de là il résulterait le choc et le déchirement de toutes les autorités constituées ; il me semble que M. Ramond a conçu là-dessus de bien fausses alarmes. La Constitution délègue aux représentans du peuple le pouvoir indéfini de faire des lois, avec la sanction du roi. Au roi est délégué le pouvoir exécutif, et aux juges temporairement le pouvoir judiciaire ; maintenant je demanderai si l'acte de licenciement dont il s'agit est du ressort du pouvoir exécutif, ou du pouvoir judiciaire, on ne l'a pas prétendu ; c'est donc aux législateurs seuls à prononcer le licenciement. Je sais que l'exercice du pouvoir législatif a quelques restrictions entre les mains des représentans temporaires du peuple ; par exemple, ils ne peuvent décréter la guerre que sur l'initiative du roi ; mais, hors les cas prévus par la Constitution, le pouvoir de faire des lois est sans bornes, ainsi donc il ne peut résulter du licenciement de la garde du roi un déchirement dans toutes les autorités constituées ; je n'y vois que l'exercice d'un pouvoir légitime.

Il est donc démontré que vous pouvez faire ce licenciement parce que la Constitution vous donne le pouvoir de faire, avec la sanction du roi, toutes les lois qui intéressent le salut du peuple français, et puisque personne ne conteste que dans la crise actuelle, et que d'après la manière dont la garde du roi est composée, elle ne soit pour les bons citoyens, pour tous ceux qui veulent la Constitution, un véritable sujet d'alarmes, il faut donc la licencier. (On applaudit.)

M. Ramond vous a proposé d'autres mesures, et vous a fait craindre de tomber dans le grand inconvénient de punir l'innocent avec le coupable. Je me plais à rendre hommage à quelques membres de la garde du roi, dont les sentimens me sont personnellement connus, et je n'en dis pas moins qu'il faut licencier le corps en entier, sauf en le recréant ensuite à y incorporer les bons citoyens qui peuvent s'y trouver. Rappelez-vous les faits qui vous ont déterminés à vous occuper de la composition de cette garde, ce n'est pas une corruption partielle de ce corps qui a alarmé les citoyens, c'est l'esprit de corps qui s'y est introduit, et qu'il importe de déraciner, si vous ne voulez laisser des espérances et des moyens aux conspirateurs, et un aliment aux factieux. Oui, si vous avez encore présens à la mémoire les faits qui vous ont été soumis ce matin, vous ne pouvez pas douter qu'il existe dans la garde du roi un esprit de corps, je dis plus, un esprit de contre-révolution qui rende son licenciement indispensable. J'observe, au reste, que cette mesure tend au même but que celle de M. Ramond, en même temps cependant qu'elle donne aux bons citoyens une garantie de plus de la prompte exécution des lois. Après qu'elle aura été licenciée, rien n'empêchera que le roi ne rappelle dans sa nouvelle garde ceux dont les intentions n'auront pas été suspectes ; ce ne sera qu'un véritable épurement qui portera l'éponge sur des crimes dont ce corps a pu se rendre coupable en secret, et certes vous ne pouvez pas envoyer les dix-huit cents hommes qui la composent à Orléans. Remarquez qu'il ne s'agit pas ici de détruire la garde du roi, la Constitution la lui donne, et nous la lui maintiendrons ; il s'agit seulement de dissoudre un corps illégalement organisé, pour l'organiser de nouveau en conformité des lois.

Maintenant j'arrive aux chefs de la garde du roi, contre lesquels M. Ramond a demandé lui-même qu'il fût porté un décret d'accusation, d'après la vérification des pièces ; mais pourquoi donc demander un nouveau rapport, puisque les pièces ont été lues ? Quant à moi je ne sais ce qu'un rapport du comité de législation pourrait ajouter à la conviction dont mon ame a été atteinte à la lecture de ces pièces ; j'y ai trouvé la preuve évidente du projet conçu par les chefs de la garde du roi, de faire servir cette troupe à des projets contre-révolutionnaires ; j'ai suivi les traces des manœuvres employées pour lui inspirer les sentimens dont on avait besoin ; j'ai vu dans sa composition une violation bien formelle de la Constitution ; j'y ai remarqué enfin cette affectation de renvoyer tous les soldats patriotes envoyés par les départemens, affectation portée au point que même les sujets renvoyés ont regardé comme un titre d'honneur les lettres d'exclusion ; enfin, j'ai remarqué, dans tous les faits qui vous ont été dénoncés et qui sont appuyés par une foule de pièces justificatives, les manœuvres les plus perfides pour mettre en horreur la Constitution ; des orgies où on a eu l'audace de porter des santés à l'honneur des Condé, des Bouillé, des Lambesc, etc. Je ne sais si c'est une fatalité attachée à ce qui a composé et ce qui compose la garde du roi ; mais contre l'intention sans doute de son chef, il a été environné d'une coalition qui veut le faire regarder comme prêt à partir. Un seul témoin, à la vérité, a déclaré que si les relais n'avaient pas manqué, le projet d'enlèvement ou de fuite du roi se serait effectué ; mais j'observe que nous n'avons pas besoin qu'il existe le nombre de témoins suffisant pour établir un jugement, puisque nous ne faisons qu'accuser ; il nous suffit, à cet effet, d'avoir de fortes présomptions, la déposition d'un homme digne de foi, une réunion de faits probans qui portent dans nos ames la conviction morale du délit. Je demande donc, 1° qu'il soit rendu un décret d'accusation contre M. Brissac ; 2° que la garde du roi soit licenciée. Quant à cette dernière mesure, je ne m'arrêterai pas à examiner si le roi lui donnera ou non sa sanction ; j'espère, qu'éclairé par la discussion qui aura précédé ce grand acte de justice, il ne la lui refusera pas. Au reste, dans tous les cas vous aurez rempli votre devoir, et certainement, lorsque vous aurez à porter un décret juste en soi, vous ne serez point arrêtés par la crainte du *veto*.

M. *Daverhoult*. Je n'examinerai pas combien avec des lois de circonstances il est facile de dévier des principes, et combien elles peuvent entraîner d'abus. Je dis que le licenciement est inconstitutionnel, qu'il n'est au pouvoir ni de vous, ni du roi de le prononcer, par la raison que tout licenciement opérerait un intervalle entre l'existence de la garde actuelle et celle de la garde future, et que cet intervalle serait une violation de la Constitution. Je demande donc, sur cet objet, la priorité pour les mesures que vous a proposées M. Ramond. Quant à ce qui concerne M. Brissac en particulier, je ne vois contre lui que de simples soupçons. On vous dit que ce genre de soupçon suffit pour décréter un citoyen d'accusation; concevez-vous jusqu'où nous conduirait ce système monstrueux de tyrannie? Quiconque connaît l'organisation et les mouvemens naturels d'une grande assemblée, et qui a réfléchi sur l'histoire de tous les peuples gouvernés par des assemblées publiques, sait que dans toutes les réunions d'hommes il se forme ce qu'on appelle des partis. Que deviendrait donc la liberté individuelle des citoyens, si le parti dominant pouvait, en alléguant de simples suspicions, décréter d'accusation tous ceux qui lui déplairaient, et si les différens partis, se dominant tour à tour, renversaient successivement, par le moyen de ce droit illimité d'accusation, et les ministres, et tous les fonctionnaires publics, par le torrent de leurs intrigues? vous verriez alors les proscriptions des Marius et des Sylla et, comme à Rome, la décadence de l'empire être la suite de ces querelles de partis... Ne jugeons donc pas d'après des dénonciations : c'est au ministre de l'intérieur à vérifier les faits relatifs à la garde du roi. Je demande donc l'ajournement des différentes propositions qui ont été faites.

M. Vergniaud. Si je ne voyais dans les faits qui vous ont été dénoncés ce matin, qu'un complot contre la liberté, comme ce complot n'aurait pas à mes yeux des caractères alarmans; comme on ne pourrait apercevoir dans les agitations convulsives d'une poignée de factieux, que les efforts d'une rage impuissante, je ne m'opposerais point à ce que l'assemblée se contentât des mesures provisoires qu'on vient de lui proposer. Je pense qu'alors le roi, averti par un message des dangers dont la tranquillité publique, et non la liberté, serait menacée, s'empresserait de profiter des avis qui lui seraient donnés, et de prendre des mesures dignes de lui et des circonstances; mais j'ai vu, dans les faits qui vous ont été dénoncés, un autre complot dont le succès est plus probable et plus facile, et qu'il ne faut pas faire dépendre de la générosité du roi. Ce complot est formé contre lui-même ; en effet, quel est le nom que l'on invoque sans cesse, ou plutôt que l'on profane continuellement dans les orgies scandaleuses dont on vous a parlé? C'est le nom du roi. Quel est le nom que l'on invoque ou que l'on profane dans les manœuvres secrètes que l'on emploie pour troubler la tranquillité, pour répandre des alarmes? c'est le nom du roi. Quel est le nom que l'on invoque, après avoir parlé avec mépris de la Constitution, lorsqu'on a assouvi sa haine contre la liberté, contre les lois? Quel est le sentiment d'amour que l'on affecte de mettre en opposition? c'est l'amour du roi. Lorsque l'on conspire contre la Constitution, quel est le nom que l'on invoque sous prétexte de vouloir rétablir le calme et faire cesser le désordre? c'est encore le nom du roi, c'est l'autorité du roi que l'on veut maintenir ; ce sont les ennemis de l'autorité royale que l'on veut faire punir.

Ainsi, messieurs, continuellement, dans toutes les occasions, partout où l'on conspire, à Paris, comme à Coblentz, on se sert du nom du roi : d'où je conclus que les conspirateurs qui savent bien que par leurs complots ils soulèvent l'indignation publique, cherchent audacieusement à s'associer en quelque sorte le roi, afin que la haine dont ils sont les objets, rejaillisse, s'il est possible, et s'étende jusque sur lui, afin, du moins, d'exciter des mouvemens d'inquiétude, de faire naître une fermentation de laquelle on argumente pour lui donner des frayeurs, pour lui persuader que sa sûreté commande son départ, et le forcer même, par la violence, à une démarche qui serait de sa part un véritable parjure : et voilà les factieux, voilà les agitateurs que je dénonce à l'assemblée, et contre lesquels elle doit déployer la plus grande, comme la plus juste sévérité.

Maintenant, messieurs, je passe à l'examen de la question qui vous occupe. Pouvez-vous licencier la garde soldée du roi? Si elle faisait partie de la force armée, je ne crois pas qu'il s'élevât des doutes; car, d'après la constitution, lorsqu'une guerre se termine c'est au corps législatif à licencier la portion de l'armée qui lui paraît inutile à la défense de l'Etat, et pouvoir être dangereuse pour la liberté; lorsqu'une partie de la force armée se conduit mal, c'est encore le corps législatif qui a le droit de licencier, de punir cette partie de l'armée. On vous en a cité des exemples récens. Si donc la garde du roi pouvait être considérée comme faisant partie de la force armée, la question serait résolue; mais la garde du roi ne fait pas partie de la force armée; car la force armée se compose uniquement, et de l'armée de ligne, et de la garde nationale.

Or, la garde du roi ne fait partie, ni de l'armée de ligne, ni de la garde nationale; elle ne peut être requise en aucun cas pour le service de l'une ou de l'autre. Cependant, quoiqu'elle ne fasse pas partie de la force publique, elle est un corps armé dans l'État. Doit-il être dans la dépendance de quelque autorité? A cet égard, il n'y a point d'explication dans la Constitution. Conclurai-je de ce silence, avec M. Lacroix, que le corps législatif ayant tous les pouvoirs que la Constitution ne lui refuse pas formellement, il a le droit de prononcer le licenciement proposé; ou, avec M. Ramond, que la Constitution ayant fixé les limites des pouvoirs des autorités constituées, et ne s'étant point expliquée sur le droit de licenciement de la garde du roi, le corps législatif ne peut se l'arroger sans se rendre coupable d'usurpation? Je crois que ces deux conséquences, à les considérer dans toute leur étendue, s'écartent de la vérité et pourraient nous induire également à erreur. Il faut ici distinguer: la Constitution a divisé et classé les pouvoirs; d'où je conclus que si l'un d'eux veut agir seul et indépendamment de l'autre, il doit y être expressément autorisé par la loi, qui a déterminé leurs bornes respectives; ainsi quand le corps législatif veut faire un acte qu'il juge indépendant de la sanction, il faut que son indépendance soit clairement prononcée par la Constitution, car il ne lui est pas permis de supposer ses décrets affranchis de la sanction, dans les cas qui n'ont pas été prévus. C'est alors qu'il franchirait la limite constitutionnelle. Et là, je me trouve d'accord avec M. Ramond.

Mais telle n'est point la question. Il est vrai qu'un membre a fait la motion, mais personne ne l'a appuyée; que le décret ne fût pas soumis à la sanction. Il s'agit de savoir si un corps armé dans l'État, devenant dangereux, peut être licencié par le corps législatif et le roi réunis. M. Daverhoult a soutenu la négative. Si le principe qu'il a posé était vrai, il s'ensuivrait que la garde du roi serait plus puissante que le corps législatif et le roi. Elle serait au-dessus des lois, elle dominerait les autorités constituées, elle serait bien plus puissante que n'ont été les janissaires, que n'ont été les gardes prétoriennes qui environnaient les Caligula et les Néron, et qui disposaient de l'empire romain au gré de leurs fureurs et de leurs passions. Il faut donc, aux yeux de la raison, que la garde du roi, ce corps armé, soit dans une dépendance quelconque. Or, quelle est cette dépendance? S'il s'agissait de juger des délits individuels, ce serait aux tribunaux à en connaître; mais quand il s'agit d'un délit général, d'un délit de corps, comme alors on ne peut renvoyer aux tribunaux judiciaires; quelle sera l'autorité qui pourra réprimer le délit et arrêter l'influence du corps? Il ne peut y en avoir d'autre que le corps législatif et le roi, c'est-à-dire, le corps législatif par un décret, et le roi par la sanction; et dans le concours de ces deux autorités pour le maintien de la tranquillité publique, c'est méconnaître et outrager tous les pouvoirs, que d'accuser l'un ou l'autre d'usurpation.

Je vous prierai de remarquer que, lorsqu'il a été question d'organiser la garde du roi, vous avez décrété qu'elle serait soumise à un serment particulier. S'il était vrai que d'après la constitution vous ne puissiez rien décider relativement à l'existence de cette garde, vous n'auriez pas eu le droit de décréter ce serment; et cependant il n'est aucun de nous qui n'eût voté de toutes ses forces contre son organisation, si, au moment où elle fut formée, elle eût refusé de prêter le serment que vous avez décrété. Vous auriez donc eu le droit de l'empêcher de naître, si je peux m'exprimer ainsi. Mais si vous aviez le droit de l'empêcher de venir à l'existence, dans le cas où elle ne se serait pas conformée à la loi, comment peut-on vous contester celui de lui ôter l'existence, lorsqu'elle enfreint la loi? Il s'agit, dans ces deux cas, d'assurer à la loi la suprématie sur tous les individus ou tous les corps du grand corps politique.

Au reste, peut-être est-ce improprement que l'on s'est servi du mot *licenciement*; ce mot suppose, je crois, du moins dans l'opinion de plusieurs personnes, *suppression*, et les membres ne combattent le licenciement qu'à cause de l'idée qu'ils y attachent. Il est très-vrai que dans ce sens la proposition serait inconstitutionnelle. Nous n'avons pas plus le droit que l'intention de détruire une garde que la constitution a donnée au roi ; mais en interprétant les mots, je dis qu'il n'est ici question que de *renouveler* la garde, et si le mot *licenciement* paraissait encore équivoque, je proposerais de substituer celui de renouvellement.

On a observé que par ce renouvellement il pourrait y avoir un instant métaphysique où le roi n'aurait point de garde; on en a conclu que la Constitution serait violée : mais quand la Constitution a accordé une garde au roi, il a fallu qu'il s'écoulât un certain temps pour sa formation, et on n'a pas dit alors que la Constitution était violée. Pourquoi ? parce qu'il fallait nécessairement ce temps pour l'exécution de la loi. Si maintenant il faut la renouveler, il n'y aura pas non plus de violation de la Constitution, parce que cet instant métaphysique où il n'y aura pas de garde, sera consacré à la renouveler, de sorte que tandis que d'un côté on la supprimera, de l'autre on la récréera. Il sera donc faux de dire que le roi est resté sans garde. Au reste, on a observé que si la garde du roi cessait son service, pendant le temps que se ferait le renouvellement, la garde nationale s'empresserait de lui fournir un rempart : et certes, messieurs, il a éprouvé depuis le mois d'octobre 1790, jusqu'au moment où il a formé sa nouvelle maison, qu'il n'avait pas de garde plus sûre, qu'il n'a jamais été mieux, ni pour sa tranquillité, ni pour la splendeur du trône, que lorsqu'il en a été environné; et sa confiance en elle, en donnant un témoignage de son attachement à la Constitution, ne peut que lui mériter celui des bons citoyens. Je me résume, et je vote pour le licenciement. (On applaudit à plusieurs reprises.)

Une grande partie se lève par un mouvement simultané, et demande à grands cris à aller aux voix.

Quelques débats s'élèvent sur la question de savoir si le mot de licenciement ou celui de renouvellement doit être appliqué à l'acte par lequel le corps législatif dissout un corps illégalement organisé, pour le faire recréer conformément aux lois constitutionnelles.

Enfin, la priorité est accordée à un projet de décret de M. Guadet, qui est adopté ainsi qu'il suit :

« L'assemblée nationale, considérant que l'admission dans la garde du roi d'un grand nombre d'individus qui ne réunissent point les conditions exigées pour ce service par l'acte constitutionnel, que l'esprit d'incivisme dont ce corps est généralement animé, et la conduite de ses officiers supérieurs, excitent de justes alarmes, et pourraient compromettre la sûreté personnelle du roi et la tranquillité publique, décrète qu'il y a urgence.

» L'assemblée nationale, après avoir décrété l'urgence, décrète définitivement ce qui suit :

» Art. Ier. » La garde soldée actuelle du roi est licenciée, et sera, sans délai, renouvelée conformément aux lois.

II. » Jusqu'à la formation de la nouvelle garde du roi, la garde nationale de Paris fera le service auprès de sa personne, ainsi et de la même manière qu'il se faisait avant l'établissement de la garde du roi. »

M. Merlin. Je demande que l'assemblée ne désempare pas avant que d'avoir statué sur le décret d'accusation qui lui a été proposé contre M. Brissac.

M. Becquet. Je m'oppose à ce que le décret d'accusation soit rendu en ce moment. M. Bazire est le seul membre qui ait examiné les pièces. J'en fais l'observation d'autant plus raisonnablement, que l'expérience nous a déjà instruits qu'il est très-possible aux membres du comité de surveillance de se tromper sur les signatures : c'est ainsi que M. Chabot s'est trompé sur une prétendue lettre de la municipalité de Boulogne-sur-Mer; et que M. Bazire s'était trompé sur une prétendue lettre de M. Varnier, par la lecture de laquelle il vous a entraînés à lancer un décret d'accusation contre un homme que, dans huit jours d'ici, la haute cour nationale déclarera probablement innocent.

M. *Chabot.* M. Becquet ne peut pas dire que M. Bazire seul a examiné les pièces, lorsqu'elles ont été vérifiées par des comités de sections, par des officiers municipaux, par des officiers de police, enfin, par la majorité des membres du comité de surveillance; car si elles ne sont pas connues par les cinq membres qui y sont entrés par le dernier scrutin, c'est que la confiance ne se commande pas, et qu'ils ne l'ont pas encore inspirée aux citoyens qui sont venus déposer.

M. *Calvet.* Nous sommes bien heureux de n'avoir pas la confiance de cette canaille-là. (Il s'élève un murmure général d'indignation contre M. Calvet.)

On demande qu'il soit rappelé à l'ordre. — D'autres qu'il soit envoyé à l'Abbaye.

M. *Calvet.* Indigné des inculpations faites par M. Chabot, contre une partie des membres du comité de surveillance, j'ai dit qu'il n'y avait que des gredins qui pussent faire des dépositions non signées.

M. *Carreau.* Il cherche, M. le président, à entretenir les divisions, à priver la nation des dépositions des bons citoyens : c'est là le but des insultes de ces messieurs.

M. *Calvet.* Comment! ce ne sont pas des gredins ceux qui se permettent de faire des dénonciations anonymes?

M. *Lacroix.* Je demande, M. le président, que vous rappeliez à l'ordre, avec censure, M. Calvet. Les citoyens qu'il a insultés doivent trouver des vengeurs dans l'assemblée nationale. (On applaudit.) Ces injures ont pour objet d'éloigner du corps législatif tous les bons citoyens, en les traitant de canailles, propos qui ne sortent jamais que de la bouche d'un ci-devant privilégié. (On applaudit.) Quant à moi, je ne connais point de gredins, mais des citoyens égaux en droits. Je demande donc que, pour rendre une fois hommage dans le sein du corps législatif à l'égalité, à laquelle on ne peut s'accoutumer, l'assemblée fasse une réparation éclatante aux citoyens qui ont été insultés (On applaudit.), et qu'elle rappelle à l'ordre, avec censure, le membre qui les a inculpés.

M. Calvet. Je n'ai pas le malheur d'être né privilégié ; je ne sais pas non plus ce que signifie l'inculpation que vient de me faire M. Lacroix d'avoir insulté au peuple. Je suis peuple moi-même ; je fais partie intégrante du peuple ; je ne connais d'autres distinctions que celles que la Constitution a établies ; elles étaient dans moi avant que la Constitution fût faite, et je n'ai jamais connu d'autres distinctions que celle des honnêtes gens et des coquins. D'après cela, je dis que je méprise souverainement un dénonciateur qui craint de signer sa dénonciation, et c'est pour cela qu'on distingue les dénonciateurs des délateurs ; le premier est un homme vertueux qui se sacrifie pour le salut de sa patrie ; c'est Caton qui fit dans le sénat trois cents dénonciations motivées ; le délateur est un scélérat qui enfonce le poignard et qui ne se montre pas ; et l'on n'a connu à Rome les délateurs que dans le temps des Tibère et des Séjan, temps, messieurs, que vous me rappelez souvent ; car il faut être franc. (Il s'élève une violente rumeur. — Les cris : *A l'Abbaye!* s'élèvent de toutes parts, et étouffent la voix de M. Calvet qui demande à développer son opinion.)

M. Guadet. Je demande que M. Calvet soit envoyé à l'Abbaye pour trois jours, pour avoir osé dire que les représentans du peuple français lui rappelaient les Tibère et les Séjan de Rome. (On applaudit.)

M. Calvet. Messieurs, entendez-moi, et peut-être changerez-vous d'opinion. (*Un grand nombre de voix*: Non, non, à l'Abbaye!)

M. le Président. Je vais consulter l'assemblée pour savoir si elle veut entendre M. Calvet.

L'assemblée décide que M. Calvet ne sera pas entendu, et qu'il gardera pendant trois jours les prisons de l'Abbaye.

M. Chabot. Quoique M. Jaucourt vienne de me menacer de cent coups de bâton, je n'en continuerai pas moins mon opinion ; car ni ses bâtons ni ses épées ne m'effraieront jamais.

N..... Si M. Jaucourt a tenu le propos dont l'orateur se plaint, je demande qu'il soit envoyé avec ses deux collègues à l'Abbaye.

M. Jaucourt. J'ai honte d'être obligé de parler devant l'assemblée nationale d'une conversation fort ridicule tenue confidentiellement avec M. Chabot. J'ai trop de respect pour croire qu'elle regardera comme une insulte faite à un représentant de la nation le propos que j'ai tenu avec M. Chabot; lorsque je lui parlais à l'oreille, je ne parlais pas à un représentant de la nation, mais à un homme comme moi. (On demande à passer à l'ordre du jour.) Je ne prétends pas faire une apologie ni panégyrique de ma conduite; mais je dois observer que M. Chabot m'ayant dit deux ou trois mots assez équivoques, je lui ai répondu que je croyais bien qu'il n'avait rien à dire contre moi au comité de surveillance; il m'a dit que je pouvais bien me tromper, et là-dessus je lui ai répondu que.... (On murmure.)

M. Reboul. Je demande que l'ordre du jour termine enfin cette scène scandaleuse, que M. Chabot aurait bien pu nous épargner.

M. Chabot. J'aurais bien pu vous épargner cette scène; mais en vérité j'ai cru qu'il était bien lâche de la part d'un colonel de proposer des coups de canne à un capucin.

L'assemblée passe à l'ordre du jour. Après une légère discussion, elle décrète qu'il y a lieu à accusation contre M. Cossé, dit Brissac, commandant de la garde soldée du roi; et que les scellés seront à l'instant mis sur ses papiers.

30 MAI, A 10 HEURES DU MATIN.

On fait lecture d'une lettre de M. le maire de Paris, ainsi conçue :

« Je vous prie, monsieur le président, de présenter à l'assemblée le compte de ce qui s'est passé hier dans Paris. L'intérêt et la curiosité, le désir de présenter leurs hommages au corps législatif, ont réuni une foule de citoyens aux Tuileries, tout a retenti de cet air fameux qui réjouit les patriotes et fait trembler leurs ennemis. On semblait voir le tableau des premiers jours de la révolution. Le zèle de la garde nationale est infatigable ; les patrouilles ont été nombreuses; les citoyens ont éclairé, et la nuit a été tranquille. Vous remarquerez sans doute que, tandis que les ennemis de la chose publique intriguent, font de pénibles efforts, sèment l'or et l'argent, un seul jour suffit pour déjouer leurs complots. Il faut espérer qu'ils se lasseront, et laisseront la Constitution suivre son cours naturel. (On applaudit.)

6 HEURES DU SOIR.

On introduit à la barre une députation des citoyens de la section des Lombards.

M. Louvet, orateur de la députation. L'orage grondait sur nos têtes, il s'est attiré vos regards, et déjà la foudre est retombée sur ceux qui nous la préparaient. Plusieurs de nos Catilina sont partis ou vont partir pour Orléans, et déjà leurs gladiateurs sont dissous. Cependant il doit nécessairement se détacher de ce grand corps, maintenant en décomposition, plusieurs de ses membres les plus corrompus, qui, disséminés sur tous les points de cette immense cité, et se réunissant à la foule des conjurés qui, depuis quelques semaines, y affluent de toutes parts, vont attendre avec eux l'occasion de frapper un grand coup. Ce n'est pas le péril qui nous étonne : Paris a prouvé devant l'Europe qu'il en savait braver de plus grands; hier on le disait dans cette enceinte, et l'on disait vrai. Les hommes du 14 juillet sont autour de vous; mais à cette époque, et c'est là principalement ce que nous venons vous représenter, à cette époque nous avions contre nos ennemis des moyens qui maintenant nous manquent : nous avions une police active et puissante; nos magistrats pouvaient efficacement surveiller la malveillance et la réprimer : un complot leur était dénoncé, ils pouvaient aller jusque dans son repaire surprendre le conspirateur, ou le faire amener devant eux pour le forcer à découvrir la vérité. Vous trouverez apparemment que la liberté ne peut être, en ces momens de crise, bien défendue que par les mêmes moyens qui, dans des circonstances à peu près semblables, l'ont conquise. Sans doute il vaut mieux prévenir les crimes que d'avoir à les punir; surtout vous trouverez qu'il importe d'empêcher, par de sages précautions, qu'enfin il n'arrive un jour où nous soyons réduits à l'affreuse nécessité de faire ruisseler dans les rues de la capitale le sang des rebelles. Peut-être qu'aussi nous avons le droit d'espérer que vous voudrez bien réserver le nôtre pour des combats plus dignes de notre courage.

Enfin dès que le péril s'annonce, nous devons nous armer pour vous. Vous êtes en effet le dépôt le plus précieux que la confiance de tous les citoyens de ce vaste empire ait remis à notre garde. Nous devons nous armer pour vous, tel est notre devoir, et vous savez si nous mettons du zèle à le remplir. Mais vous, qu'il nous soit permis de le dire, vous avez aussi un grand devoir à remplir envers nous, celui que nous réclamons aujourd'hui, celui de ne nous refuser aucun des moyens propres à vous défendre.

Nous demandons que vous veuillez bien donner à notre police plus de force et plus d'action.

Il ne nous reste plus qu'à faire une déclaration qu'aucun des citoyens de la capitale ne désavouera.

Tant que les conspirateurs veilleront pour méditer, seulement pour méditer leurs complots; tant qu'ils se borneront à nous préparer de nouveaux dangers, des alarmes nouvelles, nous veillerons, nous, toujours généreux, trop généreux peut-être, nous veillerons pour les défendre de leurs propres fureurs, pour les sauver d'eux-mêmes. Mais le jour où, dans leur sacrilége audace, ils oseraient tirer l'épée pour attaquer nos lois saintes, le jour où ils oseraient menacer ce temple de la liberté, ce jour-là, nous le jurons par la liberté même, leur race impie disparaîtrait. (On applaudit.).

Prévenez une catastrophe sanglante, qui, faute de précautions, deviendrait tôt ou tard inévitable; donnez à nos magistrats qui ont notre confiance, parce qu'ils la méritent, donnez des moyens de surveillance et de répression; veuillez aussi permettre qu'en ces jours de crise, et tant qu'ils dureront, les assemblées de nos sections soient permanentes. (Nouveaux applaudissemens.)

Cette pétition est renvoyée au comité de législation.

Les pétitionnaires obtiennent les honneurs de la séance.

— Discours de Gensonné, et projet à la suite, sur l'exercice de la police de sûreté générale pour les recherches des crimes qui compromettent la sûreté intérieure ou extérieure de l'état, et dont la connaissance est réservée à l'assemblée nationale. Impression, ajournement.

31 MAI, NEUF HEURES DU MATIN.

On lit une lettre de M. Pétion, maire de Paris, ainsi conçue :

Paris, le 31 mai 1792. « Monsieur le président, la tranquillité est parfaitement rétablie dans la capitale. La journée d'hier donnait quelques inquiétudes ; on craignait que l'exécution du décret que l'assemblée a porté contre la garde du roi ne fût pas aussi paisible qu'on pouvait le désirer ; mais les précautions de prudence qui ont été prises, ont assuré à la loi le respect qui lui est dû ; et je dois dire, à la louange des citoyens de Paris, que ce sentiment de respect pour la volonté générale exprimée par les représentans du peuple, commence à devenir pour lui un véritable besoin. Dans le même moment, se faisait le licenciement d'un autre corps précieux à la capitale, cependant ce licenciement a été paisible, vous avez adouci ses peines, et vous les adoucirez encore par votre justice. Quelques mouvemens ont eu lieu pour le pain ; mais il faut espérer qu'on ne parviendra pas à tromper long-temps le peuple à ce sujet. Paris est un des lieux où le pain se vend à meilleur marché ; mais il est toujours trop cher pour le pauvre. Nous avons cru qu'il suffisait d'instruire le peuple, et nous avons fait une proclamation à ce sujet. Le calme a régné dans la journée et pendant la nuit, et les magistrats du peuple ne négligeront rien pour le maintenir. »

— La permanence fut levée le 31 au soir.

— Le N° CXI du *Défenseur de la Constitution* renferme, sur la permanence de l'assemblée, l'article suivant.

Coup d'œil sur la séance permanente.

« Des rassemblemens de conspirateurs étrangers et français,

que l'on avait laissé grossir, depuis plus d'un an, au sein de la capitale, les manœuvres de tous les ennemis de la révolution dans toute l'étendue de l'empire, combinées avec les attaques des despotes de l'Europe; la révolte ouverte de la garde du roi, composée de contre-révolutionnaires déclarés; l'expulsion des bons citoyens qu'elle avait renfermés dans son sein; enfin, les symptômes menaçans d'une grande conjuration, prête à éclater, avertissaient l'assemblée nationale qu'il était temps de pourvoir au salut public, et peut-être à sa propre sûreté : elle se déclare permanente ; la conduite de la garde du roi fixe principalement son attention : après un rapport de M. Bazire, fondé sur les faits les plus graves et les plus multipliés, malgré les propos indécens adressés à MM. Chabot et Guadet, par MM. Calvet et Foudières, qu'elle envoie à l'Abbaye; malgré les sophismes grossièrement anti-civiques de M. Ramond, elle décrète que la garde du roi sera licenciée pour être recomposée suivant les règles constitutionnelles, et met le colonel Brissac en état d'accusation. La nécessité de licencier cette garde prouve combien il était absurde de la créer; et quand je me rappelle qu'il y a un an, je parus presque proposer une opinion insensée, lorsque je m'opposai seul au décret qui l'institua, en présageant les événemens dont nous sommes les témoins, je ne puis me dispenser de croire au moins que la destinée de la vérité ne peut être accueillie que lorsqu'elle ne peut plus être utile aux hommes. Quoi qu'il en soit, la mesure sage et indispensable que l'assemblée vient d'adopter ne suffit pas pour terminer la crise où nous sommes. Ce n'est point par un acte isolé que l'on sauve la liberté, mais par une conduite constamment ferme et civique. La prudence, le bon sens peuvent prévenir les tempêtes politiques ; mais lorsqu'elles grondent, il n'est donné qu'au courage et à la vertu de leur résister. Celle que nous venons d'essuyer n'est point passée, l'affaire des gardes du roi n'était point toute la conspiration. Brissac est traduit devant la haute-cour nationale : mais la haute-cour nationale ne juge pas. Aussi paralytique que le tribunal auquel elle a succédé, elle semble attendre la contre-révolution comme son prédécesseur attendait l'amnistie ;

et d'ailleurs est-ce le sacrifice de quelques victimes qui fixerait le sort des peuples et des tyrans? La garde du roi n'habite plus les Tuileries, mais elle est cantonnée à l'Ecole-Militaire; elle est encore armée, et le lieu même où elle réside est devenu un arsenal. Au surplus, rien n'est changé dans notre situation : nos ennemis étrangers rassemblent leurs forces, et nos ennemis intérieurs conspirent impunément. Le roi devait partir, et on assure que ce projet n'est point abandonné. D'un côté, je vois la cour préparer cet événement; d'un autre côté, je vois une faction perfide et ambitieuse qui cherche à la hâter, pour décider la guerre civile, et élever sa puissance sur les ruines de l'égalité constitutionnelle qu'elle attaque à chaque instant. Cependant la nation se repaît de dénonciations illusoires; des phrases lui font oublier des attentats et des calamités; lassé par le moindre acte d'énergie, on se rendort; l'exemple de nos voisins ne peut nous instruire, notre propre expérience est pour nous une leçon inutile. Un ministre nous a dit : Il faut que la nation se lève tout entière. Ce serait la première fois sans doute qu'une nation se serait levée à la voix d'un ministre. Aussi tant de merveilles étonnent ma faible raison dans le chaos des événemens extraordinaires qui m'environnent..... Je me borne à faire des vœux pour le bonheur et pour la liberté de mon pays. »

En dehors de la ligne principale des actes parlementaires, nous devons seulement recueillir deux décrets : l'un sur la désertion, l'autre sur les étrangers.

Le premier fut porté à la séance du 17 mai, en voici la teneur :

« Art. Ier. Tout militaire, de quelque grade qu'il soit, qui se sera absenté de son camp, de sa garnison, de son quartier, sans congé, ordre ou démission acceptée, comme il sera dit ci-après, sera réputé déserteur.

» II. Tout militaire, de quelque grade qu'il soit, déserteur à l'ennemi, sera puni de mort.

» III. Tout militaire, de quelque grade qu'il soit, déserteur n'allant pas à l'ennemi, sera puni de la peine des fers; savoir : le soldat, pour dix ans; le sous-officier, pour quinze ans; et l'officier, pour vingt ans.

» IV. Sera réputé déserteur à l'ennemi, tout militaire, de quelque grade qu'il soit, qui aura passé, sans en avoir reçu l'ordre, les limites fixées par le commandant du corps de troupes dont il fait partie.

» V. Les congés, dont devra être porteur tout militaire, de quelque grade que ce soit, pour s'absenter de son camp, sa garnison ou son quartier, seront signés, pour les soldats, sous-officiers, par le commandant de leur compagnie et le commandant du corps.

» Pour les officiers d'un corps, de quelque grade qu'ils soient, par le commandant du corps et par le chef de division.

» Pour les chefs de corps et officiers généraux, par le général qui les commande. Lesdits congés continueront à être visés par les commissaires des guerres.

» VI. Tout chef de complot de désertion, quand même le complot ne serait pas exécuté, sera puni de mort.

» VII. Lorsque les militaires des différens grades auront déserté ensemble ou en auront formé le complot, le plus élevé en grade, ou, à grade égal, le plus ancien de service sera présumé chef du complot.

» VIII. Tout complice qui découvrira un complot de désertion, ne pourra être poursuivi ni puni, à raison du crime qu'il aura découvert.

» IX. Les généraux détermineront, suivant les circonstances, les récompenses à accorder à ceux qui ramèneraient les déserteurs échappés à la surveillance des postes avancés.

» X. Les officiers, de quelque grade qu'ils soient, qui donneront leur démission, ne pourront pas occuper les emplois qu'ils occupent dans l'armée avant que cette démission ait été annoncée à l'ordre du camp, de la garnison ou du quartier, suivant ce qui sera dit ci-après; ceux qui s'absenteraient avant cette formalité, seront réputés déserteurs et punis comme tels, suivant les cas prévus par les articles précédens.

» XI. La démission d'un officier, de quelque grade qu'il soit, sera toujours remise au commandant du camp, de la garnison ou du quartier, qui sera tenu de le faire publier à l'ordre du lendemain.

» XII. Les officiers démissionnaires, même après la publication à l'ordre mentionnée en l'article précédent, n'en devront pas moins être porteurs d'un congé militaire, pour se rendre aux lieux qu'ils se proposent d'habiter; ce congé fera mention de la démission.

» XIII. Lesdits congés ne pourront être délivrés que lorsque les officiers démissionnaires auront remis tous les effets militaires, ainsi que les gratifications en avance qu'ils auraient touchées avant la campagne, sous peine de responsabilité réelle et pécuniaire contre les supérieurs signataires du congé.

» XIV. Tout officier qui, après la publication du présent décret et pendant la guerre, donnera sa démission sans cause légitime, jugés, pour les officiers des corps, par les conseils d'administration, et pour les autres officiers par les cours martiales, ne pourra plus à l'avenir occuper aucun grade dans l'armée, ni obtenir aucun traitement ou pension à raison de ses services militaires.

» XV. Dans les premiers jours de chaque mois, le pouvoir exécutif fera publier une liste de tous les militaires, de quelque grade qu'ils soient, qui auront déserté dans le mois précédent ; elle contiendra, outre les noms des déserteurs, leur signalement, la désignation de leur grade, et le lieu de leur naissance; elle sera adressée à l'assemblée nationale et aux procureurs-généraux-syndics de tous les départemens.

» XVI. Le pouvoir exécutif adressera dans la quinzaine à l'assemblée nationale et aux départemens, une liste de tous les officiers qui ont quitté leurs emplois sans démission depuis la loi d'amnistie. »

— Le décret sur les étrangers fut porté à la séance du 18 mai. Il faut principalement entendre ici par étrangers, les nationaux qui n'avaient pas leur domicile a Paris. C'était un décret de police locale, dirigé surtout contre les royalistes. Les Feuillans le combattirent au nom du principe de la liberté individuelle. La Gironde et la Montagne réunies triomphèrent des Feuillans, et la mesure de sûreté contre ceux que Carnot appelait les *chevaliers du poignard* et *les hommes revenus de Coblentz*, fut décrétée dans les termes suivans :

« L'assemblée nationale, considérant qu'il importe à la tranquillité publique de constater les noms, les qualités et demeures des Français non domiciliés, et des étrangers qui sont dans la ville de Paris, afin de prendre ensuite les mesures qui seront jugées convenables, décrète qu'il y a urgence.

» Art. 1er. Toute personne arrivée à Paris depuis le 1er janvier dernier, sans y avoir eu antérieurement son domicile, sera tenu, dans la huitaine qui suivra la publication du présent décret, de déclarer, devant le comité de la section qu'elle habite, son nom, son état, son domicile ordinaire et sa demeure à Paris, d'exhiber son passeport, si elle en a un.

» II. La disposition de l'article précédent n'aura lieu à l'égard des voyageurs qu'autant qu'ils seraient à Paris un séjour de plus de trois jours, et à l'égard de tous ceux qui viennent à Paris pour son approvisionnement, qu'autant qu'ils devront y séjourner plus de huit jours.

» III. Indépendamment de la déclaration ci-dessus ordonnée, tout propriétaire, locataire principal, concierge ou portier, sera tenu, dans le même délai, de déclarer également au comité de sa section, tout étranger logé dans la maison dont il est propriétaire, locataire principal, concierge ou portier.

» IV. Les personnes autres que celles ci-dessus exceptées, qui négligeront de faire cette déclaration dans ledit délai prescrit, seront condamnées, par voie de police correctionnelle, à une amende qui ne pourra excéder 300 liv. et à trois mois d'emprisonnement ; celles qui auraient fait une déclaration fausse, seront condamnées à 1,000 liv. d'amende et à six mois d'emprisonnement.

» V. Il est défendu, sous les mêmes peines, de donner des

logemens à ceux qui devant avoir des passeports, n'en seraient pas porteurs sans en prévenir à l'instant le comité de la section.

» VI. Chaque déclaration sera faite en double sur deux feuilles séparées non sujettes au timbre, et signées par celui qui le présentera ; dans le cas où il ne saurait signer, le commissaire de la section en fera mention sur les deux actes, ainsi que de l'affirmation faite en sa présence par le déclarant de la vérité de sa déclaration. L'un des doubles restera au comité de la section, et l'autre, signé du commissaire de section, sera remis au déclarant.

» VII. Il sera procédé sans délai par la municipalité de Paris aux vérifications, tant desdites déclarations que du recensement qui a dû être fait en 1791, en exécution de la loi du 19 juillet de la même année sur la police municipale.

» VIII. Les dispositions du présent décret ne sont aucunement dérogatoires aux réglemens de police concernant les maîtres d'hôtel, aubergistes et logeurs, qui seront exécutés selon leur forme et teneur. »

— Aux actes parlementaires, nous joindrons trois actes officiels explicatifs et complémentaires du mouvement qui précéda la séance permanente de l'assemblée législative.

Pétion écrivit le 22 mai au commandant de la garde nationale, pour le prévenir que divers rapports lui dénonçaient le départ du roi pendant la nuit du 22 au 23, et pour lui recommander une grande vigilance — Le roi écrivit le lendemain à Pétion. Il adressa sa lettre au directoire qui en ordonna l'impression et l'affiche. La division entre le directoire et la municipalité, division déjà signalée dans plusieurs circonstances antérieures, et que nous verrons s'accroître de plus en plus, est la première raison qui nous fait transcrire ces pièces. Suivent : les lettres du roi, l'arrêté du directoire et la réponse de Pétion.

Lettre du roi au directoire du département de Paris, du 23 mai 1792.

» Je vous envoie, messieurs, la copie d'une lettre que j'écris à la municipalité, sur une lettre que M. le maire a écrite au commandant général de la garde nationale. Vous sentirez aisément la méchanceté de ce bruit, répandu dans les circonstances où nous nous trouvons. Je ne doute pas que le directoire ne redouble de vigilance et de soins pour le maintien de la tranquillité publique. *Signé* Louis. »

Lettre du roi à la municipalité de Paris, du 23 mai 1792.

« J'ai vu, messieurs, une lettre que M. le maire a écrite hier au soir au commandant général de la garde nationale, où il le prévient d'inquiétudes sur mon départ pendant la nuit, fondé, dit-il, sur des probabilités et des indices. Il mêle cette nouvelle avec des bruits de mouvemens et d'émeute, et il lui ordonne de multiplier les patrouilles et de les rendre nombreuses. Pourquoi M. le maire, sur de pareils bruits, donne-t-il des ordres à M. le commandant général, et ne m'en fait-il rien dire, lui qui, par la Constitution, doit faire exécuter, sous mes ordres, les lois pour le maintien de la tranquillité publique? A-t-il oublié la lettre que j'ai écrite à la municipalité au mois de février? Vous reconnaîtrez aisément, messieurs, que ce bruit, dans les circonstances présentes, est une nouvelle et horrible calomnie à l'aide de laquelle on espère soulever le peuple et l'égarer sur la cause des mouvemens actuels. Je suis informé de toutes les manœuvres qu'on emploie et de celles qu'on prépare pour échauffer les esprits, et pour m'obliger à m'éloigner de la capitale; mais on le tentera vainement. Lorsque la France a des ennemis à combattre au dedans et au dehors, c'est dans la capitale que ma place est marquée; c'est là que j'espère parvenir toujours à tromper l'espérance coupable des factieux. Je me fie sans réserve aux citoyens de Paris, à cette garde nationale qui s'est toujours respectée, et dont les détachemens employés sur nos frontières viennent de donner une nouvelle preuve de leur excellent esprit. Elle sentira que son honneur exige en ce moment qu'elle redouble de zèle et de vigilance. Entouré d'elle, et fort de la pureté de mes intentions, je serai toujours tranquille sur tous les événemens qui pourront arriver; et, quelque chose que l'on fasse, rien n'altérera ma sollicitude et mes soins pour le bien du royaume.

Signé Louis. »

« Le directoire, après avoir pris lecture de la lettre du roi, en date de ce jour, ainsi que de la copie de la lettre de Sa Majesté à la municipalité de Paris; le procureur-général-syndic entendu, arrête que les deux lettres de Sa Majesté seront imprimées et affichées.

» Fait en directoire, le 23 mai 1792, l'an 4 de la liberté.

» *Signé*, Larochefoucault, *président*; Blondel, *secrétaire.* »

Lettre du maire de Paris à ses concitoyens, à l'occasion de celle adressée par le roi à la municipalité de Paris.

« Citoyens, il m'était difficile de prévoir qu'une réquisition, simple en elle-même, dictée par la prudence, confiée à celui à qui la loi a remis le dépôt de la force armée de la capitale, deviendrait une affaire grave, portée au tribunal de l'opinion.

» Les circonstances dans lesquelles nous nous trouvons sont difficiles; les esprits sont agités; des étrangers, dont la plupart sont très-suspects, affluent à Paris; la France entière en conçoit des inquiétudes; on parle hautement de contre-révolution; l'on parle d'exciter des mouvemens violens, au milieu desquels on commettrait des attentats et on enlèverait le roi.

» Des lettres, des avis sans nombre, dénoncent ces faits, et les environnent, les uns de vraisemblances, les autres de preuves.

» Le 23 mai était le jour fixé par l'Assemblée nationale, pour une discussion importante; ce jour était attendu avec une vive impatience.

» Je vis, la veille, plusieurs citoyens qui me dirent qu'il y avait des mouvemens extraordinaires au château. Je reçus une lettre qui m'annonçait positivement que la scène des poignards devait se renouveler. Le soir, à dix heures, une femme, très-digne de foi, vint me faire part de quelques détails qui n'étaient pas à négliger. Dans le même moment, différentes personnes m'assurèrent que des rassemblemens commençaient à se former autour des Tuileries, et me pressèrent avec instance de prendre des mesures. M'était-il permis de rester dans l'inaction? L'indifférence eût été un délit.

» J'écrivis la lettre suivante, le 22, à dix heures et demie du soir.

» Plusieurs personnes, M. le commandant-général, me font part d'inquiétudes sur le départ du roi pour cette nuit, de mouvemens et d'émeutes : on accompagne le tout de probabilités et d'indices. Je vous prie, en conséquence, de ne pas perdre un instant, et de prendre toutes les mesures d'observation et de prudence, de multiplier les patrouilles dans les environs, et de les rendre nombreuses.

» Il me semble que cette lettre est sage et conçue dans les termes les plus mesurés.

» Que j'aie eu le droit de l'adresser à M. le commandant-général, que j'aie eu le droit d'engager ce dernier à employer tous les moyens de prudence et à multiplier les patrouilles; c'est ce qui ne peut pas faire de doute. Il s'est glissé, à cet égard, une erreur très-remarquable dans la lettre du roi. Par la Constitution, le roi, comme chef suprême de l'administration, peut donner des ordres au département, qui les transmet aux municipalités, et voilà la chaîne descendante; mais pour toutes les fonctions qui sont dans l'essence des pouvoirs municipaux, comme la police qui leur est attribuée, les municipalités exercent ces fonctions immédiatement et sans recevoir d'ordres; les départemens les surveillent, et le roi domine sur le tout : voilà la chaîne ascendante. Il n'est donc pas exact de dire que je devais prendre les ordres du roi; car alors ce serait lui qui ferait la police de Paris, qui communiquerait ses volontés au maire, lequel les ferait passer au chef de la garde. Le roi se trouverait même, par-là, commander la garde nationale, qui, par la loi, n'est pas entre ses mains.

» Je crois donc que ma lettre était prudente, et que j'avais caractère pour l'écrire. Je dirai plus, j'en avais l'obligation.

» Elle ne devait être connue que de M. le commandant et de moi, comme toutes celles que je lui écris pour l'ordre du service et le maintien de la tranquillité publique. Ici, je veux croire qu'il n'y a qu'indiscrétion de la part de M. le commandant, ou de celui à qui il a confié ma lettre; mais l'intrigant qui l'a remise au roi, et qui a cherché, à quelque prix que ce fût, à lui donner de la publicité, a manifestement eu de mauvaises intentions...... celle, par exemple, de *faire croire* que le roi n'était pas libre, qu'on cherchait à l'enchaîner. On sait que c'est le système favori, et constamment suivi d'une classe d'hommes, ennemie implacable de notre révolution et de notre Constitution.

» Le roi regarde comme une horrible calomnie le bruit que l'on a répandu de son départ. Eh bien! qui est-ce qui a accrédité ce bruit? *ce sont ceux* qui ont donné de la publicité à une lettre confidentielle.

» Mais, puisqu'elle est sous les yeux de tout le monde, je demande qu'on la juge avec sévérité : tout homme impartial remarquera sans peine que si le roi, lui-même, avait eu des précautions à prendre pour la tranquillité publique et pour la sûreté de sa personne, il n'en eût pas imaginé d'autres.

» Eût-il voulu résister à un parti de factieux, qui eût tenté de le ravir à la nation, il aurait commandé *force* et *surveillance*.

» Eût-il voulu empêcher que des malveillans se précipitassent en foule dans le château, il aurait commandé *force* et *surveillance*

» Qu'ai-je requis? *Force* et *surveillance*. Qu'ai-je fait? J'ai veillé quand mes concitoyens dormaient.   Pétion. »

CLUB DES JACOBINS.

A la séance du 1er mai, Chabot donna des détails sur les désastres de Lille : « On devait, mandent les dépêches, se porter sur Mons, pour faire une diversion à la garnison de Tournai, on voulait faire une fausse attaque; les quinze cents hommes de Théobald Dillon y ont été destinés; mais, à trois lieues de Lille, ils ont trouvé sept mille hommes embusqués dans un bois, comme si un général ne devait pas savoir ce qui se passe à trois lieues de lui. Ils ont été massacrés, mis en déroute, et poursuivis jusqu'aux murs de Lille, sans qu'on ait fait sortir aucun détachement pour les secourir. Il est donc clair que le plus grand traître n'est pas Dillon, ce sont les grands généraux qui ont fait massacrer un petit traître, pour avoir l'occasion de solliciter la commission militaire qu'ils demandent aujourd'hui. »

Robespierre, après un nouvel exposé des trahisons sans nombre auxquelles on devait s'attendre dans cette guerre, proposa les moyens de les prévenir. Il développe son discours dans le n° I du *Défenseur de la Constitution*, en un article que nous transcrivons :

Sur les moyens de faire utilement la guerre.

« La guerre est commencée ; il ne nous reste plus qu'à prendre les précautions nécessaires, pour la faire tourner au profit de la révolution. Faisons la guerre du peuple contre la tyrannie, et non celle de la cour, des patriciens, des intrigans et des agioteurs contre le peuple. Celle que nous venons d'entreprendre, a été ouverte par un revers ; il faut qu'elle finisse par le triomphe de la liberté, ou que le dernier des Français ait disparu de la terre. Mais pour exécuter ce grand dessein, il faut d'autres moyens que les petits manéges de l'intrigue, et les vaines déclamations des charlatans politiques ; il faut toute la sagesse et toute l'énergie d'un peuple libre ; il faut même commencer par remonter aux véritables causes de nos erreurs et de nos disgrâces, pour les réparer par des exploits dignes de notre cause.

» Quand les orateurs qui nous excitaient à la guerre, nous montraient les armées autrichiennes désertant les étendards du despotisme, pour voler sous le drapeau tricolore, et le Brabant, tout entier, s'ébranlant pour accourir au devant de nos lois, nous pouvions nous attendre à un début plus heureux ; nous devions croire qu'on avait pris les mesures nécessaires pour réaliser ces magnifiques prédictions. D'après l'idée que nous nous sommes formés des dispositions des peuples Belgiques, ne semble-t-il pas au moins qu'il était facile au gouvernement français d'y exciter des mouvemens, heureusement combinés, avec les approches de nos troupes. Les despotes ont bien su souvent préparer le succès de leurs armes, par les opérations de la politique : pourquoi la cause de la liberté n'est-elle pas servie avec le même zèle que celle de l'ambition et du despotisme? Qu'a-t-on fait pour éveiller et pour seconder l'ardeur des patriotes belges et liégeois? Comment a-t-on répondu aux pressantes sollicitations de ceux que nous avons vus au milieu de nous? S'il est vrai, comme on l'a dit emphatiquement, que pour abattre les tyrans, on comptait sur nos presses autant que sur notre artillerie, pourquoi a-t-on laissé cette armée oisive? Pourquoi des manifestes, destinés à développer les droits du peuple et les principes de la liberté, n'ont-ils pas été traduits, par les soins du gouvernement, en langues allemande et belgique, et répandus d'avance parmi le peuple et dans l'armée autrichienne? pourquoi ne leur a-t-on pas présenté une garantie formelle du plan de conduite que nous nous proposions de suivre après la conquête, à l'égard des affaires politiques de cette contrée.

Pour sentir l'importance de cette observation, il suffit de nous rappeler quelle est la situation intérieure des provinces belgiques. On sait que sans compter la faction autrichienne, qui est celle du gouvernement actuel, elles sont divisées en deux partis, celui des États, composé du clergé, de la noblesse et de la bourgeoisie aristocratique, et le parti populaire; ce dernier est le seul que les principes et l'intérêt de notre Constitution nous permettaient de protéger : il fallait lui garantir cette protection par une déclaration nette et précise, pour le fortifier et l'encourager à une insurrection favorable à la cause commune. Examinez si votre silence, dans une occasion où tout vous invitait à parler, ne nous a pas privés des ressources que nous pouvions trouver dans le pays même que nous voulions attaquer. Dans ces circonstances, quel parti aurait remué pour seconder nos efforts? Celui du peuple, qui n'a pas plus de confiance que nous dans les vues de notre cour et de notre gouvernement, voit encore à la tête de nos armées, cette caste nobilière, ennemie naturelle de l'égalité, dont les chefs n'ont pas dissimulé le projet de donner à notre Constitution un caractère aristocratique; il sait que le système des deux chambres est adopté, même par des Français qui prennent le titre de patriotes, et qui se déclarent même les ennemis de la royauté. Il fallait le rassurer contre la crainte que les victoires de nos généraux fissent pencher la balance en faveur de la puissante faction de l'aristocratie, et que les ennemis de notre Constitution ne fussent tentés de faire chez lui l'essai d'un gouvernement qu'ils désireraient nous donner.

Les aristocrates belges, qui pourraient compter assez sur les principes de ces derniers, peuvent avoir leurs sujets d'inquiétudes, fondés sur la nature de notre Constitution et sur le vœu du peuple français. Dans cet état d'incertitude, cette faction se réunirait plutôt aux armées autrichiennes qu'aux nôtres; car, dans les dissensions civiles les partis rivaux se détestent plus vivement entre eux, que l'ennemi commun contre lequel ils s'étaient d'abord armés. Enfin, j'ai vu des défenseurs de la liberté belgique, désirer qu'on leur garantît que la France, maîtresse de ce pays, ne le regarderait pas comme un moyen de faire avec l'Autriche un accommodement, plus conforme aux vues des cabinets de Vienne et des Tuileries qu'aux intérêts des Belges. Il fallait, dès l'origine, il faut encore aujourd'hui, déclarer solennellement que les Français n'useront de leurs forces et de leurs avantages que pour laisser à ce peuple la liberté de se donner la Constitution qui lui paraîtra la plus convenable. Que cette déclation soit remise entre les mains de nos propres soldats, afin que chacun d'eux connaisse la volonté nationale, dont il doit être l'exécuteur. Ne perdez jamais de vue le grand intérêt qui nous a mis les armes à la main. Il ne suffit point ici de prendre des villes et de gagner des batailles : ce qui nous importe réellement, ce sont les conséquences de cette guerre pour notre liberté politique. Or, soit que le Brabant conquis fût rendu à l'Autriche comme une condition de la paix, soit que sur les ruines de la domination de François, s'élevât, sous les auspices de nos chefs triomphans, une Constitution contraire aux principes de l'égalité, nous n'aurions fait que servir les desseins des ennemis de notre liberté, et notre sang n'aurait coulé que pour la cause de la tyrannie. Que cette pensée soit donc toujours présente à nos esprits, durant tout le cours de cette guerre; que les noms sacrés de la liberté, de l'égalité, du peuple, brillent sur nos drapeaux; qu'ils soient gravés sur la poitrine de nos guerriers; que tout annonce *de loin*, aux yeux de nos ennemis, le but de la guerre sainte que nous avons entreprise; que nos prisonniers (si quelques-uns des nôtres tombent entre leurs mains) leur portent ces leçons salutaires; que les leurs viennent les puiser dans notre camp, et deviennent les défenseurs ou les missionnaires de la liberté universelle.

» Mais si négligeant tous les moyens que je viens d'indiquer, on continue de suivre l'esprit qui a présidé aux commencemens de cette guerre, en quoi différera-t-elle de celles qu'allumaient les barbares caprices des despotes? Et quel succès pourra justifier les brillantes prophéties de ceux qui l'ont provoquée avec tant d'empressement? Pour assurer le succès d'une pareille guerre, il faut encore ranimer la confiance et élever les ames de nos soldats, il faut partout exalter l'esprit public et l'amour de la patrie.

» Mais, pour ranimer la confiance des soldats, suffit-il de blâmer leur défiance? Non, il faut en faire cesser les justes causes. Pouvez-vous leur faire oublier que la révolution a été faite contre la noblesse, et que c'est la noblesse qui est à leur tête? Pouvez-vous effacer de leur esprit toutes les perfidies de la cour et des ennemis de la Constitution? Donnez-leur donc des chefs en qui ils aient confiance, des chefs dont les mains ne soient pas teintes du sang des patriotes. Il en est un qui semble porté par l'opinion publique: Lukner paraît n'avoir que l'ambition de vaincre, et personne ne lui en conteste le talent: si on le croit ignorant en politique et en constitution, s'il peut être trompé par l'intrigue, on croit au moins à sa franchise, et si l'amour de la patrie permettait, dans des circonstances si graves, de hasarder un jugement sur un homme que l'on ne connaît point particulièrement, je dirais que, de tous les patriciens, il est peut-être celui à qui on pourrait, avec moins d'inquiétude, remettre la défense de l'état. Mais peut-on nier que l'opinion publique ne soit au moins très-partagée sur d'autres? Que dis-je! S'il est vrai que cette guerre doive décider de notre liberté ou de notre servitude, n'est-ce pas trahir ouvertement la cause publique de remettre sa destinée entre les mains d'un général dont l'ambition fatale au patriotisme a déjà porté tant de coups mortels à notre Constitution, et fait couler, au sein de la paix, le plus pur sang des Français?

» Un chef de faction ne peut être celui de l'armée du peuple, à moins qu'on ne veuille immoler le peuple à cette faction; et si jamais nos soldats, indifférens sur le caractère moral et sur les projets politiques de leurs chefs, n'étaient plus que les aveugles instrumens de leurs volontés, ce vœu sacrilége ne serait-il pas rempli?

» Pour élever le courage de nos soldats, il faut leur témoigner de l'estime et de la confiance. Cependant que n'a-t-on pas fait pour les avilir, depuis les premiers événemens de la campagne? On a affecté d'imputer à leur discipline des échecs évidemment préparés par la perfidie. Pourquoi feindre d'en douter encore? n'est-il pas notoire que les ennemis, prévenus de notre attaque, nous attendaient à Mons et à Tournai, avec des forces imposantes? n'est-il pas notoire que nos troupes manquèrent de vivres, et que la disette fut aussi fatale à nos soldats que le fer de nos ennemis. Eh bien! on oublie tout cela pour présenter les défenseurs de la patrie comme les assassins d'un officier fidèle et patriote, et dans ce premier désastre on ne semble apercevoir que la mort de Dillon, innocent ou coupable, inepte ou perfide: je ne m'oppose point à ce qu'on pleure son sort; mais, moi, mes premières larmes couleront pour la patrie outragée depuis trop long-temps. Qu'un autre Dillon, au milieu des maux qui nous menacent, ne voyant que la perte de son cousin, vienne, au sein de l'assemblée législative, intéresser la nation entière à la vengeance de son illustre famille, que des cris de douleur répondent à ses discours; moi, c'est pour les plébéiens massacrés aux champs de Mons et de Tournai, que mes entrailles s'émeuvent : c'est aux cris des pères et des veuves de nos frères indignement livrés au fer autrichien, que je mêle mes gémissemens ; que ces hommes si tendres pour les grands, si durs pour le peuple, aillent répandre des fleurs sur la tombe d'un courtisan et d'un patricien : pour nous, citoyens, allons rendre des honneurs funèbres aux gardes nationales que nous vîmes partir naguère de nos murs pour voler à notre défense, aux braves soldats, fidèles appuis de nos droits; allons jurer sur leurs tombeaux de venger leur mort et de punir tous les tyrans.

» N'est-ce pas insulter à leurs mânes que de leur offrir pour toute expiation de nouvelles calomnies contre le peuple de Lille, qui fut le témoin de leur désastre et de leur zèle, et contre les braves compagnons de leurs travaux et de leurs malheurs? Niez-vous qu'il y ait eu lieu aux plus justes soupçons ? Vous êtes démentis par les faits et par la notoriété publique. Et comment pouvez-vous être mieux instruits de ces événemens que ceux mêmes qui en furent les témoins et les victimes? En convenez-vous? alors de quel front écartez-vous cette circonstance pour présenter leur conduite comme un acte de révolte et de barbarie gratuite, et pour ne voir, dans les fidèles défenseurs de notre liberté, que des rebelles et des brigands? Pourquoi ne fait-on pas le procès aux traîtres, mais seulement aux soldats de la patrie ? Sans doute il ne faut pas croire aisément à la trahison ; mais quand elle est réelle ! mais quand toutes les circonstances l'annoncent !

» Voyez donc, je vous prie, à quel résultat ces principes nous conduisent? Si nous étions trahis en effet par la suite, dans le cours de cette guerre, que ferait l'armée? abandonnerait-elle les traîtres? alors on la poursuivrait comme un ramas de rebelles et d'assassins ? continuerait-elle de leur obéir? mais obéir à des chefs perfides, qu'est-ce autre chose que courir à la boucherie comme un troupeau, et trahir la patrie et la liberté ? Est-ce donc là le but de toutes vos éternelles déclamations contre ce que vous appelez l'iudiscipline de l'armée? l'indiscipline, ce mot insidieusement répété par l'aristocratie et par le machiavélisme, n'est autre chose qu'une éternelle accusation contre le civisme des soldats citoyens qui ont commencé la révolution. Ce mot a déjà fait égorger ceux qui lui avaient rendu les plus signalés services ; ce mot a déjà chassé de l'armée, par des ordres arbitraires, par les jugemens illégaux et monstrueux de la tyrannie patricienne et militaire, plus de soixante mille soldats, dont les lumières et l'énergie étaient la terreur du despotisme. Ce mot a déjà immolé à la liberté presque autant de victimes qu'elle eut de défenseurs. Ce mot ne fut jamais appliqué aux officiers de la caste éternellement privilégiée, qui n'a cessé de persécuter le patriotisme et d'insulter à la liberté! Ils n'étaient point indisciplinés, tous ces chefs transfuges et rebelles qui conspiraient contre leur patrie, et qui tentèrent en vain la fidélité des soldats. Ils n'étaient point indisciplinés, ces corps qui, séduits par la fatale influence des ennemis de notre révolution, osèrent servir la cause de la cour, et tremper leurs mains dans le sang de leurs concitoyens! du moins ils furent constamment impunis et protégés. L'indiscipline, dans l'idiome de nos patriciens, c'est le crime d'être à la fois soldat et patriote; c'est le crime d'être autre chose qu'un automate disposé à égorger le peuple et à opprimer la liberté au signal des tyrans. Qu'à force d'artifices et de terreurs, ils parviennent à faire de l'armée le redoutable instrument de la cour, ou des projets d'un conspirateur perfide, alors vous entendrez vanter partout son respect pour les lois et son attachement à la discipline. Tel fut l'objet de tous les efforts qu'ont faits depuis si long-temps des ambitieux hypocrites pour conserver sous le voile imposteur de l'ordre et des lois, les préjugés les plus absurdes qu'ait enfantés le despotisme ; tel fut l'esprit de ce code militaire, digne en tout de l'ancien régime, qu'ils firent eux-mêmes pour eux contre l'armée et contre la nation.

» Ne semble-t-il pas que l'on attendait les événemens actuels pour mettre la dernière main à cet ouvrage en provoquant des lois de sang, en cherchant à ressusciter la tyrannie prévôtale? comme si l'on n'avait pas déjà des lois de sang et des tribunaux à peu près arbitraires. Juste ciel! Des prévôts, des supplices, pour enflammer le courage, pour aiguillonner le civisme des courageux soldats qui ont brisé nos chaînes! Quels ressorts substitués tout à coup à cet amour de la patrie, à ce dévouement héroïque qui les précipitait vers nos frontières! Ne sont-ils plus maintenant que des machines armées pour la défense des rois? ne sont-ils plus des hommes libres combattant pour la cause des peuples? Avec quelle rapidité nous voilà déchus de cette hauteur où nous avaient transportés les orateurs qui, pour exciter notre enthousiasme, nous montraient déjà tous les trônes ébranlés, et tous les peuples affranchis par nos mains! « Si vous êtes trahis, nous disaient-ils encore, lorsque nous leur objections la perfidie connue des ennemis intérieurs de notre liberté, et les justes sujets de défiance fondés sur les principes et sur le caractère de certains chefs; si vous êtes trahis, reposez-vous sur le peuple; reposez-vous sur les soldats, ils sauront faire justice des traîtres. Il sortira des rangs quelques héros plébéiens qui conduiront au port la fortune publique. » Et aujourd'hui, c'est un crime de soupçonner la trahison! Et comment pourra-t-elle être réprimée ou punie, si on la couvre d'un voile mystérieux; si on ne présente aux soldats qui oseront s'en apercevoir, que la terreur des supplices et le glaive de la vengeance remis entre les mains du despostisme militaire? Je crains plus que personne ces scènes sanglantes, remède horrible et fatal du plus grand des maux auxquels un peuple puisse être exposé: aussi le but de ces observations est-il de déterminer le gouvernement à les prévenir par des moyens compatibles avec le salut de l'état, et à ne point abandonner à la vengeance nationale et à l'impétuosité du patriotisme outragé, le soin de venger des désastres qu'il doit lui épargner. Ce que je veux dire, c'est que, pour remplir cette tâche, il faut, non pas assurer l'impunité des traîtres, mais rendre la trahison impossible. Il faut faire cesser les motifs de la défiance publique, et non la punir comme un crime, ce qui ne ferait que la justifier et l'augmenter. Une vérité non moins évidente, c'est que de tous les partis le dernier est le plus absurde, le plus funeste, et qu'il ne laisse aucune ressource à la patrie. Les soldats du moins sont éprouvés et fidèles. Leur amour pour la patrie, la loyauté qui est le caractère du peuple serait un garant certain qu'ils obéiraient avec transport à la voix des chefs vraiment dignes de leur confiance : ils ne sont même que trop portés à l'engouement par ceux qui les conduisent, lorsque ceux-ci ne repoussent point ce sentiment. Et quoi que l'on puisse dire, pour nous épouvanter sur le caractère indiscipliné qu'on leur prête, jamais on ne les verrait exercer des actes de violence gratuits ; le peuple est juste en général : sa colère, comme celle du ciel, ne frappe que les coupables. Mais si, sans daigner nous rassurer contre les conspirations qui peuvent être tramées contre nous, on se contente de nous fermer la bouche et les yeux ; si nous sommes placés dans cette cruelle alternative, ou de nous laisser égorger, ou d'être traités comme des séditieux ; que nous reste-t-il ? que de tendre la gorge au fer des ennemis et au glaive de la tyrannie.

» Ah ! n'est-il pas plus juste, plus conforme à l'intérêt de tous les partis, quelles que soient les passions qui les agitent, d'appliquer aux plaies de l'état les remèdes simples et puissans que le seul bon sens nous indique.

» Je les ai déjà présentés, je renouvellerai encore dans ce moment une proposition importante que j'ai déjà faite en vain plusieurs fois, et comme membre de l'assemblée constituante, et depuis comme citoyen. Je la soumets au jugement de tous les amis du bien public, dans des circonstances où le salut de l'état me fait une loi impérieuse de la rappeler. Il existe encore aujourd'hui en France peut-être soixante mille soldats congédiés arbitrairement par l'aristocratie militaire et ministérielle, depuis le commencement de la révolution, contre les lois anciennes et contre les lois nouvelles ; ces soldats, dont les lumières et le civisme étaient redoutables à la cause des tyrans, pouvaient être regardés comme l'élite de l'armée. Depuis long-temps ils ont fait inutilement retentir leurs plaintes toujours étouffées par l'intrigue et par l'influence de la cour ; ils les renouvellent aujourd'hui, avec une nouvelle force dans les dangers de la patrie : hâtez-vous d'en former une armée, qui sera le plus ferme rempart de la liberté. Que ces légions immortelles soient commandées par un chef digne de leur confiance, et pris dans leur sein : ce chef sera à coup sûr un héros. Qui défendra la cause des nations avec plus d'intrépidité que ceux qui en furent les martyrs ? Lorsqu'au dehors les satellites du despotisme et des factions se liguent contre la Constitution, pourquoi lui refuseriez-vous le secours d'une armée composée de ses plus intrépides amis ? Animez leur courage en honorant leur infortune et leurs vertus civiques; qu'ils reçoivent une solde double à titre de récompense et d'indemnité; qu'ils portent une médaille avec cette inscription : *Le patriotisme vengé*; vous les verrez bientôt justifier la haine des despotes et l'estime de la nation. Cette seule institution suffirait pour réveiller l'esprit public, pour enflammer tous les cœurs du saint enthousiasme de la liberté; et pour nous rassurer à la fois, et contre nos ennemis extérieurs et contre nos ennemis du dedans. La justice, l'humanité, la liberté, la reconnaissance publique, le salut de l'état, tout la réclame : quel serait le mandataire du peuple assez coupable pour la rejeter ?

» Mais, pour faire la guerre utilement aux ennemis du dehors, il est une mesure générale, absolument indispensable, c'est de faire la guerre aux ennemis du dedans, c'est-à-dire à l'injustice, à l'aristocratie, à la perfidie, à la tyrannie. Si ce dernier système est fidèlement suivi, vous pourrez regarder la guerre comme un bienfait; mais si vous voyez régner dans l'intérieur le despotisme militaire et une tyrannie cruelle, déguisée sous le voile de la loi et sous les apparences de la sûreté publique, si vous voyez croître chaque jour la discorde et l'oppression, si le mépris des hommes, l'oubli de la déclaration des droits, l'empire du machiavélisme, de l'intrigue et de la corruption remplacent les principes régénérateurs sur lesquels la liberté repose, croyez que vous avez été trompés par les perfides conseillers qui vous ont tracé de si brillantes peintures.

» Enfin, puisque la guerre doit décider de nos intérêts les plus chers, rappelons-nous sans cesse son véritable objet, pour nous faire, sur les événemens qu'elle doit enfanter, des règles sûres d'opinion et de conduite. Gardons-nous d'en considérer le cours avec cette curiosité stupide qui se repaît du récit des siéges et des combats, avec ce servile engouement qui érige en idoles des officiers et des généraux ; ne voyons partout que la patrie et l'humanité. Portons toujours nos regards vers le dénouement et vers le résultat; demandons-nous sans cesse quel sera le terme de la guerre, et son influence sur le sort de la liberté?

» Français, combattez et veillez tout à la fois; veillez dans vos revers, veillez dans vos succès; craignez votre penchant à l'enthousiasme, et mettez-vous en garde contre la gloire même de vos généraux. Sachez découvrir toutes les routes que l'ambition et l'intrigue peuvent se frayer pour parvenir à leur but ; veillez, soit que nos ennemis intérieurs, d'intelligence avec ceux du dehors, méditent de nous livrer au glaive des despotes, soit qu'on veuille nous faire acheter, par la perte des citoyens les plus énergiques, une victoire funeste qui ne tournerait qu'au profit de l'aristocratie. Songez à l'ascendant que peuvent usurper, au milieu d'une révolution, ceux qui disposent des forces de l'état; consultez l'expérience des nations, et représentez-vous quelle serait la puissance d'un chef de parti, habile à capter la bienveillance des soldats, si, le peuple étant épuisé, affamé, fatigué, les plus zélés patriotes égorgés, le roi même désertant encore une fois son poste, au sein des horreurs de la guerre civile, entouré de tous les corps militaires dont on a couvert la surface de l'empire, il se montrait à la France avec l'air d'un libérateur, et toute la force des partis réunis contre l'égalité. Veillez afin qu'il ne s'élève point en France un citoyen assez redoutable pour être un jour le maître, ou de vous livrer à la cour, pour régner en son nom, ou d'écraser à la fois et le peuple et le monarque, pour élever, sur leurs ruines communes, une tyrannie légale, le pire de tous les despotismes. Voulez-vous vaincre, soyez patiens et intrépides? voulez-vous vaincre pour vous-mêmes, soyez réfléchis, fiers, calmes et défians ? »

Collot d'Herbois fit un long discours. « Les voilà donc justifiés, s'écria-t-il, les craintes qu'on pouvait avoir, non pas sur la guerre, car aucun citoyen, chez une nation libre et forte, ne peut la craindre, mais sur la manière dont on gouvernerait la guerre..... Où sont ceux qui riaient de nos défiances, et dont l'impatience a peut-être précipité, par une fâcheuse influence, ces premiers événemens? Où sont-ils ceux qui voulaient étouffer ici jusqu'aux soupirs de l'humanité; ceux qui nous demandaient des preuves? En voilà des preuves! elles sont tracées avec le sang de trois cents hommes inutilement sacrifiés. » (*Journal du club*, n° CLXXXVIII.)

Séance du 2 mai. — *M. Sillery.* « J'ai appris qu'hier on disait à la tribune : Où sont-ils donc ceux qui soutenaient le parti de la guerre? Hé bien, me voici : je vous déclare que j'ai cru et que je crois encore la guerre nécessaire, indispensable. (Tumulte.) Nous ne devons pas nous hâter de crier à la trahison. Au surplus craignez toujours les perfidies d'un certain comité (le comité autrichien); un courrier particulier lui apporte les nouvelles long-temps avant qu'elles ne nous parviennent : hier soir, à quatre heures, il était informé de ce qui ne nous a été connu qu'à neuf. »

M. Robespierre demande à parler. — *Plusieurs voix.* Vous n'avez pas la parole, elle est à M. le président.

M. Lasource. « Je parlerai après tous ces messieurs; mais avant tout je demande la lecture de la correspondance. »

M. Robespierre insiste pour la parole : il crie au milieu du tumulte; il parvient enfin à se faire entendre.

«Voici l'ordre, dit-il, que vous auriez dû suivre, monsieur le président : quand un membre demande la parole, fût-ce moi, que l'on accuse d'assiéger cette tribune, si la majorité veut l'entendre, ce n'est pas à un petit nombre d'intrigans et de perturbateurs à étouffer sa voix. Alors ce que doit faire le président, c'est d'imposer silence à ceux qui sèment le trouble et la discorde, pour l'imputer ensuite aux véritables amis de la liberté. (Applaudissemens.) C'est assez que partout ailleurs la patrie soit trahie; il faut qu'ici la liberté triomphe, et que la vérité soit entendue. — Maintenant je viens à l'objet dont vous a parlé M. Sillery. Je ne puis approuver ce qu'il a dit contre ceux qui ne voulaient pas la guerre, telle qu'on la demandait, et qui pensent encore qu'elle est funeste. Je déclare que cette affectation à présenter notre opinion sous un point de vue désavantageux, est une insigne calomnie.

» Je ne prononce pas sur les faits qui nous ont été annoncés : mon opinion ne manquerait pas d'être défigurée par *le Patriote français, la Chronique*, etc. S'il faut le dire : Non, je ne me fie point aux généraux ; et, faisant quelques exceptions honorables, je dis que presque tous regrettent l'ancien ordre de choses, les faveurs dont dispose la cour. Je ne me repose donc que sur le peuple, sur le peuple seul. Mais, je vous prie, pourquoi saisit-on la moindre occasion de tourner en ridicule et même de calomnier ceux qui pensent d'une manière différente des partisans de la guerre? Cette animosité est-elle bien naturelle? Au reste, je pense comme M. Sillery, qu'il est bon de se défier de toutes les nouvelles qui nous seront données. Qui doit en être plus convaincu que lui? car il a été trompé dans une affaire bien importante. Faut-il lui rappeler l'affaire de Nanci? » (*Journal du club*, n° CLXXXVIII.)

Séance du 3 mai. — N..... « La correspondance nous apprend que M. La Fayette a fait effacer des casernes du 8ᵉ régiment, à Sarre-Louis, des devises patriotiques. Je demande que la lettre, où est consigné ce fait, soit envoyée au comité de surveillance. »

M. Chabot. « L'action de M. La Fayette est un délit national; car, par notre manifeste, nous déclarons la guerre aux tyrans et la paix aux chaumières, c'est donc aller contre un décret que d'empêcher le soldat d'afficher cette devise. »

M. Camille Desmoulins. « Il y a tant de griefs à dénoncer contre M. La Fayette, que ce serait s'arrêter à une vétille que de faire de cet acte seul l'objet d'une dénonciation. (Murmures.) Permettez, messieurs, que je vous développe mon idée : c'est comme si on accusait un parricide d'avoir volé un gros sou. » (Ah! ah!)

Il est arrêté que la lettre, qui dénonce le fait imputé à M. La Fayette, sera remise au comité de surveillance, et qu'invitation sera faite aux journalistes patriotes de l'insérer dans leurs feuilles.

M. Saint-Huruges. « J'invite les patriotes à se tenir sur leurs gardes... Aujourd'hui, à minuit trois quarts, je me retirais avec un ami ; je passais par la rue du Bouloi pour me rendre à l'hôtel d'Angleterre, où je demeure, lorsque tout à coup je fais rencontre de plusieurs personnes qui criaient : Gare les houlands ! — Attends, b....., je vais te donner des houlands ? — Ces messieurs n'osèrent avancer ; je continuai mon chemin. Ne voilà-t-il pas qu'un de ces gaillards, bien mis d'ailleurs et de haute stature, s'approche rapidement de moi, et manifeste l'intention de me renverser : je m'arrête, et pan, pan, avec mon bâton, je le fais tomber dans le ruisseau. J'allais me retirer lorsque je le vois ajuster un pistolet contre moi : Comment, b....., tu veux me tuer! Allons, pan, pan, je le laisse hors d'état de me faire de nouvelles menaces. » — M. l'abbé d'Anjou propose ce qu'il appelle un *émétique* applicable seulement dans le cas où le roi déserterait son poste : ce serait l'extinction de la dynastie régnante, et son remplacement par un prince étranger de la maison d'Angleterre. (*Journal du club*, n° CLXXXIX.)

Séance du 4 mai. « Un député de Strasbourg fait part à la société de la situation du département du Bas-Rhin. Les prêtres, dit-il, y sont aussi nombreux, et font les mêmes ravages que les sauterelles en Égypte. Les assignats y perdent jusqu'à 70 pour 0/0 ; et, par les manœuvres des agioteurs combinées avec celles des marchands, les ouvriers trouvent à peine dans le produit de leur travail de quoi subsister.

« M. Tallien annonce avoir reçu, comme président de la société fraternelle du faubourg Saint-Antoine, une lettre contresignée Roland, contenant, avec plusieurs écrits patriotiques, le discours prononcé par M. Brissot. Il dénonce cette démarche comme contraire aux mesures de paix proposées par M. Pétion, et demande que M. Roland soit invité à faire passer également sous son couvert la réponse de M. Robespierre.

M. Robespierre. « Je m'oppose à cette mesure, elle est illusoire; seulement je propose que, lorsqu'on arrêtera l'impression d'un ouvrage, l'auteur ait la faculté de nommer six commissaires chargés d'y veiller ainsi qu'à leur envoi. »

« Une députation des Invalides vient se plaindre de M. de Sombreuil qui n'accorde sa protection qu'à des aristocrates, et des passe-droits qui leur sont faits. — M. Lefranc dénonce les manœuvres employées contre M. Pétion par les souteneurs de tripots. » (*Journal du club*, n° CLXXXIX.)

Séance du 5 mai. La séance s'ouvre par une discussion sur la formation du comité de la défense officieuse. On arrête que toutes les personnes qui s'inscriront sur la liste des défenseurs officieux seront de droit membres de ce comité, sans qu'il soit besoin de faire de scrutin, et que la liste sera proposée sur-le-champ à l'inscription dans le secrétariat.

On lit le procès-verbal de la séance du 3. Lorsqu'on arrive à la motion faite par l'abbé d'Anjou, il s'élève de toutes parts de violens murmures.

M. Robespierre. « Si celui qui a fait cette proposition était un de ceux qui portent le désordre dans cette société, qui ont tour à tour passé d'ici aux Feuillans; si c'était un de ces intrigans qui, par des motions insidieuses, cherchent à jeter de la défaveur sur les amis de la Constitution; si c'était enfin un émissaire de vos ennemis ne devriez-vous pas donner un grand exemple en l'expulsant ignominieusement de votre sein? Or, quel est cet homme dont le cerveau délirant s'est égaré jusqu'à ce point? C'est, dit-on, M. l'abbé d'Anjou. Qu'on me dise que le portrait, dont j'ai donné l'esquisse, n'est pas fait pour lui; et qu'il n'a pas été, lors de la scission, un des premiers à passer dans la société des Feuillans. »

Plusieurs voix. Oui! oui!

M. Robespierre. « Je demande que ce membre soit sur-le-champ rayé de votre liste. » (Applaudissemens.)

M. d'Anjou. « C'est sans doute beaucoup de défaveur jetée sur moi que d'avoir à répondre aux inculpations qui me sont faites par un homme tel que M. Robespierre. Mais je ne suis pas Feuillant, je n'ai jamais été aux Feuillans; M. Robespierre a été trompé sur ce premier fait. Quant à ma motion, elle suppose la France tombée dans un état de crise ; or, le remplacement que j'indique est consigné comme exemple dans l'histoire. Ce remède a été employé par les Anglais, par les Suédois, etc. Où sera donc la liberté des opinions si on n'a pas ici celle de dire ce qui est imprimé ? »

Bazire et Chabot sont entendus. La société, sur leur proposition, arrête que l'abbé d'Anjou sera censuré.

M. Doppet lit la correspondance. Avant de communiquer une lettre écrite par la société de Cambrai, il croit devoir insister sur son authenticité. Il invite ceux qui en douteraient à passer au secrétariat, où ils verront l'enveloppe avec le timbre. « C'est vraiment, dit-il, un facteur qui l'a apportée. » Cette précaution de la part de Doppet venait de ce que la lettre, parlant sur la division des patriotes dans le sens girondin, on soupçonnait qu'elle avait été fabriquée à Paris par les intéressés. La lecture de cette lettre fut vivement applaudie.

M. Robespierre. « Il n'est rien de si important dans les circonstances que la correspondance avec les sociétés affiliées. C'est pour cela que je vais faire quelques observations. — Quoiqu'il semble qu'on veuille imposer silence aux défenseurs du peuple...

Plusieurs voix. « Non, non! à l'ordre du jour ! »

M. Robespierre. « Je déclare que, pour mettre un frein à l'ambition de ceux qui nous agitent, je déclare que je n'abandonnerai jamais cette société. (Bravo, bravo ! applaudissemens redoublés, etc.) Je déclare que, nonobstant toute motion d'ordre du jour, que nonobstant toutes calomnies que l'on se plaît à répandre contre moi; je déclare, dis-je, que je ne cesserai de combattre les intrigans jusqu'à ce que la société les ait ignominieusement chassés de son sein. (Applaudissemens.) Je vais donc me permettre quelques observations sur les abus qui se sont glissés dans la correspondance.

» Pour qu'elle devienne plus utile, il ne faut pas seulement de ces détails piquans, de ces bons mots qui ne prêtent qu'à rire; mais il faut que ceux qui s'y livrent s'attachent à dévoiler les manœuvres des fripons et les complots des traîtres. Il m'est parvenu quelques nouvelles intéressantes de ce genre : je m'étonne qu'on n'ait que des choses stériles à soumettre à notre attention.

» Je n'ai en vue personne de cette société; je déclare que je n'inculpe ici aucun individu, ni aucun comité; mais je dis qu'il est de graves objets dans la correspondance auxquels on pourrait donner le pas sur la lettre de Cambrai, par exemple. — Quoiqu'on semble vouloir m'imputer les divisions qui règnent dans cette société, et que ceux qui paraissent me désigner par leurs murmures veuillent me donner à penser que je me suis rendu coupable de perfides manœuvres; cependant je ne me lasserai pas de faire mon devoir, et de dévoiler les trames ourdies pour perdre cette société et ses plus fermes soutiens. Vous ne savez pas, messieurs, tous les moyens dirigés contre nous.

» Il faut donc vous avertir que c'est en entretenant les sociétés affiliées des détails sur les scènes que les menées des intrigans ont rendues nécessaires; que c'est en faisant passer, sous le couvert des ministres, par la voie de M. Lanthenas, les discours de MM. Guadet et Brissot, que l'on obtient des adresses concertées. En ne présentant les choses que sous une face, il est facile de donner le change aux esprits. Au surplus, il n'est pas besoin de dire que les promoteurs de lettres de cette espèce sont ceux qui me provoquent actuellement par leurs murmures. Que ne parlent-ils à nos correspondans des grands intérêts qui doivent nous occuper, au lieu de circonscrire leurs pensées aux débats qui ont agité plusieurs de nos séances? Pourquoi leur dire ce qu'il faudrait pouvoir nous cacher à nous-mêmes? Qu'ils aient plutôt le courage de leur apprendre que ce sont des gens couverts du manteau du patriotisme qui donnent lieu à ces discussions. Il faut que nos sociétés affiliées soient instruites que c'est en attaquant sourdement les principes les plus sacrés, que ces mêmes hommes espèrent parvenir aux places. Voilà les moyens d'empêcher des citoyens mal informés de tomber dans les piéges qui leur sont tendus. Voilà ce qui devrait faire l'objet d'une correspondance utile. » (*Journal du Club,* N. CXC.)

Séance extraordinaire du 10 mai. — M. *Saint-Huruge.* « Je vais vous entretenir d'un fait de la plus haute importance. J'ai l'honneur de prévenir la société et les tribunes que ce matin, dans un café, M. Becquet, mon ami, m'a dit qu'il existait dans la capitale, cinquante sociétés aristocratiques, qui toutes correspondent entre elles. Vous sentez, messieurs, quels dangers peuvent en résulter pour la tranquillité publique. Je demande en conséquence, d'aller, avec des forts de la halle, aux lieux de leurs séances, et à coup de nerfs de bœuf nous interromprons leurs discussions. A l'hôtel de Marigny, il existe un de ces horribles conciliabules. »

M. le président. « Il est permis dans cette société de dire tout ce qui tend au bien public; mais il n'est pas dans l'ordre de s'adresser plutôt aux tribunes qu'à la société même, parce que cette affectation a l'air d'une provocation. »

M. Merlin. « Je viens d'entendre M. de Saint-Huruge parler de dissoudre à coup de nerfs de bœuf... »

Quelques voix des tribunes. « C'est bien... c'est bien... »

M. le président « J'ai déjà eu l'honneur de prévenir les citoyens des tribunes que ces interruptions sont toujours déplacées. »

M. Merlin. « Je demande que, pour qu'on ne prenne pas sur nous l'initiative de ce qu'a dit M. Saint-Huruge, ce membre soit rappelé à l'ordre. » — (Arrêté.)

M. Lenoble. « Parmi les lettres de la correspondance, il en est une qui a un objet tout autre que celui de nos divisions. Je vous propose d'entendre la lecture de l'extrait de cette lettre : elle vous prouvera que nos frères de Douai qui nous l'ont adressée, sont mal informés.

Plusieurs voix. « Lisez ! lisez. »

M. Lenoble fait lecture de l'extrait de la lettre de Douai. M. La Fayette y reçoit autant de louanges que M. Robespierre y est indignement traité. Selon les auteurs de cette lettre, le premier est un héros, et le second un vil calomniateur ; ils disent que ce dernier a souillé la tribune des Jacobins par les injures qu'il y a proférées contre M. La Fayette. — A ces mots il s'élève dans la salle un violent tumulte.

Plusieurs voix. « Avez-vous la lettre ? »

M. Lenoble. « Oui, messieurs. — Est-elle signée ? — Oui, messieurs ; elle est signée de M. Durandon, président, Dura et....., secrétaires. — Cette lettre est-elle timbrée ? — Oui, messieurs. — Lisez-la tout entière. » — M. Lenoble commence la lecture de la lettre ; il est interrompu.

M. Robespierre. « Je demande pour l'intérêt public que l'orateur continue. Il est important de connaître l'esprit qui a dicté cette lettre. » — La lecture s'achève. M. Robespierre vient à la tribune prendre la lettre des mains de M. Lenoble.

M. Merlin demande que la société passe à l'ordre du jour, en chargeant son comité de correspondance d'écrire à la société de Douai, qu'elle est abusée.

M. Robespierre. « Voulez-vous bien m'accorder la parole, monsieur le président. (Tumulte.) Ceux qui m'interrompent ne connaissent pas l'état de la question : elle tient à la chose publique de plus près qu'ils n'imaginent. Ils me font injure, ceux qui pensent que c'est d'individus que je veux les occuper. C'est bien de La Fayette et de moi qu'il s'agit ici ! Mon objet est de vous développer une trame ourdie par les ennemis de cette société. — Les principes de M. Merlin sont bons, les conséquences qu'il en tire sont dignes de lui ; mais je ne dois pas me taire sur une lettre écrite je ne sais par quels hommes, lue par je ne sais qui.... »

M. Collot-d'Herbois. « Oui, messieurs, j'ai été dernièrement au comité de correspondance ; il était rempli ; je n'ai pas trouvé de siége vacant. Eh bien ! de plus de dix-huit personnes qui y étaient, à peine en ai-je reconnu deux ? »

M. Robespierre. « On ne cherche jamais qu'à faire naître des questions particulières, pour alimenter sans bruit nos discussions. Eh! messieurs, ne croyez donc pas que parce que je suis souvent nommé à cette tribune, ainsi que MM. Brissot et La Fayette, je veuille sans cesse vous occuper de moi. Ne me faites pas l'injure de croire que c'est parce que je suis en butte aux calomnies des malveillans, que je monte à cette tribune. Daignez être persuadés que c'est l'amour de la chose publique qui m'y amène. Ce n'est donc que cet objet-là seul que j'ai en vue dans l'examen de cette lettre.

» D'abord je m'aperçois, par la lettre même, qu'elle n'a pu être écrite que dans de mauvaises intentions. Les signatures sont de mains tremblantes; elles sont d'une écriture différente de celle du corps de la lettre. J'y vois donc au premier coup d'œil une double manœuvre. D'abord, qui sont ceux qui ont pu informer la société de Douai de ce qui se passe dans celle-ci? Ne sont-ce pas les mêmes qui ont dicté l'éloge d'un homme justement regardé comme l'ennemi le plus dangereux de la liberté? Quels autres auraient songé à nous donner pour un héros celui à qui tant de citoyens redemandent leurs pères, leurs femmes, leurs enfans, leurs parens, leurs amis! Lui, un héros! aurait-on oublié les trames continuelles qu'il a ourdies contre le peuple, ses liaisons avec la cour, et tous les maux qu'il a fait naître dans cette capitale? Est-il donc perdu le souvenir de ce jour où La Fayette, dans cette salle, demeura muet et interdit aux apostrophes qui lui ont été faites? (Par Danton. — *Histoire parlementaire*, 21 juin 1791.) Quoi! il serait un héros, ce chef qui inspirait aux citoyens un esprit militaire, pour semer la division parmi eux? Je ne tarirais pas si je passais en revue toutes les actions liberticides de cet homme exécrable. Je finis donc sur son panégyrique : je m'arrête à la lettre qui le contient et à ses auteurs, qui voudraient anéantir les sociétés patriotiques. Et qui sont-ils donc, ces auteurs? Un M. Durandon qui a signé d'une main tremblante? Un M. Dura que j'ai connu jadis. Mais leur voix ne prévaudra pas contre l'opinion publique. Les patriotes composent non-seulement la capitale, mais encore la France entière. (Applaudissemens.)

» Et ce sont trois noms flamands qu'on vient nous opposer ! Qui sont donc ceux qui ont si bien informé ces messieurs ? Ce sont les partisans de La Fayette; ce sont ceux qui troublent tous les jours la société, et qui après l'avoir agitée pendant long-temps demandent ensuite l'ordre du jour. Ne sont-ce pas les mêmes qui viennent dénoncer afin qu'on ne les dénonce pas ? Eh bien ! voilà ce que j'appelle des manœuvres ourdies contre cette société; et certes, elles ne diffèrent pas beaucoup de celles employées par les Lameth, les Barnave, les Cazalès, les Maury.

» Je crois en avoir dit assez; je finis en invitant les membres du comité de correspondance de n'être pas assez maladroits pour nous présenter des lettres évidemment concertées. Je les exhorte, ceux qui les écrivent ou les font écrire, à ne plus nous faire perdre notre temps; car ils sont connus de tout le peuple de Paris, et bientôt ils le seront de toute la France. Je les invite à ne pas imiter le côté droit. Aujourd'hui, tout est confondu ; la signification des mots est presque changée, et ceux qui se targuent du nom de patriotes, à peine en ont-ils l'apparence. Tout en feignant de défendre la cause du peuple, ils sont ses plus ardens persécuteurs. Je leur déclare que la nation, la liberté, l'égalité, triompheront de l'hypocrisie, du crime et du mensonge. » (*Journal du Club*, numéro CXCII.)

Séance du 10 mai. « M. Méchin propose, 1° d'écrire aux sociétés affiliées une circulaire dans l'esprit de celle du ministre Clavière, pour hâter le paiement des contributions ; 2° qu'aucun membre ne puisse, au prochain trimestre, recevoir sa carte sans exhiber la quittance du percepteur. — Tallien appuie surtout la deuxième partie de cette proposition. — Robespierre monte à la tribune et demande la parole.

M. Louvet. « Monsieur le président, on demande que la discussion soit fermée; peut-être n'est-ce que la minorité qui le réclame; mais, enfin, votre devoir est de mettre la proposition aux voix. (Aux voix ! aux voix !) »

M. le président. « Le tumulte était si grand que je n'avais pas entendu. »

(M. Louvet se lève. — Plusieurs voix : A bas! à bas! — Tumulte effroyable de son côté.)

M. Collot d'Herbois. « Si vous voulez maintenir votre société, il faut observer votre réglement. Sans doute, il faut censurer, lorsqu'il le mérite, le président; mais il faut aussi censurer un membre qui interrompt. M. Louvet n'a pas justifié sa provocation, et je demande qu'il soit rappelé à l'ordre. » (Applaudissemens.)

M. Tallien. « N'accusons ni l'un ni l'autre; nous devons, en présence des citoyens qui nous entendent, délibérer et faire voir si nous sommes de véritables citoyens; répondons aux Roucher et aux Chénier, en prêtant nos bras pour défendre la Constitution, et en donnant notre argent pour subvenir aux dépenses qu'exige la chose publique. »

(M. Robespierre insiste fortement pour avoir la parole. — Tumulte. Le président se couvre. — Silence.)

M. le président. « L'ordre du jour est arrivé depuis long-temps. La proposition de fermer la discussion est faite; on demande aussi l'ordre du jour. Je vais mettre aux voix la dernière proposition. »

Plusieurs voix. « Non, non. »

M. Mendouze. « Cette société n'est pas dans l'usage de fermer la discussion avant qu'elle soit entamée. Il ne s'exerce ici de despotisme que celui de la vertu. Au nom de la justice, M. Robespierre sera entendu. »

M. Robespierre. « Ce n'est pas s'écarter de l'ordre du jour que de dire qu'il a fallu combattre pendant trois quarts d'heure pour obtenir la parole; pourquoi se fait-il que, pour monter à cette tribune, il faille autant de courage que pour monter à la brèche? Ces hommes manquent à toutes les règles d'honnêteté, aux premiers principes de sociabilité, qui ne veulent souffrir aucune contradiction, qui cherchent à étouffer toutes les réclamations suggérées par la vérité et l'amour du bien public. Je suis obligé de m'élever contre la proposition qui a été faite, avec d'autant plus de force qu'elle se présente sous une apparence de patriotisme; je m'attends bien que je serai dénoncé par ses auteurs, par tous les ennemis de la liberté, comme le défenseur de l'anarchie, des sans-culottes, des perturbateurs ; mais rien ne m'effraie.

» Les propositions qui portent avec elles leur réfutation n'ont pas besoin d'être combattues ; mais celles qui sont décorées des vains dehors de patriotisme, doivent attirer toute la sagacité d'un zélé patriote. A-t-on espéré donner à entendre que je veuille attenter aux lois constitutionnelles, que je ne cesserai de soutenir ? a-t-on espéré faire croire que je prétende m'opposer à la perception des impôts ? On dira tout ce qu'on voudra, qu'importe ? ma conscience, la vérité que je défends, me suffisent. — Je vais vous prouver que les propositions qui vous ont été faites sont dangereuses, inutiles, fallacieuses et attentatoires aux principes de l'égalité : inutiles, en ce que les contribuables n'ont jamais attendu que la main du receveur public. (Bravo ! bravo !) Il n'est pas vrai que, actuellement, on manque de zèle pour l'acquittement des contributions : j'ai par devers moi des preuves de ce que j'avance : et quand je vois qu'on vient nous embarrasser de choses inutiles, tandis qu'il est si important de s'occuper des grands intérêts de la liberté ; quand je vois qu'on détourne l'attention des véritables citoyens des dangers que court la patrie, pour le porter sur des objets qui n'en ont nul besoin (ah ! ah ! applaudissemens.), quoi qu'en disent les calomniateurs, je m'indigne.

» On sait bien, messieurs, que les contributions sont nécessaires ; en cela on ne peut me prêter de mauvaises intentions, et les risées qui viennent de s'élever sont aussi déplacées qu'elles décèlent de méchanceté. Je le répète : cet objet est en ce moment inutile. S'occuper de ce qu'on a, et négliger ce qu'on n'a pas, c'est laisser aux maux politiques le temps de pousser de profondes racines ; je ne vois d'ailleurs, dans la proposition de M. Méchin (Méchin était secrétaire de Brissot), que l'intention du ministre d'avoir une lettre qui fasse l'éloge de son zèle (Ah ! ah !) ; j'y vois une affectation, qui des pamphlets se communique aux journaux prétendus patriotiques, d'avilir les citoyens : voilà ma première proposition. La seconde est beaucoup plus importante.

» Que signifie donc ce zèle de vouloir des quittances d'imposition pour assister à nos séances ? Ce titre suffit-il pour être garant du patriotisme ? (Ah! ah! applaudissemens.) Vous voyez combien on redoute l'examen de cette question qui paraissait si facile. Il serait commode sans doute de substituer cet espèce de scrutin épuratoire à celui qui demande des certificats de patriotisme. Certes, Messieurs, un homme gorgé du sang de la nation viendrait apporter sa quittance; et le premier qui l'aurait donnée serait en droit d'assister à vos séances. (Ce n'est pas cela — Tumulte.)

» Je regarderai cette motion comme puisée dans l'esprit public, lorsqu'on m'aura prouvé que tout homme qui aura payé ses impositions, ne sera pas un perturbateur; lorsqu'on m'aura prouvé que ceux qui ont payé les impôts n'ont jamais vendu leurs poumons, leur plume, soit à la cour des Tuileries, soit aux ennemis de la révolution. (Bravo! bravo! — Murmures.)

» Je regarderai cette motion comme faite pour obtenir la priorité, lorsqu'il me sera prouvé que ceux qui nous montreront ici leur quittance, ne doivent pas être chassés pour d'autres motifs; lorsqu'il me sera prouvé que ceux qui combattent mon opinion sont les plus ardens soutiens de l'indigence, les plus fermes défenseurs de la liberté de la presse; lorsqu'il me sera prouvé qu'ils sont évidemment les meilleurs citoyens. Jusque-là, je dirai qu'il n'y a aucun mérite à payer les contributions ; c'est un acte de nécessité ; il est absurde de s'en faire un mérite. (Bravo! bravo!) Je dirai que c'est anéantir tous les principes, et dénaturer l'opinion publique, que de vouloir substituer un sacrifice apparent à tous ceux qu'exige la liberté. Je dis que propager de pareilles idées serait mettre à la place des actes de patriotisme, des actions forcées par la loi. J'ajouterai qu'il me paraîtrait un meilleur citoyen, celui qui pauvre, mais honnête homme, gagnerait sa vie, sans pouvoir payer ses contributions, que celui-là qui, gorgé peut-être de richesses, ferait des présens puisés à une source corrompue ; qui, engraissé de la substance du peuple, viendrait se faire un mérite des actions dont une société fondée sur la justice, aurait peut-être à rechercher les moyens pour les punir comme des crimes. — Observez combien un pareil système tend à la subversion de tous les principes de l'égalité. Que veulent ses auteurs? Écarter des sociétés patriotiques quiconque ne paierait pas de contributions.

» Or, je soutiens que c'est faire un nouvel outrage à l'humanité : car si les citoyens qui ne paient pas d'impôts sont exclus des sociétés politiques, ils doivent être accueillis dans celles qui ont pour objet de relever la nature humaine; je dis que cette motion, civique en apparence, ne l'est point en effet; je dis qu'elle est flagorneuse, puisqu'elle contiendrait nécessairement un éloge des ministres, et les ministres qui font le bien ne méritent point d'éloges; ils ne font que leur devoir. — Elle est attentatoire aux principes de l'égalité, en ce qu'elle écarterait des sociétés patriotiques, les citoyens qui n'auraient pas payé de contributions; elle est attentatoire aux droits de l'humanité, en ce qu'elle élève les riches, et abaisse les indigens; elle est fallacieuse, en ce qu'elle érige en titre de patriotisme ce qui n'est qu'un devoir et une exécution de la loi; et en ce qu'elle tend à donner le change à l'opinion publique et à la détourner de choses plus intéressantes, ainsi que beaucoup d'autres motions aristocratiques qu'on renouvelle tous les jours. (Ah! Ah! — Oui! Oui!) C'est par elle qu'on s'efforce d'étouffer la voix des bons patriotes. En me résumant, je dis que cette motion a été faite, surtout dans l'intention de calomnier ceux qui l'auraient combattue; et certes on n'y manquera pas. (Ah! Ah! — Bravo! Bravo!) — On dira qu'elle a été combattue par ces hommes à principes exagérés, qui ne veulent point de constitution; par des chefs de factieux, par des tribuns, par des agitateurs du peuple, qui se coalisent pour calomnier ses plus zélés défenseurs. (Murmures, applaudissemens.) On dira que la société des amis de la Constitution est tellement composée de sans-culottes, qu'elle a manifesté le désir de ne pas payer les contributions malgré les touchantes exhortations du patriote Clavière. Je suis exposé à toutes ces calomnies; c'est pour cela que je suis venu à cette tribune énoncer hautement mon opinion; c'est pour cela que je viens défendre les droits les plus sacrés du peuple.

» Je dirai que plus le zèle à soutenir sa cause deviendra dangereux, que plus il confondra les factieux, et plus je défendrai les principes de la liberté, de l'égalité, de l'humanité. Perfides intrigans, vous vous acharnez à ma perte ; mais je vous déclare que plus vous m'avez isolé des hommes......

M. Tallien, vice-président. « Réduisez vous monsieur l'orateur, dans le véritable état de la question. »

Plusieurs voix. « Il y est. »

M. Robespierre. » Oui, plus vous m'aurez isolé des hommes, plus vous m'aurez privé de toute communication avec eux, plus je trouverai de consolation dans ma conscience et dans la justice de ma cause. — Je conclus à ce qu'attendu que la société veut le paiement des contributions, mais qu'elle veut en même temps le maintien de la Constitution ; attendu que pour y parvenir, il n'est pas utile d'avilir l'indigence, d'ouvrir une large porte à l'intrigue, à la calomnie, au privilége de l'opulence, de dénaturer toutes les idées, je conclus à l'ordre du jour. »

(« On lève les chapeaux en signe d'approbation. — M. Méchin paraît à la tribune ; de plusieurs côtés de la salle on crie : A bas ! Il se retire. — Une foule d'orateurs demandent la parole. »)

M. Danton. « J'ai demandé la parole pour une simple motion d'ordre ; plus j'approuve la motion de M. Robespierre, plus j'en crois la discussion utile. M. Robespierre n'a jamais exercé ici que le despotisme de la raison. Ce n'est donc pas l'amour de la patrie, mais une basse jalousie, mais toutes les passions les plus nuisibles qu'excitent contre lui ses adversaires avec tant de violence. Eh bien ! messieurs, il nous importe à tous de confondre complétement ceux qui vous proposent des arrêtés aussi attentatoires à la majesté du peuple. (Applaudissemens.)

» Je ne suis pas un agitateur, j'observe depuis long-temps un pénible silence ; je démasquerai ceux qui se vantent tant d'avoir servi la chose publique ; je contribuerai autant que je pourrai au triomphe de la liberté. Mais il sera peut-être un temps, et ce temps n'est pas éloigné, où il faudra tonner contre ceux qui attaquent depuis trois mois une vertu consacrée par toute la révolution, une vertu que ses ennemis d'autrefois avaient bien traitée d'entêtement et d'âpreté, mais que jamais ils n'avaient calomniée comme ceux d'aujourd'hui. »

M. *Collot d'Herbois.* « Je n'ai demandé la parole que pour un fait: j'avais des contributions à payer entre les mains de ceux qui étaient au pavillon de Morfontaine aux Champs-Élysées. Je voulais leur remettre les six derniers mois de 1791. Ils avaient quitté leur bureau sans laisser aucune adresse; les citoyens ignoraient où s'étaient retirés les percepteurs. Cependant les citoyens, qui tiennent ces bureaux à Paris, sont assidus et vigilans; je leur rends cette justice. Mais, dans les départemens, de bien plus graves inconvéniens retardent la perception; car le peuple est porté à payer les contributions; que le ministre envoie donc de préférence ses instructions à certains administrateurs qui, soit à dessein soit par négligence, ont retardé les entrées et ne vont pas recevoir. » (Applaudi.)

M. Méchin veut prendre la parole. M. Merlin s'y oppose. J'ai, dit-il, un arrêté de la société qui permet de faire rappeler à l'ordre le membre qui s'opposera à ce qu'on passe à l'ordre du jour.)

M. *Méchin.* « Vous avez entendu M. Robespierre; vous devez aussi m'écouter, il m'a inculpé. » (Tumulte prolongé.)

M. *Merlin.* « Il semble qu'il y ait un démon dans cette société qui vienne, tantôt sous une forme tantôt sous une autre, souffler le feu de la guerre civile. »

(Après avoir entendu M. Méchin, la société passe à l'ordre du jour. — On entend ensuite une députation du faubourg Saint-Antoine, qui fait sentir la nécessité d'éclairer le peuple par l'instruction publique faite dans les chaires des églises après le service divin.) — (*Journal du club*, n. CXCXIII.)

Séance du 9 mai. — Cette séance traitant d'un fait particulier, nous la plaçons après celles d'intérêt général. Nous en empruntons le compte rendu au n. II de la *Tribune des Patriotes.*

Une séance des Jacobins.

« Quand toute la France reprochait à Saint-Bernard d'avoir envoyé à la terre sainte cent mille hommes qui n'en revenaient point, et qu'il n'y avait point de famille qui ne lui demandât un parent; saint Bernard monta en chaire, et prêcha que les péchés des croisés avaient empêché l'accomplissement de ses prophéties. Déjà des Brissotins prêchent aussi dans les cafés que si nous n'avons pas réussi à municipaliser l'Allemagne, ce sont les divisions des Jacobins et l'orgueil de Robespierre qui en sont la cause. J'ai toujours pensé bien différemment sur ces bouillonnemens épuratoires de la société; on pouvait gémir sur les Jacobins lorsqu'il n'en coûtait à Dumourier que de prendre un bonnet rouge pour obtenir des applaudissemens infinis, lorsqu'il ne fallait qu'arborer le drapeau d'Angleterre pour fasciner les yeux et faire croire à une alliance, comme si Pitt l'avait déjà signée; lorsque Saint-Huruge, en se couvrant d'un large feutre enfariné, se croyait le roi des halles et aussi puissant que le duc de Beaufort; lorsqu'il nous entretenait de sa correspondance avec les peuples d'Allemagne qui lui envoyaient des milliers de signatures pour demander leur réunion comme les Avignonais; lorsqu'on louait Narbonne; lorsqu'on parlait de la guerre comme d'une promenade civique que nous allions faire dans le Brabant, lorsque le patriote Carra lui-même, ne se sentant pas de joie, le jour de la déclaration de guerre, se pâmait à la tribune et s'écriait : *oui, c'est le plus beau jour de ma vie* : c'est alors que les bons esprits pouvaient gémir sur la société. Quant à la chaleur de nos dissensions intestines, quoique j'en aie souffert autant que personne, quoique j'aie été insulté, menacé, ce n'est point par ces tumultes que la société peut périr; c'est à ces agitations des assemblées populaires qu'on reconnaît les peuples libres. Qu'on lise les harangues de Cicéron et de Démosthène, on en verra l'exemple. On verra que dans ces discours où on a trouvé tant de fiel et d'amertume, Robespierre dit à Brissot des douceurs, en comparaison de ce débordement extraordinaire d'injures que Cicéron répand sur les consuls Pison, Gabinius, et sur tant d'autres pouvoirs constitués. J'aime cette inscription sur la tribune des Jacobins : *vivre libre ou mourir*. Mais des vents qui soufflent sur les flots de la mer avec ces mots : *Turbant, sed extollunt*; ils *les agitent, mais ils les élèvent*, voilà la vraie devise des assemblées populaires. L'effet de cette tempête est presque toujours salutaire à la chose publique : j'en vais citer un exemple. Je choisis la séance qui a été rendue le plus infidèlement dans le journal des débats de la société.

» Dans la précédente séance, j'avais dénoncé un fait qui n'était pas tellement d'un intérêt personnel qu'il ne fût plus encore d'un intérêt général, et de la compétence de la société, puisqu'il était question d'un attentat inouï envers la liberté de la presse, commis par M. Patris, un de ses membres, et la société avait arrêté que le membre inculpé viendrait se justifier. M. Patris monte à la tribune où il lit un libelle des plus virulens contre moi. Il me reproche, dit-il, de ne l'avoir pas prévenu de cette dénonciation ; il me reproche d'être un présomptueux qui croit que la publication d'un de mes écrits importe à la chose publique, un hypocrite de civisme et un homme vil, puisque malgré l'importance que j'affecte d'attacher à cet écrit, je lui ai offert le matin sur le Pont-Neuf, en présence de M. Baillio, d'étouffer cette affaire ; il m'accuse d'être un lâche qui me suis caché à fond de cale à l'époque du 17 juillet, un calomniateur qui réclame comme sien un ouvrage qui n'est plus à lui, et appartient à l'imprimeur puisque celui-ci l'a acheté. M. Patris ne voyait pas qu'il faisait le beau raisonnement de l'abbé Roquette :

> On dit que l'abbé Roquette
> Prêche les sermons d'autrui ;
> Moi qui sait qu'il les achète,
> Je soutiens qu'ils sont à lui.

» Il assaisonne ce raisonnement solide des plus grossières injures ; il dit que Camille Desmoulins (ce sont les propres paroles de cet officier municipal parlant d'un de ses collègues) est *un auteur famélique, faisant de sa plume mercenaire son seul moyen d'exister ; qu'il était obligé de remuer la boue et de fouiller l'ordure pour y trouver un morceau de pain ; que son nom seul était une injure ; qu'il était la plus vile des créatures et le plus infâme des calomniateurs ; et qu'ayant menti à la société et à lui-même, la société se devait à elle, et devait à M. Patris d'exclure Camille Desmoulins du nombre de ses membres.* Le sieur Patris ne savait pas qu'il prononçait, par ces derniers mots, son jugement de condamnation, et qu'il le motivait.

» Ceci se passait en présence de trois mille personnes, dont un bon nombre venu là pour me colaphiser, pour appuyer la demande de mon exclusion, ne manquaient pas d'applaudir à cette cataracte d'injure que le fleuve Patris faisait tomber sur moi du haut de la tribune.

» Qu'on juge de ma situation pénible! Patris avait débité ce discours avec un front ouvert, avec un ton d'assurance qui, joint à son titre d'officier municipal, faisait une grande impression : à mesure qu'il parlait, je distinguai les progrès de la calomnie; je devenais le scélérat et j'entendais grossir dans les tribunes le bruissement de l'indignation ; mais patience : devant un jury de trois mille personnes, le triomphe de l'imposture ne peut pas être de longue durée.

» Lorsque je voulus parler à mon tour, la coalition des Brissotins, contente de m'avoir vu si bien calomnier, s'égosilla à crier que ces débats étaient étrangers à la société, que leur religion était suffisamment éclairée, et qu'il fallait nommer des commissaires. Quelle horreur! m'écriai-je, refuser de m'entendre à mon tour! C'est alors que ma situation devint violente. Enfin au bout d'une demi-heure d'agitation, notre digne député Merlin parvint à se faire entendre à la tribune : les faits allégués de part et d'autre contre un de vos membres sont trop graves, sont trop infamans, dit-il; il faut que la société prononce l'exclusion ou de M. Patris, ou de M. Camille Desmoulins. Le discours de Patris avait tellement prévenu contre moi qu'à ce vote de mon exclusion, mille applaudissemens s'élèvent. Mais, moi, je bénis Merlin, et ces applaudissemens qui m'envoyaient à la tribune où j'ai enfin la parole.

» De quoi s'agissait-il? J'avais accusé Patris d'avoir arrêté dans son imprimerie un ouvrage signé de moi, et d'en avoir confisqué le manuscrit. Comment se défend-il, messieurs? il ne nie point le fait; mais il dit avoir acheté l'ouvrage, et que c'est sa propriété absolue. D'abord osez dire, monsieur Patris, que vous m'aviez acheté le manuscrit, que j'aie reçu une obole ! je vous en défie. (Ce premier démenti, auquel il ne pouvait répondre, commença à ramener le public.) Ce que j'ajoutai fut couvert d'applaudissemens universels; ensuite, quand il serait vrai que vous m'eussiez acheté mon manuscrit, comment osez-vous dire que c'était votre propriété absolue? Qu'est-ce que nous vendons au libraire? c'est le droit de revendre. Un journaliste, un auteur vend son ouvrage à l'imprimeur, pour qu'il l'imprime, et non pour qu'il le supprime.

» A cet endroit, je lus à la société l'avertissement qui est en tête de mon premier numéro. Ce ne sont point là des injures, et on voit bien que c'est ainsi que la vérité parle; aussi l'indignation des tribunes et de la société croissait à chaque instant, en raison même de ce que cet imposteur avait su d'abord tourner leur colère contre moi. Je fus interrompu plusieurs fois par des applaudissemens unanimes. Quand j'eus cessé, un membre de la société, M. Baumier, réduisit la question aux plus simples termes. M. Patris a-t-il arrêté, dans son imprimerie, un écrit signé de l'auteur?

» Avait-il donné sa parole d'honneur, dimanche au soir, à M. Legendre, que le lendemain cet écrit paraîtrait?

» A-t-il écrit aux souscripteurs que le journal ne paraîtrait point?

» Patris monte à la tribune, balbutie, dit que je viens de lire un écrit préparé avec art; qu'il y répondra phrase par phrase; qu'il ne laissera aucun louche sur sa conduite; qu'il interpelle M. Legendre de déclarer s'il est vrai qu'il lui ait donné sa parole d'honneur; qu'il s'en rapportait à lui. — *M. Legendre.* A la séance de dimanche, Camille Desmoulins vient me dire qu'il est indigné contre Patris qui ne veut point faire paraître son numéro, qu'il va le dénoncer. N'en fais rien, lui dis-je (car je tutoie tous les amis de la liberté, tous ceux que je crois vraiment patriotes), n'en fais rien, cela fera une scène; on déclamera contre les rixes de la société; je vais trouver Patris. Patris, lui dis-je, pourquoi ne veux-tu pas faire paraître le numéro? je le tutoyais alors; mais je déclare que je ne le tutoierai plus. M. Patris m'expose que ce sont des raisons d'intérêt domestique qui l'en empêchent; j'appelle M. Collot d'Herbois (*ah! je vous en prie, tutoyez-moi*, s'écrie ce dernier à M. Legendre), qui combat ses raisons, et qui lui donne un moyen de mettre à couvert son intérêt. Collot d'Herbois se retire; je presse de nouveau M. Patris; il cède. Il me donne sa parole d'honneur que le journal paraîtra. Je retourne auprès de Desmoulins; je lui dis, et à tous mes voisins, que le journal paraîtra; je reparle à M. Patris en sortant; il me réitère sa parole d'honneur. Voilà les faits.

» M. Patris attéré défère alors le serment à Collot d'Herbois; la déclaration de Collot d'Herbois le confond.

» Pour l'achever, Fréron lit ce billet de l'imprimeur Patris. *Le numéro Ier de la Tribune des Patriotes est imprimé, mais il ne paraîtra pas.*

» Patris remonte à la tribune, et fait une bonne contenance; il s'efforce de commenter cette lettre. Ce billet, dit-il, que j'adressais à M. Fréron, signifiait seulement qu'il ne paraîtrait pas le lundi, mais non qu'il ne paraîtrait point du tout; mon intention était de le faire paraître quelques jours plus tard.

» Ici ce fut véritablement un quartier des Alpes qui se détacha sur Patris, quand de différens endroits de la salle, des abonnés se lèvent, et l'un d'eux, M. Nicolas, montant à la tribune, lut cette lettre circulaire de Patris aux souscripteurs.

« Monsieur, le *Journal de la Tribune des patriotes* est imprimé,
» mais il ne paraîtra pas. Ainsi, vous voudrez bien envoyer cher-
» cher l'argent de votre souscription, en rapportant la quittance. »

» J'aurais eu pitié moi-même de la confusion dont mon calomniateur était chargé en ce moment, s'il eût pris enfin une contenance conforme à son attitude et à cet écriteau qui lui était mis devant et derrière par tant de démentis; mais il continua de rester le nez haut, allant, venant, protestant. Ce courage de la honte qu'il montrait au suprême degré, fit enfin fulminer l'excommunication. Son procès était fait et parfait. Après avoir demandé mon expulsion pour avoir menti, disait-il, à la société, c'était lui qui se trouvait atteint et convaincu du plus impudent mensonge par une signature circulaire. Un cri unanime demanda son expulsion. Elle fut mise au voix, et il n'y eut, je crois, que M. Méchin, secrétaire-aide-de-camp de J.-P. Brissot, et M. Girey Dupré, co-auteur du Patriote Français avec J. P. Brissot, qui osèrent se lever contre.

» On chercherait vainement dans le journal des débats des amis de la Constitution, les détails fidèles et intéressans de cette séance. Le rédacteur, brissotin sans doute, glisse sur tout cela ; je veille mieux à l'honneur de la société, et j'ai dû conserver précieusement à la nation toutes les circonstances d'un jugement qui met la sagesse de la société à côté de la sagesse de Salomon ou du savetier de Messine. Ce jugement n'est point écrit sur le parchemin ; mais le papier de notre greffe est plus durable que le parchemin et le papier timbré, et l'expédition que je vous en délivre, vous servira à jamais, monsieur Patris, de brevet d'un des plus impudens menteurs, des plus infâmes libellistes et des plus perfides imprimeurs qui existent.

» N. B. M. Patris a interjeté appel devant le public auquel il a distribué *gratis*, avec une profusion ministérielle, le libelle qu'il avait lu sur mon compte à la tribune des Jacobins.

» Cette profusion ministérielle ne m'étonne point. Deux citoyens attestent que le samedi, à deux heures, avant-veille de l'émission de mon premier numéro, le sieur Patris a été vu chez le ministre Dumourier avec Bonne-Carrère. Qu'alliez-vous y faire, monsieur Patris ? Qui ne voit que, violant le dépôt de ma pensée dans votre imprimerie, vous alliez montrer à Dumourier et Bonne-Carrère le numéro, et leur dire : Vous voyez comme il vous traite ! Que voulez-vous me donner sur les six millions de dépenses secrètes qu'on vous a alloués ? *Quid vultis mihi dare, et ego vobis eum tradam ?*

» Cela me rappelle que vous aviez été vous offrir de même à Marat, pour imprimer *l'Ami du peuple* ; il y a deux mois, que

MAI (1792). 585

vous en avez imprimé six numéros; mais Marat a le nez fin; il vous a planté là au septième.

» Cela me rappelle que cet imprimeur officieux est allé offrir de même ses presses à Robespierre; que M. Patris le conjurait de ne pas imprimer son journal ailleurs. Vous faites-là un joli métier, monsieur Patris!

» A propos, monsieur Patris, ce que raconte Momoro est-il vrai? il dit que vous observant l'autre jour, il était surprenant qu'après avoir fait tant d'avances pour l'impression du prospectus et du premier numéro, vous n'ayez pas voulu retirer le produit de ces avances; à cette question vous avez eu peur qu'il ne vous prît pour un sot, et vous lui avez répondu : *Oh! je n'ai pas été dupe.* Pour tant de mensonges, dites-nous une fois la vérité. Combien Dumourier et Bonne-Carrère vous ont-ils donné sur les six millions de dépenses secrètes pour vous désintéresser, même de votre expulsion des Jacobins?

» Il faut que vous sachiez encore, monsieur Patris, que M. Baillio, que vous avez cité contre moi comme témoin, a dit au club de l'Évêché, en présence de deux mille personnes, le plus honnêtement qu'il a pu, que vous étiez un imposteur et un calomniateur.

» Je suis plus modéré, et je finis en faisant voir seulement combien vous êtes un personnage ridicule et fat.

» Vous me reprochez de m'être caché à l'époque du 17 juillet, c'est-à-dire, de m'être caché des huissiers et de la sainte hermandad que M. Bernard mettait à mes trousses pour m'appréhender au corps. Cela n'est-il pas ridicule? Voici la fatuité. Vous êtes maître de pension, et moi, homme de loi de mon métier, auteur par *interim*. Y a-t-il rien de plus risible que de voir un maître ès-arts et de pension, insultant à la profession d'un auteur, et lui reprochant d'être un écrivain famélique, obligé *de fouiller l'ordure pour y chercher un morceau de pain*; reproche qui est un mensonge extravagant puisqu'on sait bien que j'ai l'avantage fortuit d'une fortune indépendante; et d'avoir pignon sur rue, reproche qui, quand même il serait fondé, est le propos du plus

T. XIV. 25

insolent aristocrate. Car c'est le dernier degré de l'aristocratie d'insulter à la faim, et c'est le dernier degré de la sottise dans un municipal qui s'affiche *le défenseur de l'égalité*, de se targuer de la prétendue inégalité des conditions qu'il y a entre un maître d'école et un auteur. CAMILLE DESMOULINS. »

— Les séances des Jacobins, du 10 au 27 mai, furent consacrées à suivre l'ordre du jour de l'Assemblée législative : on y traita longuement la question des prêtres réfractaires. Legendre se fit remarquer par la violence de ses conclusions. A la séance du 13 mai, Legendre s'élevant contre les partisans de la déportation, disait : « Que celui qui enfreindra la loi soit puni sévèrement ; qu'il porte sa tête sur un échafaud, ou son corps aux galères. S'il y a chez nous un insecte dont le venin soit dangereux, il ne faut pas l'envoyer chez nos voisins. — A Brest, il existe des bateaux qu'on appelle *marie-salopes* ; ils sont construits de manière que lorsqu'ils sont chargés d'immondices ils vont en pleine rade. Eh bien ! arrangeons de même les prêtres, et au lieu de les envoyer en pleine rade, envoyons-les en pleine mer ; qu'elle les submerge même, s'il le faut. Quand un cultivateur trouve une chenille, il la met sous son pied ; usons-en de même à l'égard de ceux qui veulent s'opposer à la volonté générale. » (*Journal du club*, n. CXCIV.)

— Les autres objets qui occupèrent la société des Jacobins pendant l'intervalle dont il s'agit, furent les nouvelles de l'armée, des plaintes de soldats appartenant à la garde du roi, et persécutés à cause de leur patriotisme, le mandat d'amener lancé contre Chabot, Bazire et Merlin par le juge de paix Larivière, l'emprisonnement de Lecointre, et enfin la dénonciation, par Guadet et Brissot, du comité autrichien.

A la séance du 27 mai, après une très-vive discussion où furent entendus Chabot, Robespierre, Lasource, Collot et Daubigny, la société arrêta, sur la proposition de Robespierre, que les affiliations seraient suspendues. Au moment où les Girondins et les Jacobins étaient en rupture, il arrivait ce que l'on avait déjà vu à la naissance du feuillantisme. Une multitude de sociétés de provinces étrangères aux Jacobins demandaient maintenant l'affiliation, et se faisaient un titre de leur opinion sur la querelle entre Robespierre et Brissot. Il est digne de remarque que les sociétés favorables aux Girondins furent celles qui avaient pris parti, en juillet 1791, pour les Lameth, Barnave, Duport, etc.; bientôt elles se montrèrent les soutiens du fédéralisme. — L'esprit girondin leur venait de Paris, comme l'esprit feuillant leur en était venu. Le comité de correspondance de la société des Jacobins était acquis au parti de Brissot. Presque tous les membres qui le composaient avaient reçu des faveurs ministérielles. Robespierre leur disait en face, et pas un d'eux ne se leva pour le réfuter : « Je conçois bien que des hommes qui viennent dans une société, sans en retirer d'autre fruit que des persécutions, je conçois bien que la chose publique les occupe; mais lorsque je vois des membres de nos comités parvenir tout à coup à des emplois lucratifs, je ne vois plus en eux que des ambitieux qui ne cherchent qu'à se séparer du peuple. Qu'est-il arrivé parmi nous? des membres qui composent le comité de correspondance, il en est à peine six qui n'aient pas recherché et obtenu des places : le patriotisme payé m'est toujours suspect. (Applaudissemens.) Je vois que ceux qui l'ont composé ont toujours eu entre les mains tous les moyens de capter les suffrages en leur faveur, et l'on veut que je ne croie pas à leur mauvaise intention? non, ils ne parviendront pas à m'en imposer. » (*Journal du club*, n. CCII.)

PRESSE. Nous plaçons ici deux articles du *Défenseur de la Constitution*. Le premier est extrait du n. II, le second du n. III.

Sur la nécessité et la nature de la discipline militaire.

« La discipline est l'âme des armées; la discipline supplée au nombre, et le nombre ne peut suppléer à la discipline. Sans la discipline, il n'est point d'armée; il n'y a qu'un assemblage d'hommes, sans union, sans concert, qui ne peuvent diriger efficacement leurs forces vers un but commun, tel qu'un corps qu'a abandonné le principe de la vie, ou telle qu'une machine dont le ressort est brisé. Ces vérités sont aussi évidentes qu'aucune de celles que l'expérience et la raison peuvent démontrer.

» Il est une question moins clairement résolue pour tous les esprits, qui est intimement liée à ces vérités, et dont la solution est absolument nécessaire pour en déterminer la juste application, une question que personne encore ne s'est avisé d'approfondir, mais que beaucoup de gens se sont efforcés d'environner d'une obscurité presque religieuse, c'est celle-ci : quelle est la nature, quel est le véritable objet de la discipline militaire? quel est enfin le sens exact de ce mot? On ne l'a point encore expliqué jusqu'à ce moment.

» L'assemblée constituante a reconnu et proclamé solennellement de grands principes : mais il s'en faut bien qu'elle les ait fidèlement appliqués à toutes les parties de la législation : il semble même qu'elle les ait regardés comme absolument étrangers au code militaire. Personne n'ignore que ce code fut l'ouvrage d'un comité composé de nobles, officiers-généraux ou colonels, et des ministres de la guerre qui se succédèrent pendant ce période. Ils ne firent que le présenter par parties à la sanction de l'assemblée, qui l'adopta avec une confiance sans réserve, et qui croyait à peine avoir conservé le droit de *veto*. Tant était généralement répandu le préjugé, qu'il ne convenait qu'à des militaires de comprendre quelque chose aux lois qui concernaient l'armée! Tant on était loin de savoir que la portion la plus imposante de ces lois n'était pas celle qui tient à la science de la tactique, et qui exige des connaissances purement militaires! Tant on était loin de deviner qu'elles étaient liées de toutes parts aux principes et aux intérêts de la liberté civile et politique, et que les hommes les moins propres à combiner tous ces rapports, à concilier les devoirs du soldat avec ceux du citoyen, n'étaient point ceux que des préjugés d'état et de naissance, que l'intérêt personnel devait naturellement guider, plutôt que les maximes de la politique et de la philosophie.

» Aussi, malgré quelques modifications de détail, les bases et l'esprit du nouveau code sont absolument dignes de l'ancien ; et le mot de discipline militaire ne présente pas encore aujourd'hui, parmi nous, des idées plus précises et plus justes, que dans les pays où l'armée n'est qu'un instrument entre les mains d'un despote pour enchaîner et pour égorger les peuples.

» Tâchons de les éclaircir, avec l'intérêt qu'inspire la nouveauté de cette question, et l'attention qu'exige le salut de la liberté, à laquelle elle est liée.

» Qu'est-ce que la discipline militaire ? c'est la fidélité à remplir les devoirs du service militaire ; c'est l'obéissance aux lois particulières qui règlent les fonctions du soldat. Les obligations spéciales imposées au soldat pour les engagemens qu'il a contractés avec la patrie ne s'étendent pas plus loin ; par une conséquence nécessaire, l'autorité de ces chefs est circonscrite dans les mêmes limites. Le soldat est un homme et un citoyen ; il a sous ces trois qualités des devoirs et des droits qui doivent et peuvent se concilier. Quand il a rempli ses devoirs de soldat, dont je viens d'indiquer la nature, il jouit des mêmes droits que les autres citoyens et les autres hommes. La loi militaire est, pour le soldat, ce que sont pour les citoyens les lois civiles et politiques ; le citoyen a le droit de faire tout ce que les lois civiles et politiques ne défendent pas ; le soldat a le droit de faire tout ce que la loi militaire ne lui défend pas. La loi civile ne peut défendre que ce qui nuit à la société et aux droits d'autrui, la loi militaire ne peut défendre que ce qui nuit au service militaire. Toute loi qui impose à l'homme une privation ou un fardeau inutile est un acte tyrannique ; tout homme ou tout chef qui exige ce que la loi ne prescrit pas est un despote et un tyran, c'est-à-dire un rebelle.

» Ainsi qu'un soldat manque à l'appel, à la revue, à quelque exercice ; qu'il déserte son poste ou refuse d'obéir aux ordres que ses chefs lui donnent dans l'ordre du service militaire, il viole la discipline ; il doit être puni suivant les lois. Mais si ces mêmes chefs, étendant plus loin leur empire, veulent lui interdire l'exercice des droits qui appartiennent à tout citoyen ; si un officier par exemple, s'avisait de vouloir lui défendre de visiter ses amis, de fréquenter des sociétés autorisées par la loi, s'il voulait se mêler de ses lectures, de sa correspondance, pourrait-il invoquer la discipline et exiger l'obéissance? non. Suivant les idées de discipline reçues jusqu'aujourd'hui par les préjugés, sur la foi du machiavélisme et de l'aristocratie, il n'y a aucune raison pour qu'un officier ne puisse pas dire à un soldat qu'il rencontre dans une maison ou sur une place publique : « Ta présence me déplaît ici, je t'ordonne de rentrer dans ta caserne; je te défends de parler à cette femme; je me réserve à moi seul le plaisir de converser avec elle. » Il n'y a pas de raison, du moins dans ce système, pour que le soldat, qui dans ces occasions *ferait le mutin et manquerait de respect à son officier,* ne fût pas envoyé en prison, et puni comme insubordonné. Cependant, suivant les règles de la véritable discipline, c'est l'officier qui serait ici indiscipliné; et le soldat devrait lui répondre : « Je ne connais point d'officiers dans les cercles ni sur les places publiques, et hors du service militaire; comme soldat, j'obéirai aux chefs qui me commanderont au nom de la loi, j'observerai toutes les lois qu'elle a établies; comme citoyen libre, j'userai des droits qu'elle me garantit, et je ne me soumettrai point à l'empire d'un individu. » Cette réponse est admissible dans tous les pays où la loi règne. Car obéir à l'homme qui ne commande pas au nom de la loi, c'est offenser la loi même, et se rendre complice de celui qui usurpe son pouvoir. Celui qui la ferait, ne serait qu'un homme libre et un citoyen éclairé, par conséquent un soldat fidèle et courageux, plus redoutable aux ennemis de l'état, que ces automates meurtriers qui ne doivent leur bravoure qu'à la fureur ou même à la crainte.

» Il résulte de tout ce que je viens de dire, que les principes de la justice et de l'ordre social peuvent s'appliquer plus facilement qu'on ne le pense, aux citoyens armés pour la défense de la patrie. On peut tirer de ces principes des conséquences aussi simples qu'importantes.

» On peut en conclure, 1° que tout excès de sévérité, dans les peines, est un crime social;

» 2° Que toute forme arbitraire et tyrannique, dans les jugemens, est un attentat contre l'innocence et contre la liberté publique et individuelle. Car, quoique des raisons particulières au régime de l'armée puissent solliciter quelques modifications aux règles générales, jamais elles ne peuvent exiger qu'on livre l'innocent, comme le coupable, à la discrétion d'un homme; dans toutes les circonstances possibles, il est toujours vrai que le glaive des lois ne doit frapper que le crime; et jamais la tyrannie ne peut sauver ni l'état ni la liberté. Que faudrait-il donc penser de la loi qui remettrait entre les mains d'un général le pouvoir de vie et de mort sur les soldats? Celui qui en est revêtu est maître absolu de l'armée : on est criminel ou innocent selon sa fantaisie; la discipline entre ses mains est l'obligation de faire tout ce qui convient à ses intérêts; elle n'est autre chose que la servitude la plus absolue. Quelque funestes que ses volontés puissent être au salut de la patrie et aux droits du peuple, elles sont sacrées comme la loi, irrésistibles comme la foudre. Que sera-ce si vous confiez au même homme le droit de faire des lois ou des réglemens, ce qui est la même chose? Juste ciel! la puissance judiciaire et législative, c'est-à-dire la puissance souveraine transmise à un général d'armée! Que deviendra donc celle du véritable législateur sans armes, contre ce législateur factice, entouré de la force militaire! De tous les moyens d'immoler la liberté au despotisme militaire, en est-il un aussi infaillible? Quel esprit de terreur peut donc inspirer une telle résolution? N'apprendra-t-on jamais à apprécier les vices et les vertus des hommes? Ne saura-t-on jamais estimer le peuple, et se confier à la fois à son intérêt et à son caractère? Craindra-t-on toujours la révolte des gouvernés, et jamais l'égoïsme et l'ambition des gouvernans? Une armée de citoyens doit-elle donc être plus suspecte qu'un chef militaire? Une armée n'est-elle pas plus que celui-ci intéressée au salut de la patrie, plus attachée à la cause du peuple? Et la seule raison de sa propre sûreté ne la porte-t-elle pas naturellement à suivre les ordres d'un général digne de sa confiance? Vous trouverez plus facilement cent mille généraux perfides ou ambitieux qu'une armée gratuitement coupable et rebelle; pourquoi donc agir directement contre la nature des choses en donnant aux chefs la confiance que mérite l'armée? Rassurez-vous donc, ou plutôt ne craignez que nos véritables ennemis.

» Examinez maintenant cet objet important sous de nouveaux rapports; transportez-vous dans des temps de révolutions. Supposez une révolution commencée par le peuple et pour le peuple, contre le despotisme royal et contre la noblesse, mais arrêtée par les manœuvres combinées de la noblesse et de la cour; supposez qu'au sein d'une guerre suscitée par l'une et par l'autre, les chefs de l'armée soient des nobles choisis par la cour. Eh bien! de quelle discipline voudriez-vous dans l'armée, de celle du despotisme ou de celle que j'ai définie? Quelles dispositions exigeriez-vous des soldats, si ce n'est que, prêts à repousser les ennemis extérieurs, ils fussent assez vigilans, assez magnanimes, pour prévenir les perfidies tramées contre la nation; si ce n'est que, dociles au commandement des officiers, lorsqu'il s'agit de battre les troupes étrangères, ils fussent toujours assez en garde contre la séduction, assez éclairés, assez pénétrés de l'esprit et des principes de la Constitution, pour refuser de servir leur ambition contre le peuple et contre la liberté? Chercher à altérer sans cesse en eux ce caractère; vouloir, à quelque prix que ce soit, les rendre à leur état d'automates; les livrer à la merci de leurs chefs suspects, qu'est-ce autre chose que relever le despotisme et l'aristocratie sur les ruines de la liberté naissante?

» Qu'il était loin du bons sens et de la vérité, ce représentant (1) qui, voulant investir les généraux de cette formidable

« (1) M. Dumolard dans la séance du 12 mai. Je n'aime pas les principes de M. Dumolard; je n'aime pas davantage le civisme de M. Guadet, qui, dans la même discussion, ne repoussa avec une fausse véhémence, les phrases anti-civiques du premier, que pour arriver au même résultat et appuyer la même question. Ce ne sont pas des lieux communs que le peuple demande à un représentant, mais des actions. Ce ne sont point quelques traits rares et apparens de patriotisme, destinés à pallier une conduite équivoque et suspecte; c'est un attachement invariable aux principes et à la cause de la liberté. Que m'importent les paroles dorées du médecin qui m'assassine, ou le jargon du charlatan politique qui me défend aujourd'hui, pour mieux m'enchaîner demain? »

dictature, après une longue suite de blasphèmes contre le peuple qui l'a créé, invoquait avec emphase la sévérité de la discipline chez les Romains et chez les peuples libres! Nous ne lui demanderons pas dans quels livres il a étudié le Code militaire des Romains et des Grecs : mais où a-t-il vu que les généraux de Rome et de Sparte oubliassent qu'ils commandaient à des citoyens, et étendissent leur empire au-delà des bornes de la discipline militaire proprement dite?

» Comment d'ailleurs peut-il comparer notre situation actuelle à celle de ces peuples anciens, où les généraux étaient les magistrats, où les soldats, après une courte campagne, rentraient dans les murs de la cité, et n'étaient plus que des citoyens; où les chefs, l'armée, la république ne connaissaient qu'un seul intérêt, et n'avaient à combattre que l'ennemi étranger? Les Grecs marchaient-ils au combat sous les généraux de Xerxès, et les Romains sous les drapeaux de Porsenna? Ignore-t-on que ces mêmes Romains, qui volèrent si souvent à la victoire sous les ordres des Camille et des Fabricius, refusèrent de vaincre sous la conduite des décemvirs ; que, rappelés à Rome par les cris de l'innocence et de la liberté outragées, ils remirent la défaite des Éques et des Sabins au temps où ils auraient fait tomber sous le glaive des lois Appius et ses complices? ils le firent et triomphèrent. Ignore-t-on que, dans la guerre d'Amérique, le traître Arnold fut puni par ceux qu'il avait commandés? Le sénat américain songea-t-il alors à traiter ceux-ci en coupables et en brigands? Si les Hollandais avaient prévenu la perfidie du prince de Salm, et les Brabançons celle de Schomfeld, porteraient-ils aujourd'hui des chaînes? Que dis-je! quand, jusque sous le despotisme, des généraux infâmes immolaient impudemment nos soldats à une courtisane, croiriez-vous que l'univers et la nation leur eussent fait un crime d'avoir sauvé l'armée et la gloire du nom français, par une généreuse désobéissance au perfide qui leur défendait de vaincre, et leur ordonnait de se laisser égorger? Il est des circonstances extraordinaires dans l'histoire des nations, où la voix de la nature et de la nécessité parle avec un empire irrésistible. C'est en vain que la fausse prudence ou la perfide politique voudrait la démentir. On prévient les grandes crises par la sagesse et par l'énergie : lorsqu'une fois elles sont nées, on ne les étouffe point par la violence, à moins qu'on ne veuille tout renverser et tout perdre. Si nous ne sommes pas absolument décidés à reprendre nos fers, ne forçons pas la nature des choses et les ressorts du gouvernement; n'appelons point le despotisme au secours de la liberté; ne la défendons pas comme des esclaves que son ombre même épouvante. Prenons garde qu'à force d'éblouir nos yeux de ses emblêmes, d'assourdir nos oreilles de son langage, on ne parvienne à nous la ravir elle-même, sans que nous nous en soyons aperçus. Défions-nous du civisme fastueux et de la politique dangereuse de nos patriciens militaires; et craignons qu'avec ce seul mot de discipline ils ne nous conduisent à notre perte. Déjà ils ont beaucoup avancé cet ouvrage : voulez-vous empêcher qu'ils ne l'achèvent promptement? mettons à profit notre propre expérience, pour réparer les erreurs funestes où ils nous ont entraînés; comparons les principes que nous venons de développer avec ce qui s'est passé jusqu'ici au milieu de nous?

» En résumant notre système, on voit naître, pour ainsi dire, deux espèces de disciplines militaires: l'une est le pouvoir absolu des chefs sur toutes les actions et sur la personne du soldat; l'autre est leur autorité légitime circonscrite dans tout ce qui touche au service militaire. La première est fondée sur les préjugés et sur la servitude; la seconde est puisée dans la nature même des choses et dans la raison. La première fait des militaires autant de serfs destinés à seconder aveuglément les caprices d'un homme; l'autre en fait les serviteurs dociles de la patrie et de la loi : elle les laisse hommes et citoyens. La première convient aux despotes, la seconde aux peuples libres. Avec la première, on peut vaincre les ennemis de l'état; mais on enchaîne et on opprime en même temps les citoyens ; avec la seconde, on triomphe plus sûrement des ennemis étrangers, et on défend la liberté de son pays contre les ennemis intérieurs.

» Depuis le commencement de la révolution, vous n'avez cessé d'entendre accuser les soldats d'indiscipline. Mais examinez, je vous prie, quelle est celle de ces deux espèces de discipline qu'ils ont violée : est-ce celle qui consiste à remplir exactement les fonctions militaires? Non, jamais on ne reprocha à notre armée de les avoir abandonnées. On a même remarqué, avec une juste admiration, que les corps qui avaient des différends civiques avec leurs chefs, montraient la noble fierté de confondre leurs calomnies, par une scrupuleuse exactitude à en observer tous les devoirs. La discipline qu'ils ont violée, c'était la soumission passive et aveugle à la volonté d'un maître, même en ce qui est parfaitement étranger aux relations du soldat avec le chef. Que dis-je? en ce qui leur était impérieusement défendu par l'intérêt le plus sacré de la patrie. Leur premier crime contre cette discipline, ce fut le refus magnanime de servir la cause de nos anciens tyrans contre la nation, et de tremper leurs mains dans le sang du peuple et de ses premiers représentans; les autres furent des actes ou légitimes ou louables, dignes de la nouvelle patrie qu'ils avaient créée. On leur faisait un crime, tantôt de porter le signe sacré de la liberté conquise; tantôt de chanter le cantique si cher aux bons citoyens; tantôt de se mêler à nos danses civiques, et de partager la joie du peuple dans les fêtes innocentes célébrées en l'honneur de la patrie; on voulait qu'ils demeurassent isolés de la nation dont ils faisaient partie, étrangers aux sentimens et aux droits de la liberté qui était leur ouvrage. Telles étaient les véritables causes de ces démêlés des soldats avec leurs officiers. Le prétexte était le mot d'indiscipline. Le moindre manquement au service, personnel à quelques individus, qui aurait été à peine aperçu dans l'ancien régime, était exagéré, imputé à toute l'armée. Encore n'osa-t-on presque jamais articuler un fait précis de ce genre : que dis-je? tels étaient l'incivisme et l'ignorance même de leurs accusateurs, que ceux-ci ne balançaient pas à avouer ouvertement qu'ils mettaient au rang des devoirs du soldat, celui de déposer le ruban tricolore, et de s'interdire toutes les expressions de leurs sentimens patriotiques, dès que leurs officiers l'ordonnaient. Tout ce grand procès entre les uns et les autres n'était autre chose que la guerre du despotisme et de l'aristocratie contre le peuple et la liberté naissante. Eh! qui le croirait, ce procès fut jugé en faveur des premiers. Et pourquoi non! Le despotisme et l'aristocratie étaient à la fois accusateurs, juges et parties. Combien de fois les représentans du peuple ne secondèrent-ils pas, sans le savoir, leurs funestes projets! J'ai vu un ministre conspirateur et des patriciens ennemis de la révolution accuser les premiers défenseurs de la liberté; et au même instant, sur leur parole, l'assemblée constituante lancer un décret de proscription comme la foudre; je l'ai vue, dans son erreur fatale, envoyer la mort à ceux qui l'avaient sauvée; je l'ai vu, et, au milieu des clameurs homicides de l'ignorance et de la calomnie, ma faible voix n'a pu se faire entendre! J'ai vu soixante mille héros de la patrie chassés ignominieusement par des ordres arbitraires et par des jugemens monstrueux, pour la cause de la révolution; j'ai vu, dans leurs personnes, le peuple outragé, la liberté persécutée, le patriotisme puni comme un crime, les lois nouvelles et celles même du despotisme violées; des représentans du peuple l'ont vu, et ils l'ont souffert! ils ont entendu les plaintes douloureuses de nos défenseurs, et ils les ont repoussées! Leurs accusateurs étaient des traîtres reconnus; ils ont déserté lâchement leurs drapeaux, cherché vainement à entraîner les soldats dans leur défection; ils ont levé l'étendard de la rébellion, se sont joints aux despotes de l'Autriche pour déchirer le sein de leur patrie; ceux qui sont restés parmi nous, n'en inspirent pas plus de confiance aux citoyens éclairés, et rien n'a pu encore nous ouvrir les yeux. Et ce sont les soldats que l'on a continué de calomnier et de poursuivre! Les soldats, fidèles à la discipline, fidèles à la patrie, sont traités de rebelles; les officiers rebelles et parjures ont été épargnés, presque respectés! O honte de la raison humaine! ô déshonneur de ma patrie! Nul conspirateur n'a encore expié le plus grand de tous les forfaits; et la faiblesse, la moindre erreur du peuple, que dis-je, le civisme le plus pur et le plus ardent a été puni par des supplices et par des massacres. Et comme si ce n'était pas assez d'avoir immolé cette foule de victimes intéressantes, on a encore insulté à leurs mânes, par des couronnes civiques décernées à leurs bourreaux : on a cherché à immortaliser la mémoire de ces sanglantes tragédies par des monumens odieux et par des fêtes sacriléges.

» O égalité! ô liberté! ô justice! n'êtes-vous donc que de vains noms!

» Déjà je vous vois succomber partout sous le sceptre d'airain du despotisme militaire. Toutes les autres puissances qui existaient avant la révolution, se sont écroulées, lui seul est resté debout; c'est pour lui seul qu'ont été conservées ces distinctions dangereuses, proscrites par la Constitution nouvelle; c'est pour lui que, déjà, dans nos villages frontières, l'autorité des magistrats populaires a été suspendue; c'est pour lui que l'idolâtrie prépare des triomphes; que la patrie prodigue ses dernières ressources; que les lois et la Constitution même se taisent; c'est lui qui déjà est l'arbitre des destinées de l'état. Législateurs, il est temps de songer à vous défendre vous-même contre son énorme puissance que l'on ne cesse d'accroître; que l'histoire des révolutions vous instruise; voyez-le chez nos voisins faire servir insolemment un fantôme de sénat à proclamer ses volontés, et s'élever lui seul partout sur les ruines de la souveraineté nationale. Jamais circonstances ne furent plus favorables à son ambition, que celles qui vous environnent. Depuis long-temps vous semblez jouer avec ce monstre; le peuple, trop peu éclairé, le voit croître presque sans inquiétude; il semble vous caresser aujourd'hui, mais tremblez qu'il ne devienne bientôt assez fort pour vous dévorer, car dès ce moment vous ne serez plus. »

Considérations sur l'une des principales causes de nos maux.

« La reine du monde, c'est l'intrigue; le droit de la force qui régit l'espèce humaine, n'est autre chose que le droit de la ruse. Des troupeaux robustes et nombreux sont conduits par un enfant, et les nations sont asservies par des hommes corrompus, qui ne sont que des enfans malicieux. Quelle puissance ou quel génie pourrait enchaîner un grand peuple, s'il connaissait sa force, sa dignité, ses droits, et surtout les manœuvres que la tyrannie emploie pour le dépouiller et pour l'opprimer? D'une part, l'ignorance, les préjugés, l'imbécile crédulité; de l'autre, la perfidie, l'ambition, tous les vices et quelques talens; voilà les élémens éternels dont se composent la servitude et la misère du genre humain.

» Notre révolution a-t-elle démenti cette loi commune? Quels étonnans contrastes elle présente aux yeux des observateurs philosophes! Qu'elle était sublime par ses principes et par son objet! Qu'elle est chétive par ses effets actuels, par le caractère des hommes qui l'ont arrêtée, par celui même de la plupart des hommes qui l'avaient préparée! Que la nation française fut grande dans son réveil! qu'elle fut imprévoyante, faible, crédule dans son repos et dans le choix de ses magistrats nouveaux; quelles magnifiques promesses faites à l'humanité, et quelles infâmes trahisons envers la patrie! Quelle superbe morale et quelle profonde perversité! Quelle carrière ouverte au génie et à la vertu, et quelle multitude de lâches athlètes et de misérables charlatans!

» Français, devez-vous désespérer de vous-mêmes? Non, le nombre des intrigans est infini; leur corruption est extrême; la fureur et la perfidie des tyrans sont sans bornes; mais le peuple est bon, la cause de l'humanité est sainte, et le ciel est juste. De l'excès de nos maux naîtra le remède. Hâtons-nous en ce moment d'en approfondir la cause.

» A quoi tenaient le bonheur et la liberté publiques? A l'une ou à l'autre de ces deux choses.

» Si la cour avait pu remplir les premiers sermens qu'elle fit à la nation, si elle avait fait exécuter loyalement les lois nouvelles, et secondé les progrès de l'esprit public, la révolution était terminée presque aussitôt que commencée, par le règne de la paix et de la Constitution.

» Si la cour, violant ces devoirs sacrés, avait été sans cesse rappelée aux principes de la Constitution par la probité incorruptible et par la fermeté inexorable de ceux en qui le peuple semblait avoir mis le plus de confiance, la cause du peuple eût encore facilement triomphé.

» La cour n'a voulu, ni respecter la souveraineté nationale, ni osé l'attaquer ouvertement. Le despotisme épouvanté, mais non renversé par la révolution, mit à profit cette terrible leçon; il sentit la nécessité de composer avec l'opinion publique, et vit qu'il ne pouvait désormais asservir la nation qu'en la trompant. Il consentit à emprunter les formes et le langage de la Constitution nouvelle, comme les premiers tyrans de l'empire romain conservèrent le nom des anciennes magistratures et l'ombre de la liberté, pour familiariser la postérité des Caton et des Brutus avec le monstre du despotisme. Il divisa tout pour dominer tout; il créa les divers partis qui agitent aujourd'hui la France; mais il s'appliqua surtout à chercher des appuis parmi les magistrats et les représentans mêmes du peuple; dès ce moment, tous les ambitieux, tous les intrigans qui ne voient, dans une révolution, que l'heureuse occasion de monter à la fortune et au pouvoir, deviennent à la fois ses protecteurs et ses valets; il leur communique ses trésors et sa puissance, ils l'aident chaque jour à les augmenter; peut-être même en est-il qui n'accroissent son pouvoir que pour s'en emparer, et osent déjà entrevoir dans l'avenir la possibilité de se substituer à sa place? Tous servent la même cause, mais non de la même manière, ni par le même motif.

Tandis que les uns défendent ouvertement les maximes de la tyrannie, d'autres semblent tenir le milieu entre elle et la liberté; une troisième classe colore ses opinions d'une teinte de patriotisme plus prononcée, et se dit la protectrice des droits du peuple, mais elle marche insensiblement, par des routes détournées, au but commun de tous les ennemis de la Constitution; elle étale de beaux principes pour arriver à une fausse conséquence, elle abuse de la confiance du peuple, pour le tenir endormi, jusqu'à ce qu'on ait eu le temps de lui forger de nouvelles chaînes. C'est cette dernière classe, qui est le plus doux espoir de l'ambition et le plus ferme soutien du despotisme. Les deux autres partis ne font que de fausses attaques : ce sont ceux-ci qui entrent dans la citadelle, et qui s'emparent du *palladium*. A quels prix les tyrans ne doivent-ils pas acheter leurs services? Le bien le plus fertile, dans ces temps-là, c'est sans doute une haute réputation de civisme, acquise par l'hypocrisie et mise en valeur par l'intrigue et par l'audace. Lorsque ces hommes concluent avec la cour le traité qui lui livre le bonheur de la nation, et l'espérance de tous les peuples et des siècles futurs, il est stipulé qu'ils garderont, le plus long-temps possible, le masque de patriotisme qu'ils lui vendent ; qu'ils déclameront quelquefois contre elle, pour mieux la servir ; qu'ils livreront des combats très-animés à ses champions déclarés sur des points d'une médiocre importance, pour pouvoir s'accorder impunément avec eux dans les occasions décisives. Ce sont ceux-là qui veulent diviser les assemblées représentatives en *côté droit* et en *côté gauche* ; et qui insistent éternellement sur cette distinction dans leurs discours et dans leurs écrits, afin que le public égaré juge de leur patriotisme et de la sagesse de leurs opérations, non par les principes de la justice et du bien public, mais par la place où siégent ceux qui les proposent ou qui les adoptent. Méthode commode pour les perfides déserteurs de la cause publique, qui abandonnent le peuple, sans abandonner les bancs où ils avaient d'abord paru le défendre! Ce sont ceux-là qui abusent de leur ascendant sur les patriotes peu éclairés, pour les entraîner à de fausses mesures ; qui sèment partout la terreur et la prévention, pour les déterminer à immoler, à chaque instant, les principes aux circonstances, et la liberté à la politique ; ce sont ceux-là qui, dans les comités secrets et dans leurs conversations particulières, répandent sans cesse la division, la défiance, l'imposture ; qui insinuent avec art le poison de leurs opinions insidieuses, pour assurer d'avance le succès des funestes résolutions qu'ils proposent dans la tribune ; ce sont ceux-là qui, s'éloignant chaque jour davantage des principes de la liberté qu'ils avaient professés, cherchent à les effacer de l'esprit des hommes; qui voudraient faire oublier la déclaration des Droits et obscurcir cette éclatante lumière qui doit guider tous les pas des législlateurs. Ce sont ceux-là à qui est principalement confié l'infernal emploi de calomnier ceux des représentans du peuple que l'or n'a pu corrompre, que l'ambition n'a pu égarer; parce que l'éclat du véritable patriotisme est le flambeau qui éclaire leur turpitude et trahit leur corruption. Ce sont eux qui épuisent toutes les ressources de l'intrigue, pour diviser les patriotes, pour tromper l'opinion, pour altérer l'esprit public et le préparer insensiblement à l'exécution de leurs coupables projets. Ce sont ceux-là qui veulent allier la bienveillance du peuple avec les faveurs du pouvoir exécutif, la gloire avec l'infamie, les jouissances du vice avec les plaisirs de la vertu. De toutes les espèces d'ennemis conjurés contre la liberté, ce sont sans doute les plus dangereux et les plus méprisables. Le peuple le sent si bien, que, lorsque après avoir été long-temps leur victime, il a enfin reconnu leur perfidie; il estime presque auprès d'eux les champions les plus audacieux du despotisme et de l'aristocratie. Tant il est naturel aux hommes de pardonner plutôt à un ennemi déclaré qu'à un traître!

» Ce ne sont point les Cazalès et les Maury qui, dans l'assemblée constituante, ont porté des coups mortels à la liberté; ils contribuèrent même quelquefois à son triomphe. Elle ne fut véritablement en danger, qu'au moment où presque tous les orateurs qui l'avaient défendue long-temps contre ces derniers, se réunirent pour la sacrifier au despotisme et à l'ambition, au moment où deux factions rivales se confondirent pour conspirer contre elle. C'est cette coupable défection qui nous fit parcourir, en rétrogadant, l'espace immense qui se trouve entre le mois de juillet 1789 et les derniers temps de l'assemblée constituante.

» Quelques soins qu'ils aient pris de mutiler notre Constitution, ils ne nous auraient point laissé les grandes ressources qu'elle offre encore à la liberté, s'ils avaient pu alors en renverser toutes les bases et en dénaturer absolument le caractère, s'ils n'avaient senti que, dans ce moment, l'opinion publique n'aurait pu souffrir plus d'attentats contre les droits du peuple. Pour mettre la dernière main à ce système, il fallait que le temps eût muri les conspirations et développé les germes de troubles, de discorde et de tyrannie que l'on avait jetés de toutes parts. Il n'y avait aucune raison pour que la cour et les factions, qui déjà avaient acquis une grande force, ne cherchassent point à continuer, dans la nouvelle législature, les trames qu'elles avaient commencées dans l'assemblée constituante ; pour que les mêmes passions et les mêmes intérêts ne produisissent pas, dans son sein et autour d'elle, à peu près les mêmes intrigues qui avaient agité la première.

» Il est donc nécessaire de présenter à l'assemblée nationale actuelle le fruit de l'expérience de ses devanciers, pour prémunir la majorité incorrompue contre les mêmes erreurs, et lui épargner les mêmes regrets. Déjà s'est élevée, dans son sein, une faction trop semblable à celle dont j'ai déjà parlé, qui marche sur ses traces, après l'avoir combattue ; beaucoup plus dangereuse dans la crise redoutable où nous sommes. Ce ne sont point ceux qui ne se cachent pas qu'il s'agit de démasquer, ce sont ceux qui sont encore à demi-cachés sous le voile du patriotisme, et qui, avant qu'il tombe de lui-même, auraient le temps de perdre la liberté, si elle pouvait périr, et nous forceraient du moins à la payer au prix des plus horribles calamités et du plus pur sang des Français. Ceux qui sont connus ne sont plus à craindre ; il n'appartient qu'aux lâches et aux extravagans de battre des cadavres et de combattre des fantômes ; les ennemis qui vivent et qui portent le poignard dans notre sein, voilà ceux dont il faut nous défendre.

» Il est dur sans doute de paraître attaquer des individus dont on n'aurait jamais voulu s'occuper un moment, s'il était possible de séparer leurs personnes des événemens qui intéressent le salut public. Ceux que j'ai ici en vue semblent s'être attachés à aggraver pour moi cette sorte d'inconvénient, en présentant comme des personnalités gratuites toutes les réclamations dont leurs actes publics sont les seuls objets, et en cherchant à flétrir jusqu'au mot de dénonciation. Mais comment dévoiler les factions sans nommer Clodius, ou Pison, ou César ? Comment combattre les Triumvirs sans attaquer Octave, ou Antoine ou Lépide ?

» Une autre raison qui me rend plus désagréable encore une tâche pénible en elle-même, c'est que, diffamé déjà moi-même d'une manière aussi atroce qu'indécente par les mêmes hommes dont je vais parler, on pourrait attribuer à un sentiment personnel, ou même au désir naturel de punir la calomnie, une démarche que m'inspire l'amour de la patrie et de la liberté : mais deux circonstances me rassurent contre ce soupçon ; la première, c'est qu'ils ne se sont permis contre moi cette diffamation qu'au moment où j'avais déjà commencé à combattre leur système, et dans l'intention d'affaiblir le poids de mes raisons ; la seconde, c'est l'intérêt évident du salut public qui me défend de me taire, et la nature même des témoins qui attesteront tout ce que je vais dire. Ces témoins seront les hommes même que j'accuserai ; mes preuves seront leurs propres œuvres. Quel fonctionnaire public, quel mandataire du peuple pourrait se plaindre de ce qu'on l'oppose à lui-même, et de ce qu'on le juge par ses actions ? Sont-elles bonnes ? elles l'honorent ; sont-elles mauvaises ? les publier est le devoir de tout citoyen ; c'est la seule sauve-garde de la liberté. Quels despotes seraient ceux qui, dépositaires des grands intérêts de la nation, ne devant aucun compte de leur conduite politique aux tribunaux de la loi, prétendraient encore au privilége de se soustraire au tribunal de l'opinion publique ?

Les chefs les plus connus de la faction dont je vais parler, sont MM. Brissot et Condorcet. Après ces noms on cite les noms de plusieurs députés de Bordeaux, tels que ceux de MM. Guadet, Vergniaux, Gensonné... Je vais tracer l'histoire fidèle de leur conduite publique. Je ne chercherai point à approfondir leurs intentions. J'examinerai les faits. Je prétends que de cet examen il ressorte trois vérités dont la connaissance importe plus que jamais au salut public.

La première, que, comme membres du corps législatif, ils ont violé les droits de la nation, et travaillé puissamment à mettre la liberté en péril ; la seconde, qu'ils ont employé des manœuvres pernicieuses pour dépraver l'esprit public et le faire dévier vers les principes du despotisme et de l'aristocratie ; la troisième, qu'ils ont mis tout en œuvre pour corrompre les sociétés patriotiques, et faire de ces canaux nécessaires de l'instruction publique, des instrumens d'intrigue et de faction.

Je les examine d'abord au sein de l'assemblée nationale; et je commence cette discussion impartiale par les choses mêmes que l'on peut louer en eux.

Je leur rends grace, au nom de l'humanité, d'avoir défendu les droits des hommes libres de couleur de nos colonies. Loin d'imiter l'injustice de ceux qui leur ont cherché des torts jusque dans cette action louable en elle-même, je me croirais coupable d'ingratitude, si je refusais cet hommage à ceux qui ont fait triompher la cause que j'avais plusieurs fois plaidée dans la même tribune. Peu m'importent les motifs, quand les faits sont utiles au bien général. Sans examiner s'il est vrai que les uns défendent, même la cause de l'humanité, comme des hommes d'affaires, et les autres comme des défenseurs officieux; je me borne à rechercher si les malheurs d'Europe vous ont aussi vivement occupés que les infortunes américaines; et si le peuple français a trouvé en vous le même zèle que celui de Saint-Domingue. Non, il faut en convenir, je vous vois violer, à chaque instant, les principes sacrés que vous aviez vous-mêmes réclamés.

» Vous aviez abandonné les gardes-françaises, les premiers défenseurs et les premiers martyrs de la liberté, persécutés avec tant d'acharnement par un général, votre ami; vous avez fermé l'oreille au vœu de la capitale, qui, pour sa propre sûreté, désirait de les conserver dans son sein.

» Vous avez abandonné cette multitude de soldats patriotes arbitrairement congédiés, dépouillés, vexés par l'aristocratie militaire. Vous avez repoussé constamment le projet d'en former des légions qui devaient être les plus fermes appuis de la liberté; vous avez été sourds aux cris de leur douleur, aux vœux de leur civisme et à la voix impérieuse du salut public.

» Vous avez abandonné la cause de la liberté avignonnaise, en souffrant qu'elle fût opprimée depuis le commencement de votre législature par des commissaires civils conspirateurs. Vous n'avez rien fait pour vous opposer à la révocation du décret qui comprenait ses premiers défenseurs dans une amnistie qui a couvert tous les attentats de ses ennemis. Vous saviez particulièrement que les actes de violence, reprochés aux prisonniers n'étaient que les funestes représailles des lâches assassinats commis par les défenseurs de l'aristocratie et du despotisme papal, dans la personne des auteurs de la révolution, de leurs frères, de leurs parens, de leurs amis : vous connaissiez les manœuvres employées pour les présenter aux yeux de la France entière comme des brigands ; vous saviez qu'un ministre dénoncé par vous-mêmes les avait livrés à une commission tyrannique, dont les jugemens arbitraires n'étaient que des listes de proscription contre tous les bons citoyens. Vous ne pouviez ignorer, enfin, que tous les événemens arrivés dans le Comtat et à Avignon ne pouvaient être soumis au jugement des tribunaux français, puisqu'ils avaient eu lieu dans un temps où la nation ne les avait point encore réunis à elle, et où les habitans de cette contrée jouissaient de tous les droits d'un peuple indépendant ; vous saviez qu'ils ne pouvaient être imputés qu'à la perfidie des commissaires qui avaient fomenté leurs divisions, au gouvernement français, à tous ceux qui avaient retardé l'époque de la réunion qu'ils demandaient depuis trois ans. Vous pouviez facilement éclairer l'assemblée nationale sur ces faits. Vous ne l'avez point voulu ; et cependant vous avez fait grace aux commissaires coupables, dont l'un était votre collègue, à tous les ennemis de la révolution, souillés du sang des patriotes ; vous n'avez excepté que ceux-ci de votre barbare indulgence. C'est-à-dire que vous avez sacrifié, autant qu'il était en vous, dans un pays qui fait maintenant partie de la France, l'humanité, la justice et le patriotisme, à la vengeance et à l'ambition de la cour et de l'aristocratie.

» Vous avez abandonné les Marseillais, les sauveurs du midi, les plus fermes colonnes de la révolution. Car c'était les abandonner que de ne pas les défendre lorsqu'ils étaient en guerre avec l'aristocratie, qui avait levé l'étendart de la rébellion dans ces contrées. Que dis-je ! vous les avez combattus de tout votre pouvoir. N'était-ce pas les combattre, que de se déclarer les protecteurs du ministre Narbonne, qui osa les traiter en rebelles, et déclarer à l'assemblée nationale qu'il avait envoyé des troupes pour les châtier? M. Brissot ne leur faisait-il pas une espèce de guerre, lorsque, dans un temps où toute la France connaissait les complots des aristocrates de la ville d'Arles et des provinces méridionales, il affectait, dans le journal dont il est l'auteur, de douter encore de ces faits, il gardait la neutralité entre les Arlésiens et les Marseillais, au moment où ceux-ci étaient en butte aux calomnies des ennemis les plus déclarés de la révolution? N'était-ce pas les combattre, que de chercher à excuser la conduite des commissaires envoyés à Aix; de présenter les crimes dont ils s'étaient rendus coupables comme des actes de *sévérité?* N'était-ce pas là trahir leur cause, qui n'était que la cause publique, de ne point repousser les calomnies prodiguées au sein de l'assemblée nationale contre les commissaires de Marseille (MM. Rebecqui et Bertin), envoyés à Avignon, traités comme des coupables, pour avoir défendu dans cette contrée la Constitution et les droits du peuple avec le zèle le plus magnanime (1)? Que dis-je? Vous avez hautement applaudi à leur disgrace. Témoin, entre autres, le principal écrivain de votre parti, M. Condorcet. Qui ne serait révolté de le voir (2), dans le récit de la séance du 10 mai, reproduire avec complaisance toutes les impostures atroces des ennemis de notre liberté contre les patriotes d'Avignon, et parler exactement sur les affaires de cette contrée comme les Maury, les Cazalès et les Clermont-Tonnerre, dans l'assemblée constituante.

» Vous avez encore persécuté le patriotisme à Strasbourg, lorsque vous défendiez, dans le Patriote Français, la faction de Diétrich et de Victor Broglie contre la société des Amis de la Constitution de cette ville; lorsque vous insériez dans ce pam-

« (1) Ceci regarde particulièrement M. Brissot. Il faut lire à cet égard le *Patriote Français* et les écrits de M. Antonelle sur la conduite du sieur Debourges, où la morale politique plus que relâchée de M. Brissot est victorieusement réfutée. »

« (2) *Chronique du 11 mai.* »

phlet périodique toutes les diatribes de la coalition qui s'était séparée d'elle contre les meilleurs citoyens; lorsque, dans la société de Paris, vos amis et vos émissaires s'efforçaient inutilement à la déterminer à favoriser le parti qui depuis, dans cette ville, a persécuté la liberté de la presse, dans la personne d'un patriote éclairé et d'un écrivain estimable (M. Lavaux), en lui suscitant un procès-criminel, où l'innocence et la vérité ont triomphé de tous les efforts de la tyrannie. Le patriotisme pur et courageux n'est pas celui qui convient à vos projets, et il est toujours sûr de trouver en vous des adversaires implacables. Votre plan paraît être de l'opprimer partout, et d'éteindre le vrai sentiment de la liberté.

» Vous connaissez cet art des tyrans de provoquer un peuple toujours juste et bon à des mouvemens irréguliers, dont le motif est légitime, et qui lui paraissent ou innocens, ou louables, pour l'immoler ensuite et l'avilir au nom des lois. Vous a-t-il manqué des occasions de vous opposer à ce système funeste; soit lorsque l'on voulait profiter d'un rassemblement occasioné par des accaparemens de grains, pour vouer une contrée au despotisme persécuteur des tribunaux contre-révolutionnaires, soit lorsque la défense légitime des patriotes contre les insultes de l'aristocratie révoltée devenait le prétexte de provoquer la violence militaire contre les meilleurs citoyens? non. Cependant quand vous est-il arrivé d'éclairer la bonne foi des honnêtes gens trompés sur ces trames perfides ? Quand avez-vous élevé la voix contre quelques-unes de ces mesures précipitées, qui plongent dans le deuil une multitude de familles innocentes, qui répandent la consternation parmi des citoyens que la plus simple instruction aurait pu diriger, et qui font triompher la cause des ennemis de la liberté? jamais. Citez-moi un seul patriote persécuté, que vous ayez secouru; un seul innocent opprimé, que vous ayez sauvé? Cependant voilà le véritable caractère du patriotisme. Le bien public, le bonheur de tous, voilà son unique objet; l'amour de la justice et de l'égalité, voilà sa passion. Quiconque ne la sent pas, quiconque est alternativement froid ou ardent, juste ou injuste, sensible ou barbare; quiconque a pu laisser crier en vain le sang innocent, n'est qu'un intrigant hypocrite, un vil ambitieux, qui spécule sur les révolutions, comme un empirique sur les maladies humaines, ou comme un brigand sur les incendies.

» Passons en revue vos autres exploits, et voyons d'abord ceux qui vous ont donné un air de civisme.

» Vous avez accusé Lessart, et Lessart est parti pour Orléans; cet acte isolé est digne d'éloges; car Lessart était un ennemi du peuple. Vous avez ensuite accusé Duport; mais lassé du premier effort, vous l'avez abandonné pendant plus d'un mois : on dit que vous allez le reprendre, parce que vous sentez le besoin de vous repopulariser; déjà vous avez réaccusé Bertrand et dénoncé Montmorin. Je ne veux point atténuer votre mérite : mais c'est l'ensemble de votre conduite et le résultat de votre système qu'il s'agit d'apprécier; et lorsque je voudrais vous donner ici des louanges sans restriction, il est bien fâcheux que je sois forcé à ne voir dans vos dénonciations, même contre certains coupables, que votre indulgence pour le crime, et peut-être votre connivence avec des chefs de factions.

» Lessart, Duport, Montmorin et Bertrand sont précisément la même chose. Votre dénonciation du comité autrichien, annoncé avec tant de fracas, n'a fait qu'ajouter le nom de Montmorin à vos dénonciations antérieures contre les trois premiers de ces ex-ministres.

» On a été étrangement étonné de voir cette grande accusation se borner à deux ex-ministres déjà jugés depuis long-temps par l'opinion publique; on a admiré cette adresse avec laquelle vous lui disiez à peine la moitié de ce qu'elle savait déjà. On a vu, avec un extrême intérêt, que vous nommiez deux complices, sans découvrir le complot, et sans toucher les principaux coupables; on a été frappé de ce silence circonspect sur des personnages plus importans aux yeux de la servitude et peut-être aux vôtres mêmes, que le seul mot de comité autrichien présentait d'abord à tous les esprits. Les citoyens les plus défians et peut-être simplement les plus clairvoyans ont cru apercevoir que vous ne vous saisissiez de cette dénonciation, que pour ôter aux députés patriotes le pouvoir de présenter la vérité tout entière. Ils ont remarqué que vous en écartiez les noms de certains intrigans plus adroits que vous aviez vous-mêmes désignés, dans vos écrits, comme membres de ce même comité, et surtout celui d'un chef de parti redoutable, à qui vous êtes restés constamment attachés, au milieu de toutes les oscillations apparentes de votre conduite politique. Enfin on a vu que vous ne paraissiez attaquer une faction dévoilée depuis long-temps, que pour empêcher les regards du public d'en apercevoir une autre moins généralement connue, et par là même plus dangereuse à la liberté. Eh! quel service plus signalé de faux amis de la Constitution pourraient-ils rendre à ses ennemis, que d'amuser le peuple fatigué par la dénonciation éclatante et illusoire d'un ou plusieurs ministres; pour leur laisser les moyens d'atteindre le moment où la conspiration doit éclater? Quel stratagème plus heureux, une faction différente de la première, ou confondue avec elle, pourrait-elle imaginer, pour parvenir au but de ses projets ambitieux? Qu'avez-vous fait après tout, pour prévenir tous les complots dont nous sommes environnés? Qu'avez-vous fait pour nous garantir de l'éruption du volcan qui fume, et qui mugit sur nos têtes? Vous aviez envoyé à Orléans un ministre qui, après deux mois, n'est pas encore jugé; vous rajeunissiez deux vieilles dénonciations contre deux de ses amis, et les mesures ont été tellement prises, que c'est encore pour nous un problème, si Montmorin est parti pour l'Angleterre, ou s'il est à Paris; que déjà il écrit à l'assemblée nationale, avec une assurance qui insulte à la nation. C'est ainsi que vous savez pourvoir au salut de la patrie et de la liberté; eh! quelles autres précautions nos ennemis mêmes auraient-ils donc pu adopter?

» En général, toute guerre déclarée au ministère est une preuve de civisme essentiellement équivoque; elle peut être dirigée ou par le zèle désintéressé ou par l'esprit d'intrigue. Nous avons vu, dans l'assemblée constituante, de prétendus patriotes, plus séduisans que vous ne le fûtes jamais, aujourd'hui démasqués, livrer une attaque générale aux ministres, excepté au plus dangereux de tous, précisément à ce même Montmorin auquel ils expédiaient libéralement le plus brillant certificat de patriotisme ; ils voulaient les remplacer, et les remplacèrent en effet par leurs créatures, dont ils vantaient singulièrement les vertus civiques, telles que M. Duportail, par exemple. Vous avez chassé quelques ministres, mais vous les avez remplacés par vos amis ; vous avez confié à l'un le trésor public ; à l'autre le département de l'intérieur ; à un troisième celui de la justice. Il faut convenir que votre patriotisme n'est pas du moins resté sans consolation. Vous avez beaucoup vanté ces choix, et sans doute vous aviez vos raisons. Mon intention n'est pas de décrier ces choix en eux-mêmes. J'ai déjà déclaré que j'aimais ces ministres-là tout autant que beaucoup d'autres, quoique celui de la justice ait déjà excité les plaintes de tous les amis de la liberté, et encouru une disgrace pareille à celle de son devancier, en signant un acte contraire aux premiers principes de la Constitution ; quoique le ministre de l'intérieur ait commencé son ministère par un acte apologétique du *veto*, lancé contre le premier décret sur les prêtres ; quoiqu'il ait déjà été dénoncé par la municipalité et par la commune de Marseille, pour avoir favorisé, sans doute sans le vouloir, les aristocrates des départemens méridionaux ; quoique sa maison soit le rendez-vous des intrigans qui s'assemblent régulièrement, pour arranger les intérêts de la nouvelle faction et le système de calomnie dirigée contre les patriotes qui les méprisent toutes ; enfin, quoique les titres du ministre des contributions à la confiance publique ne soient pas supérieurs à ceux de Necker, son ami, son compatriote et son modèle. Mais il n'en est pas moins vrai que cette ostentation ridicule avec laquelle M. Brissot dispose publiquement de tous les emplois, en faveur de ses créatures, est un scandale aux yeux de tous les honnêtes gens. Ils savent que tout représentant du peuple doit respecter l'esprit de la loi constitutionnelle, qui lui défend d'aspirer aux faveurs du pouvoir exécutif. N'est-ce pas la violer que de rechercher pour ses amis ce qu'elle ne lui permet pas d'accepter pour lui-même, et de franchir ainsi la barrière sacrée que son ambition ne peut briser? Tout est perdu dès le moment où nos représentans, oubliant que leur devoir est de surveiller avec sévérité les démarches du pouvoir exécutif, s'identifieront avec lui, et ne s'occuperont plus qu'à exercer eux-mêmes son autorité, sous le nom des ministres qu'ils auront faits. La nation peut se reposer sur l'austérité des principes et sur la pureté des mœurs de ses représentans; mais elle ne peut mettre sa confiance dans leurs talens pour l'intrigue. Quel garant pourraient-ils alors lui offrir de leur intégrité? Quel mérite y a-t-il à résister aux charmes de la liste civile royale, lorsqu'on tient entre ses mains celle de la nation; lorsqu'on a pris possession du ministère des contributions par les mains de ses intimes amis, dans un temps surtout où notre système financier est si propice à l'agiotage et à la cupidité? Ce n'est pas que l'on ne puisse habiter sur les rives du Pactole sans être jamais tenté d'y puiser; mais il faut que les représentans de la nation soient inaccessibles même aux soupçons, pour le moins autant que la femme de César.

» Et d'ailleurs, qui ne voit pas que cette puissance de disposer du ministère suppose des ressources absolument étrangères aux principes qui doivent les diriger? Qui ne sent que la vertu sévère ne peut avoir cette influence à la cour; que même l'ancien ami et l'associé de Morande; que le secrétaire de l'académie des sciences; que quelques avocats, arrivés de Bordeaux à la législature, n'auraient pas eu ce crédit, s'ils n'avaient été eux-mêmes protégés par des personnages puissans, dans ce séjour de l'intrigue et de l'aristocratie; et lorsqu'en suivant le fil de cette trame, on arrive à un triumvirat féminin, à M. Narbonne qui, frappé alors d'une apparente disgrace, n'en nommait pas moins les ministres; à M. La Fayette, arrivé dans ce temps de l'armée à Paris, et qui assista à des rendez-vous secrets avec les députés de la Gironde, à quelles vastes conjectures ne peut-on pas se livrer? L'imagination se perd dans ce dédale d'intrigues, et quand il serait bien prouvé que vos dénonciations même ne sont point un jeu concerté avec les ennemis de la révolution, il serait toujours impossible de les attribuer à l'amour du bien public.

» J'admire Caton tonnant contre les factieux de Rome ; mais Caton, à qui vous vous comparez, n'était point l'instrument d'une cabale, il ne combattait pas César pour servir Clodius, et son parti, c'était celui de la patrie.

» Vous avez fait l'effort unique de dénoncer un ministre ; mais dans le même moment vous avez dérobé à la justice des lois un ministre non moins coupable. La France entière accusait Narbonne d'avoir trahi la cause publique, en laissant une grande partie de nos défenseurs sans armes, et de nos frontières sans défense ; ce crime est prouvé même par la conduite et par le témoignage du ministre actuel, dont les premiers actes semblent contraster heureusement avec la conduite de votre ex-ministre et de vos créatures (1) ; il s'est accusé lui-même en accusant Marseille ; il a usurpé le pouvoir du corps législatif, en donnant de son autorité privée à l'armée un règlement perfide et tyrannique, qui a excité ses réclamations, également fait pour l'avilir, pour la révolter et pour la soumettre à la volonté arbitraire des patriciens ; il a refusé constamment de remplacer les officiers transfuges ; il a confié les postes les plus importans à des chefs suspects, et conspirateurs déclarés ; il s'est obstiné à les conserver, malgré les réclamations pressantes des départemens où ils commandaient ; il a trompé la nation, et trahi la sûreté publique ; vous ne l'avez point accusé ; vous l'avez défendu ; vous l'avez célébré ; vous vous êtes accordés pour le présenter à la France entière comme un ministre nécessaire, comme le plus ferme soutien de la patrie et de la Constitution. Il paraît devant l'assemblée nationale, où il avait été dénoncé pour les faits les plus graves par plusieurs de vos collègues ; vous commencez par

« (1) C'est du moins le jugement que les vrais patriotes semblent avoir porté sur la dernière démarche de M. Servan à l'assemblée nationale ; c'est lui peut-être qui a donné aux esprits l'impulsion énergique, qui a suspendu les complots de nos ennemis. Nous sentons néanmoins combien il est dangereux de précipiter son opinion sur le caractère d'un ministre et des hommes en général, dans les circonstances où nous sommes. Aussi, si les actes postérieurs de M. Servan la démentent, nous nous ferons un devoir de la rétracter. »

l'applaudir avec transport, à sa seule apparition, vous, ses juges, vous, représentans de la nation française. A peine a-t-il ouvert la bouche, vous l'interrompez par de nouveaux applaudissemens; vous ne voulez point qu'il s'abaisse à se justifier; vous demandez qu'il soit dispensé de ce devoir. Un de vos collègues (1) veut élever la voix pour annoncer des faits importans qui le concernent, vous l'étouffez par un tumulte scandaleux; vous l'insultez dans la tribune; le lendemain, les deux fidèles organes de votre cabale, le *Patriote Français* et la *Chronique*, le calomnient sans pudeur, comme si vous vouliez rejeter sur le courage et sur la probité l'opprobre qui était dû à votre injustice et à votre lâcheté; la liberté des suffrages, le droit le plus sacré du souverain que vous représentez, la vérité, l'honneur, vous immolez tout à un courtisan, à un coupable. Peu de jours après, vous demandez pour lui, par l'organe de M. Guadet, la permission d'aller commander sur nos frontières une division de notre armée, avant qu'il ait rendu compte; un autre de vos collègues, qui l'avait déjà convaincu des plus coupables prévarications (2), demande en vain que vous attendiez jusqu'au lendemain, jour où il promet d'en révéler de nouvelles; vous lui imposez silence, et vous l'insultez le lendemain dans les mêmes pamphlets périodiques où vous célébrez régulièrement vos propres exploits, en même temps que vous calomniez le plus pur civisme. Voilà la conduite que vous avez tenue à la face de la nation; qu'elle vous juge.

» Défendre les ennemis de la liberté, faire une étroite alliance avec eux, persécuter ses plus chauds amis, en renverser les premières bases, sont des actes qui tiennent aux mêmes principes; il ne faut donc pas s'étonner si c'est vous qui avez porté les premiers coups à la liberté de la presse. Ce que l'assemblée constituante avait toujours repoussé avec horreur, ce que les défenseurs les plus ardens du despotisme avaient à peine osé lui proposer, vous l'avez fait. Vous avez érigé des écrits en crimes de

« (1) M. Duhen. »
« (2) M. le Cointre. »

lèze-nation; vous en avez constitué juge une assemblée nombreuse, dont les jugemens souverains ne sont ni assujettis aux formes judiciaires, ni susceptibles de révision; vous avez, dans cette même affaire, posé formellement en principe que, pour lancer un décret d'accusation contre un écrit, il n'était pas nécessaire de le connaître; et vous n'avez pas rougi de repousser par cette maxime impie (1) les justes réclamations des députés patriotes qui en demandaient la lecture. La justice, le bon sens, la liberté civile et politique, vous avez tout sacrifié à l'intérêt de votre ambition et à une lâche vengeance; vous aviez à vous plaindre de l'un des écrits dénoncés, et vous n'avez pas rougi d'être à la fois accusateurs, juges et parties. Le cœur plein de passions, cruelles et viles, vous invoquiez le bien public et le nom sacré des lois. On dit même que cette dénonciation n'était qu'un complot tramé depuis quelque temps, par vous, contre les défenseurs imperturbables de la Constitution que vous haïssez, pour de très-fortes raisons; on dit que, réveillant les calomnies inventées dans un temps de proscription, par les ennemis le plus décriés de la patrie, vous avez osé lier leurs noms et leur cause à celle des écrivains accusés, méditer même des crimes nouveaux dans vos conciliabules secrets..... On le dit, et ce délit est prouvé par vos propres écrits, par les libelles extravagans dont vous avez, à cette époque, inondé dans un moment toutes les parties de l'empire..... Et vous vous dites patriotes! Le patriotisme ne suppose donc aucune moralité! Et vous êtes assis au rang des législateurs! Il est donc des législateurs qui ne connaissent pas même les lois de l'équité et de l'honneur!

» N'est-ce pas vous encore qui défendez le système honteux et corrupteur des dépenses secrètes? N'est-ce pas vous qui faites donner au ministre six millions, et aux généraux 1,500,000 l., avec dispense d'en rendre aucun compte?

» N'est-ce pas vous qui, à la place de toutes les précautions, depuis long-temps nécessaires pour constater l'état et assurer

« (1) Ce dernier trait appartient à M. Guadet; lisez le récit de la séance de ce jour. »

le fidèle emploi de nos finances, venez nous proposer de dévorer nos forêts nationales ?

» N'est-ce pas vous enfin qui, après avoir rejeté tous les moyens proposés pour faire heureusement la guerre, *de réprimer tous nos ennemis intérieurs, même de pourvoir à l'armement complet de nos troupes et de nos gardes nationales, en remplacement de nos officiers, et à la défense de toutes nos frontières*, vous êtes appliqués chaque jour à introduire au milieu de nous le despotisme militaire dans toute son étendue ? N'est-ce pas vous qui remplissez sans cesse l'assemblée de terreurs, pour la pousser à des mesures extraordinaires, dangereuses pour la liberté, et dangereuses pour elle-même ? N'est-ce pas vous qui ne cessiez de réclamer une estime sans bornes pour les officiers qui désertaient nos drapeaux, pour les chefs qui abandonnaient leurs fonctions ? N'est-ce pas vous qui faisiez censurer les plus estimables de vos collègues, lorsqu'ils dirigeaient contre eux la défiance des législateurs ? N'est-ce pas vous qui rejetiez tout le blâme sur des soldats fidèles, qui les livriez à une procédure terrible, et qui adoriez les généraux (1) ! Qui, plus souvent que vous, a répété ce reproche calomnieux d'indiscipline ? N'est-ce pas vous qui avez voulu qu'on les investît du pouvoir arbitraire de vie et de mort, et du droit de faire des lois pour l'armée ? Ignorez-vous que ce sont ceux qui disposent de la force armée qui fixent le sort des révolutions ? Ignorez-vous quel est l'ascendant que des généraux habiles et victorieux peuvent prendre sur leurs soldats ? Existe-t-il en France, aujourd'hui, une puissance égale de fait à celle dont les vôtres sont revêtus ? L'histoire des autres peuples, l'expérience de la faiblesse et des passions des hommes ne devraient-elles pas vous éclairer sur des dangers si pressans ? Le plus redoutable ennemi de la liberté des peuples, et surtout de la nôtre, c'est le despotisme militaire; et vous l'avez remis entre les mains de nos patriciens, dans celles du plus adroit, du plus ambitieux de tous ! La Constitution, l'assemblée nationale, vous-mêmes, vous avez

« (1) On se rappellera que M. Merlin fut censuré le jour où M. Guadet demanda la dictature pour les généraux. »

tout livré, en quelque sorte à sa merci ; attendez, et vous verrez si vous pourrez opposer une digue à ce torrent que vous vous plaisez à grossir. Veuille au moins la Providence nous défendre encore contre lui et contre nous-mêmes ! Puissiez-vous vous-mêmes changer de principes et vous hâter de prévenir les maux que vous nous avez préparés ! A ce prix je consens à vous louer.

» Je ne pousserai pas maintenant plus loin mes recherches sur votre vie politique. Il est même deux propositions que j'avais annoncées, et que les bornes du temps ne me permettent pas d'établir aujourd'hui. Mais il me semble qu'il est prouvé, quant à présent, que votre patriotisme n'a été ni soutenu, ni vrai ; que les traits épars, par lesquels il a paru s'annoncer, peuvent bien pallier aux yeux des hommes irréfléchis, mais non racheter les grandes fautes que vous avez commises contre la nation ; qu'en général, ils ne se rapportent point au bien public et à la cause du peuple ; mais à un système d'intrigues et à l'intérêt d'un parti. Je n'ai pas besoin de savoir si c'est la cour ou une autre faction que vous servez ; il suffit de voir que ce n'est point la liberté. Il est clair même que votre conduite ne peut que favoriser le triomphe de la cour, et qu'il ne tient qu'à elle d'en tirer avantage. Si vous lui êtes étrangers, vous ne l'êtes point à un autre parti ; or, tout parti est funeste à la chose publique, et il est de l'intérêt de la nation de l'étouffer, comme il est du devoir de chaque citoyen de le dévoiler. »

JUIN 1792.

Le sytème girondin arriva promptement au terme où s'étaient brisés tous les compromis antérieurs entre la révolution et la contre-révolution. Les questions préliminaires une fois enlevées, il fallut agir directement contre l'obstacle sur lequel prenaient appui les résistances qu'on venait de rompre ou d'éluder. Fortement pressée par les Montagnards et par les Feuillans, la Gironde se félicitait presque de glisser avec tant de bonheur au milieu de ces deux écueils, lorsqu'elle fut arrêtée par le *veto*. Qu'on voulût, comme elle, s'emparer du présent, ou, comme les Jacobins, conquérir l'avenir, l'esprit du passé fermait la route. L'intérêt royal, borné à sa prérogative, avait encore de quoi se défendre ; car il avait le droit absolu de tout nier, de résister à tout et de s'affermir indéfiniment lui-même.

L'assemblée avait décidé que la sanction n'était pas nécessaire pour rendre exécutoire le décret de licenciement de la garde constitutionnelle. Le roi ne laissa pas que de le sanctionner, témoignant ainsi sa bonne volonté par une concession plus grave en apparence qu'en réalité, et réservant le *veto* contre les mesures capitales dans lesquelles il frapperait et paralyserait à la fois tous les détails révolutionnaires.

Les luttes qui avaient signalé la fin du mois de mai, annoncent de la part des Girondins des intentions entièrement disproportionnées avec le résultat. L'attaque, ouverte sur cinq points, ne fut victorieuse que sur un seul. Le comité autrichien dénoncé ; l'intendant de la liste civile traduit à la barre au sujet des papiers brûlés à Sèvres ; Sombreuil mandé pour avoir ordonné que de jour ou de nuit les portes des Invalides cédassent l'entrée à toute troupe armée qui se présenterait, soit de la garde nationale, soit de la garde du roi ; la fuite probable de Louis XVI, annoncée par Pétion, démentie aussitôt par une lettre du roi lui-même, pleine d'amertume, lettre que le directoire revêtit à l'instant de sa caution, furent autant de démarches, ou fausses, ou stériles pour ceux qui les avaient tentées. L'ajournement répondit à la dénonciation du comité autrichien ; l'ordre du jour pur et simple déclara innocens LaPorte et Sombreuil ; les lettres échangées entre Pétion et le roi, et l'arrêté du directoire, laissèrent indécise la vérité du projet d'enlèvement, sujet de cette querelle.

Tout prouve que ces moyens étaient destinés à un autre but que celui du licenciement de la garde constitutionnelle, et que cet acte était aussi un moyen. Les Feuillans, et aux Jacobins, les partisans de Robespierre, s'attendaient à une extrémité redoutable. Il courut à cette époque un bruit que nous devons recueillir, et qui servira à faire voir quelles résolutions on supposait à des hommes dont on n'hésitait pas à croire ce qu'on va lire.

« .... Ce fut alors que trois députés, Chabot, Bazire et Guadet, tirèrent entre eux au sort à qui serait tué par les deux autres, afin que sa tête, montrée au peuple et promenée au bout d'une pique, pût servir contre la cour de preuve à une accusation d'assassinat ; le sort tomba à Chabot. Cet étrange complot devait s'exécuter au bout de la rue de l'Échelle, le long du mur de la demeure du roi, et près du lieu des séances de l'assemblée nationale ; aucune vraisemblance et aucun moyen d'effet n'avaient été omis. Chabot, fidèle au serment, s'y rendit vers les neuf heures du soir, au temps de la sortie de la séance ; mais, soit que l'exemple parût aussi dangereux à suivre qu'à donner, soit que la force d'exécution manquât aux deux complices, ils manquèrent au rendez-vous. Quel que fût le but que de tels hommes se fussent proposés, ils devaient finir par l'atteindre. Chabot avait quitté depuis peu son frac de capucin, et s'était déjà signalé à Blois par des actes de cette violence hardie qu'on appelait alors patriotisme. Dans la ville de Blois, à la tête du premier bataillon d'un régiment, aidé du peuple, il avait tenu assiégé l'autre bataillon, avec tous les officiers, dans leur caserne, et il avait fallu un décret pour ramener l'ordre. Bazire n'avait paru qu'au moment de la révolution ; jusqu'alors inconnu, agité par des passions vives, peu de jugement, se jetant en avant sans aucune direction, et par conséquent facile à diriger. Guadet, né dans les climats du midi, avait d'abord exercé les fonctions d'avocat ; doué de beaucoup d'imagination, avec des mouvemens oratoires, remuant, actif, prévoyant, et sachant intéresser une grande assemblée. » (*Toulongeon*, t. 1, p. 254.)

Cette légende n'a certainement de réalité, ni de valeur historique, que par la foi qu'on y ajouta ; du moins aucune pièce justificative ne rend-elle témoignage du dessein de ces trois modernes Zopires. Mais dans l'alliance de ces noms, les deux partis que nous avons cités virent une menace sérieuse. Les Feuillans ne doutèrent plus que les Girondins et les Montagnards ne se fussent unis pour la ruine de la monarchie constitutionnelle; Robespierrre et ses amis se confirmèrent dans la pensée que les intrigans de toutes les fractions révolutionnaires complotaient pour changer la forme du gouvernement et détruire la Constitution, seul signe de ralliement offert aux véritables patriotes.

Bientôt cette crainte devint légitime. Chabot avait promis de déchirer, jusqu'au dernier, les voiles dont s'enveloppait le comité autrichien. A la séance du 4 juin, il prononça en effet un discours véhément, qui démontra plutôt l'audace des entreprises prochaines méditées par les chefs girondins, qu'il ne fortifia de preuves nouvelles le réquisitoire de Brissot. A cette séance même, le ministre de la guerre, Servan, vint proposer à la législative de lier de nouveau la nation française par un serment fédératif, et d'employer les députés à cette fédération, à la formation d'un camp de vingt mille hommes, destiné à couvrir Paris.

Cette proposition, connue seulement de Rolland et de Clavières, n'avait pas été communiquée au conseil, de telle sorte qu'elle eut tout l'air d'une surprise. L'imprévu d'une si grave mesure suscita des méfiances extrêmes. Un effet sans cause apparente décelait nécessairement une conspiration; il fallait, ajoutait-on, qu'elle fût prête, puisque les auteurs démasquaient leur première batterie.

Ainsi en jugèrent, de leur point de vue respectif, les Feuillans et Robespierre. Les uns disaient que la société des Jacobins allait consommer ses usurpations; qu'elle n'avait plus d'ailleurs qu'à prendre le titre, car partout elle avait saisi le fait; qu'après avoir licencié la garde du pouvoir exécutif, depuis long-temps annulé par ses empiétemens, elle voulait s'environner de prétoriens avant de se mettre de ses propres mains la couronne sur la tête. Robespierre s'éleva avec une grande énergie contre la proposition de Servan. Les intrigans étaient à ses yeux les ennemis intérieurs les plus redoutables, et il se livra à tous les soupçons que lui inspirait la politique de Brissot demandant pour ses fins un camp de vingt mille hommes. Le *Patriote Français* eut alors un prétexte plus spécieux que tous ceux à l'aide desquels il avait insinué que Robespierre appartenait au comité autrichien. Le projet de Servan avait obtenu une prompte popularité, parce que les Feuillans de l'assemblée et ceux de la garde nationale s'étaient empressés de l'attaquer, parce que le roi y avait apposé son *veto*, et que l'auteur lui-même y avait gagné une disgrace subite. Aussi Girey-Dupré, le collaborateur de Brissot, crut que le moment était venu d'écraser le seul antagoniste incommode aux Girondins. Il n'insinua plus, il affirma et signa. Chaque jour, pendant le mois de juin, les feuilles du *Patriote Français* dénoncèrent à tout propos le transfuge Robespierre. C'était peut-être la seule réputation en état de résister à de si persévérantes calomnies et à de telles apparences. Les départemens, inondés d'écrits girondins, et ne sachant que très-imparfaitement la question qui divisait la société des Jacobins, hésitèrent toutefois à se ranger du côté de Brissot; ils gardèrent le silence. A Paris, la conduite de Robespierre lui attira de nouveaux partisans, et exalta la confiance de ceux qui le suivaient depuis la Constituante. Et cependant il s'opposa opiniâtrément aux Girondins, malgré la faveur publique dont les entoura successivement la destitution de Servan, la retraite de Rolland et celle de Clavières, la part qu'ils prirent à la journée du 20 juin et aux autres manifestations du sentiment des masses. Ses convictions inébranlables étaient que les intrigans préparaient un coup d'état, et qu'il en résulterait ou une république fédérative et aristocratique sous la présidence de La Fayette, ou la restauration de l'ancien régime. Il ne cessait de répéter que La Fayette était le centre direct ou indirect de toutes les intrigues qui menaçaient la révolution, et il appelait sur ce personnage la verve accusatrice que Brissot et ses amis dépensaient fort inutilement contre des hommes sans influence, contre des obstacles qui n'avaient qu'une force d'emprunt. Brissot répond (*Patriote Français* du 6 juin) à ces continuelles interpellations. Il transcrit un passage de l'article du *Défenseur de la Constitution* rapporté intégralement par nous à la fin du dernier mois. Il s'arrête au milieu d'une phrase où Robespierre l'accuse de n'avoir pas associé à Montmorin et à Bertrand *des personnages plus importans*, et ne va pas jusqu'à la ligne où son adversaire déclare que, par ces personnages importans, il entend « surtout un chef de parti redoutable, à qui Brissot est resté fidèle malgré toutes les oscillations de sa conduite politique. » C'était donc de ne pas avoir dénoncé La Fayette que Brissot avait à se disculper. Au lieu de cela, il feint de croire qu'il s'agit ici du roi et de la reine, et s'amuse à dire qu'il n'a pas eu de preuves et à en demander à M. Robespierre, en l'avertissant « que la logique ordinaire de ses dénonciations ne serait admise, ni à l'assemblée nationale, ni dans aucun tribunal. »

L'obstination de Brissot et de son parti à ne pas répudier hautement La Fayette, était le motif immédiat qui le rendait suspect aux patriotes ralliés à Robespierre. Pour la première fois il en avait parlé sévèrement aux Jacobins, à la séance du 25 avril 1792, lorsqu'il y était venu se défendre et défendre Condorcet. On remarqua que, parmi les modifications qu'il avait fait subir à son discours en le livrant à l'impression, le préambule injurieux à Robespiere, et condamné par un arrêté du club, n'était pas la seule. Il n'avait imprimé aucune des expressions un peu dures adressées à La Fayette, et sur lesquelles il avait affecté d'insister en lisant son manuscrit.

Lorsque, par sa lettre du 16 juin à l'assemblée, et par l'espèce de sommation qu'il lui signifia, en personne à la séance du 29, La Fayette fut entièrement compromis, Brissot et Fauchet s'en séparèrent avec éclat. Quelque tardive que fût cette rupture, quelques soupçons qu'autorisât un acte si évidemment commandé par la nécessité, Robespierre ne l'accepta pas moins comme un gage de réconciliation. La paix fut signée aux Jacobins le jour même où il n'y eut plus qu'une voix pour accuser La Fayette.

Il est vrai que de nouvelles intrigues troublèrent presque aussitôt cette paix d'un moment. Nous la constatons ici pour nous dispenser d'enregistrer une polémique que sa conclusion annulait. Brissot demanda qu'on oubliât le passé ; il reconnut que mesurer sa conduite, ses conjectures, ses opinions sur les méfiances inspirées par La Fayette, avaient été le fait d'un patriote clairvoyant. Quant à Robespierre, à peine put-il espérer que les vingt mille fédérés seraient une force révolutionnaire et non pas un instrument livré à des factieux, qu'il les appela de tous ses vœux; et plus tard, à l'époque de leur arrivée à Paris, il fut souvent leur écrivain et leur conseil.

Ces explications étaient indispensables pour établir nettement les termes d'hostilité dans lesquels continuaient de se maintenir les partisans de Robespierre contre ceux de Brissot : il nous reste à exposer la lutte entre les Girondins et les Feuillans. De-là sortirent tous les grands événemens du mois qui nous occupe. Les matériaux historiques dont le sommaire va suivre, prouvent que la cour jouait, à l'égard de l'étranger et à l'égard des Feuillans, le double rôle des Girondins envers les Feuillans et envers les Montagnards. Lorsque les Feuillans n'eurent plus d'autre moyen de résister à leurs adversaires, que celui de la prérogative royale, ils en sollicitèrent et en appuyèrent très-énergiquement l'exercice. Mais si Louis XVI acceptait d'une main l'aide des royalistes constitutionnels, il tendait l'autre à l'invasion, et il se trouvait ainsi le nœud par lequel le feuillantisme tenait à la trahison. Les Girondins, au contraire, aboutissaient au peuple par les Montagnards, de sorte qu'au fond des querelles, et indépendamment des noms et des intérêts de partis qui apparaissent à la surface, la révolution et la contre-révolution étaient continuellement présentes.

Nous avons dit que le roi appelait l'invasion. Dès la déclaration de guerre, il avait chargé Mallet du Pan d'une mission secrète pour les puissances étrangères. Il lui avait remis les instructions suivantes rédigées de sa main, et rapportées par Bertrand de Molleville, t. viii, p. 39.

« 1° Le roi joint ses prières à ses exhortations, pour engager les princes et les Français émigrés à ne point faire prendre à la guerre actuelle, par un concours hostile et offensif de leur part, le caractère de guerre étrangère faite de puissance à puissance;

» 2° Il leur recommande expressément de s'en remettre à lui et aux cours intervenantes, de la discussion et de la sûreté de leurs intérêts, lorsque le moment d'en traiter sera venu;

» 3° Il faut qu'ils paraissent seulement parties et non arbitres dans le différend, cet arbitrage devant être réservé à sa majesté, lorsque la liberté lui sera rendue, et aux puissances qui l'exigeront;

» 4° Toute autre conduite produirait une guerre civile dans l'intérieur, mettrait en danger les jours du roi et de sa famille, renverserait le trône, ferait égorger les royalistes, rallierait aux Jacobins tous les révolutionnaires qui s'en sont détachés et qui s'en détachent chaque jour, ranimerait une exaltation qui tend à s'éteindre, et rendrait plus opiniâtre une résistance qui fléchira devant les premiers succès, lorsque le sort de la révolution ne paraîtra pas exclusivement remis à ceux contre qui elle a été dirigée, et qui en ont été les victimes;

» 5° Représenter aux cours de Vienne et de Berlin l'utilité d'un manifeste qui leur serait commun avec les autres états qui ont formé le concert; l'importance de rédiger ce manifeste, de manière à séparer les Jacobins du reste de la nation, à rassurer tous ceux qui sont susceptibles de revenir de leur égarement, ou qui, sans vouloir la Constitution actuelle, désirent la suppression des abus et le règne de la liberté modérée, sous un monarque à l'autorité duquel la loi mette des limites;

» 6° Faire entrer dans cette rédaction la vérité fondamentale, qu'on fait la guerre à une faction anti-sociale, et non pas à la nation française; que l'on prend la défense des gouvernemens légitimes et des peuples contre une anarchie furieuse qui brise parmi les hommes tous les liens de la sociabilité, toutes les conventions à l'abri desquelles reposent la liberté, la paix, la sûreté publique au-dedans et au-dehors; rassurer contre toute crainte de démembrement; ne point imposer des lois, mais déclarer énergiquement à l'assemblée, aux corps administratifs, aux municipalités, aux ministres, qu'on les rendra personnellement et individuellement responsables, dans leurs corps et biens, de tous attentats commis contre la personne sacrée du roi, contre celle de la reine et de la famille royale, contre les personnes ou les propriétés de tous citoyens quelconques;

» 7° Exprimer le vœu du roi, qu'en entrant dans le royaume les puissances déclarent qu'elles sont prêtes à donner la paix, mais qu'elles ne traiteront ni ne peuvent traiter qu'avec le roi; qu'en conséquence elles requièrent que la plus entière liberté lui soit rendue, et qu'ensuite on assemble un congrès où les divers intérêts seront discutés sur les bases déjà arrêtées, où les émigrés seront admis comme parties plaignantes, et où le plan général des réclamations sera négocié sous les auspices et sous la garantie des puissances. »

Nous aborderons maintenant la série des actes par lesquels se manifestèrent les dissensions entre les Feuillans et les Girondins. Les uns se rapprochent du peuple, à mesure que les autres resserrent leur liens avec la cour.

« La fête célébrée le 3 juin en l'honneur de Simoneau, et appelée « fête de la loi » par opposition à « la fête de la liberté » dédiée le 15 d'avril aux Suisses de Château-Vieux, fut le seul acte commun aux deux partis dont il s'agit. Dans tout le reste ils procédèrent par des chocs de plus en plus violens. Un arrêté de la commune, du vendredi 1ᵉʳ juin, ouvrit les scènes orageuses que nous avons à raconter. Voici cet arrêté :

« Le corps municipal, plein de respect pour les principes consacrés par la Constitution, qui garantit *à tout homme le droit d'exercer le culte religieux auquel il est attaché* ;

» Sur le réquisitoire du procureur de la commune, arrête :

» 1° Que ne pouvant, aux termes de la Constitution, établir aucune imposition directe ni indirecte, parce que ce droit est exclusivement réservé au corps législatif; il ne peut forcer les citoyens A TENDRE NI TAPISSER en aucuns temps l'extérieur de leurs maisons, cette dépense devant être purement volontaire, et ne devant gêner en aucune manière la liberté des opinions religieuses;

» 2° Que les citoyens soldats ne devant se mettre sous les armes que pour l'exécution de la loi et la sûreté publique, la garde nationale ne peut être requise pour assister aux cérémonies d'un culte quelconque;

» 3° Que la prospérité publique et l'intérêt individuel ne permettant pas de suspendre la liberté et l'activité du commerce, les citoyens ont le droit d'exercer en tout temps les facultés industrielles qui leur sont garanties par le paiement de leurs contributions et patentes.

» Le corps municipal enjoint aux commissaires de section, de police, et au commandant de la garde nationale de veiller au maintien de l'ordre public, conformément aux dispositions du présent arrêté. »

Une partie de la garde nationale protesta vivement contre cet arrêté. Brissot y avait applaudi en ces termes : « Les progrès de la philosophie sont rapides et consolent les vrais patriotes des tracasseries de l'esprit de parti, des intrigues de courtisans ambitieux, et des fureurs des faux amis du peuple. La municipalité de Paris vient de prendre un arrêté extrêmement philosophique, et que les vœux de tous les bons citoyens sollicitaient ardemment. »
(*Patriote Français du 4 juin.*) — Si nous jugeons de l'opinion des Jacobins à cet égard par celle qu'exprime Camille Desmoulins dans son III° numéro de *la Tribune des Patriotes*, ils improuvèrent cette mesure. « Je crains, dit-il, que Manuel n'ait fait une grande faute, en provoquant l'arrêté contre la procession de la Fête-Dieu. Mon cher Manuel, les rois sont mûrs, mais le bon Dieu ne l'est pas encore. » Desmoulins ajoute en note : « notez que je dis le bon Dieu et non pas Dieu, ce qui est fort différent. Oh! que le comité autrichien a eu plus d'esprit cette fois! voyez le magnifique reposoir qu'il fait construire *ad gloriam Dei*. Quant à moi, je dépose aux archives nationales, et ce numéro, et ceux des révolutions de France et de Brabant qui l'ont précédé, comme un monument de mon bon sens quelquefois, et une sorte de protestation que je n'ai pris aucune part à tant de bévues des patriotes; que je ne puis être responsable de leurs suites et de tant de plaies, déjà faites à la France, dont je demande pardon à la nation, à Dieu, aux colonies, aux Avignonnais, aux Jacobins de

la capitale fusillés au Champ-de-Mars, à ceux de l'armée fusillés à Nancy, licenciés partout, trahis évidemment à Mons, Tournay, etc., etc., tous événemens, dont je prie la postérité de ne pas charger ma mémoire, comme celle du pouvoir exécutif malévole, des généraux toujours comtes ou marquis, et de Brissot et des Brissotins, tout au moins sots et orgueilleux. » — Deux fois l'assemblée constituante avait assisté en corps à la procession de St-Germain-l'Auxerrois. Le curé de cette paroisse renouvela à l'assemblée législative son invitation accoutumée, le 5 juin, à la séance du soir. Nous empruntons au compte-rendu de Brissot, *Patriote Français du 8 juin*, le détail sur cette démarche. « La religion du législateur, c'est le culte de l'humanité ; ses bonnes œuvres, ce sont de bonnes lois ; son paradis, c'est sa patrie, s'il la rend heureuse ; il est sûr de faire son salut, s'il sauve l'État. Vouloir qu'une assemblée nationale prenne part aux cérémonies d'un culte, c'est déclarer, ou que ce culte est le culte de la nation, ou que cette assemblée n'appartient qu'à une partie de la nation ; et ce fut un spectacle étonnant pour un philosophe que de voir, l'année passée, la troisième année de la liberté française, à la fin du dix-huitième siècle, dans la patrie de Voltaire et de Rousseau ; de voir, dis-je, le corps des représentans du peuple assister à la procession d'une paroisse. Cependant nous avons été sur le point de voir renouveler ce scandale, et déjà il avait été décrété, sur l'*initiative* du curé de St-Germain l'Auxerrois, que l'assemblée irait à la procession ; mais il a suffi de montrer l'inconséquence dans laquelle on tombait, pour faire rapporter ce décret imphilosophique ; on s'est contenté d'ordonner qu'il n'y aurait pas de séance jeudi matin, pour procurer aux bonnes ames le plaisir d'aller à la procession ; ce qui est encore une inconséquence. »

Plusieurs pétitions contre l'arrêté de la commune furent adressées au département. Rœderer en écrivit le 6 juin à Manuel, l'informant que le Directoire se rangeait aux principes de la municipalité. Il lui recommandait seulement « de renforcer les postes de manière à prévenir les tentatives des malveillans. » Dans l'article plus haut cité, Desmoulins disait : « Si j'avais été membre du comité municipal, j'aurais combattu cette mesure avec autant de chaleur qu'eût pu faire un marguillier. Par la raison contraire, notre directoire feuillant n'a pas manqué cette fois d'adhérer à l'arrêté municipal. » Cette opinion de Desmoulins, sur le laisser-faire du directoire, était partagée par un grand nombre des patriotes. Les débats des Jacobins font foi que les membres du département s'attendaient à des collisions, et qu'ils n'étaient pas fâchés de voir la garde nationale y mesurer ses forces, au moment même où elle allait être obligée de s'en servir sérieusement. Ces conjectures se réalisèrent. Quoique non requis par l'autorité, une foule de gardes nationaux vinrent en armes faire cortège aux processions. Quelques citoyens en bien petit nombre avaient profité de l'arrêté de la commune pour ne pas tendre le devant de leurs maisons. Il en naquit de vifs démêlés; mais les désordres les plus graves eurent lieu à l'occasion de certains spectateurs qui s'obstinèrent à garder leur chapeau sur la tête, ou à manquer de toute autre manière au respect de la solennité religieuse qui traversait les rues. Or, les commissaires de police connus pour appartenir à l'opinion des Feuillans, prêtèrent un zèle très-actif au zèle provocateur des gardes nationaux qui accompagnaient les processions. Il en résulta sur plusieurs points des mêlées, des arrestations, et le peuple n'étant pas encore à la hauteur, comme parlaient les Girondins, ou approuva les répressions, ou y mit la main lui-même. Les deux faits suivants caractérisent ces agitations.

Extrait du Patriote Français du 12 juin. « Ce que nous avons dit sur les processions semblera bien modéré à quiconque connaît les excès, les horreurs même dont celle de jeudi dernier (7 juin) a été accompagnée. Des fenêtres brisées, des maisons enfoncées, des citoyens insultés, arrêtés, meurtris de coups, traînés en prison par des gens apostés, et, ce qui doit exciter surtout une profonde indignation, par des gardes nationaux armés, qui, au mépris de toutes les lois, suivaient les processions, sans être de service, sans avoir été requis. De tous ces traits nous n'en citerons qu'un, parce qu'il réunit tous les caractères d'une conjuration formée contre la liberté des opinions et la sûreté des patriotes. Le citoyen qui en a été l'objet, est Fourcade, fédéré de Pau, et rédacteur des belles adresses présentées à l'assemblée nationale par le faubourg St-Antoine. C'est lui-même qui va parler :

» Je suis sorti vers les dix heures du matin, avec un de mes
» amis. Sous unes de portes du Louvre, à l'entrée de la rue du
» Coq, nous sommes arrêtés par la procession de St-Germain.
» La crainte de troubler un culte public nous empêcha de tra-
» verser le cortége. L'habitude, le mauvais temps et la pré-
» sence des valets de pied du roi, qui défilaient au-moment que
» nous arrivions, me firent oublier que j'avais la tête couverte....
» Un seul homme veut bien s'apercevoir de mon erreur.... Cha-
» peau bas! s'écrie-t-il d'une voix menaçante. Je me retourne, et
» au même instant je me sens frappé et jeté dans la foule par
» un particulier habillé de rouge, criant de toutes ses forces:
» *arrêtez-moi cet homme-là ! c'est un mauvais citoyen !*..... Une
» foule de personnages muets m'environnent; des sabres, des bâ-
» tons sont levés sur ma tête. J'aperçois des gardes nationales. Je
» demande moi-même à être conduit au comité de la section. Des
» soldats citoyens m'arrachent au danger le plus imminent, et
» j'ai la douleur de voir traîner à mes côtés un homme meurtri
» de coups, auquel on venait d'arracher sa montre et son cha-
» peau. On nous jette dans un violon, en attendant M. le com-
» missaire. J'apprends que mon compagnon d'infortune est un
» bon citoyen de la rue des Orfèvres, appelé M. Noudiot; ayant
» vu que j'avais mon chapeau sur la tête au moment où les per-
» ruques marguillières et la livrée du château passaient, il avait
» eu l'imprudence de dire que je n'avais pas commis un si grand
» crime. Enfin des commissaires arrivent. L'un d'eux, à ce qu'on
» m'a dit, avait confié à des mains étrangères le ruban du dais,
» pour venir interroger des profanes et des *aristocrates* (1). Tous
» les citoyens présens me regardaient comme coupable, ou du
» moins comme très-imprudent. Les auteurs de la scène avaient

« (1) C'est avec de tels mots qu'on ameutait le peuple contre les bons citoyens. (*Note de Brissot.*) »

» eu le soin de publier que j'avais insulté le bon Dieu, et même
» nos seigneurs les marguilliers. Je voulus parler raison, tolé-
» rance, philosophie..... je m'aperçus bientôt qu'il fallait tenir
» un langage moins étranger, et procéder en forme. » Ce fut
Gorsas qui, vers six heures du soir, obtint l'élargissement de
Fourcade et celui de Noudiot.

Nous trouvons dans le numéro CCX du *Journal des Jacobins*,
le récit suivant :

M. Legendre. « Les faits que je vais vous raconter ne me sont
pas si personnels qu'ils ne puissent servir à éclairer mes concitoyens. Jeudi matin, j'allais au marché de Poissy avec un de mes
amis ; nous étions dans un cabriolet. Arrivés à la rue du Vieux-
Colombier, nous apercevons la procession qui venait de l'Abbaye de Saint-Germain ; nous nous arrêtons à cinquante pas environ, pour la laisser passer ; il n'est donc pas vrai, comme mes
ennemis se sont plû à le répandre, que nous l'ayons traversée ; car,
messieurs, je respecte la liberté des cultes. — Nous restions fort
tranquillement à l'écart, lorsque des grenadiers, quittant la procession, s'approchent de notre voiture, et m'appliquent leurs
baïonnettes sur la poitrine, en me disant qu'il faut ôter mon chapeau ; je découvris mon sein sans pâlir, et je leur dis : « Frappez
donc si vous désirez mon sang ; êtes-vous des défenseurs de la liberté ou des brigands ? » ces messieurs font un mouvement comme
s'ils eussent voulu me frapper. « Hé bien ! leur criai-je, en tirant
de ma poche le livre de la Constitution que je mets sur ma poitrine, ensanglantez donc les droits de l'homme. » Ma fermeté leur
en a imposé, et ils se sont retirés.

» Cependant une foule de gens entouraient ma voiture : leur figure respirait le carnage ; ils disaient : « Ah ! c'est Legendre ; il faut le pendre. « Alors, sautant hors de ma voiture : « Eh
bien oui ! ai-je dit, c'est Legendre, votre meilleur ami, celui
qui, depuis la révolution, s'est dévoué à la cause du peuple. »
Néanmoins, les cris *à la lanterne* devenaient plus furieux, sans
que les grenadiers se missent en devoir de les arrêter. Mais, ô
comble d'horreur ! dirai-je une femme ? non, ce n'en était pas

une, c'était une furie; elle s'est approchée de moi. « Grand Dieu! s'est-elle écriée, en proférant des blasphèmes contre la divinité, ne trouverai-je donc pas une pierre pour briser la boîte qui renferme la corde du réverbère? Quel plaisir de pendre ce coquin-là! » M. Baron, juge de paix de la section de la Halle-aux-Blés, s'est mis entre mes assassins et moi, en leur disant qu'il périrait plutôt que de souffrir que la loi fût violée. « Si M. Legendre est coupable, ajouta-t-il, il faut qu'il subisse un jugement. » Ces paroles n'ont pas empêché un homme de me mettre la main au collet, en répétant les mots : « il faut le pendre. » — La suite de la narration de Legendre nous apprend qu'il fut conduit au comité de l'Abbaye, où l'ex-ministre Duportail pourvut à sa mise en liberté.

L'esprit qui dirigea les Feuillans à l'égard de ces disputes religieuses, provenait, disent les journaux révolutionnaires, du même motif qui les avait fait s'opposer, en toute circonstance, à des mesures de rigueur contre le clergé séditieux. En cela, ils préludaient aujourd'hui à bien accueillir le *veto* qui allait frapper le dernier décret sur les prêtres, *veto* excité par leur opposition au décret, sollicité depuis par leur presse et par les hommes de leur parti en relation constante avec la cour, *veto* prononcé le 19 juin au milieu des plus sinistres conjectures.

La proposition de Servan fut l'objet de discordes bien autrement sérieuses. La garde nationale adressa aussitôt au corps législatif des pétitions menaçantes, dont l'une était couvert de huit mille signatures. Nous devons faire remarquer que des femmes et même des enfans y avaient inscrit leurs noms; que, d'ailleurs, des réclamations continuelles contre des signatures apposés d'office, diminuèrent beaucoup le chiffre dont les Feuillans arguaient. L'assemblée passa outre et décréta la formation du camp de vingt mille hommes; la destitution de Servan, la retraite de Rolland et celle de Clavière, suivirent immédiatement. Alors le ministère que Dumourier fut aussi obligé de quitter par des raisons exposées plus bas, fut remis aux Feuillans. La lettre de La Fayette à l'assemblée vint résumer et juger la question, rejetant sur la *faction jacobite* tous les malheurs présens, toutes les fautes passées, et la signalant comme un germe pernicieux en qui il fallait étouffer un avenir de scandales et de désordres. A la séance du 19, le lendemain de la lecture de ce manifeste, Duranthon annonça que le roi opposait son *veto* aux décrets relatifs à la déportation des prêtres perturbateurs et à l'établissement du camp des vingt mille fédérés. La journée du 20 juin répondit à la réaction feuillantine. Une expression si énergique de la volonté révolutionnaire exaspéra le parti de La Fayette et décida à le renforcer, et les monarchiens qui hésitaient sur la limite constitutionnelle la plus rapprochée du système des deux chambres, et les constitutionnels qui hésitaient sur celle où le girondinisme commençait; toutes ces nuances se groupèrent, et ce fut à titre de chef avoué et reconnu par elles, que La Fayette se présenta le 29 à l'assemblée législative. — Tel est le sommaire des faits dont nous allons recueillir les matériaux historiques. Nous nous conformerons, pour leur succession, à l'ordre des séances de l'assemblée. Ce cadre comprendra les actes qui pourront faire connaître l'esprit des départemens. Nous terminerons le mois par une analyse des débats du club des Jacobins, et par un tableau des opérations militaires.

Avant d'entrer dans les pièces, nous transcrirons un article du IVe numéro du défenseur de la Constitution, intitulé :

Observations sur les causes morales de notre situation actuelle.

« Au milieu de toutes les divisions qui nous agitent, des calomnies éternelles par lesquelles les différens partis se déchirent mutuellement, au milieu de ce qu'on appelle la diversité des opinions politiques, il n'est pas difficile, quoiqu'on puisse dire, de reconnaître le principe qui doit rallier tous les hommes de bonne foi ; et, parmi la multitude des petits sentiers frayés en tous sens par l'intrigue et l'imposture, on retrouve aisément le large chemin de la vérité.

» Réfléchissez-y un moment dans le silence des préjugés et des passions : vous verrez que toutes ces grandes questions, agitées depuis si long-temps avec tant d'appareil et d'animosité, trouvent leur solution dans les premières règles de la probité et dans les plus simples notions de la morale. Toutes nos querelles ne sont que la lutte des intérêts privés contre l'intérêt général, de la cupidité et de l'ambition contre la justice et contre l'humanité ; pour savoir ce que chacun doit penser et faire dans notre révolution, il suffit d'adopter, dans les affaires publiques, les principes d'équité et d'honneur que tout homme probe suit dans les affaires privées et domestiques.

» Considérez en effet quel est le véritable caractère, quel doit être le véritable objet de notre révolution. Est-ce pour changer de joug qu'un grand peuple s'agite et brave tous les périls attachés à ces violentes secousses qui agitent les empires ? Quand il ébranle ou qu'il renverse le trône du despotisme, est-ce pour élever sur ses ruines la fortune et la puissance de quelques ambitieux ou d'une classe privilégiée ? Si les noms sont changés et non les abus, si la forme du gouvernement est autre, mais non meilleure, si la servitude et l'oppression doivent être son éternel apanage, que lui importe un dictateur, un roi, un parlement, un sénat, des tribuns, des consuls ?

» Comme l'unique objet de la société est la conservation des droits imprescriptibles de l'homme, le seul motif légitime des révolutions doit être de la ramener vers ce but sacré, et de rétablir ces mêmes droits usurpés par la force et par la tyrannie : j'en atteste la nature, l'éternelle justice et cette déclaration solennelle que la nation française a elle-même promulguée par l'organe de ses premiers représentans.

» Le devoir de tout homme et de tout citoyen est donc de concourir, autant qu'il est en lui, au succès de cette sublime entreprise, en sacrifiant son intérêt particulier à l'intérêt général. Il doit, pour ainsi dire, rapporter à la masse commune la portion de la puissance publique et de la souveraineté du peuple qu'il détenait ; ou bien il doit être exclus, par cela même, du pacte social. Quiconque veut conserver des priviléges injustes, des distinctions incompatibles avec le bien général, quiconque veut attirer à lui une puissance nouvelle aux dépens de la liberté publique, est également l'ennemi de la nation et de l'humanité. Telle est la règle unique sur laquelle il faut juger nos différends politiques et la conduite des acteurs qui peuvent figurer sur le théâtre de la révolution française.

» Ainsi les lois justes, les lois sages, ce sont celles qui s'accordent avec les principes de justice et de morale qui sont la base de la société humaine; les lois funestes, les lois insensées, les lois destructives de l'ordre publique, ce sont celles qui s'en éloignent. Or, pour connaître, pour sentir ces principes gravés par la nature dans le cœur de tous les hommes, que faut-il? une ame droite et un caractère moral. Cette seule vérité explique tous les phénomènes de notre révolution. Pourquoi déguiser les choses les plus simples sous des noms pompeux? Pourquoi semblons-nous adopter deux mesures différentes dans le jugement que nous portons des hommes, l'une pour les fonctions de leur vie publique, et l'autre pour les devoirs de leur vie privée? Ceux qu'on nomme les défenseurs de la liberté ne sont ni des hommes exagérés, ni des héros, ni de grands hommes, ni des perturbateurs du repos public; ce ne sont que des honnêtes gens en révolution, des hommes qui ne sont point assez dépravés pour immoler le genre humain à leur propre intérêt. Ceux qui enchaînent les peuples à force d'art et d'hypocrisie ne sont pas de grands politiques ni des législateurs habiles; et pourquoi ne les appellerai-je pas simplement des fripons, des brigands? Qu'elle est pleine de sens, et à combien de choses elle s'applique, cette réponse d'un corsaire à un conquérant! « Parce que je fais mon métier avec un navire, tu m'appelles brigand; et parce que tu le fais avec une flotte, on te nomme conquérant!

» Quel avantage aurait donc à mes yeux, sur le malheureux qui dérobe un peu d'or, l'administrateur infidèle qui s'engraisse de la substance du peuple, le ministre déprédateur qui dévore la fortune publique? Mépriserai-je plus celui qui touche au dépôt que je lui ai confié, que l'homme qui livre aux tyrans le dépôt du bonheur de l'univers; le procureur qui dépouille l'orphelin, que le mandataire qui trahit les nations. Celui qui séduirait la fille de son ami paraîtrait un monstre digne de tous les supplices, et celui qui empoisonne les mœurs publiques dans leur source, par des lois injustes et tyranniques, celui qui s'oppose, autant qu'il est en lui, à la régénération de l'espèce humaine, serait désigné par des qualifications plus douces! Vous appelez, je crois, un *filou*, celui qui, par adresse, s'approprie un bijou, quelques pièces de monnaie : quel nom donneriez-vous à celui qui, à la faveur d'un masque de civisme, trompe une nation entière par des conseils perfides, ou surprend au sénat des décrets qui récèlent les germes funestes de la tyrannie et de toutes les calamités? Mandataire infidèle, comment veux-tu que je te sache gré de n'avoir pas été convaincu d'un vol ou d'un assassinat particulier, quand je te vois assassiner tous les jours la génération présente et les races futures? Mettons un des coupables que les tribunaux punissent en présence des grands criminels à qui ils pardonnent; de quelles terribles vérités ne pourra-t-il pas les foudroyer, s'il veut imiter le langage sincère du pirate à Alexandre. « Parce que je n'ai dérobé, dirait-il, qu'un meuble chétif, on m'appelle un voleur; mais toi, parce que tu entasses tous les jours dans tes coffres avides les trésors de l'État, on t'appelle un ministre adroit; toi, parce que tu as assassiné non pas un homme, mais mille à la fois; parce qu'à la tête de ton armée tu menaces la liberté de ta patrie, tandis que tu fais égorger ses défenseurs en détail, tu es un général habile, et toi, plus coupable qu'eux, parce que tu n'as commis d'autre crime que d'immoler à ta lâche cupidité le peuple qui t'a choisi; parce que tu sais envelopper dans des phrases insidieuses le poison de tes opinions perfides, peu s'en faut qu'on ne t'appelle encore un député patriote; tu peux encore impunément invoquer dans la tribune française le nom sacré des lois que tu profanes, pour insulter au patriotisme, pour égorger l'innocence et opprimer la liberté.

» Telle est l'inconséquence de l'esprit humain. Il semble que le crime perde de son horreur, en proportion de l'éclat qui l'environne, et de l'étendue des maux qu'il peut causer aux hommes : il en est de même, en sens contraire, de la vertu. Dès le moment où elle vient à embrasser l'humanité entière, elle devient suspecte. Qu'un homme arrache un autre homme à la misère ou à la mort, on ne lui conteste pas le tribut d'estime qui lui est dû ; mais qu'il veuille délivrer un grand peuple de la servitude et de l'oppression, on le persécute et on le déclare séditieux. C'est que la vertu privée n'alarme point les hommes puissans, et que la vertu publique attaque directement leur faiblesse, leur orgueil et leur despotisme.

» O hommes stupides et pervers, que votre justice est barbare ! que votre sagesse est absurde ! que votre probité est perfide et lâche ! Pour être innocent à vos yeux, il suffit donc de monter au dernier degré de la scélératesse ; et ce que vous méprisez dans le crime, c'est moins sa turpitude naturelle, que la misère de celui qui le commet; qu'il se montre à vous, environné de la force et de la puissance, vous vous prosternez devant lui, et vous l'adorez comme la vertu. Tel est l'intérêt du despotisme, telle est aussi son influence, qu'il anéantit, pour ainsi dire, la justice et la raison humaine, pour leur substituer une raison et une justice faites pour lui seul, dont le code n'est que le mélange monstrueux de la vérité et de l'imposture ; qui ne parlent que pour consacrer ses forfaits ; qui n'agissent que pour cimenter sa puissance. Le despotisme corrompt jusqu'aux pensées, jusqu'aux sentimens les plus intimes des hommes qu'il opprime. Comme Polyphème, il dévore ses esclaves ; comme Circé, il les change en bêtes immondes et stupides.

» Quand on est si éloigné des routes de la nature, comment est-il possible d'y rentrer ? Lorsqu'on a joui long-temps des abus qui désolaient la société ; lorsqu'on s'est accoutumé à regarder comme un patrimoine précieux le droit d'avilir ses semblables, comment renoncer aux préjugés qui autorisent ces odieuses prétentions ?

» Depuis le boutiquier aisé jusqu'au superbe patricien ; depuis l'avocat jusqu'à l'ancien duc et pair, presque tous semblent vouloir conserver le privilége de mépriser l'humanité, sous le nom de peuple. Ils aiment mieux avoir des maîtres, que de voir multiplier leurs égaux ; servir, pour opprimer en sous-ordre, leur paraît une plus belle destinée que la liberté partagée avec leurs concitoyens. Que leur importent, et la dignité de l'homme, et la gloire de la patrie, et le bonheur des races futures? Que l'univers périsse, ou que le genre humain soit avili et malheureux pendant la durée des siècles, pourvu qu'ils puissent être honorés sans vertus, illustres sans talens, et que, chaque jour, leurs richesses puissent croître avec leur corruption et avec la misère publique. Allez prêcher le culte de la liberté à ces spéculateurs avides qui ne connaissent que les autels de Plutus. Tout ce qui les intéresse, c'est de savoir en quelle proportion le système actuel de nos finances peut accroître à chaque instant du jour les intérêts de leurs capitaux. Ce service même, que la révolution a rendu à leur cupidité, ne peut les réconcilier avec elle : il fallait qu'elle se bornât précisément à augmenter leur fortune ; ils ne lui pardonnent pas d'avoir répandu parmi nous quelques principes de philosophie, et donné quelque élan aux caractères généreux. Tout ce qu'ils connaissent de la politique nouvelle, c'est que tout était perdu dès le moment où Paris eut renversé la Bastille, quoique le peuple tout-puissant eût au même instant repris une attitude paisible, si un marquis n'était venu instituer un état-major et une corporation militaire brillante d'épaulettes, à la place de la garde innombrable des citoyens armés ; c'est que c'est à ce héros qu'ils doivent la paix de leurs comptoirs, et la France son salut ; c'est que le plus glorieux jour de notre histoire fut celui où il immola, sur l'autel de la patrie, quinze cents citoyens paisibles, hommes, femmes, enfans, vieillards ; bien pénétrés d'ailleurs de cette maxime antique : que le peuple est un monstre indompté, toujours prêt à dévorer *les honnêtes gens*, si on ne le tient à la chaîne et si on n'a l'attention de le fusiller de temps en temps ; que par conséquent, tous ceux qui réclament ses droits ne sont que des factieux et des artisans de séditions. Ils croient que le ciel créa le genre humain pour les menus plaisirs des rois, des nobles, des gens de loi et des agioteurs ; ils croient que de toute éternité, Dieu courba le dos des uns pour porter des fardeaux, et forma les épaules des autres pour recevoir des épaulettes d'or.

» La situation d'un peuple est bien critique, lorsqu'il passe subitement de la servitude à la liberté ; lorsque ses mœurs et ses habitudes se trouvent en contradiction avec les principes de son nouveau gouvernement. Alors tous les hommes vils qui, sous l'ancien régime, épiaient l'occasion de s'enrichir et de s'élever à force de bassesses et de fourberies, empruntent les formes que les circonstances exigent, et s'emparent de la confiance du peuple pour le trahir. Avez-vous un prince excessivement riche et puissant, pour défenseur de la Constitution nouvelle, pour exécuteur de la volonté générale, alors ils se liguent pour rétablir son autorité absolue; le nom de la liberté retentit encore de toutes parts; ses emblèmes brillent à tous les yeux; mais déjà la proscription lève sa tête ensanglantée ; déjà la tyrannie règne en effet; bientôt peut-être les mots et les signes qui rappelleront l'idée de la révolution seront punis comme des crimes. On désespérerait de la liberté, si ses vrais défenseurs étaient accessibles au désespoir; on abandonnerait sa cause, si ce n'était un triomphe de périr pour la défendre; on croirait que les hommes ne méritent point ce dévouement, si on jugeait l'humanité par les hommes corrompus qui l'oppriment, par cette horde d'intrigans qui s'élèvent dans les révolutions, comme l'écume monte à la surface des liqueurs qui fermentent ; c'est-à-dire, si on retranchait de la nation la portion la plus nombreuse et la plus pure des citoyens. Mais la masse de la nation est bonne et digne de la liberté ; son véritable vœu est toujours l'oracle de la justice et l'expression de l'intérêt général. On peut corrompre une corporation particulière, de quelque nom imposant qu'elle soit décorée, comme on peut empoisonner une eau croupissante : mais on ne peut corrompre une nation, par la raison que l'on ne saurait empoisonner l'Océan. Le peuple, cette classe immense et laborieuse, à qui l'orgueil réserve ce nom auguste qu'il croit avilir, le peuple n'est point atteint par les causes de dépravation qui perdent ce qu'on appelle les conditions supérieures. L'intérêt des faibles, c'est la justice; c'est pour eux que les lois humaines et impartiales sont une sauvegarde nécessaire; elles ne sont un frein incommode que pour les hommes puissans qui les bravent si facilement. Le peuple ne connaît ni la mollesse, ni l'ambition, qui sont les deux sources les plus fécondes de nos maux et de nos vices. Il est plus près de la nature, et moins dépravé, précisément parce qu'il n'a point reçu cette fausse éducation, qui sous les gouvernemens despotiques, n'est qu'une leçon perpétuelle de fausseté, de bassesse et de servitude : témoins les gens de cour et les artisans qui, à cet égard, se trouvent dans les deux extrémités opposées, témoin notre révolution tout entière, dont chaque époque est marquée par le courage, par le désintéressement, par la modération, par la générosité du peuple, et par la lâcheté, par les trahisons, par les parjures, par la vénalité de tous ceux qui veulent s'élever au-dessus de lui. Ils feignent de n'en rien croire, ces vils égoïstes, ces infâmes conspirateurs. Ils s'obstinent à le calomnier, ils s'efforcent à l'avilir; non contens de s'enrichir de ses dépouilles, ils regardent comme un jour fortuné celui où ils peuvent se baigner dans son sang; ils rassemblent contre lui les satellites des tyrans étrangers; ils l'égorgent, lorsqu'ils le peuvent, par le fer des citoyens; ils rendent des honneurs divins à ses bourreaux; ils forcent la loi elle-même à devenir complice de ces horribles assassinats...... ils ont pour eux la puissance, les trésors, la force, les armes : le peuple n'a que sa misère et la justice céleste.... Voilà l'état de ce grand procès que nous plaidons à la face de l'univers.

» Qu'il juge entre nous et nos ennemis, qu'il juge entre l'humanité et ses oppresseurs. Tantôt ils feignent de croire que nous n'agitons que des questions abstraites, que de vains systèmes politiques; comme si les premiers principes de la morale, et les plus chers intérêts des peuples n'étaient que des chimères absurdes et de frivoles sujets de dispute; tantôt ils veulent persuader que la liberté est le bouleversement de la société entière; ne les a-t-on pas vus, dès le commencement de cette révolution, chercher à effrayer tous les riches par l'idée d'une loi agraire;

absurde épouvantail, présenté à des hommes stupides, par des hommes pervers? Plus l'expérience a démenti cette extravagante imposture, plus ils se sont obstinés à la reproduire, comme si les défenseurs de la liberté étaient des insensés capables de concevoir un projet également dangereux, injuste et impraticable ; comme s'ils ignoraient que l'égalité des biens est essentiellement impossible dans la société civile, qu'elle suppose nécessairement la communauté, qui est encore plus visiblement chimérique parmi nous; comme s'il était un seul homme doué de quelque industrie, dont l'intérêt personnel ne fût pas contrarié par ce projet extravagant. Nous voulons l'égalité des droits, parce que sans elle il n'est ni liberté ni bonheur social : quant à la fortune, dès qu'une fois la société a rempli l'obligation d'assurer à ses membres le nécessaire et la subsistance par le travail, ce ne sont pas des citoyens que l'opulence n'a pas déjà corrompus, ce ne sont pas les amis de la liberté qui la désirent : Aristide n'aurait point envié les trésors de Crassus. Il est pour les ames pures ou élevées des biens plus précieux que ceux-là. Les richesses qui conduisent à tant de corruption, sont plus nuisibles à ceux qui les possèdent qu'à ceux qui en sont privés.

» Quelquefois aussi on nous accuse d'ambition. Lâches calomniateurs ! qui feignez d'être stupides pour paraître moins scélérats, vous connaissez les routes où marchent les hommes avides de fortune et de pouvoir ; vous savez aussi bien que nous à quel point on s'en éloigne, lorsqu'on suit celle de la probité et des principes ! Que l'on compare seulement leur vie publique et la nôtre !

» Nous les avons repoussés loin de nous ; nous nous sommes fermé la porte du ministère, où nos adversaires placent leurs amis, où ils aspirent même ; nous nous sommes interdit l'entrée de cette seconde législature où ils trafiquent des droits du peuple ; nous avons abandonné cette tribune même où ils nous calomnient ; nous avons combattu toutes les factions, et ils ne sont que les chefs et les instrumens d'une faction. Ils caressent, ils servent nos patriciens militaires ; nous les avons démasqués dès long-temps, nous ne les flatterons jamais, quelle que soit leur puissance. Ils possèdent tout, ils aspirent à tout, nous avons renoncé à tout, excepté au droit de périr pour la liberté.

» Eh! de quel prix peuvent être à nos yeux ces vains honneurs que vous partagez? En faut-il donc d'autres aux amis de l'humanité, que le bonheur et la liberté de leur pays qu'ils ont défendu? On ne nous reprochera pas du moins sa perte. Toutes les funestes lois qui l'ont mis en danger, nous les avons combattues; parmi le petit nombre de celles que l'opinion de l'univers avoue, il n'en est aucune à laquelle nous n'ayons concouru; tous les dangers qui nous menacent, nous les avons prédits; toutes les mesures utiles que vous adoptez trop tard, soit dans les momens de terreur, soit dans ceux où vous voulez tromper la nation, nous les avons proposées une ou deux années d'avance: nous en attestons l'histoire de la révolution.

» Après avoir désiré de meilleures lois, nous nous sommes bornés à défendre celles que nous avons pu obtenir, comme un rempart nécessaire contre la fureur des factions qui s'élevaient et contre de nouvelles attaques du despotisme. Vain espoir! Il ne peut souffrir aucun frein; la seule image de la liberté l'épouvante et l'irrite. C'est contre cette Constitution qui lui a laissé trop d'avantages qu'il rassemble les armées des tyrans de l'Europe, et déjà une cour parjure se prépare à voler sous leurs drapeaux; et vous-mêmes vous secondez ses affreux projets par votre lâcheté, par votre corruption, par votre ineptie. Voilà la situation où vous nous avez mis; voilà notre cause : que les peuples de la terre la jugent; ou si la terre n'est que le patrimoine de quelques despotes, que le ciel lui-même la juge. Dieu puissant! cette cause est la tienne; défends toi-même ces lois éternelles que tu gravas dans nos cœurs; absous ta justice accusée par le triomphe du crime et par les malheurs du genre humain, et que les nations se réveillent du moins au bruit du tonnerre dont tu frapperas les tyrans et les traîtres. »

LISTE DES MEMBRES

DE LA SOCIÉTÉ

DES

AMIS DE LA CONSTITUTION,

SÉANTE A PARIS,

A LA MAISON DITE DES JACOBINS-SAINT-HONORÉ.

Adet, rue de Paradis, au Marais.
Agier, rue des Maçons.
Aigremont, rue Saintonge, n. 5.
Alexandre, Anglais, hôtel du Roi, place du Carrousel.
Allard, rue de Richelieu, cour Saint-Guillaume.
Allard Thévenin, rue d'Argenteuil, n. 39.
Alquier, hôtel d'Espagne, rue de Richelieu.
André, rue Montmartre, vis-à-vis l'hôtel d'Uzès.
André, rue Richelieu, n. 91.
André, rue de l'Échelle, n. 11.
Andrieux, rue de la Coutellerie, n. 29.
Andrieux, rue Mazarine, n. 89.
Anthoine, hôtel de Portugal, rue du Mail.
Aoust, rue du Faubourg-Montmartre, n. 17.
Armand, rue Saint-Honoré, n. 339.
Armand, rue de la Vrillière, n. 8.
Arrault, rue Mazarine, n. 28.
Arthur, rue Louis-le-Grand.
Astruc, rue des Grands-Augustins.
Aubrémé, Palais-Royal, hôtel de la Reine.
Aubriet, rue Saint-Honoré, café Militaire.
Audibert Caille, rue Richelieu, n. 46.
Audiffred, rue Quincampoix, n. 40.
Audier-Massillon, rue Saint-Honoré, n. 343.
Augier, rue des Jeûneurs.

Babaud, rue des Grands-Augustins, n. 24.
Babey, rue Caumartin, n. 30.
Bache, rue de la Monnaie, n. 22.
Bachelier d'Agis, rue de la Feuillade, n. 2.
Bacon, rue Coq-Héron, hôtel du roi.
Bacon, rue Notre-Dame-des-Victoires, n. 2.
Bacon (fils), rue Notre-Dame-des-Victoires, n. 2.
Bagge, rue de la Feuillade, n. 1.
Bagneris, rue Saint-Benoît, hôtel de Couci.
Baille de Presle, rue Richelieu, n. 143.
Baillot, rue Richelieu, hôtel des États-Généraux.
Bailly (Philibert), rue de Condé, en face de celle des Fossés-Monsieur-le-Prince.
Bancal (Henri), rue du Petit-Bourbon, maison du notaire.
Bar, rue Sainte-Anne, butte Saint-Roch, n. 78.
Barbier, rue Meslay.
Barbier, rue Bergère, n. 9.
Barabé (le jeune), place du Pont-Neuf, vis-à-vis Henri IV.
Barbon, rue Vivienne, n. 24.
Barneville, rue Bourbon-Villeneuve, n. 41.
Barnave, hôtel Lameth, cul-de-sac Notre-Dame-des-Champs.
Barré de Saint-Venant, rue Ville-l'Évêque.
Barrère, rue Vivienne.
Bart, rue de la Sourdière, n. 36.
Barrabé, rue du Monceau-Saint-Gervais, hôtel de Bourgogne.
Baronat, rue des Poulies, n. 18.
Basquiat, rue du Colombier, hôtel d'Angleterre.
Baudart, à Gravelines.
Barbantanne, au Palais-Royal, cour des Fontaines.
Baudouin de Maison-Blanche, rue Traversière.
Baudouin, rue du Foin-Saint-Jacques.
Baudrais, rue de Marivaux, près le Théâtre-Italien.
Baux, rue Richelieu, au coin de celle de Villedot, n. 40.
Bazin, rue Sainte-Anne, butte Saint-Roch, hôtel de Genève.
Beaugrand, rue Neuve-des-Petits-Champs, n. 87.
Beauharnois (Alexandre).
Béchet, rue de Charenton, n. 196.
Becourt, rue et hôtel des Deux-Écus.
Belbace, rue Grange-Batelière, n. 37.
Belin, rue Neuve-des-Mathurins, n. 59.
Bellier, rue Montmartre, n. 142.

Belmont, rue du Temple, n. 47.
Benoît, rue et Porte-Saint-Honoré, au café du Garde-Meubles.
Berger, rue de l'Échelle, n. 3.
Berger, rue des Vieux-Augustins, n. 15.
Bermond, rue des Maçons, n. 34.
Berthelin, vis-à-vis Saint-Honoré.
Berthon, place Saint-Michel, n. 9.
Berthelin, rue et vis-à-vis Saint-Honoré.
Bertout, rue de la Harpe, n. 215.
Bertrand, rue Thévenot, n. 31:
Bervic, aux galeries du Louvre.
Besse, rue de Beaune, n. 45.
Bessin, rue Saint-Merry, n. 38.
Besson (l'aîné), rue du Bac, hôtel National.
Besson, rue du Bac, hôtel National.
Biauzat, rue de l'Université, n. 26.
Biderman, rue des Jeûneurs, n. 3.
Billaud, rue Saint-André-des-Arts, n. 42.
Billecoc, rue Ventadour, n. 13.
Billette, rue Saint-Honoré, n. 261.
Billon, rue de Montpensier, n. 59.
Bitaubé, rue Sainte-Anne, n. 62.
Blacque, rue de la Mortellerie, n. 30.
Blandin, rue Aubry-le-Boucher, n. 22.
Blancart, rue Richelieu, n. 159.
Blanchet, rue de Tournon, n. 47.
Blano, rue de la Harpe.
Blot, rue Favart, n. 3.
Bochet, rue Saint-Germain-l'Auxerrois.
Boisgnon, rue Notre-Dame-des-Victoires, n. 2.
Boislandri, rue Saint-Honoré, n. 343.
Boissel, rue Neuve-des-Petits-Champs, n. 99.
Boissi-d'Anglas, rue Neuve-de-l'Université, n. 10.
Bolts (Guillaume), rue Neuve-des-Capucins, n. 6.
Bonen, rue des Lavandières-Sainte-Opportune.
Bonnard, rue Montmartre, hôtel d'Artois.
Bonnecarrère, rue Saint-Georges, n. 8.
Bonnemer, passage de Lesdiguières.
Bonnemet, rue Chabannais, n. 13.
Bontems, rue Saint-Honoré, au Lycée.
Borel, rue et hôtel Coq-Héron.

Bori, quai-Conti, n. 6.
Boric, quai et place de Conti.
Bosse, rue des Prouvaires, n. 52.
Bossut, rue de l'Arbre-Sec, n. 11.
Bouche, rue de Richelieu, hôtel Valois.
Bouche (fils), rue de Richelieu, hôtel Valois.
Bouciant, rue Poissonnière.
Boulanger, rue des Deux-Portes-Saint-Sauveur.
Boullée, rue Saint-Honoré, n. 319.
Boullenger.
Boullerot, rue des Poulies, hôtel du Poitou.
Boulogne, Palais-Royal, n. 9.
Bourdier, rue de Bourbon, faubourg Saint-Germain, n. 61.
Bourdon, faubourg-Saint-Denis, n. 25.
Bourdon, rue Neuve-des-Plâtres-Saint-Avoye, n. 7.
Bourgeois (fils), rue du Chantre, hôtel la Source.
Bourgeois, Montagne-Sainte-Geneviève, n. 2.
Bourguin, rue de Seine, n. 97.
Boussaton, place du Théâtre-Italien.
Boussion, rue des Vieux-Augustins, n. 23.
Boutaric, rue Traversière.
Boutidoux, rue d'Anjou-Saint-Honoré.
Bouton, Place-Royale, n. 14.
Brancas, rue Neuve-Sainte-Croix, n. 1.
Brancas, rue Bourbon, faubourg Saint-Germain, n. 26.
Branche, rue Saint-Honoré, n. 366.
Branthôme, cul-de-sac Notre-Dame-des-Champs.
Breguet, quai des Morfondus, n. 65.
Bresson, hôtel de Chartres, rue Richelieu, n. 31.
Breteuil, rue des Rosiers, au Marais, n. 37.
Brevet de Beaujour, rue Richelieu, hôtel d'Espagne.
Brizard, rue des Grands-Augustins.
Broglie, rue de Varenne.
Brougnard (fils), aux Invalides.
Brousse, rue des Quatre-Fils, n. 27.
Broussonet, rue des Blancs-Manteaux, n. 20.
Brostaret, rue Saint-Thomas-du-Louvre, hôtel de l'Union.
Bru, rue du Coq-Saint-Honoré.
Brune, rue du Théâtre-Français, n. 1.
Brunet, rue Quincampoix, n. 25.
Brunet Latuque, rue Saint-Thomas-du-Louvre, n. 25.

Bunel, rue Comtesse-d'Artois, n. 81.
Buschey, hôtel Charot, rue Saint-Honoré.
Buteau, rue Grenéta, n. 38.
Buxot, hôtel de Bouillon, quai des Théatins.
Buy, hôtel du Palais-Royal, cour des Fontaines.
Byon, rue de Seine, faubourg Saint-Germain.
Bonjour, rue Royale, place Louis XV, n. 17.

Cabarrus, hôtel d'Empire, rue Vivienne.
Cailhava, Palais-Royal, n. 18.
Caffin, rue Saint-Jacques, vis-à-vis le collége Louis-le-Grand.
Cailly, rue Neuve-Saint-Eustache, n. 19.
Caire, rue Montmartre, n. 181.
Cattet, rue des Vieux-Augustins, n. 68.
Canchois, rue de la Harpe, n. 51.
Cannat, rue du Cimetière-Saint-André-des-Arts.
Carlet, rue Poissonnière, n. 22.
Carné, rue Neuve-Saint-Roch, n. 55.
Carondelet, rue de Bourbon, n. 12.
Carra, rue de la Michodière, n. 7.
Carra, rue de la Féronnerie, n. 10.
Carrel, rue de la Sourdière, n. 16.
Carrey, rue du Bac.
Castelanet, rue Favart, n. 2.
Cattey, rue des-Petits-Augustins, au coin de celle des Marais.
Cavalcanti, hôtel Lameth, cul-de-sac Notre-Dame-des-Champs.
Cazaux, hôtel de Bourbon, rue Croix-des-Petits-Champs.
Cazin, rue Chantereine.
Cellier (Louis), rue Saint-Honoré, vis-à-vis celle des Bons-Enfans.
Chabroud, rue Sainte-Anne, n. 9.
Chaillon, rue Traversière-Saint-Honoré.
Chaillon, rue d'Orléans-Saint-Martin, n. 19.
Chambon, rue Guénégaud.
Chambon, rue de Grenelle-Saint-Honoré, n. 65.
Chamel, hôtel d'Espagne, rue Richelieu.
Champaux, rue Taranne, n. 33.
Champelle, rue Sainte-Anne, n. 56.
Champfort, arcade du Palais-Royal, n. 18.
Chamseru, rue du Hasard, n. 12.
Chanchat, vieille rue du Temple, n. 45.

Chanlin, rue du Doyenné, n. 4.
Chapelle, au Louvre.
Charfoulot, rue Saint-Dominique, au Gros-Caillou.
Charlar, hôtel d'Anjou, rue Serpente.
Chartres, Palais-Royal.
Chauveau, à Passy, à côté des Eaux.
Chauveau (fils).
Chauvet, aux Invalides.
Chaveau, rue Jacob, n. 12.
Chavet, rue Saint-Martin, n. 243.
Chaviche, rue du Petit-Lion, n. 7.
Chazot.
Chedeville, rue des Petits-Pères, n. 9.
Chénaux, rue Saint-Honoré, près la rue Tirechappe.
Chendret, au Louvre, pavillon de l'Infante.
Chénier, rue de Cléry, n. 73.
Chépi (père), rue Boucher, n. 29.
Chépi (fils), rue Boucher, n. 29.
Cheret, rue Saint-Germain-l'Auxerrois.
Chevalier, rue Coquillière, n. 104.
Choderlos Laclos, cour des Fontaines, Palais-Royal.
Choderlos, hôtel d'Angleterre, rue des Filles-Saint-Thomas.
Chol, rue du Cimetière-Saint-Nicolas-des-Champs.
Cholet, rue Royale, porte Saint-Honoré.
Choron, rue Saint-Dominique, faubourg Saint-Germain, n. 27.
Cirodde, rue de la Coutellerie, n. 9.
Charke, cour des Fontaines, Palais-Royal.
Clausse, rue Chantereine, au coin de celle des Trois-Frères.
Clavières, rue d'Amboise, n. 10.
Clérambourg, rue Saint-Honoré, n. 359.
Clerget, rue Meslay, n. 78.
Cloots, rue Jacob, hôtel de Modène.
Cochon, rue de Grenelle, hôtel de Nîme.
Cocquéreau, quai de l'École, n. 15.
Coitam, rue d'Argenteuil.
Colin, rue Montmartre, n. 151.
Collard, rue de la Monnaie, n. 41.
Collet, rue Simon-le-Franc, n. 8.
Collignon, rue d'Argenteuil, n. 62.
Colot, rue du Mail, n. 38.
Combert, rue Saint-Honoré, n. 344.

Combette, grande rue Verte, n. 15.
Comeyras, rue Saint-Marc, n. 26.
Constantin, rue Saint-Benoît, hôtel de Couci.
Constantini, chez M. Pape, maître en chirurgie, cour du Dragon-Saint-Germain.
Corder, hôtel de Choiseul, rue Neuve-Saint-Marc.
Cossigny, rue de la Chaussée-d'Antin, n. 77.
Cossin, rue de la Parcheminerie, n. 36.
Cottin, rue de Ménars, n. 8.
Couillerot, rue de Verneuil, n. 95.
Cournand, au Collége-Royal.
Courrejolles, Palais-Royal, n. 129.
Couseseyte, rue de Rohan, n. 16.
Coussand (de Lechaux), hôtel du Roi, place du Carrousel.
Coutouly, rue des Poulies, n. 18.
Cramail, rue des Moulins, butte Saint-Roch, n. 35.
Cressent, rue du Monceau-Saint-Gervais, n. 3.
Cresson, rue des Deux-Écus, n. 74.
Cressy, rue Neuve-Saint-Roch, n, 41.
Cretin, hôtel du Cirque-Royal, rue Richelieu.
Creuzé, rue Saint-Honoré, n. 324.
Creuzet (De la Touche), rue Dauphine, hôtel des Armes de l'Empire.
Crevel, rue Poultier, n. 1.
Curt, rue Neuve-Saint-Augustin, n. 27.
Cussac, Palais-Royal, n. 7 et n. 8.
Cabanes.
Chevalier, hôtel de Malthe, rue Richelieu.
Chachet, rue Saint-Florentin, n. 2.
Condeval, rue Vivienne, n. 30.

Daboville, cloître Notre-Dame.
Daiguillon, rue de l'Université.
Dalbarède, rue Neuve-Saint-Marc, hôtel des Ambassadeurs.
Dameuve, rue du Mouton, n. 8.
Damourt, rue d'Enfer, n. 149.
Damoye, place de la porte Saint-Antoine.
Daujon, rue du Coq-Saint-Jean.
Daujon, rue Saint-Martin.
Darche, rue d'Angevilliers, hôtel de Conti.
Darçon, hôtel Sainte-Anne, rue Sainte-Anne.

Darimajou, place de l'Estrapade.
Daubert, hôtel de Bearn, cour de Saint-Guillaume.
Daudignac, rue Grenelle-Saint-Honoré, n. 50.
David, au Louvre.
Davost, rue du Bac, n. 10.
Davrigny, hôtel de Munster, rue des Jeûneurs.
Debline, rue des Petits-Augustins, n. 18.
Dechapt, rue Neuve-Saint-Médéric, hôtel d'Abbeville.
Decle, rue de l'Échelle, n. 3.
Decomps, rue d'Antin, n. 69.
Decretot, rue Neuve-des-Bons-Enfans, n. 7.
Decroix (Charles), rue Neuve-Saint-Augustin.
Deforgue, rue Dauphine, n. 84.
Defrasne, rue Saint-Martin.
Delarbre, rue Montholon.
Delastre, rue Poissonnière, n. 154.
Delcloches, rue Saint-Thomas-du-Louvre.
Delon, rue Saint-Séverin, n. 16.
Delplanques, rue d'Argenteuil, passage Saint-Roch.
Demeaux, rue et Ile Saint-Louis.
Denisot, à Passy, n. 16.
Deperay, rue du Sépulcre, n. 30.
Depont, rue des Filles-Saint-Thomas, n. 11.
Dergny.
Desaubier Vasar, rue Saint-Athanase, n. 6.
Desandrouin, rue Chantereine, Chaussée-d'Antin.
Descemet, rue St-Jacques, collége Louis-le-Grand.
Descloseaux, rue d'Anjou, faubourg Saint-Eustache, n. 106.
Desenne, Palais-Royal, n. 1 et n. 2.
Desenne, rue Richelieu, n. 150.
Desfieux, rue Notre-Dame-des-Victoires, n. 29.
Desfondis, rue Chabannais, n. 44.
Desmoulins, rue du Théâtre-Français, n. 1.
Desodoars, rue Saint-André-des-Arts.
Desouche, rue de la Mortellerie, n. 126.
Despierres, rue du Colombier, n. 36.
Despréaux, rue du Sentier, n. 20.
Després, place de l'École, n. 1.
Desroches, rue Saint-Martin, n. 245.
Desjardins, rue des Poulies, n. 18.
Dessources, rue des Deux-Écus, hôtel de Rouen.

Destournelles, rue Chabannais, n. 8.
Deudon, à l'Estrapade.
Devaux.
Dinocheau.
Doraison, rue Grenelle-St-Germain, n. 55.
Doutrepont, rue Grenéta, au Roi David.
Dubarquier, rue du Hasard-Richelieu, n. 4.
Dubignon, rue Notre-Dame-des-Victoires, n. 29.
Dubloc, rue Croix-des-Petits-Champs, n. 59.
Dubloi, hôtel du Roi, rue du Carrousel.
Dubois de Crancé, rue Charlot, n. 37.
Dubourg-Lancelot, rue de la Madeleine, Ville-l'Évêque, hôtel Bourbon, n. 26.
Duchamps, rue Favart, lettre H.
Duclos Dufresnoy, rue Vivienne.
Dudoyer, rue du Colombier, n. 20.
Dufan, rue Saint-Roch, n. 48.
Dufay (de la Tour), rue Chapon, n. 21.
Dufourny, rue des Mathurins.
Dugas, rue Vivienne, n. 40.
Dugason, hôtel de Bullion, quai des Théâtins.
Dujonquay, rue du Chaume, n. 55.
Dulaure, rue du Jardinet.
Dumaine, rue de la Boucherie, n. 8.
Dumas, rue Thévenot, n. 37.
Dumas, rue Croix-des-Petits-Champs, n. 26.
Dumez, rue des Deux-Anges, faubourg Saint-Germain.
Dumouchet, rue Saint-Honoré, n. 706.
Duplain, cour du Commerce, rue de l'ancienne Comédie-Française.
Duplan, rue de Bourbon, faubourg Saint-Germain, n. 113.
Dupleix (père), rue Saint-Honoré, n. 556.
Dupleix (fils), rue Saint-Honoré, n. 556.
Duport, rue du Grand-Chantier, au Marais.
Durand (de Saint-André), rue Bretonvilliers, île St-Louis, n. 5.
Durand (de Maillane) rue Saint-Honoré, n. 254.
Durand-Sallé, rue de Montmorency, n. 11, au Marais.
Durand, rue Mêlée, n. 68.
Durouzeau, rue des Noyers, n. 24.
Dutour, rue du faubourg Saint-Martin, n. 57.
Duval, rue Saint-Honoré, n. 261.

Duval (de Grandpré), rue de Richelieu, n. 116.
Duvergier l'aîné, quai de l'École, n. 14.
Duvernay, rue Sainte-Anne, butte Saint-Roch, n. 60.
Duvernet, rue du Four-Saint-Honoré.
Duveyrier, rue Saint-Jacques.
Duvilliers, rue Sainte-Anne, hôtel d'Orléans.
Dubuisson, rue Saint-Guillaume, hôtel de Berlin, faubourg Saint-Honoré.
Delbecq, Hôtel de Chartres, rue de Richelieu.
Delourgs, rue des Filles-du-Calvaire, n. 14.
Devaux, rue Perdue, n. 12.

Ely, rue de la Harpe, n. 10.
Enfantin, rue Saint-Martin, n. 219.
Erdmann, hôtel de Choiseul, rue Neuve-Saint-Marc.
Escouriac.
Esmonin, rue des Deux-Boules, n. 4.
Espagnac, rue d'Anjou-Saint-Honoré.
Epaulart, rue Vivienne, n. 30.
Essertant, rue de Grenelle-Saint-Honoré, n. 48.
Esselin, rue Poissonnière.
Étienne, rue Coquillière, n. 60.
Evrard, rue Traversière, n. 8.

Fabre d'Églantine, rue du Théâtre-Français.
Faguet, grande rue du Faubourg-Saint-Martin, n. 15.
Fargier, rue Favart, n. 2.
Fauvel, rue Saint-Jacques, n. 41.
Favier, rue Dauphine, n. 18.
Favre d'Olivet, rue du Renard-Saint-Sauveur, n. 1.
Feuillant, rue de Chartres.
Fénis, rue de Ménars.
Fenouillot-Falbaire, rue Favart, n. 3.
Fergusson, rue de Grammont, n. 9.
Fermont, rue Saint-Nicaise, n. 39.
Ferrières, rue des Bons-Enfans, n. 44.
Ferrier, rue Montorgueil, n. 108.
Févelat, rue des Fossés-Montmartre, n. 7.
Feydel, rue Saint-Honoré, vis-à-vis la petite écurie du roi.
Fitz-Gérald, rue Saint-Dominique-d'Enfer.
Fléchier, rue Sainte-Anne, butte Saint-Roch, n. 20.

Flexainville, rue Royale, près la place Louis XV, n. 17.
Florent Guiot, rue Traversière-Saint-Honoré, n. 55.
Focard, rue Grenelle-Saint-Honoré.
Fockedey, rue Saint-Louis, au Marais, hôtel d'Ecquevilly.
Follox, rue et Porte-Saint-Honoré, n. 401.
Fontenoy, rue du Colombier, n. 5.
Fortin, rue Mauconseil, n. 63.
Fosters, pavillon de l'Infante, au Louvre.
Forest, rue Sainte-Anne, butte Saint-Roch.
Fougolss, rue Saint-Thomas-du-Louvre, n. 36.
Foucault, rue de la Chanverrerie.
Fournier, rue Chabannais, n. 18.
Forestier, rue Saint-Honoré, au coin de celle du Champ-Fleury, n. 576.
Fouilloux, rue d'Orléans-Saint-Honoré, n. 8.
Foacier, rue de Grenelle-Saint-Honoré, n. 30.
Fontenay, rue et Isle Saint-Louis, n. 89.
Fréron, rue du Théâtre-Français, n. 1.
Frétel, rue Saint-Honoré, vis-à-vis celle des Bons-Enfans.
Fricautd de Charolles, rue des Moineaux, n. 35.
Frignet, rue de Ménars.
Froidure, rue Boucher, n. 29.
Froment, Quai des Théatins, n. 11.
Foi, rue des Fossés-Montmartre, n. 5.
Fouquier, rue Saint-Marc, n. 55.
Fulcran-Fabre, rue de Seine, n. 29.
Faucher (César), appartement d'Héloïse, maison du chanoine Fulbert.
Faucher (Constantin), idem.
Frochot, rue de Richelieu.

Gachel, rue Bergère, n. 5.
Gaillard, rue de l'Hirondelle.
Gaillard (de Luly).
Gaigne, rue du Doyenné-Saint-Louis-du-Louvre, n. 26.
Galimard, rue de la Chanverrerie, n. 26.
Gallois, rue Saint-Jacques, n. 229.
Gallot, hôtel d'Anjou, rue Dauphine.
Gamas, hôtel d'Aiguillon, rue de l'Université.
Garran, rue des Grands-Augustins, n. 12.
Garrido, rue d'Antchri, n. 15.

Garrignon, rue Croix-des-Petits-Champs, hôtel du Perron.
Garron, rue Sainte-Apolline, n. 31.
Gateau, rue Saint-Sauveur, n. 51.
Gautherot, rue Neuve-des-Petits-Champs, n. 104.
Gauthier, hôtel de Valois, rue de Richelieu.
Gautier, rue de Richelieu, hôtel d'Espagne.
Gavet, rue du Four-Saint-Honoré.
Geneté, rue des Moulins, butte Saint-Roch.
Genette, rue de Grammont, n. 9.
Geoffroy, rue Saint-Honoré, vis-à-vis celle de Richelieu.
Gérard, rue de Grenelle-Saint-Honoré.
Gerbet (le jeune), rue de Tournon, n. 6.
Gerbert, rue de l'Arbre-Sec, n. 17.
Gerdret (le jeune), rue Saint-Florentin, n. 6.
Gerdret.
Gerle, rue Saint-Honoré, n. 566.
Gide (Étienne), quai des Morfondus, n. 65.
Gide (Xavier), quai des Morfondus, n. 65.
Gide (Pierre Xavier), même demeure.
Gilibert, hôtel-des-Invalides.
Gilli, rue d'Angeviliers, hôtel-Conti.
Gillon, rue l'Evêque, n. 1.
Gineste, passage du Saumon, n. 22.
Ginistry, rue Dauphine, n. 110.
Girand, rue Saint-Florentin, n. 2.
Girand (de Cherry), rue de Choiseul, n. 15.
Girerd, rue Saint-Martin, n. 207.
Giraud, rue des Prouvaires, n. 32.
Giroult, rue Platrière, hôtel de Bouillon.
Giroult (cadet), rue des Bourdonnais, n. 4.
Ginaud, rue Saint-Florentin, n. 2.
Gobert, rue des Rats, n. 12.
Godard, rue Notre-Dame-des-Victoires, n. 20.
Godefroy, rue des Filles-Saint-Thomas.
Godel, rue du Bac, n. 282.
Gœtz, rue de la Sourdière, n. 55.
Gondouin, rue de Beauvais, place du Vieux-Louvre.
Gorsas, rue Ticquetonne, n. 7.
Goudard, rue Saint-Honoré, n. 345.
Goudrand, rue Saint-Honoré.
Goranni, hôtel d'Angleterre, rue Montmartre.

(453)

Gorguereau, rue Bar-du-Becq, n° 7.
Gouillard, hôpital des Quinze-Vingts.
Goupilleau, rue de Grenelle-Saint-Honoré, hôtel-de-Nîmes.
Gourdon, hôtel ****, rue de Richelieu.
Gournai, rue des Poulies, n. 8.
Gouvion, aux Tuileries, cour des Princes.
Gouget des Landes, hôtel-des-États-Généraux, rue Richelieu.
Gougé, paroisse Saint-Roch.
Gougenot, cul-de-sac de Saint-Hyacinthe.
Goupy, hôtel de Genève, rue Neuve-Saint-Marc.
Grandmaison, hôtel de Genève, rue Saint-Thomas-du-Louvre.
Grandmaison, rue Saint-Honoré, bâtiment des Feuillans.
Granger, rue Sainte-Anne, n. 100.
Grandpré, rue du Mail, n. 29 bis.
Grave, rue Saint-Dominique, à Saint-Joseph.
Grégoin, rue du Colombier, n. 16.
Grenot, rue de la Michodière, n. 4.
Grisson, à Bordeaux.
Grivet, rue Saint-Jacques, n. 25.
Gros, rue Saint-Honoré, près le Lycée.
Grout, rue du Cherche-Midi, n. 117.
Grouvel, rue Croix-des-Petits-Champs, vis-à-vis celle de Gaillon.
Guéroult, rue du Four-Saint-Germain, n. 40.
Guéroult (aîné), rue de la Harpe, n. 118.
Guéroult (jeune) rue des Amandiers.
Guérin, quai des Augustins, n. 44.
Guesnon, rue Boucher, n. 17.
Guidou, hôtel de Penthièvre, place des Victoires.
Guibourg, rue du Monceau-Saint-Gervais, n. 6.
Guihard (Jean) rue Galande, place Maubert, n. 79.
Guillaume, rue du Battoir-Saint-André-des-Arcs, n. 10.
Guinot, rue du Four-St-Germain, hôtel de la Pomme-d'Orange.
Guirodet, rue de Tournon, n. 2.
Guittard, hôtel d'Antin, rue Gaillon.
Gumband (de Nantes), rue des Petites-Écuries.
Gandon, rue du Bouloi, n. 35.

Halem, hôtel de Choiseul, rue Neuve-Saint-Marc.
Hanker, hôtel du Perron, Palais-Royal.
Haquins, café de la Régence, place du Palais-Royal.
Hautier, rue Saint-Honoré, n. 372.

Helvis père, rue Traversière-Saint-Honoré, n. 65.
Hermille, cour Saint-Guillaume, rue de Richelieu.
Hernoux, rue Saint-Honoré, n. 315.
Hesse, rue Feydeau, n. 29.
Hévrard, rue Basse-du-Rempart, n. 14.
Hiard, rue Saint-Jacques-de-la-Boucherie.
Hillerin, cour des Suisses, aux Tuileries.
Hocquet, rue de l'Hirondelle, n. 30.
Hombron, rue du Petit-Pont, n. 22.
Hombron fils, rue du Petit-Pont, maison du commissaire.
Hom, rue de Savoie, n. 12.
Honoré, rue Grenéta, n. 57.
Housez, rue Saint-Victor, n. 9.
Houssemaine, rue des Mauvaises-Paroles, n. 5.
Hovelt, hôtel du Parlement d'Angleterre, rue Coq-Héron.
Hoversenie, rue Grenéta, au roi David, n. 20.
Hubert, boulevart du Mont-Parnasse.
Hugnier, rue de la Feuillade, n. 2.
Humbert, rue Saintonge, n. 8.
Hunoult cadet, rue Saint-Victor, n. 9.
Hunoult, rue des Boulangers, n. 29.
Huot-Goncourt, hôtel de Boulanger, rue du Bac.
Hyon, rue Saint-Honoré, n. 238.
Hurel, rue Sainte-Avoie, n. 20.

Jacob, rue Saint-Dominique, au Gros-Caillou, à l'hôpital militaire.
Jemet, rue Saint-Honoré, au coin de la rue de l'Échelle.
Janme, rue Traversière, n. 21.
Janvier-Cantède, rue Poissonnière, n. 151.
Jarri, petit hôtel de Vendôme, rue Saint-Honoré.
Jarry, rue des Grands, n. 22.
Jaucourt, rue de Varenne, n. 81.
Jeannet, rue Sainte-Croix-de-la-Bretonnerie, n. 49.
Jeanson, cour abbatiale de Saint-Germain-des-Prés.
Jeanson, rue Neuve-Saint-Eustache, n. 59.
Jensoul, rue Ferrent, n. 10.
Jenneson, rue de Bondi, n. 45.
Jolly, rue de l'Observance, n. 6.
Joly, place Dauphine, n. 11.
Jousselin, rue du Four, n. 12, faubourg Saint-Germain.

Isambert, rue du faubourg Saint-Martin, n. 58.
Isnard, hôtel de Versailles, rue de Valois.
Jublin, rue du Coq-Saint-Jean.
Julien, rue Simon-le-Franc.
Julien de l'Isle, rue de la Michodière, n. 7.
Jumelin, rue Guénégaud, n. 22.
Jourdan, rue de Richelieu, hôtel de la Chine.

Kauffman, chez M. Thuet, rue de Duras-Saint-Honoré.
Keith, à Passy, rue Basse, n. 12.
Kersaint, boulevart des Italiens, n. 17.
Kervelegan.
Klispich, rue Saint-Louis, au Palais, n. 68.
Klot, rue Richelieu, n. 92.
Knapen, fils, rue Saint-André-des-Arts.

Labarthe, rue Sainte-Marguerite, n. 57, foire Saint-Germain.
Labene, rue Grenéta, n. 42.
Labenne, hôtel du Parlement d'Angleterre, rue Coq-Heron.
Laborde de Méreville, rue d'Artois.
Laborde (de Laurenscen), rue Traversière, n. 21.
Laborne, rue des Petits-Augustins, n. 21.
Laboreix, rue Saint-Antoine, n. 93.
Labotte, rue de Richelieu, n. 81.
Labouloy, rue des Tournelles, n. 47.
Labour (Laurent), rue Saint-Honoré, près l'Oratoire.
Labour (cadet), rue Saint-Honoré, près l'Oratoire.
Lacharemie, rue de Seine, maison de M. Lancher.
Lachasse, rue Montmartre, n. 272.
Lacoste, rue Saint-Honoré, n. 504.
Lacour, rue Coquillière.
Lacépède, Jardin du Roi.
Ladainte, rue Saint-Martin, vis-à-vis Saint-Nicolas.
Ladmiral, rue Bellefond, faubourg Montmartre, maison de M. Cordier.
Ladmiral, rue de la Sourdière, n. 9.
Lafargue, rue de l'Échelle, n. 11.
Laferrière, rue de Richelieu.
Lafisse, rue Traversière-Saint-Honoré, n. 24.
Lafitte, hôtel d'Angleterre, rue des Filles-Saint-Thomas.
Lafois, boulevart de la Madeleine.

Laforgue, rue de l'Ancienne-Comédie.
Lafosse, rue Saint-Méry, hôtel Jabac.
Laignelot, au Louvre, chez M. David.
Lagarde, rue du Chevalier-du-Guet.
Lahaye, passage du Bois-de-Boulogne, porte Saint-Denis.
Lajarriette, rue Montmartre, n. 151.
Lalanne, rue Vivienne, n. 26.
Laharpe, rue Guénégaud, n. 20.
Lallemand, rue de Bourbon-Saint-Germain, n. 96.
Lamende, rue de Richelieu, n. 91.
Lamarque, rue Traversière, hôtel d'Angleterre.
Lambert, rue du Cherche-Midi.
Lameth (Alexandre) cul-de-sac Notre-Dame-des-Champs.
Lameth (Charles), cul-de-sac Notre-Dame-des-Champs.
Lametherie.
Lametherie (aîné).
Laguette, rue de la Vieille-Draperie, n. 7.
Lamotte, rue du Petit-Bourbon, faubourg Saint-Germain, n. 15.
Lanier de Voscelay, hôtel du Roi, rue du Carrousel.
Laneuville, rue Croix-des-Petits-Champs, n. 47.
Lanjuinais, rue Saint-Nicaise, n. 39.
Laplanche, rue du Roule, n. 17.
Laplanche, rue de la Jussienne, n. 22.
Lapointe, rue Traversière, hôtel d'Autriche, n. 23.
Lapoipe, rue du Théâtre-Français, n. 1.
Laporte, rue de Langlade.
Laqmante, passage des Petits-Pères, n. 5.
Larevellière, hôtel de Picardie, rue des Orties.
Larive, rue Saint-Dominique, au Gros-Caillou.
Larue, rue Thévenot, n. 37.
Larüe, rue de Provence, au coin de la Chaussée-d'Antin.
Lasouchière, hôtel de Bretagne, rue du Bouloi.
Latouche, Palais-Royal.
Latyl, au bureau des voitures de la cour.
Launai-Allin, à Carhaix, département du Finistère.
Launoy, rue du Colombier, n. 33.
Laurent, rue des Fossoyeurs, n. 30.
Laurent, rue du Fouare, n. 7.
Lauzin, rue Croix-des-Petits-Champs, n. 39.
Lavalette, place Vendôme.

Lavalette, rue Montmartre.
Laverne.
Lavigne des Champs, rue Saint-Nicaise, n. 8.
Leblanc, rue du Coq-Saint-Honoré.
Leboucher, rue de la Calandre, n. 1.
Lebouteux du Monceau, rue Saint-Omer, n. 11.
Lebreton, rue Neuve-des-Capucins, hôtel du Lys.
Lebrun, Palais-Royal.
Lecarlier, rue Saint-Honoré, n. 339.
Leclerc, hôtel de Picardie, rue des Orties.
Lecoq, aux Archives de l'assemblée nationale.
Lecointre, quai des Célestins.
Lecointre, rue Saint-Martin, n. 170.
Lecours de Villière, rue d'Antin, n. 9.
Lecouturier, rue des Deux-Boules-Sainte-Opportune, n. 4.
Ledoyen, rue Feydeau, hôtel de Danemarck.
Lefebre, rue Saint-Marc, n. 55.
Lefebre, rue Saint-Honoré.
Lefebre (Charles), aux Capucins.
Legendre, rue du Faubourg-Saint-Honoré, n. 59.
Legendre, rue de la Monnaie, n. 22.
Legendre, rue des Boucheries, faubourg Saint-Germain.
Leger, rue de Grenelle-Saint-Honoré, hôtel des Fermes.
Legrand, quai de la Mégisserie, n. 45.
Legrand (de Laleu), rue Hyacinthe, n. 19.
Legras, rue du Temple, n. 22.
Legros, rue de Bourgogne, faubourg Saint-Germain, n. 8.
Leguien, petite rue Saint-Louis-Saint-Honoré, n. 7.
Lehodey, rue de la Vieille-Monnaie.
Lelegard, rue des Champs-Élysées, n. 5.
Leleu, rue Saint-Denis, n. 500.
Leleu (de la Ville-aux-Bois), rue Saint-Honoré, n. 339.
Lemaire, rue Saint-André-des-Arts, n. 44.
Lemaire, rue Traversière-Saint-Honoré.
Lemaire, rue Guénégaud, n. 20.
Lemaréchal, hôtel de Bouillon.
Lemonnier, rue du Bac, n. 244.
Lemonnier, rue Neuve-Saint-Eustache, n. 12.
Lemort (le jeune), rue de la Chaussée-d'Antin, n. 90.
Lemoyne, rue du Faubourg-Saint-Denis.
Ledeau, rue Gaillon, hôtel de la Marine.

Lenorman, rue Saint-Honoré, au coin de celle des Frondeurs.
Lepage (aîné), rue Favart, n. 5.
Lepage (le jeune), rue Favart, n. 5.
Lépidor (fils), rue de l'Observance, n. 2.
Lépidor (père), rue Saint-Dominique, au Gros-Caillou, n. 24.
Lépicier, rue Saint-Roch, n. 7.
Lepoutre, rue des Moineaux, n. 7.
Lepreux, rue du Perche, n. 11.
Lerolle, rue Saint-Honoré, n. 44.
Leroy, rue Bertin-Poirée, n. 19.
Leseure, hôtel d'Artois, rue du Coq.
Lesfilles, rue de la Poterie, n. 16.
Lespine, rue d'Argenteuil, n. 95.
Lesserres, rue Coq-Héron, n. 58.
Lesterph (aîné), rue de la Limace, n. 21.
Lesterph (Benoît), rue des Saints-Pères, n. 12.
Lesuire, hôtel d'Espagne, rue Dauphine.
Levacher (Duplessis), rue du Temple, n. 128.
Levacher, rue Mauconseil, n. 67.
Levesque, rue Mercière, Halle-Neuve, n. 49.
Lhéritier, rue du Roule.
Lhéritier, rue Montpensier, n. 59.
Lherminat, rue des Petites-Écuries-du-Roi, n. 16.
Legovie, rue Montmartre, n. 108.
Limbourg, rue Villedot, n. 13.
Livré, rue Saint-Honoré, n. 324.
Lœn, hôtel des Princes, rue de Richelieu.
L'Official, rue Dauphine, hôtel d'Anjou.
Lohier, rue Saint-André-des-Arts.
Lourmand, rue du Coq-Saint-Jean.
Loyer, rue des Deux-Portes-Saint-Sauveur.
Loyseau, rue du Mail, n. 59.
Lucas de Bourgerelles, rue du Chantre, hôtel Warwick.
Lullier, rue Saint-Martin.
Lullier, rue du Petit-Lion-Saint-Sauveur.
Lunel, rue Saint-Honoré.

Machat, rue Mazarine, n. 26.
Magol, rue Feydeau, n. 18.
Maison, rue Saint-Germain-l'Auxerrois, n. 107.
Mallardeau, hôtel de Cherbourg, rue du Four-Saint-Honoré.

Malboissière, rue Chabannais, n. 44.
Manuel, actuellement à Montargis.
Maupassant, rue Traversière.
Mazaurac, rue Saint-Dominique-d'Enfer.
Maréchal, rue Chantereine, n. 12.
Maréchal fils, rue Chantereine, n. 13.
Marignier, place Vendôme, n° 3.
Marneville, rue des Fossés-Montmartre, n. 42.
Marsilly, Chaussée-d'Antin, n. 54.
Martin.
Martinet, rue Froidmanteau, n. 5.
Marquis, rue de Touraine, n. 9, faubourg Saint-Germain.
Martini, rue de la Harpe, n. 132.
Massieu, cul-de-sal Notre-Dame-des-Champs.
Mathieu (J.-B.-Charles), rue de la Harpe, n. 51.
Mauriet, rue du Chantre, hôtel du Saint-Esprit.
Maurize, rue Bertin-Poirée, n. 8.
Melcot, cloître Saint-Louis-du-Louvre.
Melan, rue des Marais, au Wauxhall d'été.
Menard, rue Sainte-Anne, n. 1.
Menager, rue Saint-Claude, au Marais, n. 21.
Mendosa, rue d'Angevilliers.
Mendouze, rue Galande, n. 79.
Mengin, rue du Faubourg-Saint-Denis, en face des petites écuries du roi.
Menou (Jacques), rue des Filles-Saint-Thomas, n. 19.
Menrizet, rue Grenéta, n. 37.
Mérard, rue Sainte-Anne, n. 14.
Méchin, rue des Vieux-Augustins, hôtel de Beauvais.
Magon, hôtel de Malte, rue Traversière.
Mercier, rue Saint-Germain-l'Auxerrois, maison de M. Devert.
Merlin, rue Saint-Honoré, n. 510.
Merlins, rue des Filles-Saint-Thomas.
Mernelliod, rue Phelippeaux, n. 15.
Mermilliod, rue Saint-Louis, au Palais, n. 83.
Mesemaker, Palais-Royal, hôtel de la Reine.
Metman, rue de Seine, faubourg Saint-Germain, n. 112.
Meurinne, rue Saint-Honoré, n. 443.
Meusnier, place Saint-Sulpice, maison de l'ancien curé.
Michaux, rue Dauphine, n. 84.
Michaux, rue Saint-Honoré, n. 108.

Midi, rue des Cordeliers.
Milanois, hôtel de Charost, rue Saint-Honoré, n. 545.
Miles, rue du Faubourg-Saint-Honoré, n. 113.
Millet, rue de la Monnaie, au coin de la rue Boucher.
Milly, rue de la Michodière, n. 4.
Minée, à Saint-Denis.
Mirabeau (l'aîné), Chaussée-d'Antin, n. 69.
Miré, rue de l'Arbre-Sec, n. 33.
Mirys, au Palais-Royal.
Mittié (père), rue de l'Arbre-Sec, n. 11.
Mittié (fils) rue de l'Arbre-Sec, n. 11.
Mittié, rue des Jeûneurs, n. 14.
Moignon, place Royale, n. 24.
Moignon, rue des Saints-Pères, n. 5.
Moitté, rue du Four-Saint-Denis, maison des Annonciades.
Monestier, rue Saint-Simon-le-Franc.
Moreau (de Saint-Méry), rue Caumartin, n. 31.
Moirtier, rue des Moineaux.
Morel, rue Neuve-Saint-Denis, n. 17.
Montlouis, rue des Tournelles, n. 45.
Morel, rue Bar-du-Bec, n. 9.
Mosneroy (Alexis), rue Sainte-Anne, hôtel de Gênes.
Marainville, rue Jacob, n. 14.
Morellet, rue Vivienne, n. 26.
Moreton, rue du Cherche-Midi, n. 59.
Mouneron (Alexis), rue Sainte-Anne, hôtel de Gênes.
Mouge, rue des-Petits-Augustins, n. 28.
Moulin, rue Saint-Honoré, n. 463.
Moulnier, rue du Hasard, n. 6.
Mottet, rue Meslay, n. 82.
Mouret, rue des Vieux-Augustins, n. 56.
Moutront, rue du Faubourg-Montmartre, n. 3.
Muguet, rue Saint-Honoré, vis-à-vis les Jacobins.
Muguet (de Mouron'), rue Bergère, n. 16.
Musson, rue Saint-Nicaise.

Naigeon, rue de Verneuil, n. 100.
Naudeville, quai de la Mégisserie, vis-à-vis le Pont-Neuf.
Naury, rue Sainte-Croix-de-la-Bretonnerie, n. 40.
Navarre, rue Saint-Honoré, près l'hôtel d'Aligre.
Noailles, rue de l'Université, faubourg Saint-Germain.

Noël, rue Saint-Jacques, près du collége Louis-le-Grand.
Nolland, rue Thibautodé.
Nolf.

Obry fils, rue de l'Échiquier, n. 24.
OElsner, hôtel de Choiseul, rue Neuve-Saint-Marc.
Odiot, rue Saint-Honoré, n. 231.
Ollivault, rue Mazarine, n. 92.
Orillard, rue Saint-Denis, n. 247.
Oudart (Nicolas), rue des Ballets-Saint-Antoine.
Oudard, rue de la Cordonnerie.
Oudot, rue de Verneuil, faubourg Saint-Germain, n. 95.

Peniet, Cour des fontaines, au Palais-Royal.
Pagnier, rue Chaussée-d'Antin, n. 92.
Pampelone, rue Saint-Thomas-du-Louvre, écuries d'Orléans.
Panis, rue Saint-Paul, n. 41.
Papin, rue Neuve de Petits-Champs, n. 26.
Papion, rue des Fossés-Saint-Germain-des-Prés.
Papion, rue de l'Ancienne comédie Française, n. 42.
Pares, rue des Cordeliers, passage du Commerce.
Paris, rue de Richelieu, n. 155.
Paris, à l'hôpital Sainte-Anne, à côté de la glacière.
Paris, rue de la Harpe, n. 156.
Parisot, rue Saint-Honoré, n. 590.
Parrard, rue de Richelieu, n. 62.
Pasquier, galeries du Louvre.
Pascal, rue des Deux-Écus, hôtel de Cumberland.
Patris, place de l'Estrapade.
Paultre, rue Saint-Martin, n. 129.
Paupetin, rue Saint-Honoré, n. 544.
Payen (l'aîné), cloître Saint-Méry.
Payen (Jean-Baptiste), cloître Saint-Méry.
Péan de Saint-Gilles, rue de Bussy, n. 85.
Pécoul, cul-de-sac du Doyenné, n. 7.
Pechevin, passage des Petits-Pères, n. 4.
Pelletin de la Bussière, rue du Bouloi.
Pemartin, rue Saint-Honoré, n. 525.
Perdrix, cour des Jacobins Saint-Honoré.
Perisse du Luc, rue Neuve-Saint-Marc, hôtel d'Orléans.
Perret, hôtel des Prouvaires.

Pelletier, rue Jacob, n. 45.
Perrier, rue Neuve des Capucins, n. 70.
Perrond, rue de l'Arbre-Sec, n. 16.
Pervinquière, rue de Grenelle-Saint-Honoré, hôtel de Nîmes.
Perruquet, rue Vivienne, hôtel de l'Empire, n. 19.
Pesteturenne-Laval, rue Hautefeuille, collège des Prémontrés.
Pescheloche, rue Neuve-des-Petits-Champs, n. 127.
Petion, rue du Faubourg-Saint-Honoré, n. 6.
Petiot, rue du Colombier, vis-à-vis le n. 56.
Petit, rue de la Grande-Truanderie.
Petitmangin, rue Feydeau.
Peyré, hôtel de Picardie, rue de Seine, faubourg Saint-Germain.
Peyrard, place de la Croix-Rouge, n. 102.
Pflieger, rue des Bons-Enfans, n. 44.
Philippe, passage du Saumon, n. 48.
Pichon, rue du Four-Saint-Honoré, n. 88.
Pillard, rue de l'Arbre-Sec, paroisse Saint-Germain-l'Auxerrois.
Pieyre, au Palais-Royal.
Pilastre, hôtel de Picardie, rue des Orties.
Pincepré, rue de la Madeleine, n. 7.
Pinchinat, rue Traversière, n. 32.
Pincemaille, rue Saint-Florentin, n. 2.
Pinon, rue de Cléry, n. 64.
Pio, rue de Condé, au-dessus du café du Rendez-Vous.
Pluvinet, rue des Lombards.
Pluvinet, rue Sainte-Croix-de-la-Bretonnerie, n. 41.
Poisson, rue Neuve-Saint-Marc, n. 10.
Poissenet, rue de la Ferronnerie, n. 13.
Poissonnier, rue Neuve-Saint-Roch, n. 14.
Polverel, rue de Vaugirard, n. 81.
Polverel, fils, rue de Vaugirard, n. 81.
Pomaret, fils, rue de Richelieu, 31.
Poncet, rue Thévenot, 57.
Populus, bâtimens des Feuillans, rue Saint-Honoré, n. 488.
Porcher, rue Croix-des-Petits-Champs, n. 15.
Porcher, rue Saint-Denis vis-à-vis le Sépulcre.
Porel, rue de l'Echelle, n. 18.
Porte (de la), rue des Martyrs, faubourg Montmartre.
Poulain de Bouttancourt, rue Charlot, n. 57.
Poulain de Corbion, rue du Chantre, hôtel de Warvick.
Poulain de Beauchêne, rue Saint-Honoré, n. 273.

Prévost, rue du Faubourg-Saint-Martin, n. 232.
Prévost-de-Saint-Lucien, rue Sainte-Apolline, n. 8 ou 34.
Prévost, place Vendôme, n. 8.
Prieur, rue Notre-Dame-des-Victoires, n. 20.
Provost, rue Baillif, n. 8.
Procter, rue Basse-du-Rempart, n. 15.
Prudhomme, rue de Grammont, n. 25.
Pulcherberg.
Puget, vis-à-vis la grille Saint-Martin.
Pujo, rue Neuve-des-Petits-Champs, n. 44.
Pujo, rue des Moulins, n. 8.

Quertin, rue des Bourdonnais, n. 11.
Quanvilliers, rue des Arcis, n. 61.

Rack, rue Saint-Nicaise, n. 8.
Raffard, rue de la Ferronnerie.
Ragon, rue Mâcon-Saint-André-des-Arts.
Raillon, rue Caumartin, n. 18.
Raimond, rue Meslay, n. 33.
Raimond (Jean-Baptiste), rue de Ménilmontant, n. 7.
Raisson, rue de Bourbon-Saint-Germain, n. 52.
Rapeau, rue de l'Ancienne-Comédie-Française, n. 36.
Ravault, rue Sainte-Avoye, n. 75.
Réal, rue des Bons-Enfans, n. 32.
Rebout, rue Chabanais, n. 42.
Regley, rue Oblin.
Regner, rue des Filles-Saint-Thomas, n. 15.
Regner, rue Saint-Martin, n. 254.
Regnard, rue Neuve-des-Petits-Champs, n. 113.
Renard, rue des Chargeurs, près l'ancienne poste.
Renaud, rue Saint-Honoré, n. 454.
Renaut, de Saint-Domingue, rue Meslay, n. 30.
Renaudin, rue Saint-Honoré, au coin de celle de Jean-Saint-Denis.
Renouard fils, rue Sainte-Apolline, n. 25.
Restout, galerie du Louvre.
Rets, rue Saint-Honoré, n. 238.
Renfflet, du Hameau, rue Neuve-Saint-Augustin au coin de celle de Choiseul.
Reynier, rue Saint-Benoît, n. 28.

Reynier, hôtel de Louis-le-Grand, rue de la Jussienne.
Rewbel, rue des Bons-Enfans, n. 44.
Ricard, rue de Richelieu, hôtel de Valois.
Riberolles, rue Saint-Florentin, n. 2.
Ricée, rue d'Aguesseau, n. 21.
Riot, rue de Bondy, n. 23.
Riqueur, hôtel des Messageries.
Robert, rue de Grammont, n. 17.
Robespierre, rue Saintonge, n. 8.
Robespierre, rue Jacques.
Robil (le jeune), place des Trois-Maries.
Roche, rue Sainte-Avoye, n. 71.
Roger, rue de l'Arbre-Sec, n. 57.
Rochambeau, rue du Cherche-Midi.
Rochejean.
Royer, rue du Petit-Bourbon, hôtel de Monsieur.
Romery, rue et faubourg Saint-Martin, n. 228.
Rosey, rue de Grenelle Saint-Honoré, n. 60.
Routtand, rue de Bourbon.
Rousse, rue de la Limace, au coin de celle des Déchargeurs.
Ropiquet, rue Montmartre, n. 189.
Rousseau, rue de Bourbon-Saint-Germain, au coin de la rue des Saint-Pères.
Rouval.
Rouziers, cloître-Saint-Méry.
Ruault, rue des Poitevins, hôtel de Bouthiliers.
Ruelle, rue de la Chaussée-d'Antin, n. 81.
Russilly, rue du Faubourg-Montmartre, n. 16.
Robin, (Léonard), rue Beaubourg, hôtel de Fer.

Sabatier, père, hôtel des Invalides.
Sabatier, fils, hôtel des Invalides.
Sahuguet, rue d'Anjou St-Honoré, maison d'Espagnac, n. 14.
Saissert, arcade du Palais-Royal, n. 156.
Saint-Aubin, rue du Mail, n. 17.
Saint-Martin, rue Mauconseil, n. 21.
Saint-Martin, rue de l'Université, n. 10.
Saint-Remi, rue Grenelle-Saint-Honoré.
Saint-Victor, rue de Ménars, n. 9.
Salleron, fils, rue Lovaunerie, n. 18.
Salmon, rue Dauphine, n. 26.

Samnar, rue Thérèse, n. 1.
Sandelin, rue Neuve-des-Bons-Enfans, hôtel de la Reine.
Sarrasin, rue Meslay, n. 31.
Sary, rue de Richelieu.
Saurine, rue Saint-Etienne-des-Grés, n. 5.
Saurin, rue Phélippeaux, n. 56.
Satins, rue du Renard Saint-Sauveur, n. 11.
Sautereau, rue Sainte-Croix de la Bretonnerie, n. 28.
Sauthonay, rue des Deux-Ecus.
Savard, rue Gaillon, n. 2.
Sauzay, hôtel de Bullion, rue Plâtrière.
Schlabrendorf, hôtel des Deux-Siciles, rue de Richelieu.
Schluter, à **** Palais-Royal, cour des Fontaines.
Schnutz, quai d'Orléans, n. 6.
Schsvatv, rue Neuve-Grange-Batelière.
Seconds, rue Caumartin, n. 31.
Sedaine.
Sedittot, rue Bertin-Poirée.
Segny, hôtel de Gênes, rue Sainte-Anne.
Segny, rue d'Artois, n. 3.
Semezies, rue Feydeau, n. 2.
Sergent, rue Mauconseil, n. 62.
Serres, rue Saint-Germain-L'Auxerrois, n. 110.
Sicard, place Victoire, n. 17.
Signi, rue des Vieux-Augustins, n. 58.
Sillery, rue des Mathurins, n. 53.
Simon, rue Richelieu, hôtel Louis XVI.
Simon, rue Traversière, n. 68.
Simonnot, marché des Enfans-Rouges.
Simonet, rue Salanconete, n. 14.
Sivinian, à Brest.
Six, rue d'Anjou-Dauphine, n. 6.
Sorean, rue des Barres-Saint-Gervais, n, 10.
Soulès, rue de l'Oseille, n. 3.
Soustelle, rue du Bac, n. 8.
Souville, rue du Battoir, n. 8.
Sainte-Phanapoly, rue des Deux-Portes-Saint-Sauveur.
Stourm, rue Neuve-Saint-Etienne, hôtel Saint-Etienne.
Sutières, rue Plâtrière, n. 37.
Serisiat, rue des Rosiers, n. 15.

Tachoires, aux Jacobins Saint-Honoré.
Tallien, rue de la Perle, n. 17.
Talma, rue Chantereine.
Tandon, rue de Seine, n. 112.
Tariot, rue Saint-Thomas-du-Louvre, vis-à-vis la trésorerie de M. d'Orléans.
Taveau, rue Quincampoix.
Tavernier, rue de Richelieu.
Tessier, rue de Grenelle, n. 217.
Thermes, rue Croix-des-Petits-Champs, n. 12.
Theurel, rue des Deux-Écus.
Thevenard, rue des Fossés-Montmartre, n. 37.
Thevenin, rue l'Évêque, butte Saint-Roch, n. 1.
Thevenin fils, rue de l'Évêque, n. 1.
Thibaut, rue de la Michodière, n. 7.
Thierri, rue Saint-Honoré.
Thierry de Bussy, rue Saint-Dominique, n. 27, faubourg Saint-Germain.
Thierry (de Franqueville), rue Saint-Honoré, au coin de celle de l'Échelle.
Thierry, hôtel d'Y, boulevard Italien.
Thion (de la Chaune), rue Sainte-Avoye, n. 41.
Thirion, chez M. Honoré, rue Grenéta.
Thirot (Claude), maison du curé de Saint-Eusta che.
Thillaye, à Lisieux.
Thomas, rue Saint-Denis, n. 204.
Thomassin, rue Saint-Honoré, n. 165.
Thomassin, rue Bethizy,
Thomeret (Athanase), rue de Seine, hôtel Duguesclin.
Thouin l'aîné, jardin du Roi.
Tiege, hôtel des Princes, rue de Richelieu.
Tilly, rue des Bons-Enfans, n. 29.
Tourmelière, rue Feydeau, n. 21.
Tournon, rue Guénégaud, n. 22.
Tréhot, rue Neuve-du-Luxembourg, n. 225.
Trémouiles, rue de Valois, faubourg Saint-Honoré.
Trévilliers, rue des Bourdonnais, n. 22.
Tribert, à Poitiers.
Trouillon, rue Comtesse-d'Artois.
Troutot-Cherbert, rue de la Sourdière, n. 55.
Truffes, collége d'Harcourt.

Turlin, rue Basse-Porte-Saint-Denis, n. 14.
Turin, chez M. Hopey, place du Palais-Royal.
Turrel, rue de Poitou, n° 21.

Vadier.
Vaillant, rue de Seine, n. 27.
Valin, rue d'Angivilliers, hôtel de Conti.
Valsduvalz, rue de la Saunerie.
Vanhoenaker, rue du Bout-du-Monde, n. 35.
Vandermonde, rue Charonne, n. 22.
Vancher, rue Neuve-Saint-Marc, hôtel Royal.
Vanglen, rue Neuve des Petits-Champs, n. 26.
Vanzon, rue de la Sourdière, hôtel National.
Varin, rue Montorgueil.
Vautier, rue Saint-Martin, n. 52.
Velly, rue d'Enfer en la Cité, n. 5.
Verchire, hôtel d'Abbeville, rue Neuve-Saint-Méry.
Verdina, rue Notre-Dame-des-Victoires, n. 8.
Vergès, rue Croix-des-Petits-Champs, n. 65.
Vergès (Jean), rue Croix-des-Petits-Champs, n. 65.
Venard, rue des Deux-Portes-Saint-Sauveur, n. 6.
Vernet (Charles), au Louvre.
Vesset fils, quai de la Mégisserie.
Verminac, rue des Blancs-Manteaux, n. 13.
Verteuil, rue Saint-Pierre-Montmartre, n. 15.
Veyrier, rue de Richelieu, cour Saint-Guillaume.
Viallard, rue et Porte Saint-Honoré, n. 394.
Viand, rue Hautefeuille, n. 22.
Viellard de Coutance, hôtel de l'Empire.
Viellart, rue des Saints-Pères, n. 124.
Vigogne, rue des Petites-Ecuries du Roi, faub. St-Denis, n. 47.
Villars, rue Neuve-des-Petits-Pères.
Villeminot.
Villers, porte et rue Montmartre.
Villette, quai des Théâtins.
Vincent, au Louvre.
Vinal Stouvat, rue de l'Echelle, hôtel d'Arras.
Vitry, rue Neuve des Petits-Champs, n. 24.
Voulland, rue Guénégaud, n. 6.
Vozelle, rue du Bouloi, n. 36.
Wœstiene, rue des Filles-Saint-Thomas.

Walne, rue Saint-Pierre-Pont-aux-Choux, n. 15.
Walwein, rue Saint-Louis, au Marais, hôtel d'Ecqvilly.
Weis, rue Neuve-Saint-Marc, hôtel Choiseul.

Imprimé par ordre de la société. Paris, 21 décembre, l'an deuxième de la liberté.

Signé, MIRABEAU l'aîné, *Président*; — G. FEYDEL; VILLARS; H. FR. VERCHERE; ALEX. BEAUHARNAIS, *secrétaires*.

SUPPLÉMENT.

Alyon, rue Bourbon, faubourg Saint-Germain, n. 97.

Bertaud, rue de Bourgogne, n. 5.
Bacoffe, rue du Temple, n. 124.
Boussogne (Martial), rue du Sépulcre, n. 16.
Brunau, rue du Mail, n. 30.
Buisson, rue Saint-Honoré, n. 23.
Bailly, hôtel de la Mairie.
Brichard, rue Saint-André-des-Arts.
Barbantanne, Palais-Royal, cour des Fontaines.
Bonjour, rue Royale, place Louis XV, n. 17.
Boyer, hôtel de Penthièvre.
Benezet, rue Greneta.
Barrère de Vieuzac, rue des Filles-Saint-Thomas.

Cabanis.
Chevalier, hôtel de Malte, rue de Richelieu.
Coudeval, rue Vivienne, n. 30.
Chachet, rue Saint-Florentin, n. 2.
Coustard, de Saint-Lo (Gui), rue Notre-Dame-des-Victoires, n. 31.
Corroler, rue Boucher, n. 2.

Conard, cour des Fontaines, Palais-Royal.
Castagnede, hôtel Necker, rue de Richelieu.
Cornu, rue des Maçons-Sorbonne, n. 34.

Delbecq, hôtel de Chartres, rue Richelieu.
Debourgs, rue des Filles-du-Calvaire, n. 14.
Devaux, rue Perdue, n. 12.
Dauberval.
Duvivier, rue Saint-Nicaise, n. 21.

Escorbiac, rue du Chêne-Vert, n. 13.
Fayotte, rue du Mail, n. 48.

Gandon, rue du Bouloi, n. 35.
Genais, rue de l'Université, n. 133.
Girardin (Amable), rue Chabanais, n. 53.
Guillaume, rue Saint-Denis.

Jourdan, rue de Richelieu, hôtel de la Chine.
Jacot (Henri), place Dauphine, n. 2.

Issaurat, Palais-Royal, n. 148.

Lacoste le jeune, rue Neuve-du-Luxembourg, n. 4.
Lefèvre d'Arles, rue de Bourbon, faubourg Saint-Germain.
Leprince, rue Poissonnière, n. 18.
Lameth (Théodore), cul-de-sac Notre-Dame-des-Champs.
Loque (Charles) rue de Richelieu, n. 110.
Lavie, hôtel de la Marine, rue de Gaillon.
Legros, rue de l'Oratoire, n. 5.
Liébault, cour de Rouen, près Saint-André-des-Arcs.

Meynier, rue des Jeûneurs, n. 6.

Pourrat, place Vendôme.
Perrier, Chaussée-d'Antin, n. 72.
Perez, petit hôtel de Vauban, rue de Richelieu.

Robin (Léonard), rue Beaubourg, hôtel de Fer.
Rabaud de Saint-Étienne, rue Saint-Honoré, n. 577.
Regnier, rue Faydeau, hôtel des États-de-Bearn.

Seriziat, rue des Rosiers, n. 15.
Salicetti, hôtel de Strasbourg, rue Neuve-Saint-Eustache.

Thomerel, rue de Seine, hôtel du Guesclin.
Vaillant, rue de Seine, n. 27.
Vanpraet, à la Bibliothéque du roi.
Voydel, rue du Colombier.
Wendenyver, fils, rue Vivienne.
Vernier, rue Traversière.

N. B. Cette liste est antérieure à toutes les épurations que subit plus tard la société. Le supplément est des premiers mois de 1791.

FIN DU QUATORZIÈME VOLUME.

TABLE DES MATIÈRES

DU QUATORZIÈME VOLUME.

PRÉFACE. — Développement de la question examinée dans la préface antérieure. — Histoire du Protestantisme. — Pourquoi il a été plus hardi et plus négatif en Suisse qu'en Allemagne. — Le Doctrinarisme est la philosophie actuelle qui en découle. — L'idée générale philosophique restée après la révolution française, est l'idée progrès; celle qui est restée du protestantisme, est la souveraineté de la raison individuelle.

AVRIL. — Introduction au mois; coup d'œil sur l'état des partis, p. 1, 8. — Rapport sur Narbonne, par Fauchet; il conclut en faveur du ministre. — Tumulte à l'occasion de Duhem; les tribunes sont rappelées à l'ordre; l'assemblée adopte les conclusions de Fauchet, p. 8, 18. — Actes diplomatiques; déclaration de guerre, p. 18, 62. — Polémique à l'occasion des soldats de Château-Vieux, entre Latouche, Roucher, Collot-d'Herbois, André Chénier, Marat, Pétion, Dupont de Nemours, p. 62, 102. — Arrêté de la municipalité sur la fête préparée à ces mêmes soldats, p. 102. — Débats à ce sujet entre la Commune et le Directoire; Discours de Robespierre contre La Fayette, alors à Paris; arrêté du Directoire, p. 104, 110. — Séance du 9 avril; les soldats de Château-Vieux sont introduits à la barre de l'assemblée, après une vive discussion et un appel nominal, p. 110, 118. — Iambe d'André Chénier sur la fête des Suisses. Cette pièce est imprimée seulement dans le *Journal de Paris*, du 15 avril; p. 118. — Récit de la fête, p. 120. — CLUB DES JACOBINS. Dénonciations de Rœderer, par Collot d'Herbois; de Fauchet, par Chabot; de Brissot et Guadet, par Robespierre et Tallien, p. 124, 135. — Défense de Brissot, défense de Guadet, réponse de Robespierre, p. 135, 162. — Discussion aux Jacobins sur une falsification commise par Guadet et Brissot dans leurs discours imprimés; un arrêté de la Société venge Robespierre, p. 162, 168. — PRESSE. Article des *Révolutions de Paris*, sur les dissensions des Jacobins, p. 168. — Article du même journal à Maximilien Robespierre, p. 175. — Raisons secrètes des dissensions des Jacobins, par Marat; il s'explique sur Robespierre, p. 182. — Confession de François Robert, p. 189. — Prospectus du journal de Robespierre, p. 192. — Analyse des travaux de l'Assemblée étrangers à la déclaration de guerre, p. 195 — Extérieur; assassinat du roi de Suède, p. 203.

MAI. Introduction. — Notice sur Dumourier; notice sur le duc de Brunswick, p. 204, 210. — Journal de l'armée du Maréchal Rochambeau; désastres de Lille et de Tournay; massacre du général Théobald Dillon, p. 210, 220. — Une députation du club des Cordeliers qui vient parler de trahison, est chassée de la barre, p. 221. — Carra démontre la trahison, p. 222. — Effet de nos premiers revers sur les puissances étrangères; leur plan de campagne, p. 225, 230. — Liste des présidens de l'assemblée, du 29 avril au 21 septembre, p. 230. — Marche de la législative pendant le mois de mai; nouvelles dénominations des partis, p. 230, 233. — Décret d'accusation contre Marat et Royou, p. 223. — Rapport de Français de Nantes sur les prêtres, p. 238. — Décret à la suite, p. 247. — Rapport de Dumas sur les tribunaux militaires, p. 251. — Décret à la suite, p. 257. — Fête décernée à Simonneau, par les Feuillans, p. 262. — Article de Robespierre sur les fêtes nationales; pétition de quarante citoyens des communes voisines d'Étampes, qui présente sous un nouveau jour le meurtre de Simonneau, p. 263, 277. — Comité autrichien; Carra dénonce Montmorin et Bertrand; ceux-ci le citent devant le juge-de-paix Larivière, p. 278, 281. — Carra dit tenir les renseignemens de Chabot, Bazire et Merlin; mandat d'amener lancé contre eux; séance de l'assemblée sur cet objet; le juge-de-paix Larivière est envoyé à Orléans, p. 281, 283. — Opinion de Brissot sur le comité autrichien, p. 283, 296. — Séance permanente des 28, 29 30, et 31 mai. — Des soldats suisses arborent la cocarde blanche à Neuilly; on annonce que le comité autrichien vient de faire brûler ses papiers à Sèvres; Laporte et Sombreuil à la barre; décret pour que le maire vienne chaque jour rendre compte de l'état de Paris; rapport de Bazire sur la garde constitutionnelle du roi; licenciement de cette garde et décret d'accusation contre Cossé de Brissac, son chef, p. 297, 238. — Article de Robespierre sur la séance permanente, p. 344. — Décret sur la désertion, p. 453. — Décret sur les étrangers, p. 346. — Lettres du roi, de Pétion, et arrêté du directoire sur un projet d'enlèvement de Louis XVI, p. 347, 351. — CLUB DES JACOBINS, p. 351. — Discours de Robespierre sur les moyens de faire utilement la guerre, p. 352. — Débats entre Robespierre et Sillery; dénonciation contre La Fayette, p. 363, 364. — Aventure de Saint-Huruge, p. 365. — Tallien dénonce Brissot comme faisant passer ses discours contre Robespierre, sous le couvert du ministre Rolland, p. 365. — Proposition de l'abbé d'Anjou; Robespierre propose l'exclusion de ce membre, p. 366. — Débats à l'occasion du comité de correspondance dont presque tous les membres ont obtenu des places du nouveau ministère, p. 367, 369. — Saint-Huruge propose de dissoudre, à coup de nerfs de bœuf, les clubs aristocratiques; Merlin le fait rappeler à l'ordre, p. 369. — Nouveaux débats sur le comité de correspondance, p. 372. — Proposition de Méchin, secrétaire de Brissot; vive discussion; Robespierre parvient à se faire entendre; Mendouze et Danton prennent chaudement son parti; les conclusions de Robespierre sont adoptées, p. 372, 378. — Séance du 9 avril, par Camille Desmoulins; Patris est chassé de la société, p. 378. — PRESSE. Article de Robespierre sur la nécessité et la nature de la discipline militaire, p. 387. — Article du même *sur l'une des principales causes de nos maux*, p. 397.

JUIN. Introduction, p. 416. — Position des partis; réaction des Feuillans anecdote sur Chabot, Bazire et Guadet, p. 418. — Opinion des Feuillans et des Jacobins, sur la proposition faite par Servan, et relative à la formation d'un camp de vingt mille hommes, sous les murs de Paris, p. 419. — Mission de Mallet-du-Pan, auprès de la coalition; instructions que lui avait remises Louis XVI, p. 422. — Arrêté de la municipalité sur les procession; polémique et émeutes à ce sujet; Legendre est menacé de la lanterne, p. 424, 429. — *Observations sur les causes morales de notre situation actuelle, par Robespierre*, p. 431, 440. — Liste des membres de la Société des Jacobins, formée antérieurement à toutes les divisions, p. 444.

FIN DE LA TABLE DES MATIÈRES.

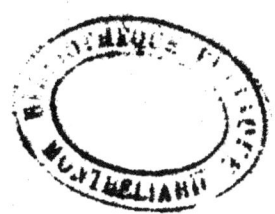

Faute essentielle à corriger.

Tome XIII, page 446, ligne 22, au lieu de : *omettre l'idée de l'être éternel*, lisez : *admettre l'idée de l'être éternel*, etc. (*Discours de Robespierre.*)

www.ingramcontent.com/pod-product-compliance
Lightning Source LLC
Chambersburg PA
CBHW060234230426
43664CB00011B/1643